박윤식 목사 유고집

하나님의 구속사적 경륜으로 본

스룹바벨 성전과 귀환자들의 성별된 족보

REV. ABRAHAM PARK'S POSTHUMOUS COLLECTION

ZERUBBABEL'S TEMPLE AND THE CONSECRATED GENEALOGIES OF THE RETURNEES

IN LIGHT OF GOD'S ADMINISTRATION IN THE HISTORY OF REDEMPTION

HUISUN
SEOUL, KOREA

| 저자 서문

PREFACE

박윤식 목사

지금까지 「구속사 시리즈」를 출판하게 해주신 하나님의 크신 사랑과 은혜에 진심으로 감사를 드립니다. 사도 바울은 자신의 인생을 마무리하면서 "내가 선한 싸움을 싸우고 나의 달려갈 길을 마치고 믿음을 지켰으니 [8]이제 후로는 나를 위하여 의의 면류관이 예비되었으므로 주 곧 의로우신 재판장이 그날에 내게 주실 것이니 내게만 아니라 주의 나타나심을 사모하는 모든 자에게니라"라고 고백하였습니다(딤후 4:7-8). 오직 예수님의 십자가의 피로 죄 사함을 받고(엡 1:7) 주의 종으로 부름 받아, 이제 내 자신의 삶이 얼마 남지 않은 가운데, '내가 과연 하나님께서 부르시는 그날에 사도 바울과 같은 고백을 할 수 있을까?'라고 몇 번이고 되새기고 되새기고 또 되새겨 봅니다.

저는 목회 초기에 지리산에서 3년 6개월 7일 동안 기도하는 가운데 성경을 열심히 정독하며 연구하였습니다. 성경책 여러 권이 해져서 넘기는 면이 둘둘 말리고 닳아 없어질 정도로 읽었습니다. 덩그런 동굴에 무슨 참고 서적이 있었겠습니까? 오직 성경을 읽고 난하주(欄下柱)의 관련 구절들을 찾아보면서 성령님께서 강한 조명으로 깨우쳐 주시기만을 기도할 뿐이었습니다. 지리산에서 기도하면서 가장 마지막에 깨닫게 된 크고 놀라운 은혜는 에스겔 성전에 대한 것이었습니다. 에스겔 성전에 대하여 기록된 에스겔 40장부터 48장까지의 말씀을 처음 읽을 때는 성경을 아무리 읽어도 무슨 뜻인지 도대체 알 수 없었습니다. 그러나 성경을 수백 번 읽고 성령님의 도우심을 간구하며 간절히 기도하고 매달린 끝에 서서히 에스겔 성전에 대한 말씀이 조금씩 선명해지기 시작하였습니다.

저는 지리산에서의 기도 수련이 끝난 후에, 수많은 주의 종들과 후학들이 부족한 종처럼 세월을 허송하지 않도록 성령님께서 에스겔 성전을 바로 깨닫는 지름길로 안내하여 주시기를 간절히 열망하게 되었습니다. 그래서 에스겔 성전에 관한 책과 에스겔 성전의 재현도를 세상에 내어놓기 위해 준비하였습니다. 그러나 그것은 산모가 아이를 잉태하여 마침내 해산하기까지 짊어져야 하는 수고와 고통, 아니 그 이상의 고된 씨름이었습니다. 그러나 하나님께서 쏟아부어 주시는 주체할 수 없는 은혜와 인도하심에 사로잡혀, 말씀을 묵상하고 그림을 그리다 보면 어느새 먼동이 터 오는 날이 한두 번이 아니었습니다. 때로는 말씀과 그림들이 분명히 알아볼 수 있게 정리가 되지 않아, 쓰다가 버린 원고지들이 수북이 쌓이곤 했습니다. 끝없이 계속되는 강행군 속에 잠을 제대로 자지 못하고 육신이 너무도 아프고 힘들 때도 있었지만, 이제 이렇게 원고를 정리하고 보니 옥동자를 낳아 가슴에 안고 있는 기쁨과 감사뿐입니다. 요한복음 16:21의 “여자가 해산하게 되면 그때가 이르렀으므로 근심하나 아이를 낳으면 세상에 사람 난 기쁨을 인하여 그 고통을 다시 기억지 아니하느니라”라고 하신 말씀이 너무도 실감나게 다가옵니다.

에스겔 성전은 역사적으로는 건축되지 않았습니다. 이 성전은 새 예루살렘성의 청사진과 같은 것으로, 하나님께서는 우리가 이 에스겔 성전을 통해서 자신의 부끄러움을 깨닫고 진심으로 회개하기를 강력하게 요구하고 계십니다. 에스겔 43:10-11에서 "인자야 너는 이 전을 이스라엘 족속에게 보여서 그들로 자기의 죄악을 부끄러워하고 그 형상을 측량하게 하라 [11] 만일 그들이 자기의 행한 모든 일을 부끄러워하거든 너는 이 전의 제도와 식양과 그 출입하는 곳과 그 모든 형상을 보이며 또 그 모든 규례와 그 모든 법도와 그 모든 율례를 알게 하고 그 목전에 그것을 써서 그들로 그 모든 법도와 그 모든 규례를 지켜 행하게 하라"라고 말씀하고 있습니다. 저는 기도처에서 에스겔 성전에 대하여 깊이 묵상하는 가운데 저 자신에 대하여 부끄러움을 크게 느끼고 바위를 치면서 눈물로 회개하며 기도하는 가운데 온 몸이 몇 날 며칠 눈물과 땀으로 범벅이 되곤 하였습니다.

또 스룹바벨 성전은, 에스겔이 주전 573년에 성전의 계시를 받은 후에, 이스라엘 백성이 바벨론 포로에서 돌아와서 주전 516년에 건축을 완성한 성전입니다. 이 스룹바벨 성전은 주전 20년경 헤롯 대왕에 의해서 개축되어 헤롯 성전으로 불렸으며, 이 성전은 예수님께서 초림하셨을 때 존재했던 성전입니다(요 2:19-22). 학개 선지자는 "이 전의 나중 영광이 이전 영광보다 크리라 만군의 여호와의 말이니라 내가 이곳에 평강을 주리라 만군의 여호와의 말이니라"라고 말씀하면서(학 2:9), 분명 스룹바벨 성전에 하나님의 영광이신 예수님께서 임하실 것을 예언하였습니다(요 1:14). 실로 스룹바벨 성전과 관련된 구속사에는 놀라운 하나님의 구속 경륜이 담겨 있습니다.

이렇게 성경에 감추어졌던 신비한 보화인 에스겔 성전과 스룹바벨 성전에 대하여, 불초한 종이 책을 쓰게 된 것은 전적으로 하나님의 돌보심과 은혜입니다. 이스라엘은 유럽과 아시아와 아프리카 대륙이 만나는 세계의 중심(טַבּוּר, '타부르')으로, 사람의 몸에 비한다면 '배꼽'과도 같은 나라입니다(겔 38:12). 하나님께서는 이스라엘을 선민으로 택하시고 구속사적 경륜을 전진시켜 오셨습니다(신 7:6-7). 이제 구속사를 관통하는 하나님의 구속 경륜을 조금이나마 깨닫고 보니, 에스겔 성전과 스룹바벨 성전을 통해 역사하신 하나님의 거룩한 뜻을 믿음으로 받드는 백성이 곧 세계의 중심인 것을 확신하게 됩니다. 바라옵기는 이번 「구속사 시리즈」 제11권을 통하여 예수 그리스도를 믿음의 구주로 고백하는 모든 성도들마다 세계의 중심으로 하나님께 크게 쓰임받는 역사가 있기를 간절히 소망합니다.

무엇보다도 이 책의 원고 정리를 위하여 수고하신 수많은 분들에게 눈물겹게 감사할 뿐입니다. 자주 바뀌는 맞춤법에 익숙하지 못한 저의 글을 일일이 교정하고, 현대적인 감각으로 발간된 그 어떤 책에도 뒤떨어지지 않도록 정성을 다해 다듬어 주느라고 뒤에서 수고하신 동역자들에게 진심으로 다시 한번 감사의 말씀을 드립니다. 참으로 이 충성스러운 주의 일꾼들의 수고를 하나님께서 기억해 주실 줄 믿습니다(고전 4:1-2).

확신하건대 주님의 초림이 성경대로 이루어졌듯이 주님의 재림도 오직 성경대로 이루어질 것입니다. 전 세계에 세워진 주님의 몸된 교회들마다 오직 성경만을 사랑하고 오직 성경대로 예수님을 믿고 살아가는 가운데, 위로부터 쏟아부어 주시는 "예수 그리스도의 나타나실 때에 너희에게 가져올 은혜"(벧전 1:13)를 받아, 장차 성경대로 오시는 예수 그리스도의 영광스러운 재림을 다 맞이하시기를 간절히 기도드립니다.

2012년 12월 25일*
천국 가는 나그네 길에서
예수 그리스도 안에 있는 작은 지체 **박 윤 식**

* 본서는 이미 2012년 12월에 저자가 원고를 마무리해 놓고 미처 출간하지 못했던 것으로, 2014년 12월 17일 저자가 천국에 입성한 후에 남겨진 엄청난 분량의 유작(遺作)들 중의 하나입니다.

차례

이해도움 1 · 42구역으로 나누어 중수(重修)된 12문 예루살렘 성벽
이해도움 2 · 느헤미야 시대의 예루살렘(주전 444-432년경)

저자 서문 · 3

제 1 장 성전 중심의 구속 운동 · 13

1. 에덴동산과 성전
2. 장막 성전(성막)
3. 솔로몬 성전
4. 에스겔 성전
5. 스룹바벨 성전

제 2 장 스룹바벨 성전 · 41

Ⅰ. 제1차 바벨론 포로 귀환의 과정 · 44
1. 바사 왕 고레스의 조서
2. 성전 기명의 회복
3. 귀환자의 구속 경륜

Ⅱ. 스룹바벨 성전 건축과 다니엘 선지자 · 52
1. 고레스왕과 다니엘 선지자
2. 성전 건축과 다니엘의 기도
3. 하나님의 응답

Ⅲ. 스룹바벨 성전 건축의 진행 과정 · 60
1. 스룹바벨 성전 건축의 시작
2. 대적들의 성전 건축 방해

Ⅳ. 스룹바벨 성전 건축 재개의 과정 · 66
1. 재개의 계기
2. 대적들의 방해와 옛 조서의 발견
3. 학개 선지자의 독려
4. 스가랴 선지자의 독려
5. 건축 공사에 동원된 사람들

Ⅴ. 스룹바벨 성전의 구조와 건축과정 · 87
1. 성전의 구조
2. 건축 과정
3. 건축 재료

Ⅵ. 스룹바벨 성전의 완공과 봉헌 · 117
1. 봉헌식
2. 성전 완공의 구속 경륜

Ⅶ. 스룹바벨 성전의 구속사적 특징 · 124
1. 하나님의 구속 경륜 속에 지어진 성전
2. 언약궤 없는 성전
3. '만국의 보배'가 이를 성전

결언: 오로지 메시아를 대망하게 하는 성전

제 3 장 예루살렘 성벽 재건 · 151

Ⅰ. 성벽 재건의 시작 · 154
1. 하나니의 보고
2. 느헤미야의 금식 기도
3. 느헤미야의 기도에 대한 하나님의 응답과 그 교훈

Ⅱ. 성벽 재건의 방해 · 166
1. 외부의 방해
2. 내부의 반대

Ⅲ. 성벽 재건의 완공 · 178
1. 방해 속에서도 성벽이 완공된 비결
2. 성벽 완공 후의 역사
3. 거주지 재배치와 성벽 낙성식

제 4 장 성벽 재건의 12문과 42구역 · 215

1. 양문(베냐민문): 제1-3구역 성벽
2. 어문(생선문): 제4-8구역 성벽
3. 옛문: 제9-17구역 성벽
4. 골짜기문: 제18구역 성벽
5. 분문(하시드문): 제19구역 성벽
6. 샘문: 제20-33구역 성벽
7. 수문: 제34-35구역 성벽
8. 마문(말문): 제36-37구역 성벽
9. 동문: 제38-40구역 성벽
10. 함밉갓문(감옥문): 제41-42구역 성벽
11. 에브라임문
12. 모퉁이문

결언: 성벽 재건 공사에 담긴 구속사적 교훈

제 5 장 귀환자들의 성별된 족보 개요 · 333

Ⅰ. 에스라, 느헤미야의 족보 · 336

1. 에스라·느헤미야의 족보, '야하스'
2. 에스라·느헤미야 족보의 기록 순서
3. 에스라·느헤미야 족보의 차이
4. 에스라·느헤미야 족보에 기록된
   제1차 바벨론 포로 귀환자 족보의 비교

Ⅱ. 귀환자들 족보의 분류 기준과 연구 방향 · 345

1. 분류 기준
2. 연구 방향

Ⅲ. 바벨론 포로 귀환의 지도자들과 족보 · 354

1. 제1차 바벨론 포로 귀환의 지도자
2. 제2·3차 바벨론 포로 귀환의 지도자들

제 6 장 귀환자들의 성별된 족보 · 363

Ⅰ. 제1차 바벨론 포로 귀환자들의 족보 · 366

1. 가계별로 분류된 17개 자손 · 366

1) 바로스 자손
2) 스바댜 자손
3) 아라 자손
4) 바핫모압 자손
5) 엘람 자손
6) 삿두 자손
7) 삭개 자손
8) 바니 자손
9) 브배 자손
10) 아스갓 자손
11) 아도니감 자손
12) 비그왜 자손
13) 아딘 자손
14) 아델 자손
15) 베새 자손
16) 요라 자손
17) 하숨 자손

소결론: 가계별 17개 자손의 구속사적 교훈

2. 지역별로 분류된 17개 자손 · 396

1) 깁발 자손(기브온 사람)
2) 베들레헴 자손과 느도바 사람
3) 아나돗 사람
4) 아스마웻 자손(벧아스마웻 사람)
5) 기랴다림 자손(기럇여아림 사람)
6) 그비라 자손
7) 브에롯 자손
8) 라마와 게바 자손
9) 믹마스 사람
10) 벧엘과 아이 사람
11) 느보 자손
12) 막비스 자손
13) 다른 엘람 자손
14) 하림 자손
15) 로드와 하딧과 오노 자손
16) 여리고 자손
17) 스나아 자손

소결론: 지역별 17개 자손의 구속사적 교훈

3. 성전 봉사자별(직무별)로 분류된 17개 자손 · 415

1) 여다야 자손
2) 임멜 자손
3) 바스훌 자손
4) 하림 자손
5) 호다위야(호드야) 자손
6) 아삽 자손
7-12) 살룸, 아델, 달문, 악굽, 하디다, 소배 자손
13) 느디님 사람 자손
14) 솔로몬 신복 자손
15) 하바야(호바야) 자손
16) 학고스 자손
17) 바르실래 자손

소결론: 성전 봉사자별(직무별) 17개 자손의 구속사적 교훈

4. 기타 귀환자 자손 · 433

들라야 자손, 도비야 자손, 느고다 자손

소결론: 기타 귀환자 자손의 구속사적 교훈

Ⅱ. 제2차 바벨론 포로 귀환자들의 족보 · 437
1. 개요
2. 귀환자의 수
3. 제2차 바벨론 포로 귀환자 족보의 특징

Ⅲ. 제3차 바벨론 포로 귀환자들의 족보 · 447
1. 개요
2. 언약에 인을 친 자들의 명단
3. 예루살렘에 거주한 자들의 명단
4. 예루살렘 밖에 거주한 자들의 명단
5. 제사장들과 레위인들의 명단
6. 구속사적 교훈

결언: 귀환자 족보의 구속 경륜

결 론 **교회를 통한 신앙 전수** · 483
1. 교회를 통해 나타나는 구속 역사
2. 교회의 본질
3. 새 예루살렘성과 종말적 전망

편집자 주(註) · 516
찾아보기 · 519

제 1 장

성전 중심의 구속 운동

The Temple-Centered Work of Redemption

성전 중심의 구속 운동

THE TEMPLE-CENTERED WORK OF REDEMPTION

하나님의 구속 운동은 교회를 통하여 진행됩니다. 교회는 세상에서 하나님께 부르심을 받아 예수 그리스도의 십자가 보혈로 구속함을 받고 예수 그리스도를 구주로 고백하는 거룩한 자들의 모임입니다(고전 1:2). 성도는 교회에서 하나님께 예배를 드리며 세례와 성찬과 같은 성례를 통해 하나님께 영광을 돌립니다. 하나님께서는 교회를 통해서 하나님의 말씀을 선포하시며(엡 3:8-10), 교회는 예수 그리스도의 복음을 전파하여 죽어가는 많은 영혼을 구원하는 구령(救靈) 운동의 센터가 됩니다.

오순절 성령 강림으로 교회가 세워지기 전까지, 하나님께서는 성전을 중심으로 구속 운동을 진행시켜 오셨습니다. 하나님의 구속 운동은 에덴동산에서부터 시작되었고, 그 후 보이는 형태로 지어진 모세 시대의 장막 성전, 왕정 시대에 건축된 솔로몬 성전, 그리고 바벨론 포로 귀환 후에 건축된 스룹바벨 성전은 하나님의 구속 운동의 중추적 역할을 수행하였습니다. 하나님께서는 성전을 '택하신 장소'에 세우시고(왕상 8:16, 대하 6:5-6, 시 132:5, 13-14), 그곳에 '임재'하셨습니다(왕상 8:13, 대하 6:2, 합 2:20). 그리고 '제사장', '제사와 제물'을 통해 역사하셨습니다(히 5:1, 8:3).

본장에서는 중단 없이 진행된 하나님의 구속 운동을 성전을 중심으로 살펴보겠습니다.

1. 에덴동산과 성전

The Garden of Eden and the Temple

에덴동산에 보이는 건물은 없었지만, 에덴동산 그 자체가 바로 신령한 성전이었습니다.

(1) 택하신 장소

하나님께서는 사람을 지으시고 그를 택하신 장소인 에덴동산에 두셨습니다. 창세기 2:8에서 "여호와 하나님이 동방의 에덴에 동산을 창설하시고 그 지으신 사람을 거기 두시고"라고 말씀하고 있습니다. 여기 '동산'은 히브리어 '간'(גַּן)으로, '울타리가 쳐진 정원이나 뜰'을 가리킵니다. 하나님께서 에덴에 창설하신 동산을 성전과 같이 특별한 장소로 구별하셨음을 의미합니다.

시편 36:8에서 "저희가 주의 집의 살찐 것으로 풍족할 것이라 주께서 주의 복락의 강수로 마시우시리이다"라고 말씀하고 있습니다. 여기 '복락의 강수'는 에덴동산에서 흘러나오는 네 강을 염두에 둔 표현입니다(창 2:10-14). 또한, '복락'은 히브리어 '에덴'(עֵדֶן)으로, 시편 기자는 '복락(에덴)의 강수'와 '주의 집의 살찐 것'을 대구(對句)로 하여, 에덴동산이 '주의 집', 곧 성전이라고 표현하고 있습니다.

에덴동산에서 흘러나오는 네 강은 훗날 에스겔 성전에서 흘러나오는 생명수 강의 모습으로 종말적으로 형상화되어 나타납니다. 에스겔 47:1에서 "그가 나를 데리고 전 문에 이르시니 전의 전면이 동을 향하였는데 그 문지방 밑에서 물이 나와서 동으로 흐르다가 전 우편 제단 남편으로 흘러내리더라"라고 말씀하고 있으며, 그 물은 동향한 바깥문 우편을 지나(겔 47:2), 동으로 나아가며 마침내 창일한 강을 이루었습니다(겔 47:3-5). 그리고 12절에서는 "그 물이 성소로 말미암아 나옴이라"라고 하여, 생명수 강의 출처가 성소임을 확실히 증거하고 있습니다. 에스겔 28:13에서도 '하나님의 동산 에덴'을 언급한 다음에, 18절에서 그곳을 가리켜 '성소'라고 말씀하고 있습니다. 이처럼 성경은 에덴동산이 하나님의 성전이었음을 확실하게 증거하고 있습니다.

(2) 하나님의 임재

하나님께서는 택하신 장소 에덴동산에 임재하셨습니다. 창세기 3:8에서 "그들이 날이 서늘할 때에 동산에 거니시는 여호와 하나님의 음성을 듣고"라고 말씀하고 있습니다. '거니시는'은 히브리어 '할라크'(הָלַךְ)의 히트파엘(재귀강조) 분사형으로, 하나님께서 자신을 위해서 에덴동산에 계속 임재하셨음을 나타냅니다. 사무엘하 7:6에서 "내가 이스라엘 자손을 애굽에서 인도하여 내던 날부터 오늘날까지 집에 거하지 아니하고 장막과 회막에 거하며 행하였나니"라고 말씀하고 있는데, 여기 '행하였나니'에도 히브리어 '할라크'의 히트파엘(재귀강조) 분사형이 사용되고 있습니다. 이스라엘 백성의 출애굽 후 세워진 성막에도 하나님께서 계속 임재하셨다는 것입니다.

특히 창세기 3:22에서 "이 사람이 선악을 아는 일에 우리 중 하나같이 되었으니"라고 말씀하고 있는데, 여기 '우리'는 '성부·성자·성령'을 가리키는 것으로, 에덴동산에 삼위일체 하나님의 임재가 있었음을 보여줍니다.

(3) 제사장

성전에서 제사장이 일을 하듯이, 하나님께서는 에덴동산이라는 신령한 성전에 아담을 제사장으로 세우셨습니다. 하나님께서는 아담으로 하여금 에덴동산을 다스리며 지키게 하셨습니다. 창세기 2:15에서 "여호와 하나님이 그 사람을 이끌어 에덴동산에 두사 그것을 다스리며 지키게 하시고"라고 말씀하고 있습니다. 여기 '다스리며'는 히브리어 '아바드'(עָבַד)이며, '지키게'는 히브리어 '샤마르'(שָׁמַר)입니다. 성경에서 이 두 동사가 동시에 사용될 때는 주로 제사장이나 레위인들이 성소에서 직무를 행하는 것을 가리킵니다.

민수기 3:7-8 "그들이 회막 앞에서 아론의 직무와 온 회중의 직무를 위하여 회막에서 **시무**('아바드')**하되**('샤마르') [8] 곧 회막의 모든 기구를 **수직하며**('샤마르') 이스라엘 자손의 직무를 위하여 장막에서 **시무**('아바드') 할찌니"

민수기 18:7 "너와 네 아들들은 단과 장 안의 모든 일에 대하여 제사장의 직분을 **지켜**('샤마르') **섬기라**('아바드') 내가 제사장의 직분을 너희에게 선물로 주었은즉 거기 가까이하는 외인은 죽이울찌니라"

(4) 제사(제물)

아담과 하와가 타락하기 전까지는 성경에 제사가 등장하지 않습니다. 인간이 타락하기 전에는 피 흘리는 제사는 필요하지 않았습니다.

아담과 하와는 범죄한 후, 벌거벗은 수치를 가리기 위해 무화과나무 잎을 엮어 치마를 만들었는데(창 3:7), 이 치마는 햇빛에 곧 바스러지고 마는 임시적인 옷이었습니다. 그래서 하나님께서는 그들을 위하여 가죽옷을 지어 입혀주셨습니다. 창세기 3:21에서 "여호와 하나님이 아담과 그 아내를 위하여 가죽옷을 지어 입히시니라"라고 말씀하고 있습니다. 가죽옷을 지어 입히려면 반드시 어떤 짐승이 희생되어야 합니다. 희생된 이 짐승은, 장차 세상 죄를 지고 가는 하나님의 어린양으로서 십자가에서 속죄 제물로 죽으실 예수 그리스도를 예표합니다(요 1:29, 고전 5:7).

하나님께서는 아담과 하와가 타락한 후에 그들을 에덴동산 밖으로 내보내셨습니다(창 3:23). 아담과 하와는 가인과 아벨을 낳고(창 4:1-2), 가인과 아벨이 하나님께 제사를 드리도록 하였습니다. 가인은 땅의 소산으로 제물을 삼았고, 아벨은 양의 첫 새끼와 그 기름으로 제물을 삼아 제사를 드렸습니다(창 4:3-4上). 하나님께서는 믿음으로 첫 것을 드린 아벨과 그 제물은 열납하셨으나, 가인과 그 제물은 열납하지 않으셨습니다(창 4:4下-5). 히브리서 11:4에서 "믿음으로 아벨은 가인보다 더 나은 제사를 하나님께 드림으로 의로운 자라 하시는 증거를 얻었으니 하나님이 그 예물에 대하여 증거하심이라 저가 죽었으나 그 믿음으로써 오히려 말하느니라"라고 말씀하고 있습니다.

이렇게 아담과 하와가 타락한 죄인으로 전락한 후에, 인생들은 제사와 예물을 통하여 하나님께 나아갈 수 있게 되었습니다.

2. 장막 성전(성막)

The Tabernacle

이스라엘 백성이 출애굽한 후에 하나님께서는 시내산에서 모세에게 장막 성전(성막)의 식양을 계시해주셨습니다. 이 장막 성전의 계시는 모세가 시내산에 제6차로 올라가서 40일 동안 금식하면서 하나님께 받은 것입니다(출 24:12-31:18).[1] 출애굽기 25:9에서 "무릇 내가 네게 보이는 대로 장막의 식양과 그 기구의 식양을 따라 지을찌니라"라고 말씀하고 있습니다. 장막 성전은 주전 1445년 1월 1일에 처음으로 세워졌고(출 40:2, 17) 주전 959년에 솔로몬 성전이 지어질 때까지 존속하였으며, 하나님께 제사드리는 장소이자 이스라엘 백성의 신앙생활의 구심점이 되었습니다.

(1) 택하신 장소

장막 성전은 이스라엘 백성이 광야에서 진을 옮길 때마다 같이 옮겨야 하는 이동식 예배 처소였습니다. 민수기 7:1에서 "모세가 장막 세우기를 필하고 그것에 기름을 발라 거룩히 구별하고 또 그 모든 기구와 단과 그 모든 기구에 기름을 발라 거룩히 구별한 날에"라고 말씀하고 있습니다. 여기 '거룩히 구별하고'는 '봉헌하다, 분리되다, 거룩하다'라는 뜻을 가진 히브리어 '카다쉬'(קָדַשׁ)의 피엘(강조)형입니다. 이는 장막 성전이 하나님께서 특별히 구별(선택)하신 거룩한 장소라는 것을 말해줍니다(신 12:5, 11, 14, 21, 26).

이스라엘 백성이 가나안에 입성한 후에도 성막은 '여호와의 택하신 곳'이었습니다. 여호수아 9:27에서 "그날에 여호수아가 그들로 여호와의 택하신 곳에서 회중을 위하며 여호와의 단을 위하여 나무 패며 물 긷는 자를 삼았더니 오늘까지 이르니라"라고 말씀하고 있습니다. 장막 성전은 하나님께서 택하신 하나님의 특별한 처소인 것입니다.

(2) 하나님의 임재

성막은 하나님께서 임재하시는 성전이었습니다. 성막에는 하나님의 임재가 크게 두 가지로 나타났습니다.

첫째, 하나님께서는 성막에서 이스라엘 백성을 만나주시고, 성막에서 이스라엘 백성에게 말씀을 선포하셨습니다.

출애굽기 29:42-43에서 "이는 너희가 대대로 여호와 앞 회막 문에서 늘 드릴 번제라 내가 거기서 너희와 만나고 네게 말하리라 [43] 내가 거기서 이스라엘 자손을 만나리니 내 영광을 인하여 회막이 거룩하게 될찌라", 출애굽기 25:22에서도 "거기서 내가 너와 만나고 속죄소 위 곧 증거궤 위에 있는 두 그룹 사이에서 내가 이스라엘 자손을 위하여 네게 명할 모든 일을 네게 이르리라"라고 말씀하고 있습니다.

둘째, 하나님의 영광이 성막에 가득하였습니다.

출애굽기 40:34-35을 볼 때, "그 후에 구름이 회막에 덮이고 여호와의 영광이 성막에 충만하매 [35] 모세가 회막에 들어갈 수 없었으니 이는 구름이 회막 위에 덮이고 여호와의 영광이 성막에 충만함이었으며"라고 말씀하고 있습니다. 하나님의 영광이 가득한 것은 바로 하나님의 임재의 상징이었습니다. 훗날 예수 그리스도께서 성육신하시어 이 세상에 임재하신 것도 하나님의 영광을 보여주신 사건입니다. 요한복음 1:14에서 "말씀이 육신이 되어 우리 가운데 거하시매 우리가 그 영광을 보니 아버지의 독생자의 영광이요 은혜와 진리가 충만하더라"라고 말씀하고 있습니다.

(3) 제사장

하나님께서는 장막 성전을 주시고 그곳에서 일할 제사장들을 세우셨습니다. 이스라엘 자손 가운데 레위 지파를 택하시고 그중에서도 아론의 후손들만이 제사장이 될 수 있게 하셨습니다.

출애굽기 28:1 "너는 이스라엘 자손 중 네 형 아론과 그 아들들 곧 나답과 아비후와 엘르아살과 이다말을 그와 함께 네게로 나아오게 하여 나를 섬기는 제사장 직분을 행하게 하되"

출애굽기 29:9 "아론과 그 아들들에게 띠를 띠우며 관을 씌워서 제사장의 직분을 그들에게 맡겨 영원한 규례가 되게 하라 너는 이같이 아론과 그 아들들에게 위임하여 거룩하게 할찌니라"

제사장의 직무는 하나님의 말씀(율법)을 백성에게 해석해주고 가르치는 일과 하나님 앞에 분향하고 제사를 드리는 일이었습니다. 신명기 33:10에서 "주의 법도를 야곱에게, 주의 율법을 이스라엘에게 가르치며 주 앞에 분향하고 온전한 번제를 주의 단 위에 드리리로다"라고 말씀하고 있습니다. 예수 그리스도의 십자가 구속 사역과 오순절 성령 강림 이후, 성도는 '왕 같은 제사장'(벧전 2:9), '복음의 제사장'(롬 15:16)으로 부름받았습니다.

(4) 제사(제물)

장막 성전에서 드려지는 제사는 크게 다섯 가지가 있습니다.

첫째, **번제입니다**(레 1:3-17).

'번제'는 히브리어 '올라'(עֹלָה)이며, '올라가다'라는 뜻의 히브리어 '알라'(עָלָה)에서 유래하였습니다. 이는 희생 제물 전체가 불로 태워져서 그 향기가 '하나님께로 올라간다'는 의미를 담고 있습니다. 한글 개역성경에서는 '구울 번(燔), 제사 제(祭)'를 써서 '번제(燔祭)'로 번역하였고, 그 뜻은 '제물을 태워서 바치는 제사(burnt offering)'입니다.

둘째, **소제입니다**(레 2:1-16).

'소제'는 히브리어 '민하'(מִנְחָה)이며, '선물, 경외, 감사, 충성'이라는 뜻입니다. 이는 다른 제사와 함께 드려지는 제사로, 충성과 헌신의 의미를 담고 있습니다. 한글 개역성경에서는 '흴 소(素), 제사 제(祭)'를 써서 '소제(素祭)'로 번역하였고, 그 뜻은 '곡물의 고운 가루를 드리는 제사(grain offering)'입니다.

셋째, **화목제입니다**(레 3:1-17).

'화목제'는 히브리어 '쉘라밈'(שְׁלָמִים)으로, '평화롭다, 회복하다'라는 뜻의 '샬람'(שָׁלַם)에서 유래하였습니다. 이는 하나님과 사람 사이에 평화가 회복되며 그 은혜에 감사한다는 의미를 담고 있습니다. 한글 개역성경에서는 '화목할 화(和), 화목할 목(睦), 제사 제(祭)'를 써서 '화목제(和睦祭)'로 번역하였고, 그 뜻은 '화목하고 평화롭게 하는 제사(peace offering)'입니다. 참고로, 받은바 은혜에 감사한다는 의미에서 화목제를 '수은제(酬恩祭)'(왕상 3:15, 왕하 16:13, 암 4:5), '감사제(感謝祭)'(왕상 8:64, 9:25, 대하 29:31, 33:16, 겔 43:27, 45:15, 17, 46:2, 12)라고도 합니다.

넷째, **속죄제입니다**(레 4:1-5:13).

'속죄제'는 히브리어 '핫타아'(חַטָּאָה) 또는 '핫타트'(חַטָּאת)로, '과녁을 맞추지 못하다'라는 뜻을 가진 '하타'(חָטָא)에서 유래하였습니다. 이는 '사람의 형편과 처지에 따라 제물을 준비하여 죄 사함을 받기 위해 드리는 제사'라는 의미를 담고 있습니다(출 29:14, 레 5:6-12). 한글 개역성경에서는 '속죄할 속(贖), 허물 죄(罪), 제사 제(祭)'를 써서 '속죄제(贖罪祭)'로 번역하였고, 그 뜻은 '죄를 속하기 위하여 하나님께 드리는 희생 제사(sin offering)'입니다.

다섯째, **속건제입니다**(레 5:14-6:7).

'속건제'는 히브리어 '아샴'(אָשָׁם)으로, '죄, 위반, 배상'이라는 뜻입니다. 이는 성물에 죄를 지었을 때 숫양과 함께 성물의 1/5을 더하여 제사를 드리고, 이웃에게 해를 끼쳤을 때 물건 값의 1/5을 더하여 배상하고 숫양으로 제사를 드려야 했기 때문에 붙여진 이름입니다. 한글 개역성경은 '속죄할 속(贖), 허물 건(愆), 제사 제(祭)'를 써서 '속건제(贖愆祭)'라고 번역하였고, 그 뜻은 '허물에 대한 값을 치르는 제사(guilt offering)'입니다.

3. 솔로몬 성전
Solomon's Temple

이스라엘의 왕정이 확립된 후에 다윗과 솔로몬을 통해 성전이 건축되었습니다. 다윗왕은 자신은 백향목으로 된 화려한 궁에 거하고 있는데, 하나님의 언약궤는 휘장 안에 있다는 사실에 너무나 황송하여 건물로 된 성전을 지어야겠다고 마음먹었습니다(삼하 6:17, 7:1-3). 그러나 하나님께서는 다윗이 군인으로서 피를 많이 흘렸기 때문에 성전을 지을 수 없다고 선언하시고, 다윗의 아들인 솔로몬이 하나님의 이름을 위하여 성전을 건축할 것이라고 말씀하셨습니다(대상 22:8-10, 28:3).

다윗왕은 자기 손으로 성전을 건축할 수는 없었지만, 성전 건축에 필요한 모든 것을 철저하게 준비하였습니다(대상 22:2-5, 29:2-5). 그리고 솔로몬왕 때 성전이 건축되었습니다. 솔로몬 성전은 솔로몬 통치 4년 시브(2월)부터 시작되어 통치 11년 불(Bul, 8월)까지 약 6년 6개월에 걸쳐서 완공되었습니다(왕상 6:1, 37-38, 대하 3:2).[2)]

(1) 택하신 장소

솔로몬 성전이 건축된 장소는 하나님께서 미리 택하신 곳이었습니다. 역대하 7:16 상반절에서는 "이는 내가 이미 이 전을 택하고 거룩하게 하여"라고 말씀하고 있습니다. 솔로몬 성전이 건축된 장소는 구속사적으로 중요한 의미를 가집니다.

솔로몬 성전은 모리아산에 건축되었습니다. 역대하 3:1에서 "솔로몬이 예루살렘 모리아산에 여호와의 전 건축하기를 시작하니 그곳은 전에 여호와께서 그 아비 다윗에게 나타나신 곳이요 여부스 사람 오르난의 타작마당에 다윗이 정한 곳이라"라고 말씀하고 있습니다.

다윗은 말년에 교만한 마음으로 자신의 능력을 과시하기 위하여 인구 조사를 하였습니다. 이로 인해 하나님께 징계를 받아 3일 동안 온역이 임하여 백성 가운데 7만 명이나 죽었습니다(삼하 24:15, 대상 21:14). 이에 다윗이 철두철미하게 회개하며 오르난(아라우나)의 타작마당에서 하나님께 제사를 드렸습니다(삼하 24:18-25, 대상 21:18-30). 이때 다윗은 하나님께서 불로 응답하심을 보고 "이는 여호와 하나님의 전이요 이는 이스라엘의 번제단이라"(대상 22:1)라고 고백하며, 이곳에 하나님의 성전이 세워질 것을 미리 말하였습니다. 이 장소는 옛날 믿음의 조상 아브라함이 이삭을 바친 모리아산이었습니다(창 22:1-19). 훗날 예수님께서는 아브라함이 이삭을 바쳤던 모리아산 근방의 골고다 언덕에서 십자가에 달려 죽기까지 순종하심으로, 자기 백성의 모든 죄 문제를 완전히 해결해주셨습니다.

(2) 하나님의 임재

하나님께서는 솔로몬 성전에 임재하셨습니다. 열왕기상 8:13에서 “내가 참으로 주를 위하여 계실 전을 건축하였사오니 주께서 영원히 거하실 처소로소이다”라고 말씀하고 있습니다. 솔로몬 성전에는 하나님의 임재가 크게 두 가지로 나타났습니다.

첫째, 솔로몬 성전에 하나님의 영광이 가득하였습니다.

솔로몬이 언약궤를 지성소로 옮겼을 때 하나님의 영광이 솔로몬 성전에 가득하였습니다. 열왕기상 8:11에서 “제사장이 그 구름으로 인하여 능히 서서 섬기지 못하였으니 이는 여호와의 영광이 여호와의 전에 가득함이었더라”라고 말씀하고 있습니다(대하 5:14, 7:1-3). 하나님은 이처럼 하나님의 영광으로 성전에 임재하셨습니다.

둘째, 솔로몬 성전에 하나님의 이름과 눈과 귀와 마음이 머물러 있었습니다.

솔로몬 성전에는 하나님의 이름이 있었습니다(왕상 8:29, 9:3, 대하 6:6, 20, 7:16, 33:4). 또한, 하나님의 눈과 마음이 솔로몬 성전에 있었습니다(왕상 8:29, 대하 7:16). 열왕기상 9:3 하반절에서 “내가 너의 건축한 이 전을 거룩하게 구별하여 나의 이름을 영영히 그곳에 두며 나의 눈과 나의 마음이 항상 거기 있으리니”라고 말씀하고 있습니다. 하나님의 귀도 솔로몬 성전에 있었습니다. 역대하 7:15에서 “이곳에서 하는 기도에 내가 눈을 들고 귀를 기울이리니”라고 말씀하고 있습니다(대하 6:40).

(3) 제사장

다윗왕은 솔로몬을 통해 건축될 성전에서 직무를 행할 제사장을 24개 반열로 미리 정비하였습니다. 다윗은 엘르아살의 자손 사독 가문과 이다말의 자손 아히멜렉 가문이 제사장직을 수행하도록 하였는데, 엘르아살 가문에서 16개 반열, 그리고 이다말 가문에서 8개 반열을 담당하였습니다. 역대상 24:4에서 "엘르아살의 자손 중에 족장이 이다말의 자손보다 많으므로 나눈 것이 이러하니 엘르아살 자손의 족장이 십륙이요 이다말 자손은 그 열조의 집을 따라 여덟이라"라고 말씀하고 있습니다. 이들은 완성될 성전에서 '성소의 일을 다스리는 자'와 '하나님의 일을 다스리는 자'로서의 사명을 받았습니다(대상 24:5).

솔로몬 성전이 완성된 후에 제사장들이 하나님의 언약궤를 메고 올라와서 지성소에 안치하였습니다. 열왕기상 8:3에서 "이스라엘 장로들이 다 이르매 제사장들이 궤를 메니라"라고 하였고, 6절에서 "제사장들이 여호와의 언약궤를 그 처소로 메어 들였으니 곧 내전 지성소 그룹들의 날개 아래라"라고 말씀하고 있습니다. 이어서 제사장들이 성소에서 나올 때 여호와의 성전에 하나님의 영광이 가득했습니다(왕상 8:10-11). 하나님께서 솔로몬 성전과 제사장들의 헌신을 기쁘게 받으시고, 영광으로 그 성전에 임재하신 것입니다.

(4) 제사(제물)

솔로몬왕과 이스라엘 백성은 하나님께 성전을 봉헌하면서 셀 수 없이 많은 양과 소로 제사를 드렸습니다. 열왕기상 8:5에서 "솔로몬왕과 그 앞에 모인 이스라엘 회중이 저와 함께 궤 앞에 있어 양과 소로 제사를 드렸으니 그 수가 많아 기록할 수도 없고 셀 수도 없었더라"라고 말씀하고 있습니다. 여기 '양'은 히브리어 '촌'(צֹאן)으로, 암수를 모두 포함하는 집합 명사이며, '소'는 히브리어 '바카르'(בָּקָר)의 남성 단수 명사로 '수소'를 의미합니다. 레위기에 기록된 5대 제사 가운데 암양도 제물로 드릴 수 있는 제사는 화목제입니다(레 3:6). 열왕기상 8:63에서는 솔로몬이 '수소 이만 이천과 양 십이만'을 화목제로 드렸다고 말씀하고 있습니다.

온 백성이 성전 봉헌으로 하나님과 화목되었음을 감사하면서 기쁨으로 제사를 드렸습니다. 솔로몬왕과 백성이 드린 제물의 양은 도저히 수를 세거나 기록할 수 없을 정도였으니, 그들이 얼마나 큰 감사와 기쁨으로 하나님께 헌신하였는지 알 수 있습니다(왕상 8:63-64).

그러나 솔로몬왕은 말년에 하나님의 말씀을 떠나서 많은 이방 여자를 맞아들이고 산당을 지어서 이방 신들에게 제사하였습니다(왕상 11:4). 이에 대해 열왕기상 11:6에서는 "솔로몬이 여호와의 눈앞에서 악을 행하여 그 부친 다윗이 여호와를 온전히 좇음같이 좇지 아니하고"라고 말씀하였고, 9절 상반절에서는 "솔로몬이 마음을 돌이켜 이스라엘 하나님 여호와를 떠나므로 여호와께서 저에게 진노하시니라"라고 말씀하고 있습니다. 그리고 하나님께서는 이전에 두 번이나 솔로몬에게 다른 신을 좇지 말라고 경고하셨음에도 불구하고 그 명령을 지키지 않은 솔로몬에게 "내가 결단코 이 나라를 네게서 빼앗아 네 신복에게 주리라"라고 말씀하셨습니다(왕상 11:9下-13). 그 죄의 결과로, 솔로몬왕이 죽은 후에 통일 이스라엘 왕국이 남 유다와 북 이스라엘로 분열되고 말았습니다.

4. 에스겔 성전

Ezekiel's Temple

솔로몬왕이 죽은 후 나라가 분열되었고, 북 이스라엘 왕국은 주전 722년에 앗수르에게 멸망을 당하였으며, 남 유다 왕국은 주전 586년에 바벨론에게 멸망을 당하였습니다. 바벨론의 침략으로 솔로몬 성전은 완전히 파괴되었고, 많은 백성이 포로로 끌려갔습니다(왕하 25:8-11). 주전 573년에 하나님께서는 바벨론에 포로로 끌려와 있는 에스겔 선지자에게 새 성전의 이상을 보여주셨습니다(겔 40:1-4).

에스겔 성전의 모습은 에스겔 40-48장에 자세히 기록되어 있습니다. 이 성전은 역사적으로 이 땅 위에 건축된 성전은 아닙니다. 하나님께서 이상으로 보여주신 에스겔 성전은, 성도가 자신의 모든 죄악을 낱낱이 회개하고 거룩한 삶을 회복하여(겔 43:10-12), 마침내 '여호와 삼마'('여호와께서 거기 계시다', 겔 48:35)의 축복을 받아서 들어가게 되는 종말적 새 예루살렘성의 청사진입니다(계 21:1-22:5).

(1) 택하신 장소

하나님께서 에스겔 성전의 이상을 보여주신 장소는 이스라엘 땅 '극히 높은 산'이었습니다. 에스겔 40:2에서 "하나님의 이상 중에 나를 데리고 그 땅에 이르러 나를 극히 높은 산 위에 내려놓으시는데 거기서 남으로 향하여 성읍 형상 같은 것이 있더라"라고 말씀하고 있습니다. 이 산은 하나님께서 택하신 장소로, 세상과 구별하신 장소입니다.

그래서 에스겔 성전이 위치한 장소는 '거룩한 곳(구별된 곳)'으로 불렸습니다. 에스겔 20:40에서 "나 주 여호와가 말하노라 이스라엘 온 족속이 그 땅에 있어서 내 거룩한 산 곧 이스라엘의 높은 산에서 다 나를 섬기리니 거기서 내가 그들을 기쁘게 받을찌라"라고 말씀하였고, 에스겔 43:12에서 "전의 법은 이러하니라 산꼭대기 지점의 주위는 지극히 거룩하리라 전의 법은 이러하니라"라고 말씀하고 있습니다.

최초의 성전 에덴동산을 가리켜 에스겔 28:14에서는 '하나님의 성산'으로, 16절에서는 '하나님의 산'으로 부르고 있습니다(슥 8:3). 에스겔 성전 역시 하나님의 택하신 장소인 '극히 높은 산'에 위치하는 것입니다.

(2) 하나님의 임재

에스겔 성전은 하나님께서 임재하시되, 일시적으로가 아니라 영원히 임재하시는 성전입니다. 에스겔 성전에는 하나님의 임재가 크게 네 가지로 나타납니다.

첫째, 하나님께서 영원히 거하시겠다고 선언하셨습니다.

에스겔 선지자는 놋같이 빛난 사람의 인도로 에스겔 성전의 곳곳을 방문하게 되는데, 그중 19번째로 본 곳이 동향한 문과 안뜰과 번제단입니다(겔 43:1-27).[3] 에스겔 선지자가 여호와의 영광이 성전에 가득한 것을 보게 되는데, 한 사람이 에스겔 선지자의 곁에 서서 "인자야 이는 내 보좌의 처소, 내 발을 두는 처소, 내가 이스라엘 족속 가운데 영원히 거할 곳이라"라고 말씀하였습니다(겔 43:7上). 그리고 이어서 "이제는 그들이 그 음란과 그 왕들의 시체를 내게서 멀리 제하여 버려야 할 것이라 그리하면 내가 영원토록 그들의 가운데 거하리라"라고 말씀하였습니다(겔 43:9). 에스겔 성전은 종말적 성전으로, 하나님께서 영원히 임재하시는 곳입니다.

둘째, 하나님의 영광이 임하였습니다.

하나님께서 에스겔 성전에 영원히 거하시겠다고 선포하시기 전에, 먼저 하나님의 영광이 에스겔 성전에 임하였습니다. 여호와의 영광은 동편에서부터 왔으며(겔 43:2上), 그 영광이 동문으로 성전에 들어갔고(겔 43:4), 그 후에 하나님의 영광이 성전에 가득하였습니다. 에스겔 43:5에서 "성신이 나를 들어 데리고 안뜰에 들어가시기로 내가 보니 여호와의 영광이 전에 가득하더라"라고 말씀하고 있습니다. 에스겔 44:4에서도 "그가 또 나를 데리고 북문을 통하여 전 앞에 이르시기로 내가 보니 여호와의 영광이 여호와의 전에 가득한지라 내가 얼굴을 땅에 대고 엎드린대"라고 말씀하고 있습니다. 특별히 바깥뜰에 있는 성소 동향한 바깥문을 닫고 다시 열지 말라고 명령하셨는데(겔 44:1-2), 이는 성전 가운데 들어오신 하나님의 영광이 다시는 떠나지 않겠다고 약속하시는 영원한 임재의 선포입니다.

셋째, 화평의 언약을 통해 예고되었습니다.

에스겔 37:24-25에서는 장차 도래할 예수 그리스도께서 영원한 왕이 되시는 하나님 나라를 예언하고 있습니다. 이 말씀은 회복될 하나님의 백성과 세우실 화평의 언약으로 이어집니다. 화평의 언약은 영원한 언약으로서 하나님의 영원한 성소가 세워진다는 약속입니다. 26-28절에서는 "내가 그들과 화평의 언약을 세워서 영원한 언약이 되게 하고 또 그들을 견고하고 번성케 하며 내 성소를 그 가운데 세워서 영원히 이르게 하리니 [27] 내 처소가 그들의 가운데 있

을 것이며 나는 그들의 하나님이 되고 그들은 내 백성이 되리라 28
내 성소가 영원토록 그들의 가운데 있으리니 열국이 나를 이스라엘을 거룩케 하는 여호와인 줄 알리라 하셨다 하라"라는 말씀을 통해 하나님께서 이 성전에 영원토록 임재하시며, 그 결과 하나님과 그 백성의 관계가 온전해질 것을 말씀하셨습니다.

넷째, '여호와 삼마'의 선포를 통해 나타났습니다.

에스겔 성전에 대한 마지막 계시의 내용이자, 에스겔서의 마지막 구절은 에스겔 48:35인데, 이 구절은 "그 사면의 도합이 일만 팔천 척이라 그날 후로는 그 성읍의 이름을 여호와 삼마라 하리라"라고 끝을 맺고 있습니다. 여기 '여호와 삼마'는 히브리어 '예호바아도나이 샴마'(יְהוָה שָׁמָּה)로, '여호와께서 거기 계시다'라는 뜻입니다. 이 또한 하나님의 임재를 나타내고 있습니다.

그런데 '여호와 삼마'가 선포된 장소는 '성읍'이었습니다. 하나님께서는 에스겔 성전에 계실 뿐만 아니라, 더 나아가 이스라엘 백성이 거주하는 성읍에도 계신다는 것입니다. 이는 하나님의 임재가 성전에서 성읍으로 확산되는 것을 보여준 것으로, 예레미야 선지자의 예언에도 나타납니다. 예레미야 3:17에서 "그때에 예루살렘이 여호와의 보좌라 일컬음이 되며 열방이 그리로 모이리니 곧 여호와의 이름으로 인하여 예루살렘에 모이고 다시는 그들의 악한 마음의 강퍅한 대로 행치 아니할 것이며"라고 말씀하고 있습니다. 예루살렘 전체가 하나님의 보좌가 된다는 말씀입니다. 하나님의 임재가 성전에서 성읍 전체로 확산되는 것은, 장차 예수 그리스도를 통하여 하나님의 나라가 전 세계로 확장될 것을 보여주는 것입니다.

(3) 제사장

에스겔 성전의 제사장에게는 성전과 제단을 수직하는 사명이 있습니다. 에스겔 40:45에서 "성전을 수직하는 제사장"이라고 말씀하였고, 46절에서는 "제단을 수직하는 제사장"이라고 말씀하고 있습니다. 또한, 제사장은 백성에게 거룩한 것과 속된 것의 구별을 가르쳐야 합니다. 에스겔 44:23에서 "내 백성에게 거룩한 것과 속된 것의 구별을 가르치며 부정한 것과 정한 것을 분별하게 할 것이며"라고 말씀하고 있습니다.

특히 사독 계열의 제사장들은 끝까지 직분을 지킴으로 영원한 제사장으로 인정받았습니다(겔 48:11). 에스겔 44:15-16에서 "이스라엘 족속이 그릇하여 나를 떠날 때에 사독의 자손 레위 사람 제사장들은 내 성소의 직분을 지켰은즉 그들은 내게 가까이 나아와 수종을 들되 내 앞에 서서 기름과 피를 내게 드릴찌니라 나 주 여호와의 말이니라 16 그들이 내 성소에 들어오며 또 내 상에 가까이 나아와 내게 수종들어 나의 맡긴 직분을 지키되"라고 말씀하고 있습니다. '사독'은 히브리어 '차도크'(צָדוֹק)로, '의로움'이라는 뜻입니다. 참된 의는 예수 그리스도의 십자가 대속으로 주어집니다. 로마서 3:24에서 "그리스도 예수 안에 있는 구속으로 말미암아 하나님의 은혜로 값없이 의롭다 하심을 얻은 자 되었느니라"라고 말씀하고 있습니다. 그러므로 예수님의 십자가 보혈로 구속받은 제사장이 새 성전의 영원한 제사장이 되는 것입니다(계 1:5-6, 5:9-10).

(4) 제사(제물)

에스겔 45:18-46:15에서는 에스겔 성전에서 드려질 제사에 대하여 말씀하고 있습니다. 이 가운데 가장 많은 분량을 차지하는 제사가 유월절 제사입니다. 이는 애굽에서 종살이하던 이스라엘의 조상들이 유월절을 지키고 무교절에 해방되었듯이, 지금 이스라엘 백성이 바벨론에서 포로가 되어 있다 할지라도 반드시 해방될 것을 보여줍니다(출 12:11-14, 17, 민 33:3).

장막 성전에서 유월절과 무교절 기간에 드려지는 번제에는 매일 수송아지 두 마리와 숫양 한 마리와 일 년 된 숫양 일곱 마리를 모두 흠 없는 것으로 드려야 했습니다(민 28:19). 그런데 에스겔 성전에서 유월절 기간에 드려지는 번제는 매일 수송아지 일곱 마리와 숫양 일곱 마리를 흠 없는 것으로 드려야 합니다(겔 45:23). 번제 외에도 장막 성전에서 드려진 유월절 제물의 양보다 에스겔 성전에서 드려지는 유월절 제물의 양이 훨씬 많은 것은(민 28:20-22, 겔 45:22-24), 종말적 새 성전에서 누리는 하나님의 은혜가 훨씬 풍성할 것을 나타냅니다.

에스겔 20:1-39을 볼 때, 이스라엘이 애굽 종살이, 출애굽과 광야 시대, 그리고 가나안 정착과 사사 시대와 왕정 시대를 지나며 범죄하므로 바벨론에 끌려간 사실을 회고하고 있습니다. 이어서 40-44절에서는 하나님께서 반드시 택한 백성을 다시 언약의 땅 가나안으로 돌아오게 해주실 것을 약속하시면서, 그때에 제물을 요구하실 것을 말씀하고 있습니다. 40절에서 "나 주 여호와가 말하노라 이스라엘 온 족속이 그 땅에 있어서 내 거룩한 산 곧 이스라엘의 높은 산에서 다 나를 섬기리니 거기서 내가 그들을 기쁘게 받을찌라 거기서 너희 예물과 너희 천신하는* 첫 열매와 너희 모든 성물을 요구하리라"라고 말씀하고 있습니다. 하나님께서는 먼저 회복된 하나님의 백성을 기쁘게 받으시고, 그들에게 예물과 첫 열매와 성물을 요구하신다는 것입니다. 이 말씀은 일차적으로 이스라엘 백성이

* 천신(薦新)하다: 철 따라 새로 난 과실이나 농산물을 먼저 하나님께 드리다.

바벨론에서 귀환했을 때 성전이 재건되고 제사가 회복되면서 부분적으로 성취되었지만, 예수 그리스도를 통해 구속사가 완성되는 날 완전히 이루어질 것입니다(참고-겔 43:10-12). 그때 하나님께서 기쁘게 받으시는 자들이 영원한 하나님의 집에서 자신을 온전히 거룩한 산 제사로 드리게 될 것입니다(롬 12:1).

5. 스룹바벨 성전
Zerubbabel's Temple

이스라엘 백성은 바벨론에 포로로 끌려간 후 주전 537년에 제1차로 귀환하게 됩니다. 주전 536년 2월에, 파괴된 솔로몬 성전 자리에 새로운 성전을 짓기 시작하였지만(스 3:8-13), 대적들의 방해로 중단되었습니다(스 4:4-5). 성전 공사는 16년 동안 중단되었으나, 주전 520년에 여호와의 말씀이 학개 선지자와 스가랴 선지자에게 임하였고, 두 선지자를 통해 선포된 하나님의 말씀이 유다 총독 스룹바벨과 대제사장 여호수아, 남은 바 모든 백성의 마음을 흥분시켰습니다(학 1:14). 그리하여 중단되었던 공사가 다시 시작되었고(스 5:1-2, 학 1:13-15), 다리오왕 제6년(주전 516년) 12월 3일에 마침내 스룹바벨 성전이 완공되었습니다(스 6:15).

(1) 택하신 장소

스룹바벨 성전은 하나님께서 택하신 장소인 솔로몬 성전 터, 바로 그 자리에 건축되었습니다. 바사 왕 고레스는 포로 생활 중인 이스라엘 백성을 해방하면서, 고향으로 돌아가 '유다 땅 예루살렘'에 성전을 건축하라고 구체적인 장소를 들어 명령하였습니다. 이는 예루살렘의 성전 자리가 하나님께서 만세 전에 택하신 장소라는 것을 다시 한번 확인시켜 줍니다. 에스라 1:2-5을 볼 때 "유다 예루살렘에 전을 건축하라"(2절), "유다 예루살렘으로 올라가서 거기 있는 여호와의 전을 건축하라"(3절), "예루살렘 하나님의 전을 위하여"(4절), "예루살렘 여호와의 전을 건축코자 하는 자가 다 일어나니"(5절)라고 말씀하고 있습니다. 이렇게 '예루살렘'이 강조되는 것은, 이전에 솔로몬 성전이 있던 예루살렘, 바로 그 자리에 스룹바벨 성전이 건축되어야 함을 강력하게 말씀하는 것입니다.

스룹바벨 성전의 지대가 놓일 때에 모든 백성이 여호와를 찬송하며 큰 소리로 즐거이 불렀습니다. 에스라 3:11 하반절에서 "모든 백성이 여호와의 전 지대가 놓임을 보고 여호와를 찬송하며 큰 소리로 즐거이 부르며"라고 말씀하고 있습니다.

그러나 과거에 솔로몬 성전을 보았던 사람들은 화려했던 솔로몬 성전의 모습을 회상하면서, 스룹바벨 성전의 지대가 놓임을 보고 대성통곡하였습니다. 에스라 3:12에서 "제사장들과 레위 사람들과 족장들 중에 여러 노인은 첫 성전을 보았던 고로 이제 이 전 지대 놓임을 보고 대성통곡하며 여러 사람은 기뻐하여 즐거이 부르니"라고 말씀하고 있습니다.

(2) 하나님의 임재

스룹바벨 성전이 완공된 후(스 6:15), 포로에서 귀환한 자들은 유월절과 무교절을 지켰습니다(스 6:19-22). 에스라 6:22 상반절에서는 "즐거우므로 칠 일 동안 무교절을 지켰으니 이는 여호와께서 저희로 즐겁게 하시고"라고 말씀하고 있습니다. 이는 완공된 스룹바벨 성전을 하나님께서 기뻐하시고 그곳에 임재하셨음을 보여줍니다.

학개 선지자는 스룹바벨 성전에 대하여 "또한 만국을 진동시킬 것이며 만국의 보배가 이르리니 내가 영광으로 이 전에 충만케 하리라 만군의 여호와의 말이니라"라고 말씀하였습니다(학 2:7). 여기 '만국의 보배'는 바로 예수 그리스도이십니다. 골로새서 2:3에서는 '예수 그리스도 안에는 지혜와 지식의 모든 보화가 감취어 있다'고 말씀하고 있습니다. 비록 초라한 성전일지라도 만국의 보배이신 예수 그리스도께서 임재하시기만 하면 가장 고귀한 성전이 됩니다.

학개 2:9에서는 "이 전(殿)의 나중 영광이 이전 영광보다 크리라 만군의 여호와의 말이니라 내가 이곳에 평강을 주리라 만군의 여호와의 말이니라"라고 말씀하고 있습니다. 이 성전의 '이전 영광'은 솔로몬 성전의 영광이요, '나중 영광'은 성육신하시는 예수님의 영광입니다. 솔로몬 성전에 임한 하나님의 영광은, 그 영광으로 인해 제사장들이 서 있지도 못할 정도로 놀라운 영광이었습니다(왕상 8:11). 그러나 훗날 예수님께서 성육신하시어 참 성전이 되어주신(요 2:19-21) 그 독생자의 영광은, 솔로몬 성전의 영광과는 비교할 수 없는 것입니다. 요한복음 1:14에서 "말씀이 육신이 되어 우리 가운데 거하시매 우리가 그 영광을 보니 아버지의 독생자의 영광이요 은혜와 진리가 충만하더라"라고 말씀하고 있습니다.

(3) 제사장

스룹바벨 성전이 완공된 후에 제사장들은 레위인들과 이스라엘 자손과 함께 성전 봉헌식을 행하였습니다. 에스라 6:16에서 "이스라엘 자손과 제사장들과 레위 사람들과 기타 사로잡혔던 자의 자손이 즐거이 하나님의 전 봉헌식을 행하니"라고 말씀하고 있습니다.

이어서 18절에서는 "제사장을 그 분반대로, 레위 사람을 그 반차대로 세워 예루살렘에서 하나님을 섬기게 하되 모세의 책에 기록된 대로 하게 하니라"라고 말씀하고 있습니다. 여기에서 이스라엘 자손과 제사장들과 레위 사람들을 구분하고 있는데, 이는 제사장들의 직무도 회복되었음을 나타내고 있습니다. 그리고 성전의 제사장이 가져야 할 올바른 자세를 두 가지로 설명하고 있습니다.

첫째, 하나님을 섬기는 것입니다.

에스라 6:18 상반절에서 "제사장을 그 분반대로, 레위 사람을 그 반차대로 세워 예루살렘에서 하나님을 섬기게 하되"라고 말씀하고 있습니다. 여기 '섬기게'는 아람어 '아비다'(עֲבִידָה)로 '일, 역사, 예배'라는 뜻으로, 예배를 드리는 것 이외에 스룹바벨 성전의 '역사(공사)'를 가리킬 때에도 사용되었습니다(스 4:24, 5:8, 6:7).

이 단어는 히브리어 '아바드'(עָבַד)에서 유래한 명사 '아보다'(עֲבֹדָה)에 해당합니다. '아바드'는 아담의 범죄 전에는 '다스리며'로 번역되었고(창 2:15), 범죄 후에는 '노동'(창 3:23, 출 1:13-14)과 '제사(예배)'(출 3:12, 민 3:7-8, 4:23, 30, 47, 8:11, 19, 대하 33:16, 시 100:2)의 의미로 사용되었습니다. 제사장은 성전에서 하나님을 섬기는 존재로, 온전한 예배를 위해 아낌없이 헌신하는 사명을 받은 자입니다.

둘째, 말씀대로 행하는 것입니다.

에스라 6:18 하반절에서 "모세의 책에 기록된 대로 하게 하니라"라고 말씀하고 있습니다. 이것은 제사장이 오직 하나님의 기록된 말씀대로 행하여야 함을 나타냅니다(민 31:31). 하나님께서는 말라기 선지자를 통해 참된 제사장의 자격에 대해 "그 입에는 진리의 법이 있었고… [7] 대저 제사장의 입술은 지식을 지켜야 하겠고 사람들이 그 입에서 율법을 구하게 되어야 할 것이니 제사장은 만군의 여호와의 사자가 됨이어늘"이라고 말씀하셨습니다(말 2:6-7).

스룹바벨 성전을 완성하고 말씀대로 제사장들이 제사를 인도하게 했지만, 시간이 지나면서 제사장들이 하나님의 말씀에 불순종하고 이방 여자를 받아들이면서 다시 타락하게 되었습니다. 주전 458년, 제2차로 바벨론에서 귀환한 에스라가 석 달 동안이나 이방 여인과 혼인한 자들을 조사하여(스 10:16-17) 그 명단을 공개하였는데, 그중에 대제사장 집안 사람이 5명(스 10:18), 제사장 집안 사람이 13명이나 있었습니다(스 10:20-22). 이들 중에는 자녀를 낳은 자들도 있었으므로(스 10:44), 에스라는 이방인 아내와 그 자녀들까지도 다 내쫓게 하였습니다(스 10:3, 10-11). 제사장이 성결을 회복해야 성전의 성결도 회복되는 것입니다.

(4) 제사(제물)

스룹바벨 성전이 완성되고 성전 봉헌식을 행할 때에 수많은 짐승을 제물로 드렸습니다. 에스라 6:17에서 "하나님의 전 봉헌식을 행할 때에 수소 일백과 숫양 이백과 어린양 사백을 드리고 또 이스라엘 지파의 수를 따라 숫염소 열둘로 이스라엘 전체를 위하여 속죄제를 드리고"라고 말씀하였습니다. 스룹바벨 성전 봉헌식에는 총 712마리의 제물이 바쳐졌습니다. 그러나 과거에 솔로몬 성전의 봉헌식에서 드려진 제물은 총 142,000마리였습니다(왕상 8:63). 비록 스룹바벨 성전의 봉헌식 제물은 솔로몬 성전의 봉헌식 제물보다 훨씬 적었지만, 하나님께서는 그 제물을 기쁘게 받으셨습니다.

제사를 마친 후 모세의 책에 기록된 대로 제사장과 레위인들을 반차대로 세워 하나님을 섬기게 하였고 즐거운 마음으로 하나님 앞에 유월절 규례를 지켰습니다(스 6:19-22). 에스라 6:22 상반절에서는 "즐거우므로 칠 일 동안 무교절을 지켰으니 이는 여호와께서 저희로 즐겁게 하시고"라고 말씀하고 있습니다. 우리말성경에서는 "그들은 또 7일 동안 기쁜 마음으로 무교절을 지켰습니다. 여호와께서 그들을 기쁘게 하셨고"라고 번역하고 있습니다.

과거에 이스라엘 백성은 애굽에서 해방된 것을 기념하며 유월절을 지켰으며(출 13:1-9, 민 33:3), 열왕 시대에 각 신앙 개혁을 마친 후에도 이전의 죄악된 모습을 버리고 새로운 모습으로 유월절을 지켰습니다(왕하 23:21-23, 대하 30:1-5, 35:1, 6-19). 스룹바벨 성전이 완공되고 백성이 드린 유월절 제사 역시 바벨론에서 해방된 것과 새로운 출발을 나타내고 있습니다.

하나님께서는 언약 백성 이스라엘이 예수님께서 오시기 전의 암흑기를 이겨내고 의의 태양이신 예수님이 오시는 영원한 새 아침을 맞이할 수 있도록(눅 1:78-79), 포로 귀환자들을 통해 스룹바벨 성전을 건축하게 하셨습니다. 스룹바벨 성전은, 모든 성전의 실체이신 예수님께서(요 2:19-21, 계 21:22) 직접 오실 성전으로, 구속사적으로 아주 중요한 성전입니다.

이제 다음 장에서 스룹바벨 성전과 그에 담겨 있는 신비로운 구속사적 경륜을 자세히 살펴보겠습니다.

제 2 장

스룹바벨 성전

Zerubbabel's Temple

스룹바벨 성전

ZERUBBABEL'S TEMPLE

이스라엘 백성은 주전 537년에 제1차로 바벨론에서 귀환하였으며, 주전 536년부터 성전 지대를 놓고 성전 건축을 시작하였습니다. 그러나 성전 건축은 대적들의 방해로 자그마치 16년 동안 중단되었다가, 주전 520년에 재개되어 마침내 주전 516년에 완공되었습니다. 이 성전이 바로 스룹바벨 성전입니다.

이 스룹바벨 성전은 에스겔에게 보여주신 새 성전의 식양대로 지어진 것은 아니지만, 에스겔이 주전 573년(겔 40:1)에 새 성전의 계시를 받은 이후, 실제 역사상에 처음으로 지어진 성전입니다.

스룹바벨 성전은 주전 20년경 헤롯 대왕에 의해 개축되어, 후에는 '헤롯 성전'으로 불렸습니다. 그러나 개축하는 기간 동안 성전에서 드려지는 제사가 하루도 끊어지지 않게 함으로,[4] 스룹바벨 성전의 연장선상에 있게 하였습니다. 이 헤롯 성전은 예수님께서 초림하셨을 때 존재했던 성전입니다. 그러므로 스룹바벨 성전은 솔로몬 성전이 파괴된 후에 성전의 실체이신 예수님이 오실 때에도 존재했던 성전이었습니다.

본 장에서는 스룹바벨 성전의 역사와 구조와 구속 경륜을 통해서, 에스겔 성전 계시 이후에 하나님의 구속사가 어떻게 전개되었는지를 살펴보도록 하겠습니다.

I
제1차 바벨론 포로 귀환의 과정

THE COURSE OF THE FIRST RETURN FROM THE BABYLONIAN EXILE

제1차 바벨론 포로 귀환(주전 537년)으로 스룹바벨 성전이 건축되었습니다. 제1차 바벨론 포로 귀환이 있기 1년 전(주전 538년)에 하나님께서 바사 왕 고레스의 마음을 움직여 귀환령 조서를 내리게 하시고(스 1:1-4), 1년 뒤인 주전 537년에 실제로 예루살렘으로 돌아와 성전을 짓도록 하셨습니다.

1. 바사 왕 고레스의 조서

The Decree of Cyrus the King of Persia

(1) 시기와 배경

신 바벨론 제국이 세계의 패권을 장악하고 있을 당시, 자그로스 산맥(오늘날 이란의 남서부 지역) 너머에 메대 제국이 발흥하면서 바사 지역까지 무력으로 통치하였습니다. 당시 메대의 왕이었던 아스티아게스(주전 585-550년)는 자신의 외손자 고레스 2세를 피정복 지역 바사로 쫓아냈지만, 주전 550년에 고레스 2세는 바사와 여러 부족 국가의 해방을 약속하며 반란을 일으켜 외조부 아스티아게스를 몰아내고 자신의 외숙부 다리오(키악사레스 2세)를 메대의 왕으로 세웠습니다. 이후 고레스 2세는 뛰어난 용병술을 자랑하며 주전 539년에 신 바벨론 제국을 무너뜨렸고, 외숙부 다리오왕의 딸과 결혼하고 '메대 바사 과도 제국'의 실질적인 통치자가 되었습니다. 다리오왕은 먼저 왕위에 올랐지만, 이듬해에 고레스(주전 539/538-530년)에게 제위를 넘겨주었고, 고레스왕은 주전 538년에 바사 제국을 선포하였습니다.

이러한 배경 가운데 고레스 원년인 주전 538년에 왕의 조서가 내려졌습니다. 에스라 1:1에서 "바사 왕 고레스 원년(בִּשְׁנַת אַחַת, '비쉬나트 아하트': 통치 1년)에 여호와께서 예레미야의 입으로 하신 말씀을 응하게 하시려고 바사 왕 고레스의 마음을 감동시키시매 저가 온 나라에 공포도 하고 조서도 내려 가로되", 에스라 5:13에서도 "바벨론 왕 고레스 원년(בִּשְׁנַת חֲדָה, '비쉬나트 하다': 통치 1년)에 고레스왕이 조서를 내려 하나님의 이 전을 건축하게 하고"라고 말씀하고 있습니다. 고고학적 자료들도 고레스왕의 해방 조치를 입증하고 있습니다. 주후 1879년에 '라삼'이라는 사람이 바벨론에서 설형문자*가 새겨진 토석 원통(The Cyrus Cylinder)을 발견하였는데, 거기에는 "나(고레스왕)는 이전 거주민들을 모으고 그들의 거주지로 돌려보냈다"라고 기록되어 있습니다.[5)]

그러나 이러한 조서가 내려진 근본적인 원인은 하나님께서 고레스왕의 마음을 감동시키셨기 때문입니다. 에스라 1:1에서 "바사 왕 고레스 원년에 여호와께서 예레미야의 입으로 하신 말씀을 응하게 하시려고 바사 왕 고레스의 마음을 감동시키시매 저가 온 나라에 공

* 설형문자(楔形文字): 고대 근동에서 사용되었던 점토판에 갈대 줄기나 금속으로 새긴 쐐기문자

포도 하고 조서도 내려 가로되"라고 말씀하고 있습니다(대하 36:22). 여기 '감동시키시매'는 히브리어 '우르'(עוּר)로, '깨우다, 자극하다'라는 뜻입니다. 이 본문에 사용된 '우르'는 히필(사역)형이 사용되어, 하나님께서 강권적으로 바사 왕 고레스의 마음을 움직이셨음을 강조하고 있습니다.

하나님께서 고레스의 마음을 움직이신 이유는 예레미야의 입으로 하신 말씀을 응하게 하시려는 것이었습니다. 하나님께서 예레미야를 통해 "나 여호와가 이같이 말하노라 바벨론에서 칠십 년이 차면 내가 너희를 권고하고 나의 선한 말을 너희에게 실행하여 너희를 이곳으로 돌아오게 하리라"라고 하신 말씀이 그대로 성취된 것입니다(렘 29:10).

(2) 조서의 내용

첫째, 하나님께서 고레스왕에게 명령하시어 유다 예루살렘에 '성전을 건축하라'고 하셨습니다.

고레스의 조서에는 '나를 명하사', '나를 명하여'라는 표현들이 나옵니다. 에스라 1:2에서 "바사 왕 고레스는 말하노니 하늘의 신 여호와께서 세상 만국으로 내게 주셨고 나를 명하사 유다 예루살렘에 전을 건축하라 하셨나니"라고 말씀하고 있습니다. 역대하 36:23에서도 "바사 왕 고레스는 말하노니 하늘의 신 여호와께서 세상 만국으로 내게 주셨고 나를 명하여 유다 예루살렘에 전을 건축하라 하셨나니 너희 중에 무릇 그 백성 된 자는 다 올라갈찌어다 너희 하나님 여호와께서 함께하시기를 원하노라 하였더라"라고 말씀하고 있습니다. 에스라 1:3에서는 "이스라엘의 하나님은 참 신이시라 너희 중에 무릇 그 백성 된 자는 다 유다 예루살렘으로 올라가서 거기 있는 여호와의 전을 건축하라 너희 하나님이 함께하시기를 원하노라"라고 말씀하고 있습니다.

둘째, 고레스왕은 예루살렘의 성전 건축에 필요한 물질을 도우라고 명령하였습니다.

에스라 1:4에서 "무릇 그 남아 있는 백성이 어느 곳에 우거하였든지 그곳 사람들이 마땅히 은과 금과 기타 물건과 짐승으로 도와주고 그 외에도 예루살렘 하나님의 전을 위하여 예물을 즐거이 드릴찌니라"라고 말씀하고 있습니다. 여기 '도와주고'는 히브리어 '나사'(נָשָׂא)의 피엘(강조) 부정사로, 귀환자들 주변에 있는 사람들을 향하여 귀환자들을 도우라는 간접명령이며, '예물을 즐거이 드릴찌니라'는 히브리어로 한 단어인 '네다바'(נְדָבָה)로 '자원하는 예물'을 가리킵니다. 즉, 고레스왕의 명령에 따라 많은 사람이 물질적으로 귀환자들을 도와주었고, 하나님께 드릴 예물을 자발적으로 바쳤다는 의미입니다. 6절에서 "그 사면 사람들이 은그릇과 황금과 기타 물건과 짐승과 보물로 돕고 그 외에도 예물을 즐거이 드렸더라"라고 말씀하고 있습니다. 여기 '즐거이 드렸더라'는 히브리어 '나다브'(נָדַב)의 히트파엘(재귀강조)형으로, 자발적으로 있는 힘을 다하여 드렸음을 나타냅니다.

유다 백성 주변의 사람들이 아무런 조건 없이 귀환자들에게 생활에 필요한 물품뿐만 아니라 하나님께 드릴 예물을 같이 준 것은 실로 하나님의 기적적인 역사였습니다. 이는 과거에 이스라엘 백성이 애굽에서 탈출할 때 애굽 사람들이 이스라엘 백성에게 여러 가지 물품을 준 것을 연상케 합니다. 출애굽기 12:35-36에서 "이스라엘 자손이 모세의 말대로 하여 애굽 사람에게 은금 패물과 의복을 구하매 [36] 여호와께서 애굽 사람으로 백성에게 은혜를 입히게 하사 그들의 구하는 대로 주게 하시므로 그들이 애굽 사람의 물품을 취하였더라"라고 말씀하고 있습니다(창 15:14, 출 3:21-22, 11:2-3, 시 105:37).

2. 성전 기명의 회복

The Restoration of the Temple Articles

고레스왕은 옛날 바벨론이 남 유다를 멸망시킬 때 가져왔던 솔로몬 성전의 기명들(왕하 25:13-17)을 다시 돌려보내도록 조처하였습니다. 에스라 1:7-8에서 "고레스왕이 또 여호와의 전 기명을 꺼내니 옛적에 느부갓네살이 예루살렘에서 옮겨다가 자기 신들의 당에 두었던 것이라 [8] 바사 왕 고레스가 고지기 미드르닷을 명하여 그 그릇을 꺼내어 계수하여 유다 목백(牧伯: 고위 관리) 세스바살에게 붙이니"라고 말씀하고 있습니다.

주전 586년에 느부갓네살왕은 오만하게도 바벨론의 신이 하나님을 이겼다고 생각하고, 그 증표로 여호와의 성전에 있는 기명을 바벨론 신의 신당으로 옮겨놓았습니다. 그런데 다시 하나님께서 고레스의 마음을 움직여 성전의 기명을 여호와의 성전으로 돌아가게 하셨으니, 이는 역사의 최고 통치자요 진정한 승리자는 하나님이심을 알려주는 것입니다. 하나님께서는 자기 백성 남 유다의 징계를 위해 잠시 성전의 기명을 바벨론으로 옮기셨던 것입니다.

세스바살이 성전의 기명들을 가지고 돌아올 때 금 기명과 은 기명의 수가 도합 5,400이었습니다. 11절에서 "금, 은 기명의 도합이 오천 사백이라 사로잡힌 자를 바벨론에서 예루살렘으로 데리고 올

때에 세스바살이 그 기명들을 다 가지고 왔더라"라고 말씀하고 있습니다. 에스라 1:9-10에서는 구체적으로 "그 수효는 금반이 삼십이요 은반이 일천이요 칼이 이십구요 [10]금대접이 삼십이요 그보다 차한 은대접이 사백 열이요 기타 기명이 일천이니"라고 말씀하고 있습니다.

금		은		기타	
금반	금대접	은반	은대접	칼	기타 기명
30	30	1,000	410	29	1,000
총 수		5,400(2,499 + 그 외 계수되지 않은 2,901)			

3. 귀환자의 구속 경륜

The Redemptive Administration for the Returnees

에스라 2:64-65을 볼 때 고레스왕의 명령에 따라 바벨론에서 귀환한 자들은 총 49,897명이었습니다. 회중의 합계가 42,360명, 노비가 7,337명, 노래하는 자가 200명이었습니다. 그런데 느헤미야 7:66-67에서는 총 49,942명으로 기록하고 있습니다. 이러한 차이는 느헤미야가 노래하는 자를 245명으로 기록하고 있기 때문입니다.

	회중	노비	노래하는 자	총계
스 2:64-65	42,360명	7,337명	200명	49,897명
느 7:66-67	42,360명	7,337명	245명	49,942명

바벨론 포로에서 귀환한 자들의 신앙에 담긴 구속 경륜을 살펴보면 다음과 같습니다.

첫째, 하나님께 감동을 받은 자들입니다.

에스라 1:5에서 "이에 유다와 베냐민 족장들과 제사장들과 레위 사람들과 무릇 그 마음이 하나님께 감동을 받고 올라가서 예루살렘 여호와의 전을 건축코자 하는 자가 다 일어나니"라고 말씀하고 있습니다. 여기 '감동을 받고'는 '깨우다, 자극하다'라는 뜻의 히브리어 '우르'(עוּר)입니다. 특별히 '우르'의 히필(사역)형이 사용되어, 하나님께서 강권적으로 포로지에 있는 백성의 마음을 깨우셔서 마음이 움직인 백성이 예루살렘으로 올라오게 하셨음을 나타냅니다. 귀환령이 선포되었음에도 대부분의 이스라엘 백성이 바벨론에 안주한 것은, 그동안 자신들이 바벨론에 쌓아 놓은 것들을 포기하지 못했기 때문이었습니다. 하나님의 감동을 받은 사람들만이 세상을 포기하고 하나님의 명령에 순종할 수 있습니다(요일 2:15-17).

둘째, 성전을 건축하고자 하는 자들이었습니다.

에스라 1:5 하반절에서는 "올라가서 예루살렘 여호와의 전을 건축코자 하는 자가 다 일어나니"라고 말씀하고 있습니다. 바벨론에서 귀환하는 자들에게 하나님의 성전을 건축하고자 하는 열망이 없었다면 귀환하지 못했을 것입니다. 성전 건축을 사모하였다는 것은 곧 성전에 계시는 하나님을 사모하였음을 의미합니다(시 11:4, 합 2:20).

여기 '올라가서'로 번역된 히브리어 '알라'(עָלָה)는 기본적으로 '(높은 곳에) 올라가다'라는 뜻입니다. 유대 광야에는 예루살렘보다

고지대에 위치한 성읍이 많이 있지만, 예루살렘으로 '올라간다'고 표현한 것은, 영적으로 성전이 있는 예루살렘이 가장 높은 곳이며, 성도는 항상 하나님이 계신 성전으로 올라가는 삶을 살아야 함을 나타냅니다(사 2:2-3, 40:9). 이사야 33:5에서 "여호와께서는 지존하시니 이는 높은 데 거하심이요 공평과 의로 시온에 충만케 하심이라"라고 말씀하고 있습니다. 또한, '일어나니'는 히브리어 '쿰'(קוּם)으로, 주저앉거나 엎드린 위치에서 일어나는 것을 의미합니다(수 3:16). 이들은 현실에 안주하지 않고 자리를 박차고 일어나, 적극적인 순종으로 헌신하는 자들이었습니다.

셋째, 남은 자들이었습니다.

에스라 1:4에서 "무릇 그 남아 있는 백성이 어느 곳에 우거하였든지 그곳 사람들이 마땅히 은과 금과 기타 물건과 짐승으로 도와주고 그 외에도 예루살렘 하나님의 전을 위하여 예물을 즐거이 드릴찌니라"라고 말씀하고 있습니다. 여기 '남아 있는 백성'은 바벨론에 포로로 끌려와서 살고 있는 이스라엘 백성을 가리키지만, 궁극적으로는 고레스왕을 통한 하나님의 말씀에 결단하여 예루살렘에 성전을 건축하기 위해 돌아가는 백성을 가리킵니다. 이사야 10:22 상반절에서 "이스라엘이여 네 백성이 바다의 모래 같을찌라도 남은 자만 돌아오리니"라고 말씀하고 있습니다.

에스라 1:4의 '그 남아 있는 백성'은 히브리어 '샤아르'(שָׁאַר)의 니팔(수동) 분사형으로, 이들이 남아 있게 된 것은 자신들의 힘으로 된 것이 아니라 하나님의 은혜로 남겨졌음을 의미합니다(롬 11:5). 이들은 하나님의 은혜를 받아 자신의 삶의 기반과 모든 이익을 포기하고, 말씀에 전적으로 순종한 자들입니다.

Ⅱ
스룹바벨 성전 건축과 다니엘 선지자

THE CONSTRUCTION OF ZERUBBABEL'S TEMPLE AND DANIEL THE PROPHET

이스라엘 백성을 바벨론 포로에서 해방한 왕은 고레스였고, 그때 활동했던 하나님의 선지자는 다니엘이었습니다. 제1차 바벨론 포로(주전 605년)로 끌려가서(단 1:1-4) 오랫동안 바벨론에서 활동하고 있었던 다니엘 선지자는 바벨론 멸망 후에도 메대 바사 과도 제국의 총리로서 전국을 다스렸고(단 6:1-3, 11:1), 고레스의 시대에도 큰 영향력을 행사하였습니다(단 1:21, 6:28). 다니엘 선지자는 귀환자들과 함께 예루살렘으로 돌아오지 않고 바벨론에 머물면서, 이스라엘 백성과 예루살렘 성전 재건을 위해 기도하였고, 하나님께 말씀을 받아서 앞으로 일어날 열국의 흥망성쇠를 언약 백성 이스라엘에게 선포하였습니다.

1. 고레스왕과 다니엘 선지자

King Cyrus and Daniel the Prophet

유대 역사가 요세푸스의 유대고대사 제11권에는 고레스왕이 자신에 대해 자세하게 예언한 이사야 선지자의 글(사 44:28)을 읽고서 자기 사명을 알았다고 기록하고 있습니다(*Ant.* 11. 1. 2). 고레스는 자신에 대한 이사야 선지자의 예언을 접하고 이스라엘을 해방시켜야 한다는 것을 확신하게 되었을 것입니다.

이사야 44:28을 볼 때, "고레스에 대하여는 이르기를 그는 나의 목자라 나의 모든 기쁨을 성취하리라 하며 예루살렘에 대하여는 이르기를 중건되리라 하며 성전에 대하여는 이르기를 네 기초가 세움이 되리라 하는 자니라"라고 예언하였고, 이사야 45:13에서 "내가 의로 그를 일으킨지라 그의 모든 길을 곧게 하리니 그가 나의 성읍을 건축할 것이며 나의 사로잡힌 자들을 값이나 갚음 없이 놓으리라 만군의 여호와의 말이니라"라고 말씀하고 있습니다.

그렇다면 누가 고레스에게 이사야의 예언을 알게 해주었을까요? 그 사람은 다니엘 선지자일 것입니다. 당시 다니엘 선지자는 고레스 시대에 큰 영향력을 행사하고 있었습니다. 다니엘 1:21에서 "다니엘은 고레스왕 원년까지 있으니라"라고 말씀하고 있습니다. 실제로 다니엘의 사역 기간은 주전 605-536년으로, 고레스왕 3년까지 활동하였습니다(단 1:1-6, 21, 6:28, 10:1). 그런데 여기 "고레스왕 원년*까지 있으니라"라고 한 것은, 고레스왕 원년에 있었던 고레스의 귀환 조서 발표(스 1:1-4)에 다니엘이 어떤 중대한 영향력을 행사했기 때문일 것입니다.

다니엘 6:28에서도 "이 다니엘이 다리오왕의 시대와 바사 사람 고레스왕의 시대에 형통하였더라"라고 기록하고 있습니다. 여기 '형통하였더라'는 히브리어 '첼라흐'(צְלַח)로, '전진하다, 번창하다'라는 뜻입니다. 이는 다니엘이 다리오왕과 고레스왕의 시대에 큰 영향력을 가지고 있었음을 분명하게 보여줍니다.

---

* '셰나트 아하트'(שְׁנַת אַחַת): 통치 1년. '고레스 원년(통치 1년)'은 니산 기준 방식의 주전 538년을 가리킴.

2. 성전 건축과 다니엘의 기도

The Temple Construction and Daniel's Prayer

(1) 기도의 기간 - 고레스왕 3년 1월 1일부터 23일까지

다니엘은 고레스왕 3년(주전 536년)에 큰 전쟁에 관한 계시를 받았습니다. 다니엘 10:1에서 "바사 왕 고레스 삼년에 한 일이 벨드사살이라 이름한 다니엘에게 나타났는데 그 일이 참되니 곧 큰 전쟁에 관한 것이라 다니엘이 그 일을 분명히 알았고 그 이상을 깨달으니라"라고 말씀하고 있습니다.

그때에 다니엘은 세 이레 동안 금식한 후(단 10:2-3), 1월 24일에 힛데겔이라 하는 큰 강가에 있었습니다. 4절에서 "정월 이십사일에 내가 힛데겔이라 하는 큰 강가에 있었는데"라고 말씀하고 있습니다. 그러므로 다니엘은 1월 3일부터 23일까지 21일 동안 금식 기도를 한 것입니다. 당시 유대인들의 관습을 볼 때, 1월 1일부터 2일까지 온전한 금식을 하였습니다. 그러므로 다니엘은 이틀 동안 온전한 금식을 하고, 1월 3일부터 세 이레의 금식을 한 것입니다.

(2) 기도의 모습

다니엘 10:2에서 "그때에 나 다니엘이 세 이레 동안을 슬퍼하며"라고 말씀하고 있습니다. 여기 '슬퍼하며'는 '통곡하다'라는 뜻의 히브리어 '아발'(אָבַל)의 히트파엘(재귀강조)형으로, 다니엘은 마치 자기 가족이 죽은 것처럼 통곡하며 기도하였습니다. 요셉이 죽었다는 소식을 듣고 야곱이 슬퍼한 것을 말씀할 때 '아발'이 사용되었습니다. 창세기 37:34에서 "자기 옷을 찢고 굵은 베로 허리를 묶고 오래도록 그 아들을 위하여 애통하니"라고 하였는데, 여기 '애통하니'가 히브리어 '아발'입니다.

또한, 다니엘은 금식하면서 기도하였습니다. 다니엘 10:3에서 “세 이레가 차기까지 좋은 떡을 먹지 아니하며 고기와 포도주를 입에 넣지 아니하며 또 기름을 바르지 아니하니라”라고 말씀하고 있습니다. 여기 ‘좋은’은 히브리어 ‘하마드’(חָמַד)로, 음식과 관련해서는 ‘맛있는, 기름진’이라는 뜻입니다. 그러므로 다니엘은 세 이레 동안 아예 음식을 먹지 않은 것이 아니라, 맛있고 기름진 음식을 먹지 않고 거친 빵과 같은 허기를 달래는 최소한의 음식만 먹었던 것입니다. 이때 다니엘은 약 86세로, 세 이레를 금식하며 기도한 것은 굉장히 큰 결심이었을 것입니다.

(3) 기도의 내용

다니엘은 바벨론에 남아 있는 백성과 예루살렘으로 귀환한 백성으로 나누어진 조국의 안타까운 현실을 걸머지고 기도하였습니다. 다니엘은 유월절과 무교절 기간을 포함하여 기도하였는데, 유월절과 무교절은 이스라엘 백성이 애굽에서 해방된 것을 기념하는 절기입니다. 출애굽기 12:17에서 “너희는 무교절을 지키라 이날에 내가 너희 군대를 애굽 땅에서 인도하여 내었음이니라 그러므로 너희가 영원한 규례를 삼아 이날을 대대로 지킬찌니라”라고 말씀하고 있습니다. 다니엘은 조국의 완전한 해방을 위하여 기도한 것입니다.

또한, 다니엘은 성전 건축을 걸머지고 기도하였습니다. 다니엘은 다리오 원년(בִּשְׁנַת אַחַת, ‘비쉬나트 아하트’: 통치 1년)인 주전 538년니산 기준에 예레미야서를 읽다가 70년 만에 바벨론에서 해방된다는 예언(렘 25:8-14, 29:10)의 말씀을 깨달았습니다(단 9:1-2). 이때는 다니엘이 제1차 바벨론 포로로 끌려온 주전 605년으로부터 약 67년이 지난 해였습니다. 그리고 같은 해에 고레스는 다리오왕에게 왕위를 물려

받고, 포로 귀환령을 선포하였습니다. 하나님께서 고레스를 통해 제1차 바벨론 포로 귀환을 선포하게 하신 목적은 성전 건축을 위한 것이었습니다.

에스라 1:2-3 "바사 왕 고레스는 말하노니 하늘의 신 여호와께서 세상 만국으로 내게 주셨고 나를 명하사 **유다 예루살렘에 전을 건축하라** 하셨나니 [3] 이스라엘의 하나님은 참 신이시라 너희 중에 무릇 그 백성 된 자는 다 유다 예루살렘으로 올라가서 거기 있는 **여호와의 전을 건축하라** 너희 하나님이 함께하시기를 원하노라"

에스라 1:5 "이에 유다와 베냐민 족장들과 제사장들과 레위 사람들과 무릇 그 마음이 하나님께 감동을 받고 **올라가서 예루살렘 여호와의 전을 건축코자 하는 자가 다 일어나니**"

고레스의 명령에 따라 예루살렘으로 돌아온 귀환자들은 고레스 제2년(주전 537년) 7월에 예루살렘에 모였습니다(스 3:1). 그리고 공사를 준비하여, 예루살렘에 도착한 제2년 2월에 성전 재건을 시작하였습니다(스 3:8). 에스라는 바사 왕의 통치 연대를 따라 니산 기준 방식을 사용해서 에스라서의 연대를 표기하였는데, 성전의 재건을 기록할 때는 귀환자들이 예루살렘에 모인 7월을 기점으로 하여 티쉬리 기준 방식으로 연대를 기록하였습니다. 이는 아마도 티쉬리 기준 방식으로 건축 기간을 기록한 솔로몬 성전의 전통(왕상 6:1, 38)을 따르기 위한 것으로 보입니다.[6] 다니엘은 자신이 기도한 해이자 성전 건축이 시작된 해를 티쉬리 기준 방식을 사용하여 '고레스 제3년'으로 기록하였습니다(단 10:1). 그가 1월 3일부터 23일까지 세 이레 동안 기도하였고, 2월이 되어 마침내 스룹바벨 성전 건축이 시작되었습니다.

바벨론 포로 귀환 시기의 연대 계산 방식
Reckoning the Years of the Return from the Babylonian Exile

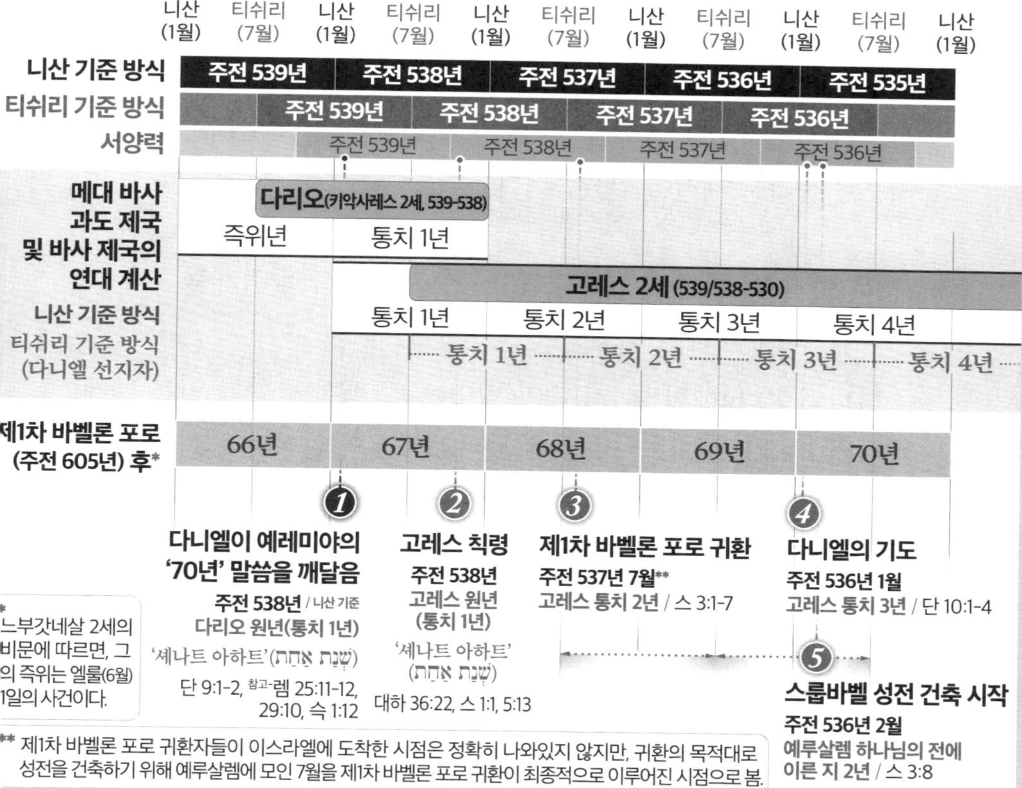

구약 시대에 이스라엘이나 바벨론, 메대, 바사 제국 등은 태음력을 사용하였습니다. 일반적으로 고대 근동의 국가들은 니산(1월, 태양력 3-4월에 해당)을 기준으로 1년을 시작하였지만, 이스라엘은 주로 농업이나 일상 생활을 고려하여 티쉬리(7월, 태양력 9-10월에 해당)를 기준으로 1년을 시작하였습니다. 따라서 같은 해의 사건에 대한 기록이라도 연대 계산 방식에 따라 1년의 차이가 발생하기도 합니다.

선지자들은 자신이 처한 상황이나 설명의 목적, 구속사적인 관점에 따라 그에 맞는 연대 계산 방식을 사용하였습니다. 다니엘 선지자는 주로 티쉬리 기준 방식으로 연대를 기록하였지만, 에스라는 주로 니산 기준 방식으로 연대를 기록하였습니다. 그러나 에스라는 스룹바벨 성전 건축 시작을 설명할 때 예외적으로 솔로몬 성전 건축 시의 방식을 따라 티쉬리 기준 방식으로 연대를 기록하였습니다.[7]

3. 하나님의 응답

God's Answer

다니엘이 노구(老軀)를 이끌고 세 이레 동안 간절히 기도드릴 때, 하나님께서는 성전 건축이 시작되도록 하셨을 뿐만 아니라 구속사적으로 놀라운 계시를 주셨습니다.

첫째, 앞으로 세계 역사를 통해 나타날 구속사의 전개를 보여주셨습니다.

다니엘 10:14에서 "이제 내가 말일에 네 백성의 당할 일을 네게 깨닫게 하러 왔노라 대저 이 이상은 오래 후의 일이니라"라고 말씀하고 있습니다. 다니엘 10-12장에 기록된 내용은 하나님께서 다니엘이 기도하던 시점(주전 536년)부터 세상 종말까지의 방대한 구속사를 다니엘에게 보여주신 것으로, '한 때와 두 때와 반 때를 지나서 성도의 권세가 깨어지기까지'의 일들입니다(단 12:6-7).

하나님께서 다니엘에게 이러한 종말적 계시를 보여주신 것은 다니엘이 겸손하게 하나님께 엎드려 기도했기 때문입니다. 다니엘 10:12에서 "다니엘아 두려워하지 말라 네가 깨달으려 하여 네 하나님 앞에 스스로 겸비케 하기로 결심하던 첫날부터 네 말이 들으신바 되었으므로 내가 네 말로 인하여 왔느니라"라고 말씀하고 있습니다.

둘째, 다니엘에게 큰 은총을 입혀 주셨습니다.

하나님께서는 다니엘에게 70이레의 계시(단 9:24-27)를 보여주시기 전에, 다니엘을 '크게 은총을 입은 자'라고 불러 주셨습니다(단 9:23). 또한, 다니엘 10장을 볼 때 두 번이나 다니엘을 '은총을 크게 받은 사람'이라고 불러 주셨습니다.

다니엘 10:11 "내게 이르되 은총을 크게 받은 사람 다니엘아 내가 네게 이르는 말을 깨닫고 일어서라 내가 네게 보내심을 받았느니라 그가 내게 이 말을 한 후에 내가 떨며 일어서매"

다니엘 10:19 "가로되 은총을 크게 받은 사람이여 두려워하지 말라 평안하라 강건하라 강건하라 그가 이같이 내게 말하매 내가 곧 힘이 나서 가로되 내 주께서 나로 힘이 나게 하셨사오니 말씀하옵소서"

여기 '은총을 크게 받은'은 히브리어 '함무도트'(חֲמֻדוֹת)로, '아끼다, 귀하게 여기다, 사랑하다'라는 뜻을 가진 '하마드'(חָמַד)의 형용사형인데, 하나님께서 특별히 아끼시고 특별히 사랑하셨다는 뜻입니다. 이렇게 하나님께서 특별히 아끼시고 특별히 사랑하시는 자가 하나님의 종말적 계시를 받을 수 있는 것입니다. 세상의 좋은 것을 멀리하고 하나님을 가까이할 때 하나님께서 좋은 것을 주십니다(시 84:11). 비록 다니엘은 예루살렘으로 돌아간 이스라엘 백성과는 공간적으로 멀리 떨어져 있었지만, 하나님께서 다니엘의 기도를 들으시고 예루살렘에 있는 귀환자들이 성전 건축을 시작하도록 역사하신 것입니다. 이처럼 살아있는 기도는 시공간을 초월하여 반드시 응답을 받습니다.

III
스룹바벨 성전 건축의 진행 과정
THE CONSTRUCTION PROCESS OF ZERUBBABEL'S TEMPLE

1. 스룹바벨 성전 건축의 시작
The Construction of Zerubbabel's Temple Began

제1차 바벨론 포로 귀환 후, 성전 건축은 예루살렘에 도착한 지 제2년 2월에 시작되었습니다(스 3:8). 성전 건축의 지도자는 스룹바벨과 여호수아였습니다. 성전 건축 시작에 대한 말씀을 볼 때 '스알디엘의 아들 스룹바벨과 요사닥의 아들 예수아'의 이름이 가장 먼저 등장하고 있습니다(스 3:8).

이스라엘 백성이 성전 건축을 시작하고 성전의 지대를 놓았을 때 대성통곡과 즐거움의 소리가 교차하였습니다(스 3:10-13). 성전의 지대가 놓임을 보고 대부분의 사람들은 즐거워하였습니다. 그러나 옛날 솔로몬 성전의 위용을 눈으로 보았던 몇몇 노인들은 자신들의 죄로 인하여 그 성전이 무너졌고, 이제 다시 성전을 건축하긴 하지만 그 시작이 너무 미미함을 보고 대성통곡하였던 것입니다. 솔로몬 성전이 파괴된 때는 주전 586년이었고, 성전 건축이 시작된 때는 50년 후인 주전 536년이므로, 나이가 많은 귀환자들 중에는 솔로몬 성전의 모습을 기억하고 있는 사람들이 있었던 것입니다.

에스라 3:12에서 "제사장들과 레위 사람들과 족장들 중에 여러 노인은 첫 성전을 보았던 고로 이제 이 전 지대 놓임을 보고 대성통곡하며 여러 사람은 기뻐하여 즐거이 부르니"라고 말씀하고 있습니다.

2. 대적들의 성전 건축 방해

The Enemies Hindered the Temple Construction

(1) 대적들이 건축에 동참시켜 줄 것을 요구함

성전 건축이 시작되자, 유다와 베냐민의 대적이 성전 건축을 같이 하자고 요구하였습니다. 에스라 4:1-2에서 "유다와 베냐민의 대적이 사로잡혔던 자의 자손이 이스라엘 하나님 여호와를 위하여 전을 건축한다 함을 듣고 [2]스룹바벨과 족장들에게 나아와 이르되 우리로 너희와 함께 건축하게 하라"라고 말씀하고 있습니다. 여기 '유다와 베냐민의 대적'은 사마리아 사람들을 가리킵니다. 왜냐하면 "앗수르 왕 에살핫돈이 우리를 이리로 오게 한 날부터 우리가 하나님께 제사를 드리노라"라고 말씀하고 있기 때문입니다(스 4:2下). 주전 722년에 북 이스라엘이 앗수르에게 멸망당한 후, 앗수르 왕 에살핫돈(주전 681-669년)은 북 이스라엘 땅에 이방인들을 강제로 이주시켰습니다. 열왕기하 17:24에서 "앗수르 왕이 바벨론과 구다와 아와와 하맛과 스발와임에서 사람을 옮겨다가 이스라엘 자손을 대신하여 사마리아 여러 성읍에 두매 저희가 사마리아를 차지하여 그 여러 성읍에 거하니라"라고 말씀하고 있습니다.

이후에 북 이스라엘 사람들과 이방인들이 섞여서 사마리아 사람이라는 혼혈족이 생겨나게 되었으며, 여호와 신앙과 이방 신을 믿는 신앙이 혼합되었습니다(왕하 17:25-41). 열왕기하 17:33에서는 이들의 신앙에 대하여 "이와 같이 저희가 여호와도 경외하고 또한 어디서부터 옮겨왔든지 그 민족의 풍속대로 자기의 신들도 섬겼더라"라고 말씀하고 있습니다.

(2) 귀환자들이 대적들의 요구를 거절함

귀환자들은 사마리아 사람들의 제안을 거절하며, 그들의 도움 없이 홀로 성전을 건축하겠다고 선언하였습니다. 에스라 4:3에서 "스룹바벨과 예수아와 기타 이스라엘 족장들이 이르되 우리 하나님의 전을 건축하는 데 너희는 우리와 상관이 없느니라 바사 왕 고레스가 우리에게 명하신 대로 우리가 이스라엘 하나님 여호와를 위하여 홀로 건축하리라"라고 말씀하고 있습니다. 귀환자들이 사마리아 사람들의 제안을 거절한 이유가 몇 가지 있었습니다.

첫째, 사마리아 사람들이 혼합주의적인 신앙을 가지고 있었기 때문입니다.

에스라 4:2 하반절에서 사마리아 사람들은 "우리가 하나님께 제사를 드리노라"라고 했지만, 이는 귀환자들의 마음을 사기 위한 감언이설에 지나지 않았습니다. 또한, 사마리아 사람들은 "우리도 너희같이 너희 하나님을 구하노라"라고 했습니다. 그들이 '우리 하나님'이라고 하지 않고 '너희 하나님'이라고 표현한 것은 그들의 혼합된 신앙을 보여주는 것입니다. 사마리아 사람들은 여호와 하나님을 믿기는 하였지만 동시에 다른 신들도 믿었습니다. 그들에게 하나님은 많은 신들 가운데 하나의 신일 뿐이었습니다. 사마리아 사람들이 하나님을 유일하신 분으로 믿지 않았기 때문에 '너희 하나님'이라고 표현했던 것입니다.

둘째, 사마리아 사람들이 정치적인 야욕을 가지고 있었기 때문입니다.

사마리아 사람들은 귀환자들이 돌아오기 오래전부터 그 지역에 살고 있었습니다(스 4:2下). 고레스의 칙령으로 귀환자들이 돌아오고 성전 건축이 시작되자, 사마리아인들은 성전 건축에 동참함으로 향후 그 지역에서 자신들의 정치적인 주도권을 계속 유지하며, 귀환자들까지도 자신들의 수하에 두기를 원하였던 것입니다. 그러나 귀환자들이 사마리아 사람들의 제안을 거절하자, 그들은 즉시 성전 건축을 방해하였습니다. 에스라 4:4에서 "이로부터 그 땅 백성이 유다 백성의 손을 약하게 하여 그 건축을 방해하되"라고 말씀하고 있습니다.

셋째, 하나님의 명령 때문이었습니다.

하나님께서 이스라엘 백성을 귀환시키실 때, 바사 왕 고레스를 통해 귀환민들이 직접 성전을 건축하라고 명령하셨습니다. 하나님의 명령 가운데 사마리아 사람들과 같이 성전을 건축하라는 명령은 없었습니다. 에스라 4:3 하반절에서는 "바사 왕 고레스가 우리에게 명하신 대로 우리가 이스라엘 하나님 여호와를 위하여 홀로 건축하리라 하였더니"라고 말씀하고 있습니다. 에스라 1:3에서는 "이스라엘의 하나님은 참 신이시라 너희 중에 무릇 그 백성된 자는 다 유다 예루살렘으로 올라가서 거기 있는 여호와의 전을 건축하라 너희 하나님이 함께하시기를 원하노라"라고 말씀하고 있습니다. 이 명령에 의하면 '하나님의 백성된 자'들이 성전을 건축할 수 있는 것입니다. 사마리아 사람들은 하나님의 백성이 아니기 때문에 당연히 성전 건축에서 배제되어야 마땅한 것입니다.

(3) 대적들의 방해 내용

첫째, 유다 백성의 손을 약하게 하였습니다.

에스라 4:4에서 "이로부터 그 땅 백성이 유다 백성의 손을 약하게 하여 그 건축을 방해하되"라고 말씀하고 있습니다. 여기 '약하게 하여'는 히브리어 '라파'(רָפָה, 뜻-맥이 풀리다, 마음이 약해지다)의 피엘(강조) 분사형으로, '야드'(יָד, 뜻-손)와 함께 사용되어, '사기를 떨어뜨리다(표준새번역), 기가 꺾이다, 겁을 먹다'라는 뜻입니다. 이처럼 어둠의 세력들은 하나님의 성전이 건축되지 못하도록 먼저 유다 백성의 사기를 떨어뜨렸습니다. 또한, '방해하되'는 '놀라게 하다'라는 뜻의 히브리어 '발라'(בָּלָה)의 피엘(강조) 분사형으로, 대적들이 지속적으로 집요하게 건축을 포기하게 만들었음을 나타냅니다.

오늘날에도 사단은 하나님의 거룩한 성전 건축 역사를 방해하고 사기를 떨어뜨립니다. 그러나 우리는 아무리 어둠의 세력이 방해를 한다고 해도 낙심하지 말아야 합니다. 고린도후서 4:8-10에서 "우리가 사방으로 우겨쌈을 당하여도 싸이지 아니하며 답답한 일을 당하여도 낙심하지 아니하며 [9] 핍박을 받아도 버린 바 되지 아니하며 거꾸러뜨림을 당하여도 망하지 아니하고 [10] 우리가 항상 예수 죽인 것을 몸에 짊어짐은 예수의 생명도 우리 몸에 나타나게 하려 함이라"라고 말씀하고 있습니다. 우리는 어려운 일을 당할 때 포기하지 말고 예수님의 십자가의 고난을 생각해야 합니다. 예수님께서 십자가 고난을 이기시고 부활하시어 승리하셨듯이, 우리도 예수님의 고난을 짊어질 때(골 1:24) 고난을 이기며 승리할 수 있습니다. 고난이

깊어지면 깊어질수록 예수님의 생명이 더욱 강하게 나타나므로 성도의 승리는 보장되어 있습니다.

둘째, 의사들에게 뇌물을 주어 경영을 저희하였습니다.

에스라 4:5에서 "바사 왕 고레스의 시대부터 바사 왕 다리오가 즉위할 때까지 의사들에게 뇌물을 주어 그 경영을 저희*하였으며"라고 말씀하고 있습니다. '의사들'은 히브리어 '야아츠'(יָעַץ, 뜻-결정하다)의 명사형인 '에차'(עֵצָה)로, 당시 왕에게 조언을 하던 자들(모사)입니다. '저희하였으며'는 히브리어 '파라르'(פָּרַר)로, '좌절시키다, 분쇄하다, 깨뜨리다'라는 뜻이며, 방해 공작이 너무 심해서 도저히 성전 건축이 진행될 수 없는 상태가 되었음을 의미합니다. 이들의 방해 공작은 성전 건축이 시작된 바사 왕 고레스의 시대부터 다리오 1세가 즉위한 주전 522년 이후에도 계속되어, 주전 536년 2월에 시작된 성전 건축은 주전 520년까지 16년 동안 중단되었던 것입니다.

사단은 성전 건축을 중단시킴으로 하나님의 구속사의 전진을 가로막았습니다. 그러나 하나님의 백성은 아무리 사단의 세력이 강하다 해도 반드시 정해진 기한이 있음을 알아야 합니다(참고-단 8:13-14). 비록 하나님의 구속사가 잠시 중단되는 것처럼 보인다 할지라도, 낙심하지 않고 끝까지 참고 기다리면(마 24:13) 하나님의 정하신 때가 되어 어둠의 세력들은 반드시 진멸을 당하게 되고(마 13:30, 계 17:17), 하나님의 뜻은 작정하신대로 이루어지는 것입니다.

---

* '저희'(沮戲): '막을 저'(沮), '희롱할 희'(戲). 몹시 끈질기게 괴롭히며 방해함.

Ⅳ
스룹바벨 성전 건축 재개의 과정
THE COURSE OF RESTARTING THE CONSTRUCTION OF ZERUBBABEL'S TEMPLE

1. 재개의 계기
The Causes of Restart

(1) 학개 선지자를 통한 말씀의 선포

학개 선지자(주전 520년)는 바벨론 포로 귀환 이후 최초로 하나님께서 보내신 '여호와의 사자'(학 1:12-13)로, 스가랴 선지자(주전 520-480년)보다 2개월 먼저 사역을 시작했습니다(학 1:1, 슥 1:1). 학개(חַגַּי, '학가이') 선지자의 이름의 뜻은 '축제, 절기의 사람'입니다.

다리오왕 2년 6월 1일에 학개 선지자를 통해 하나님의 말씀이 선포되었습니다. 학개 1:1에서 "다리오왕 이년(주전 520년) 유월 곧 그 달 초하루에 여호와의 말씀이 선지자 학개로 말미암아 스알디엘의 아들 유다 총독 스룹바벨과 여호사닥의 아들 대제사장 여호수아에게 임하니라"라고 말씀하고 있습니다. 여기 나오는 '다리오왕'은 바사 제국의 '다리오 1세'(주전 522-486년)입니다. 본 서에 기록된 성전 재건 및 완성과 관련된 '다리오왕' 역시 모두 바사의 '다리오 1세'를 가리킵니다.

'다리오'라는 이름을 가진 메대 바사 과도 제국 및 바사 제국의 왕들

The Kings with the Name "Darius" in the Medo-Persian and the Persian Empires

구분	왕	설명
메대 바사 과도 제국	**다리오** Darius (**키악사레스 2세** Cyaxares II) 주전 550-539년 메대 통치, 주전 539-538년 메대 바사 과도 제국 통치	주전 550년에 자신의 외조카 고레스 2세와 힘을 합쳐 부친 아스티아게스를 몰아내고 메대의 왕이 되었으며, 주전 539년에 바벨론의 벨사살왕이 죽임을 당한 뒤 메대 바사 과도 제국의 왕으로 즉위하였다(단 5:30-31). 그리고 이듬해인 주전 538년, 자신의 외조카이자 사위가 된 고레스 2세에게 왕위를 양도하였다. 다니엘 6장에 기록된 다니엘의 사자굴 사건 당시 메대 바사 과도 제국의 왕이었다(단 6:1, 8, 15, 28). 다니엘은 다리오 원년에 70년 만에 포로에서 해방된다는 예레미야의 예언을 깨달았다(단 9:1-2).
바사 제국	**다리오 1세** Darius I 주전 522-486년	고레스 2세가 죽은 후, 바사에서는 캄비세스 2세(주전 530-522년), 바르디야(주전 522년), 다리오 1세가 등장한다(단 11:1-2). 캄비세스 2세가 애굽 원정에 나간 틈을 타서 바르디야가 자신이 캄비세스 2세의 동생이라고 속이며 왕위를 찬탈하였으나, 다리오 1세가 바르디야를 죽이고 왕위에 올라 강력한 정복 정책을 펼쳤다. 다리오 1세는 주전 520년에 그동안 중단되어 있던 스룹바벨 성전 건축 재개를 허락하였다(스 4:24, 5:6-6:15, 학 1:14-15, 2:10, 슥 1:1, 7, 7:1).
	다리오 2세 Darius II (**노투스** / Nothus) 주전 423-404년	아닥사스다 1세의 아들로, 성경에 그에 대한 상세한 기록은 없다.
	다리오 3세 Darius III (**코도마누스** / Codommanus) 주전 336/335-331년	바사 제국의 마지막 왕으로, 성경에 그에 대한 상세한 기록은 없다. 가우가멜라 전투에서 헬라의 알렉산더에게 패하여 도주하였지만, 사촌과 신하들의 배반으로 비참하게 죽임을 당했다.

당시 백성은 “여호와의 전을 건축할 시기가 이르지 아니하였다” 라고 말하며(학 1:2) 성전 건축을 중단한 채로 내버려두고 있었습니다. 이에 학개 선지자는 “너희는 자기의 소위를 살펴볼찌니라”라고 하며 하나님의 말씀을 전하고(학 1:5, 7), 당시 백성의 상태를 세 가지로 지적하였습니다.

첫째, 결과가 없는 헛된 삶으로, 학개 1:6에서 “너희가 많이 뿌릴찌라도 수입이 적으며 먹을찌라도 배부르지 못하며 마실찌라도 흡족하지 못하며 입어도 따뜻하지 못하며 일군이 삯을 받아도 그것을 구멍 뚫어진 전대에 넣음이 되느니라”라고 말씀하고 있습니다. 성전 건축을 외면한 유다 백성의 삶은 아무리 노력해도 열매가 없는 헛된 삶이었습니다.

둘째, 불어버림을 당하는 삶으로, 학개 1:9 상반절에서 “너희가 많은 것을 바랐으나 도리어 적었고 너희가 그것을 집으로 가져갔으나 내가 불어버렸느니라 나 만군의 여호와가 말하노라”라고 말씀하고 있습니다. 아무리 많은 것을 가져갔어도, 하나님께서 불어버리시면 다 없어지고 맙니다.

셋째, 재앙 가운데 거하는 삶으로, 학개 1:10-11에서 “그러므로 너희로 인하여 하늘은 이슬을 그쳤고 땅은 산물을 그쳤으며 [11] 내가 한재를 불러 이 땅에, 산에, 곡물에, 새 포도주에, 기름에, 땅의 모든 소산에, 사람에게, 육축에게, 손으로 수고하는 모든 일에 임하게 하였느니라”라고 말씀하고 있습니다. 사람이 아무리 수고할지라도 하나님께서 재앙을 부르시면 아무 소용이 없게 됩니다.

이렇게 하나님께서 유다 백성에게 재앙을 쏟으신 것은, 그들이 자신들은 좋은 집에 거하면서 성전 건축을 외면하고 있었기 때문입니다. 학개 1:4에서는 "이 전이 황무하였거늘 너희가 이때에 판벽한 집에 거하는 것이 가하냐"라고 말씀하고 있는데, 여기 '판벽한 집'은 히브리어 '바테켐 세푸님'(בָּתֵּיכֶם סְפוּנִים)으로, 백향목 판자나 아로새긴 판자로 벽을 두르고 지붕을 덮은 아주 화려한 집을 가리킵니다. 이를 바른성경에서는 '벽을 장식한 집', 현대인의성경에서는 '호화 주택'으로 번역하였습니다. 귀환자들의 집은 아름답고 화려하게 장식되어 있었지만, 성전은 황무하고 집 밖에는 재앙이 계속되는 상황이었던 것입니다. 9절 하반절에서도 "이것이 무슨 연고뇨 내 집은 황무하였으되 너희는 각각 자기의 집에 빨랐음이니라"라고 말씀하고 있습니다. 하나님의 성전은 중단된 채로 버려두고, 각자 자신의 집 문제에는 신속하였던 것입니다.

이러한 유다 백성을 향해 하나님께서는 "너희는 자기의 소위를 살펴볼찌니라 [8] 너희는 산에 올라가서 나무를 가져다가 전을 건축하라 그리하면 내가 그로 인하여 기뻐하고 또 영광을 얻으리라"라고 말씀하셨습니다(학 1:7下-8). 유다 백성은 학개 선지자를 통해 선포되는 말씀을 듣고 자신들의 죄악된 삶을 돌아보고 회개하며, 하나님의 성전을 짓기 위해 일어났습니다.

학개 1:12-13 "스알디엘의 아들 스룹바벨과 여호사닥의 아들 대제사장 여호수아와 남은바 모든 백성이 그 하나님 여호와의 목소리와 선지자 학개의 말을 청종하였으니 이는 그들의 하나님 여호와께서 그를 보내셨음을 인함이라 백성이 다 여호와를 경외하매 [13] 때에 여호와의 사자 학개가 여호와의 명을 의지하여 백성에게 고하여 가로되 나 여호와가 말하노니 내가 너희와 함께하노라 하셨느니라 하니라"

학개 선지자가 말씀을 선포하여 회개를 촉구하고 성전 건축의 재개를 독려하자, 16년 동안 중단되었던 성전 건축의 역사가 다시 시작된 것입니다.

(2) 재개의 날짜 - 주전 520년 6월 24일

학개 1:14에서 "여호와께서 스알디엘의 아들 유다 총독 스룹바벨의 마음과 여호사닥의 아들 대제사장 여호수아의 마음과 남은 바 모든 백성의 마음을 흥분시키시매 그들이 와서 만군의 여호와 그들의 하나님의 전 역사를 하였으니"라고 말씀하고 있습니다. 15절에서 "때는 다리오왕 이년 유월 이십사일이었더라"라고 말씀하고 있는데, 다리오왕 2년은 주전 520년으로, 그해 6월 24일에 성전 건축의 역사가 재개되었던 것입니다.

14절의 '흥분시키시매'는 '깨우다, 자극하다, 분발하다'라는 뜻을 가진 히브리어 '우르'(עוּר)의 히필(사역)형이 사용되어, 하나님께서 이스라엘 백성의 마음을 흥분시키셨음을 알 수 있습니다. 하나님께서 학개 선지자를 통하여 말씀으로 귀환자들의 마음을 깨우고 자극시키고 분발케 하심으로, 16년 동안 중단되었던 성전 건축의 역사를 재개시키셨던 것입니다.

에스라 5:1-2 "선지자들 곧 선지자 학개와 잇도의 손자 스가랴가 이스라엘 하나님의 이름을 받들어 유다와 예루살렘에 거하는 유다 사람들에게 예언하였더니 [2] 이에 스알디엘의 아들 스룹바벨과 요사닥의 아들 예수아가 일어나 예루살렘 하나님의 전 건축하기를 시작하매 하나님의 선지자들이 함께하여 돕더니"

2. 대적들의 방해와 옛 조서의 발견

The Interruption by the Enemies
and the Discovery of the Former Decree

(1) 대적들의 고소

주전 536년 2월에 처음 시작된 성전 건축 역사에 사마리아 사람들의 방해가 있었듯이(스 4:4-5), 16년이 지나 주전 520년에 재개된 성전 건축 역사에도 대적들의 방해가 나타났습니다. 강 서편의 총독인 닷드내와 스달보스내와 그 동료들이 시비를 걸면서 방해하기 시작하였습니다. 에스라 5:3에서 "그때에 강 서편 총독 닷드내와 스달보스내와 그 동료가 다 나아와 저희에게 이르되 누가 너희를 명하여 이 전을 건축하고 이 성곽을 마치게 하였느냐 하기로"라고 말씀하고 있습니다.

귀환자들은 이 성전 건축의 역사가 고레스왕(주전 539/538-530년)이 명령한 것이라고 대답했으며(스 5:13), 이에 훼방자들은 당시 왕이었던 다리오(주전 522-486년)에게 귀환자들의 대답에 대하여 확인을 요청하였습니다. 에스라 5:5에서 "하나님이 유다 장로들을 돌아보셨으므로 저희가 능히 역사를 폐하게 못하고 이 일을 다리오에게 고하고 그 답조가 오기를 기다렸더라"라고 말씀하고 있습니다. 17절에서도 "이제 왕이 선히 여기시거든 바벨론에서 왕의 국고에 조사하사 과연 고레스왕이 조서를 내려 하나님의 이 전을 예루살렘에 건축하라 하셨는지 보시고 왕은 이 일에 대하여 왕의 기쁘신 뜻을 우리에게 보이소서 하였더라"라고 말씀하고 있습니다.

(2) 옛 조서의 발견

다리오왕은 성전 건축을 방해하는 자들의 편지를 받고, 바벨론의 보물을 쌓아둔 곳에서 고레스왕의 조서를 찾았지만 발견하지 못했습니다. 그러다가 메대도 악메다(엑바타나) 궁에서 마침내 그 조서를 발견하였습니다. 에스라 6:1-2에서 “이에 다리오왕이 조서를 내려 서적 곳간 곧 바벨론에서 보물을 쌓아둔 곳에서 조사하게 하였더니 2 메대도 악메다 궁에서 한 두루마리를 얻으니 거기 기록하였으되”라고 말씀하고 있습니다.

당시 바사에는 세 개의 왕궁이 있었습니다. 고레스왕이 바벨론(성)을 점령한 이후, 바벨론은 유브라데강 서편을 관할하는 수도가 되었습니다. 그리고 왕은 온화한 날씨를 찾아 악메다의 여름 별궁과 수산(수사)의 겨울 별궁을 오갔습니다.[8] 예루살렘을 비롯한 유브라데 서편을 관할하는 바벨론에서 두루마리를 찾지 못하자, 거기서

바사 제국의 영토와 행정 수도 / 아닥사스다 1세 시대 기준 / 주전 464-423년
The Territory of the Persian Empire and the Administrative Capital (during the time of Artaxerxes I)

약 458km나 떨어진 메대도(道) 악메다 궁까지 조사하여 마침내 고레스왕의 조서를 발견하였습니다. 고레스왕의 조서가 공포된 주전 538년(스 1:1)으로부터 약 18년이나 지났지만, 하나님의 섭리로 그동안 반포된 수많은 조서를 샅샅이 조사하여 고레스왕의 조서를 발견한 것입니다. 발견된 조서에는 "예루살렘 하나님의 전에 대하여 이르노니 이 전 곧 제사 드리는 처소를 건축하되 지대를 견고히 쌓고 그 전의 고는 육십 규빗으로, 광도 육십 규빗으로 하고 [4]큰 돌 세 켜에 새 나무 한 켜를 놓으라 그 경비는 다 왕실에서 내리라"라고 기록되어 있었습니다(스 6:3-4).

(3) 새로운 조서의 공포

다리오왕은 과거 고레스왕의 명령에 의거하여 성전 건축의 역사를 방해하지 말라고 새롭게 명령하였습니다. 에스라 6:6-7을 볼 때, "이제 강 서편 총독 닷드내와 스달보스내와 너희 동료 강 서편 아바삭 사람들은 그곳을 멀리하여 [7]하나님의 전 역사를 막지 말고 유다 총독과 장로들로 하나님의 이 전을 본처에 건축하게 하라"라고 명령하였습니다. 이어 이스라엘 백성의 성전 건축과 관련하여 새로운 조서를 반포하였습니다.

첫째, 세금으로 성전 건축의 경비를 도우라는 것입니다.

에스라 6:8을 볼 때 "내(다리오왕)가 또 조서를 내려서 하나님의 이 전을 건축함에 대하여 너희가 유다 사람의 장로들에게 행할 것을 알게 하노니 왕의 재산 곧 강 서편 세금 중에서 그 경비를 이 사람들에게 신속히 주어 저희로 지체치 않게 하라"라고 명령하고 있습니다. 여기 '신속히'는 아람어 '오스파르나'(אָסְפַּרְנָא)로, '완전하게, 빠짐없이, 철저하게, 부지런히'라는 뜻입니다. 이는 행여 성전 건축에 필요한 경비가 제때 지급되지 못하는 일이 없도록 빠짐없이 철저하게 진행할 것을 강력히 강조하는 표현입니다.

둘째, 매일 제사에 필요한 것을 주어서 왕과 왕자들의 생명을 위하여 기도하게 하라는 것입니다.

에스라 6:9-10을 볼 때 "또 그 수용물 곧 하늘의 하나님께 드릴 번제의 수송아지와 수양과 어린양과 또 밀과 소금과 포도주와 기름을 예루살렘 제사장의 소청대로 영락없이 날마다 주어 [10] 저희로 하늘의 하나님께 향기로운 제물을 드려 왕과 왕자들의 생명을 위하여 기도하게 하라"라고 명령하고 있습니다.

셋째, 이 명령을 어기면 그 집안을 멸절시키라는 것입니다.

에스라 6:11-12을 볼 때 "내가 또 조서를 내리노니 무론 누구든지 이 명령을 변개하면 그 집에서 들보를 빼어내고 저를 그 위에 매어 달게 하고 그 집은 이로 인하여 거름더미가 되게 하라 [12] 만일 열왕이나 백성이 이 조서를 변개하고 손을 들어 예루살렘 하나님의 전을 헐찐대 그곳에 이름을 두신 하나님이 저희를 멸하시기를 원하노라 나 다리오가 조서를 내렸노니 신속히 행할찌어다"라고 명령하고 있습니다. 이에 강 서편 총독 닷드내와 스달보스내와 그 동료들이 더 이상 방해하지 않고 왕의 지시대로 신속히 준행하였습니다(스 6:13). 여기 12절과 13절의 '신속히' 역시 아람어 '오스파르나'로, 다리오왕이 성전 건축에 필요한 경비를 제때 지급할 수 있도록 각별히 신경을 썼으며, 대적들도 더 이상 방해하지 않고 왕의 명령을 철저하게 따랐음을 보여줍니다.

이렇게 성전 건축의 역사가 재개된 것은 실로 하나님의 기이한 섭리였습니다. 하나님의 명령과 학개와 스가랴 선지자의 권면이 있었고, 고레스왕과 다리오왕의 조서가 있었으며, 지도자인 스룹바벨과 여호수아의 앞장서는 지도력과 백성의 헌신적인 동참이 하나가 되어 이루어진 것입니다. 에스라 6:14에서 “유다 사람의 장로들이 선지자 학개와 잇도의 손자 스가랴의 권면함으로 인하여 전 건축할 일이 형통한지라 이스라엘 하나님의 명령과 바사 왕 고레스와 다리오와 아닥사스다의 조서를 좇아 전을 건축하며 필역하되”라고 말씀하고 있습니다.

에스라·느헤미야에 기록된 조서와 상소문들

The Decrees and Appeals Recorded in the Books of Ezra and Nehemiah

	시기	성경 구절	시간 순서
고레스 칙령	고레스 원년 (주전 538년)	스 1:1-4, 7-11	*1*
사마리아인들의 고소	아하수에로 즉위년 (주전 486년)	스 4:6	*4*
비슬람과 미드르닷과 다브엘과 그 동료들의 고소*	아닥사스다 1세 통치 시기 (주전 464-423년)	스 4:7	*6***
방백 르훔과 서기관 심새, 사마리아인들의 고소	아닥사스다 1세 통치 시기 (주전 464-423년)	스 4:8-23	*7*
강 서편 총독 닷드내와 스달보스내, 아바삭 사람의 글	다리오 1세 제2년 (주전 520년)	스 5:1-17	*2*
다리오 1세의 칙령	다리오 1세 제2년 (주전 520년)	스 6:1-13	*3*
아닥사스다 1세가 에스라에게 내린 조서	아닥사스다 1세 제7년 (주전 458년)	스 7:11-26	*5*
아닥사스다 1세가 느헤미야에게 내린 조서	아닥사스다 1세 제20년 (주전 444년)	느 2:4-9	*8*

* 에스라 4:7의 '비슬람, 미드르닷, 다브엘과 그 동료들의 고소'와 에스라 4:8-23의 '방백 르훔과 서기관 심새, 사마리아인들의 고소'는 동일한 하나의 상소일 수도, 각기 다른 상소일 수도 있다. 그러나 전자의 상소에 별다른 직책이 나오지 않는 것을 볼 때, 예루살렘 성벽 공사 중단을 요청하는 동일한 내용을 여러 사람이 개별적으로 상소하였고, 공직자는 공식적인 상소를 올린 것으로 보인다.

** 에스라 4:1-5과 24절은 고레스 시대부터 다리오왕 2년까지의 사건을 기록하고 있으며, 6-23절은 이후에 있었던 성벽 재건과 관련한 대적들의 상소에 대해 비슷한 주제를 함께 묶어서 추가한 것이다. 사마리아인들의 상소에 나오는 '성곽', '성읍' 등의 표현은 느헤미야 귀환 이전에 있었던 성벽 재건 운동을 암시하며(스 4:12), 예루살렘 성읍 완성에 대한 반역의 우려(스 4:13-16)는 유브라데 강 서편의 총독이었던 메가비주스(Megabyzus)의 반란(주전 448년경)과 관계된 표현이다. 따라서 이 상소들은 제2차 귀환과 제3차 귀환 사이에 있었던 것으로 보인다.[9)]

조서의 내용	조서의 결과
· 포로 귀환과 성전 건축 명령(스 1:5-6)	· 제1차 바벨론 포로 귀환과 성전 건축 시작
· 유다와 예루살렘 거민을 고발	· 성벽 재건 중단
· 예루살렘 성벽 재건 중단 요청	· 성벽 재건 중단
· 예루살렘 성벽 재건 중단 요청(스 4:11-16)	· 성벽 재건 중단(스 4:17-23)
· 예루살렘 성전 건축을 명령하는 고레스왕의 조서 확인 요청(스 5:6-17)	· 다리오 1세가 악메다 궁에서 고레스 조서 발견(스 6:1-5)
· 고레스왕의 조서대로 성전 건축 재개 허락(스 6:6-7) · 성전 건축 비용과 희생 제물의 추가 지원(스 6:8-10) · 조서의 변개 금지 명령(스 6:11-12)	· 스룹바벨 성전 건축 재개와 완공(스 6:14-15)***
· 에스라와 예루살렘 귀환을 원하는 자들의 귀환 명령(스 7:12-13) · 성전 제사를 위한 희생 제물 지원(스 7:14-23) · 제사장, 레위인, 노래하는 자들, 문지기들, 느디님 사람들, 성전 봉사자들의 세금 면제(스 7:24) · 에스라에게 율법을 가르치게 하고 유사와 재판관을 택해 죄인을 징치하게 함(스 7:25-26)	· 제2차 바벨론 포로 귀환 시작, 많은 헌물을 모아 성전에 봉헌(스 8:24-30) · 종교 개혁 단행(스 9:1-10:44)
· 느헤미야가 유다까지 통과할 것을 허락(느 2:7) · 성전의 성문과 성벽 등의 재건을 위한 목재 지원(느 2:8) · 군대 장관과 마병 지원(느 2:9)	· 제3차 바벨론 포로 귀환 시작 · 성벽 재건 공사 시작과 완성

*** 에스라 6:14 하반절에서는 "이스라엘 하나님의 명령과 바사 왕 고레스와 다리오와 아닥사스다의 조서를 좇아 전을 건축하며 필역하되"라고 말씀하고 있다. 바사 왕 고레스 2세(주전 539/538-530년)와 다리오 1세(주전 522-486년)는 스룹바벨 성전 재건과 관련된 조서를 내린 왕이다. 그러나 아닥사스다 1세(주전 464-423년)는 스룹바벨 성전이 완성된 후에 왕이 되었다. 아닥사스다 1세는 제2차 바벨론 포로 귀환령(스 7:11-26)을 통해 에스라를 귀환시켜 언약 백성의 예배가 회복되게 하였으며, 제3차 바벨론 포로 귀환령(느 2:4-10)을 통해 느헤미야를 귀환시켜 마침내 성벽을 재건하게 하였다. 에스라가 고레스와 다리오의 조서, 그리고 아닥사스다의 조서를 함께 언급한 것은, 에스라는 성전 건물의 건축뿐만이 아니라, 언약 백성의 예배 회복과 성벽의 재건까지 모두 이루어졌을 때, 성전이 온전히 필역된 것이라고 증거한 것이다.

3. 학개 선지자의 독려
Prophet Haggai's Encouragement

학개 선지자의 말씀 선포를 통해 다리오왕 2년(주전 520년) 6월 24일에 성전 건축이 재개되었습니다(학 1:14-15). 성전 건축이 재개된 후에 학개 선지자는 계속 하나님의 말씀을 전하여 백성을 독려했습니다.

(1) 다리오왕 2년 7월 21일에 주신 말씀

학개 2:1에서 "칠월 곧 그달 이십일일에 여호와의 말씀이 선지자 학개에게 임하니라 가라사대"라고 말씀하고 있습니다. 이때 하나님께서 학개 선지자를 통해 유다 백성에게 주신 말씀은 다음과 같습니다.

첫째, '스스로 굳세게 할찌어다'라는 말씀입니다.

학개 2:4에서 "그러나 나 여호와가 이르노라 스룹바벨아 스스로 굳세게 할찌어다 여호사닥의 아들 대제사장 여호수아야 스스로 굳세게 할찌어다 나 여호와의 말이니라 이 땅 모든 백성아 스스로 굳세게 하여 일할찌어다 내가 너희와 함께하노라 만군의 여호와의 말이니라"라고 말씀하고 있습니다. 여기 '스스로 굳세게 할찌어다'는 히브리어 '하자크'(חָזַק)의 명령형으로, '강하게 하라'라는 뜻입니다. 대부분의 번역본들은 '힘을 내어라'라고 번역하고 있습니다.

둘째, '스룹바벨 성전의 나중 영광이 이전 영광보다 더 크리라'라는 말씀입니다.

학개 2:9에서 "이 전의 나중 영광이 이전 영광보다 크리라 만군의 여호와의 말이니라 내가 이곳에 평강을 주리라 만군의 여호와의 말이니라"라고 말씀하고 있습니다. 그 이유는 장차 만국의 보배이신 예수 그리스도(골 2:2-3)께서 임하시기 때문입니다. 학개 2:7에서 "또한 만국을 진동시킬 것이며 만국의 보배가 이르리니 내가 영광으로 이 전에 충만케 하리라 만군의 여호와의 말이니라"라고 말씀하고 있습니다.

솔로몬 성전에도 하나님의 영광이 임하였지만(왕상 8:11), 그 영광은 스룹바벨 성전에 임하게 될 성육신하신 예수님의 영광과는 비교할 수가 없습니다. 요한복음 1:14에서 "말씀이 육신이 되어 우리 가운데 거하시매 우리가 그 영광을 보니 아버지의 독생자의 영광이요 은혜와 진리가 충만하더라"라고 말씀하고 있습니다. 비록 스룹바벨 성전은 솔로몬 성전에 비해서는 아주 초라했지만, 바로 그 성전에 예수님께서 오심으로 가장 영광스러운 성전이 되는 것입니다.

(2) 다리오왕 2년 9월 24일에 주신 말씀

학개 2:10에서 "다리오왕 이년 구월 이십사일에 여호와의 말씀이 선지자 학개에게 임하니라"라고 말씀하고 있습니다. 여기 9월도 성전 건축이 재개된 6월과 마찬가지로 '다리오왕 이년'이라고 한 것을 볼 때, 학개서는 티쉬리(7월) 기준 방식이 아니라 니산(1월) 기준 방식으로 한 해를 계산하였음을 알 수 있습니다. 이때 주신 말씀은 다음과 같습니다.

첫째, '오늘부터 복을 주리라'라는 말씀입니다.

학개 2:19에서 "곡식 종자가 오히려 창고에 있느냐 포도나무, 무화과나무, 석류나무, 감람나무에 열매가 맺지 못하였었느니라 그러나 오늘부터는 내가 너희에게 복을 주리라"라고 말씀하고 있습니다. 여기 '오늘부터'는 히브리어 '하욤 하제'(הַיּוֹם הַזֶּה)로, '바로 이날부터'라고 강조하는 표현입니다. 또한, '복을 주리라'는 '축복하다'라는 뜻의 히브리어 '바라크'(בָּרַךְ)의 피엘(강조) 미완료형으로, 하나님께서 복을 주신다는 강력한 의지의 표명입니다. 이는 하나님의 말씀이 선포되고 그 말씀에 순종하는 바로 그날을 기점으로, 하나님께서 복을 주시겠다는 말씀입니다. 우리의 삶에서도 하나님의 뜻을 최우선으로 두고 말씀에 순종하는 그날을 기점으로 하나님께서 놀라운 축복을 주시는 것입니다.

하나님께서 복을 주시는 이유는 부정이 제거되었기 때문입니다. 학개 2:14에서 "이에 학개가 대답하여 가로되 여호와의 말씀에 내 앞에서 이 백성이 그러하고 이 나라가 그러하고 그 손의 모든 일도 그러하고 그들이 거기서 드리는 것도 부정하니라"라고 말씀하고 있습니다. 여기 '부정하다'는 것은 과거 성전 재건에 무관심했던 이스라엘 백성의 모습을 가리킵니다. 그래서 '내 백성'이 아니라 '이 백성'이라고 말씀하고 있습니다. 그러나 6월 24일에 성전 건축을 재개하여 9월 24일까지 석 달 동안 성전 건축 공사가 진행되었는데(학 2:18), 이스라엘 백성의 성전 건축 공사에 임하는 헌신적인 태도는 하나님을 기쁘시게 하였습니다. 그래서 하나님께서는 이날을 기점으로 삼아 '오늘부터는 내가 너희에게 복을 주리라'라고 선포하신 것입니다.

둘째, '스룹바벨을 하나님의 인으로 삼으리라'라는 말씀입니다.

학개 2:23에서 "나 만군의 여호와가 말하노라 스알디엘의 아들 내 종 스룹바벨아 나 여호와가 말하노라 그날에 내가 너를 취하고 너로 인을 삼으리니 이는 내가 너를 택하였음이니라 만군의 여호와의 말이니라"라고 말씀하고 있습니다. 여기 '인'(印)은 히브리어 '호탐'(חוֹתָם)으로, '도장, 인장 반지'라는 뜻입니다. 당시 도장은 자신을 증명하는 수단으로, 통치자의 도장은 그의 권세를 나타냅니다(창 38:18, 렘 22:24). 하나님께서 스룹바벨을 '하나님의 인'으로 삼으신 것은 스룹바벨을 하나님의 대리자로 세우신 것이며, 궁극적으로 하나님께서 예수 그리스도에게 하늘과 땅의 모든 권세를 주시고(마 28:18, 요 6:27, 17:2), 그를 통하여 종말적 구원을 완성하시고 참 성전을 이루실 것을 예표하신 것입니다(계 21:22).

4. 스가랴 선지자의 독려

Prophet Zechariah's Encouragement

하나님께서는 학개 선지자뿐만 아니라 스가랴 선지자를 통해서도 말씀을 선포하심으로, 성전 건축의 역사가 더욱 힘 있게 진행되도록 독려하셨습니다.

(1) 다리오왕 2년 8월에 주신 말씀

스가랴 1:1에서 "다리오왕 이년 팔월에 여호와의 말씀이 잇도의 손자 베레갸의 아들 선지자 스가랴에게 임하니라"라고 말씀하고 있습니다. 6월 24일에 성전 건축이 재개되었지만, 아직도 온 이스라엘 백성의 마음이 완전히 하나님께로 돌아온 것이 아니었기 때문에 하나님께 돌아오라고 말씀하셨습니다.

3절에서 "그러므로 너는 무리에게 고하기를 만군의 여호와께서 이처럼 이르시되 너희는 내게로 돌아오라 나 만군의 여호와의 말이니라 그리하면 내가 너희에게로 돌아가리라 나 만군의 여호와의 말이니라"라고 말씀하고 있습니다. 하나님께 돌아오는 길은 악한 길과 악한 행실을 떠나고 하나님의 말씀에 귀를 기울이는 것입니다. 스가랴 1:4에서 "너희 열조를 본받지 말라 옛적 선지자들이 그들에게 외쳐 가로되 만군의 여호와께서 말씀하시기를 너희가 악한 길, 악한 행실을 떠나서 돌아오라 하셨다 하나 그들이 듣지 않고 내게 귀를 기울이지 아니하였느니라 나 여호와의 말이니라"라고 말씀하고 있습니다.

(2) 다리오왕 2년 11월 24일에 주신 말씀

하나님께서 학개 선지자를 통해 '오늘부터 복을 주리라'라고 약속하신 9월 24일로부터 두 달이 지난 11월 24일에, 하나님의 말씀이 스가랴 선지자에게 임하였습니다. 스가랴 1:7에서 "다리오왕 이년 십일월 곧 스밧 이십사일에 잇도의 손자 베레갸의 아들 선지자 스가랴에게 여호와의 말씀이 임하여 이르시니라"라고 말씀하고 있습니다. 이때 받은 말씀의 내용은 스가랴 1-6장에 기록된 여덟 가지 환상이며, 이 환상을 통해 하나님께서는 반드시 성전이 건축된다는 확신을 심어주셨습니다.

스가랴 1:16-17 "그러므로 여호와가 이처럼 말하노라 내가 긍휼히 여기므로 예루살렘에 돌아왔은즉 내 집이 그 가운데 건축되리니 예루살렘 위에 먹줄이 치어지리라 나 만군의 여호와의 말이니라 하셨다 하라
[17] 다시 외쳐 이르기를 만군의 여호와의 말씀에 나의 성읍들이 넘치도록 다시 풍부할 것이라 여호와가 다시 시온을 안위하며 다시 예루살렘을 택하리라 하셨다 하라"

하나님께서 성전 건축과 관련하여 스가랴 선지자를 통하여 선포하신 말씀의 내용은 다음과 같습니다.

첫째, 하나님께서 예루살렘 사면의 불성곽이 되시고, 그 가운데에서 영광이 되십니다.

스가랴 2:5을 볼 때 “여호와의 말씀에 내가 그 사면에서 불성곽이 되며 그 가운데서 영광이 되리라”라고 말씀하고 있습니다. 그리고 하나님께서 백성 가운데 거하시겠다고 말씀하시면서, 유다를 취하여 거룩한 땅에서 자기 소유를 삼으시고 다시 예루살렘을 택하시겠다고 말씀하심으로 반드시 예루살렘이 회복될 것을 약속하셨습니다(슥 2:10-13).

둘째, 성전 건축은 사람의 힘으로 되지 않고, 오직 성령의 역사로만 가능합니다.

스가랴 4:6에서 “그가 내게 일러 가로되 여호와께서 스룹바벨에게 하신 말씀이 이러하니라 만군의 여호와께서 말씀하시되 이는 힘으로 되지 아니하며 능으로 되지 아니하고 오직 나의 신으로 되느니라”라고 말씀하고 있습니다. ‘이는 힘으로 되지 아니하며 능으로 되지 아니하고 오직 나의 신으로 되느니라’라는 부분의 히브리어 원문은 ‘로 베하일 베로 베코아흐 키 임 베루히’(לֹא בְחַיִל וְלֹא בְכֹחַ כִּי אִם־בְּרוּחִי)입니다. 여기서 강한 부정을 나타내는 ‘로’(לֹא)가 두 번 나오며, 한글 개역성경에서 ‘오직’에 해당하는 히브리어 ‘키’(כִּי)가 강한 반전의 의미로 사용되고 있습니다. 그러므로 성전 건축은 사람의 힘이나 능력으로 되지 않고 오직 성령의 역사로만 가능하다는 말씀입니다.

학개 선지자도 성전 건축을 독려하면서 "너희가 애굽에서 나올 때에 내가 너희와 언약한 말과 나의 신이 오히려 너희 중에 머물러 있나니 너희는 두려워하지 말찌어다"라고 선포하였습니다(학 2:5). 여기 '머물러 있나니'는 '서다, 거주하다, 두다'라는 뜻의 히브리어 '아마드'(עָמַד)의 분사형으로, 성령께서 머물러 계시겠다는 선언입니다. 성령께서 성전 건축 역사에 항상 머물러 계시므로, 오직 성령의 역사로 성전 건축이 진행되고 마침내 완성되는 것입니다.

셋째, 반드시 성전 재건이 완성됩니다.

스가랴 4:9에서 "스룹바벨의 손이 이 전의 지대를 놓았은즉 그 손이 또한 그것을 마치리라 하셨나니 만군의 여호와께서 나를 너희에게 보내신 줄을 네가 알리라 하셨느니라"라고 말씀하고 있습니다.

스가랴 2:1-2을 볼 때, 스가랴 선지자는 척량줄을 손에 잡은 사람을 보았는데 그에게 '어디로 가느냐'라고 묻자, 그는 '예루살렘을 척량하여 그 장광을 보고자 하노라'라고 대답하였습니다. 예루살렘이 먼저 회복되어야만 척량이 가능합니다. 따라서 이 말씀은 성전 재건이 반드시 이루어질 것을 확신시키시는 말씀입니다.

(3) 다리오왕 4년 9월 4일에 주신 말씀

스가랴 7:1에서 "다리오왕 사년 구월 곧 기슬래월 사일에 여호와의 말씀이 스가랴에게 임하니라"라고 말씀하고 있습니다. 이때 받은 말씀의 내용이 스가랴 7-8장 말씀인데, 가장 강조한 핵심 내용은 '이스라엘의 참된 회복은 오직 하나님께서 시온에 돌아오시고, 예루살렘에 거하심으로 이루어진다'는 것입니다. 스가랴 8:3에서 "나 여호와가 말하노라 내가 시온에 돌아왔은즉 예루살렘 가운데 거하리니 예루살렘은 진리의 성읍이라 일컫겠고 만군의 여호와의 산은 성산이라 일컫게 되리라"라고 말씀하고 있습니다. 성전은 하나님께서 거하시는 곳이므로(시 11:4, 합 2:20), 궁극적으로 성전 건축은 하나님께서 그 성전에 임재하시어 영원히 그곳에 거하셔야만 완성됩니다. 마지막 때 신령한 예루살렘인 교회도 하나님께서 그 가운데 거하시면 진리의 성읍이 되고 거룩한 산이 될 것입니다. 그리고 열방이 달려와서 살아계신 하나님을 찾고, 하나님의 은혜를 구하게 될 것입니다(슥 8:22-23).

성전 건축과 관련하여 하나님께서 학개, 스가랴 선지자를 통해 독려하신 말씀을 시간순으로 정리하면 다음과 같습니다.

다리오 통치 2년 (주전 520년)	6월 1일	1. 회개의 촉구와 성전 건축 재개 명령(학 1:1-13)	학개
	6월 24일	2. 성전 건축의 재개(학 1:14-15)	
	7월 21일	3. 성전 건축 독려(학 2:1-9)	
	8월	4. 하나님께로 돌아오라(슥 1:1-4)	스가랴
	9월 24일	5. 오늘부터 복을 주고(학 2:10-19), 너로 인을 삼으리라(학 2:20-23)	학개
	11월 24일	6. 성전 건축 완성의 확신(슥 1:7-17)	스가랴
다리오 통치 4년 (주전 518년)	9월 4일	7. 하나님께서 시온에 돌아오시어 예루살렘에 거하심(슥 7:1, 8:1-3)	스가랴
다리오 통치 6년(주전 516년) 12월 3일 성전 완공(스 6:15)			

5. 건축 공사에 동원된 사람들

The Participants in the Construction Work

스룹바벨 성전 건축 공사에 동원된 사람들은 총 49,897명입니다. 이 숫자는 바벨론 포로에서 귀환한 49,897명 모두가 성전 건축 공사에 참여한 것을 전제로 한 것입니다(스 2:64-65).

반면에 솔로몬 성전 건축에 동원된 사람들은 총 183,850명이었습니다(왕상 5:13-16, 9:23, 대하 2:2, 17-18, 8:10). 스룹바벨 성전 건축 공사에 참여한 사람은 솔로몬 성전 건축 공사에 참여한 전체 인원의 약 27% 정도였지만, 솔로몬 성전 건축 공사에 참여한 순수한 이스라엘 사람(총 30,250명)보다는 더 많은 수였습니다.

<table>
<tr><td rowspan="8">솔로몬 성전</td><th>구분</th><th>민족</th><th>사역</th><th>인원수</th><th>성경 구절</th></tr>
<tr><td rowspan="3">일꾼</td><td>이스라엘</td><td>역군</td><td>30,000명</td><td>왕상 5:13</td></tr>
<tr><td rowspan="2">이방인</td><td>담꾼(짐 나르는 자)</td><td>70,000명</td><td rowspan="2">왕상 5:15, 대하 2:18</td></tr>
<tr><td>채석장(산에서 돌 뜨는 자)</td><td>80,000명</td></tr>
<tr><td rowspan="3">감독</td><td>이스라엘</td><td>상급 감독</td><td>250명</td><td rowspan="2">왕상 9:23, 대하 8:10</td></tr>
<tr><td rowspan="2">이방인</td><td>상급 감독</td><td>300명</td></tr>
<tr><td>중간 감독(역사를 동독하는 관리)</td><td>3,300명</td><td>왕상 5:16, 대하 2:18</td></tr>
<tr><td colspan="5">동원된 총 인원: 183,850명 (이스라엘인 30,250명 / 이방인 153,600명)</td></tr>
<tr><td rowspan="5">스룹바벨 성전</td><th colspan="2">민족</th><th>사역</th><th>인원수</th><th>성경 구절</th></tr>
<tr><td colspan="2" rowspan="3">이스라엘</td><td>회중</td><td>42,360명</td><td rowspan="3">스 2:64-65</td></tr>
<tr><td>노비</td><td>7,337명</td></tr>
<tr><td>노래하는 자</td><td>200명</td></tr>
<tr><td colspan="5">동원된 총 인원: 49,897명</td></tr>
</table>

※ 역대하 2:18의 이방인 감독 3,600명은 이방인의 상급 감독 300명과 중간 감독 3,300명을 포괄한 수이다.

V
스룹바벨 성전의 구조와 건축과정
THE STRUCTURE AND BUILDING PROCESS OF ZERUBBABEL'S TEMPLE

스룹바벨 성전은 솔로몬 성전이 훼파된 자리에 재건된 성전으로, 기본적으로 하나님께서 계시해주신 장막 성전과 솔로몬 성전의 식양을 따르고 있으며, 에스겔에게 보이신 새 성전의 구조를 부분적으로 반영하고 있습니다.

1. 성전의 구조
The Structure of the Temple

스룹바벨 성전의 구조를 파악하기 위해서는 먼저 성경에 나타나는 각 성전 척량의 기준에 대해 살펴보아야 합니다.

(1) 각 성전의 척량 기준의 이해

같은 건물을 척량해도 내부를 척량한 것이냐, 외부를 척량한 것이냐에 따라 그 치수가 크게 달라지게 됩니다. 오늘날은 일반적으로 건물의 도면을 보면서 상황에 따라 치수를 적용하지만, 정밀한 도면을 그릴 수 없었던 성경 시대에는 관측자의 위치와 상황, 척량의 목적이나 그 시점에 사용된 하나님의 특별한 관점 등에 따라 다른 척량 기준을 사용했습니다. 따라서 같은 구조물을 설명할 때에도 서로 다른 척량값이 나오기도 합니다.

스룹바벨 성전 이전에 계시되었던 여러 성전의 경우를 먼저 살펴보겠습니다.

① 장막 성전의 척량 기준[10)]

장막 성전은 이동식 성전으로, 전체 성막 중에서 회막(지성소와 성소)은 널판을 조립해서 세웠습니다(출 26:15). 널판의 크기를 통해 회막 내부의 크기를 계산해 보면, 장막 성전의 척량 기준을 알 수 있습니다.

먼저 각 널판의 장은 10규빗(4.56m), 광은 1.5규빗(68.4cm)이며(출 26:16, 36:21), 회막 남편과 북편에 널판을 20개씩 연결하여 세웠습니다(출 26:18, 20, 36:23, 25). 따라서 회막의 남편과 북편의 길이는 30규빗(1.5규빗×20개=13.68m)이 됩니다. 회막의 성소와 지성소의 크기가 성경에 직접적으로 언급되어 있지는 않습니다. 그런데 솔로몬 성전의 지성소는 장과 광이 각각 20규빗으로 네모반듯하고(왕상

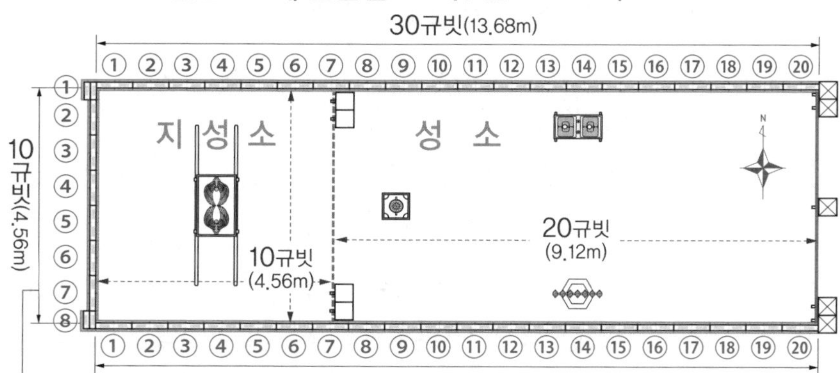

6:20) 에스겔 성전의 지성소 역시 장과 광이 각각 20척으로 네모반듯한 것을(겔 41:4) 고려할 때, 회막의 지성소도 네모반듯했을 것이므로 회막의 지성소는 장과 광이 각각 10규빗, 성소의 장은 20규빗이었을 것입니다.

회막의 서편(뒷편)에는 8개의 널판이 있었는데, 6개의 널판을 세우고 모퉁이 편은 두 개의 널판을 각각 두 겹으로 겹쳐 세웠습니다(출 26:22-25, 36:27-30). 널판의 광은 1.5규빗(68.4cm)이므로, 6개의 널판은 총 9규빗(4.104m)입니다. 네모반듯한 지성소의 장이 10규빗이므로, 광도 10규빗이 되려면 양쪽으로 0.5규빗(22.8cm)씩 필요하며, 모퉁이 편의 널판을 똑같은 두 겹의 판으로 만들기 위해서는 1.5규빗의 널판을 절반으로 나누어야 합니다(0.75규빗=34.2cm). 0.75규빗 중 지성소 내부로 포함되는 0.5규빗을 제외한 나머지 0.25규빗(11.4cm)은 널판의 두께로, 회막의 좌우(남쪽, 북쪽) 널판의 양쪽 끝과 정확히 맞물리게 됩니다.

이처럼 회막의 성소와 지성소의 크기는 건물 내부를 기준으로 척량한 치수입니다.

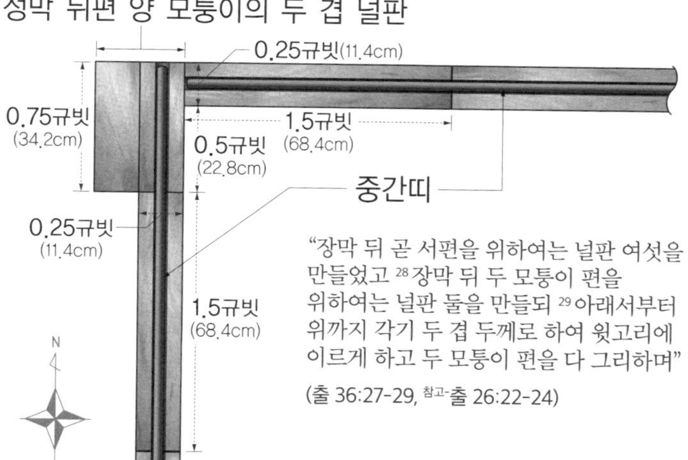

② 솔로몬 성전의 척량 기준

열왕기상 6:2에서 "솔로몬왕이 여호와를 위하여 건축한 전은 장이 육십 규빗이요 광이 이십 규빗이요 고가 삼십 규빗이며"라고 말씀하고 있습니다. 여기 성전의 규격은 성전 본관의 내부를 가리키는 표현입니다. 16절에서는 "또 전 뒤편에서부터 이십 규빗 되는 곳에 마루에서 천장까지 백향목 널판으로 가로막아 전의 내소 곧 지성소를 만들었으며"라고 말씀하고 있는데, 이는 성전 내부 가장 서쪽의 벽에서부터 20규빗이 되는 지점에 백향목 널판으로 가로막아 지성소를 만들었다는 말씀입니다.

23-26절을 볼 때 내소에 만든 두 그룹은, 총 길이가 10규빗인 양 날개가 전의 중앙에서 서로 닿았고 각각의 날개 끝은 이편과 저편 벽에 닿았습니다.

이처럼 지성소의 장과 광이 20규빗이라고 한 것은 성소 내부에서 척량한 치수임을 알 수 있습니다.

열왕기상 6:20 "그 내소의 속이 장이 이십 규빗이요 광이 이십 규빗이요 고가 이십 규빗이라 정금으로 입혔고 백향목 단에도 입혔더라"

17절에서 "내소 앞에 있는 외소 곧 성소의 장이 사십 규빗이며"라고 말씀하고 있는데, 성소의 길이를 40규빗이라고 한 것도 내부 규격임을 알 수 있습니다. 솔로몬 성전 본관에는 성소와 지성소 외에도 길이 20규빗, 너비 10규빗의 낭실(현관)이 있었습니다(왕상 6:3, 참고-겔 8:16).

따라서 2절의 성전 본관 규격은 성전의 벽 두께나 현관의 크기는 제외하고 성소와 지성소 내부만을 척량한 값입니다.

③ 에스겔 성전의 척량과 척량 기준

에스겔 성전의 문간 건물의 크기를 척량할 때 외부를 기준으로 기록하였습니다.

에스겔 40:5-12을 보면 마치 에스겔 선지자의 시선을 그대로 옮겨놓은 듯이 기록하고 있는데, 성전 밖에서 일곱 층계를 올라가 문간에 들어온 후 문간 내부의 좌우 측면을 하나씩 살펴보며 성전 바깥뜰로 들어갑니다. 그리고 13절에서 문간의 '지붕 가'를 기준으로 너비를 재는 것을 볼 때, 13-15절의 기록은 문간 밖으로 나가서 건물의 전체 규격을 척량한 것임을 알 수 있습니다.

에스겔 40:13-15 "그가 그 문간을 척량하니 이 방 지붕 가에서 저 방
지붕 가까지 광이 이십오 척인데 방 문은 서로 반대되었으며 [14] 그가
또 현관을 척량하니 광이 이십 척*이요 현관 사면에 뜰이 있으며 [15] 바
깥 문통에서부터 안문 현관 앞까지 오십 척이며"

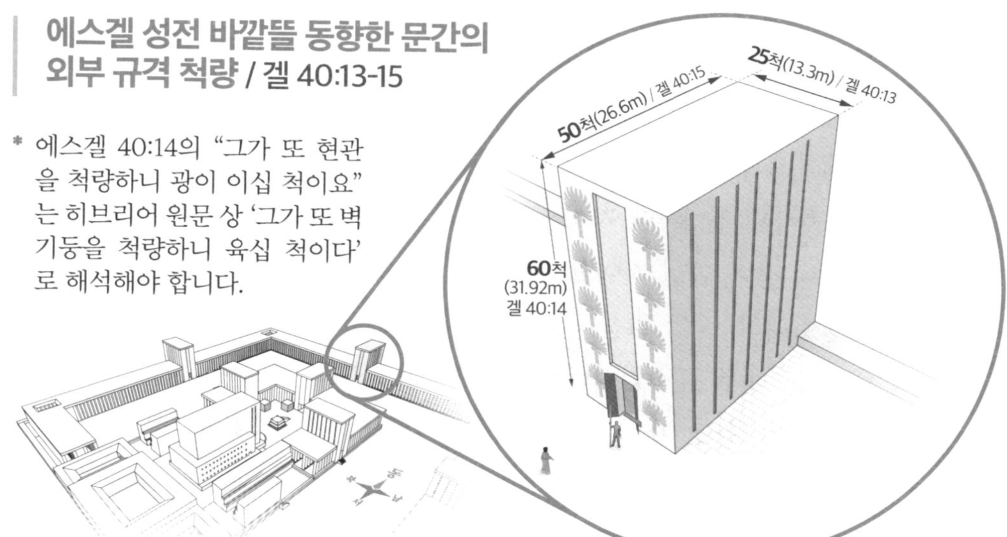

에스겔 성전 바깥뜰 동향한 문간의 외부 규격 척량 / 겔 40:13-15

* 에스겔 40:14의 "그가 또 현관을 척량하니 광이 이십 척이요"는 히브리어 원문 상 '그가 또 벽기둥을 척량하니 육십 척이다'로 해석해야 합니다.

에스겔 성전의 서편 뜰(서쪽 구역) 뒤의 건물을 척량할 때 각각 내부 또는 외부를 기준으로 기록하였습니다.

에스겔 41:12을 볼 때 서편 뜰(서쪽 구역) 뒤의 건물의 내부를 척량하면서 광이 70척(37.24m), 장이 90척(47.88m)이며, 벽의 두께는 5척(2.66m)이라고 말씀하고 있습니다. 그리고 건물의 외부 척량값에 대해서 13절 하반절에서는 "또 서편 뜰과 그 건물과 그 벽을 합하여 장이 일백 척이요", 15절 상반절에서는 "그가 뒷뜰(서편 뜰) 뒤에 있는 건물을 척량하니 그 좌우편 다락까지 일백 척이더라"라고 말씀하고 있습니다. 이는 건물의 양쪽 벽 두께 10척(5척×2)과 내부 길이 90척을 더한 치수입니다.

에스겔 성전의 성소와 지성소를 척량할 때 내부를 기준으로 기록하였습니다.

에스겔 41:2 하반절을 볼 때 성소(외전)의 크기에 대해서 "그가 성소를 척량하니 그 장이 사십 척이요 그 광이 이십 척이며"라고 말씀하고 있습니다. 여기 장 40척(21.28m)과 광 20척(10.64m)은 내부를 기준으로 기록한 것입니다. 왜냐하면 성소로 들어가는 입구 문벽의 두께를 6척(3.192m)이라고 따로 기록하고 있기 때문입니다(겔 41:1).

또한, 4절을 볼 때 지성소(내전)의 크기에 대해서 "그가 내전을 척량하니 장이 이십 척이요 광이 이십 척이라 그가 내게 이르되 이는 지성소니라"라고 말씀하고 있습니다. 여기 장과 광이 20척이라고 한 것도 내부 규격입니다. 왜냐하면 성소와 지성소 사이 문벽의 두께가 2척이라고 따로 기록하고 있기 때문입니다(겔 41:3).

이러한 내용을 볼 때, 성경에 나타난 척량값은 관측자의 위치와 동선, 척량의 목적이나 그 시점의 하나님의 관점에 따라 때로는 건물 내부를 기준으로, 때로는 외부를 기준으로 기록되었음을 알 수 있습니다.

에스겔 성전 서편 뜰(서쪽 구역) 뒤의 건물과 성소, 지성소의 척량 / 겔 41:1-4, 12-15上

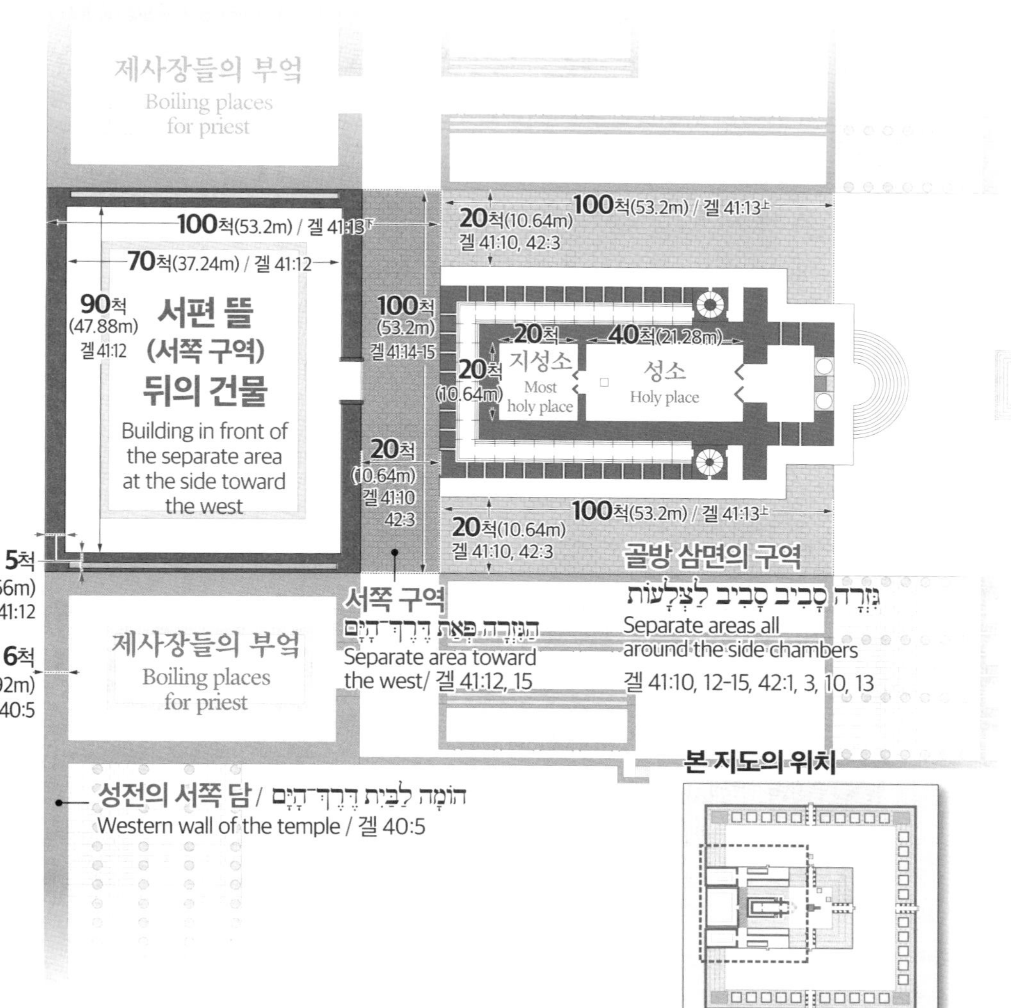

(2) 성전의 기본 구조

'성전'이라는 단어는 때로는 성소와 지성소가 있는 성전 본관 건물을 가리키기도 하고, 제사를 위해 필요한 다양한 건물들을 모두 포함한 일체를 가리키기도 합니다. 성전 본관 건물을 가리킬 때는 주로 '성전, 궁전'이라는 뜻의 히브리어 '헤칼'(הֵיכָל)을 사용하며, 성전의 여러 건물을 모두 포함할 때는 주로 '집'이라는 뜻의 히브리어 '바이트'(בַּיִת)를 '베이트 하엘로힘'(בֵּית־הָאֱלֹהִים, 뜻-하나님의 집), '베이트 예호바아도나이'(בֵּית יְהוָה, 뜻-여호와의 집) 등의 형태로 사용합니다.

성경에 기록된 성전에는 공통적으로 '거룩의 구별'이라는 구조가 있습니다. **지성소**는 하나님께서 임재하시는 '지극히 거룩한 곳'으로, 1년에 단 하루, 대속죄일에 대제사장만 들어갈 수 있었습니다(레 16:2, 34, 히 9:7). **성소**에는 진설병 상과 분향단과 금촛대가 있고, 오직 제사장들만 들어갈 수 있었습니다(출 40:4-5, 22-27, 민 3:10, 38). **안뜰**은 번제단과 놋바다가 있는 곳으로, 레위인들은 제사장을 돕기 위해 안뜰에서 성전의 여러 일을 돌보았습니다. 단, 솔로몬 성전의 봉헌 시에는 솔로몬왕이 번제단에서 예배를 드렸습니다(왕상 8:64, 대하 7:7). **바깥뜰**은 백성이 하나님을 만나기 위해 나아와 예배드리는 곳입니다(대하 7:3).

성전의 장소	성전 바깥뜰	성전 안뜰	성소	지성소
자격자	이스라엘	레위인	제사장	대제사장
성구	대하 23:5, 참고-행 21:27-29	민 1:51, 3:6-8, 8:19	출 26:31-33, 35-37, 29:30, 히 9:2, 6	레 16:2-34, 히 9:3-5, 7

하나님께서는 성막 건축 시에도 이와 같은 '거룩의 구별'이라는 구조를 철저히 지킬 것을 명령하셨습니다. 레위인들은 성막 사면에 진을 치고 철저히 지키면서, 함부로 가까이하는 외인은 죽이라는 명령을 받았습니다(민 1:51, 53).

성막은 세마포장을 쳐서 구분한 한 개의 뜰이 있었지만, 솔로몬 성전과 에스겔 성전 계시에는 두 개의 뜰이 있었습니다. 역대상 28:6 상반절에서는 "내게 이르시기를 네 아들 솔로몬 그가 내 전을 건축하고 내 여러 뜰을 만들리니"라고 하였으며, 12절에서는 "또 성신의 가르치신 모든 식양 곧 여호와의 전의 뜰과 사면의 모든 방과 하나님의 전 곳간과 성물 곳간의 식양을 주고"라고 말씀하고 있습니다. 여기 12절의 '뜰'은 히브리어 '하체로트'(חֲצֵרוֹת)로, '뜰'을 의미하는 '하체르'(חָצֵר)의 쌍수형입니다. 열왕기하 23:12에 '여호와의 전 두 마당'이라고 한 것으로 보아 솔로몬 성전에 안뜰과 바깥뜰이 있었음을 알 수 있습니다(참고-왕상 6:36, 왕하 21:5, 대하 33:5).

바깥뜰은 '큰 뜰'이라고 불리기도 했으며(왕상 7:12, 대하 4:9), 안뜰은 '제사장의 뜰'이라고도 불렸습니다(대하 4:9). 두 뜰은 담을 둘러 뜰 안과 밖을 철저하게 구분하였으며(왕상 6:36, 겔 40:5, 42:7), 뜰 안으로 들어올 수 있는 자격자를 구분하기 위해 문간과 문지기를 두었습니다(대하 23:19, 겔 40:7, 44:2, 참고-겔 46:9).

(3) 스룹바벨 성전의 구조

① 스룹바벨 성전 본관의 구조

주전 538년에, 바사 왕 고레스는 조서를 내려 예루살렘에 성전을 재건할 것을 지시하였습니다. 이 조서에 의하면, 성전의 지대를 견고히 쌓도록 하였고, 성전의 높이(고)와 너비(광)를 각각 60규빗

(27.36m)으로 정하고 있습니다.

에스라 6:3-5 "고레스왕 원년에 조서를 내려 이르기를 예루살렘 하나님의 전에 대하여 이르노니 이 전 곧 제사 드리는 처소를 건축하되 지대를 견고히 쌓고 그 전의 고는 육십 규빗으로, 광도 육십 규빗으로 하고 [4]큰 돌 세 켜에 새 나무 한 켜를 놓으라 그 경비는 다 왕실에서 내리라 [5]또 느부갓네살이 예루살렘 전에서 취하여 바벨론으로 옮겼던 하나님의 전 금, 은 기명을 돌려보내어 예루살렘 전에 가져다가 하나님의 전 안 각기 본처에 둘찌니라 하였더라"

이 조서에서 '전'은 성소와 지성소가 있는 성전 본관 건물을 가리키는데, 그 길이(장)는 기록되어 있지 않습니다.

성전의 길이가 언급되지 않은 것은 솔로몬 성전과 큰 차이가 없기 때문일 것입니다. 열왕기상 6:2을 볼 때 솔로몬 성전의 길이는 60규빗이었으며, 이는 20규빗의 지성소(왕상 6:19-20)와 40규빗의 성소(왕상 6:17) 내부 길이를 합한 것입니다. 역대하 3:3의 "솔로몬이 하나님의 전을 위하여 놓은 지대는 이러하니 옛적 재는 법대로 장이 육십 규빗이요 광이 이십 규빗이며"라는 말씀은 성전 전체 지대의 규격이 아니라 성전의 가장 중요한 자리인 성소와 지성소의 내부 치수만을 기록한 것으로, 현관의 길이나 성전의 내벽과 외벽의 두께는 포함하지 않은 것입니다(왕상 6:3).

참고로, 솔로몬 성전의 성소와 지성소 너비는 20규빗이고(왕상 6:2), 거기에 삼면을 두르는 3층의 골방이 있었고 그 너비는 각각 하층 5규빗, 중층 6규빗, 제3층 7규빗이었습니다(왕상 6:5-6, 8, 10). 열왕기상 6:2에서 성전의 너비가 20규빗이라고 한 것은, 골방이나 성전 내벽과 외벽의 두께를 포함하지 않고 성소와 지성소의 너비 20 규빗만을 언급한 것입니다.

따라서 고레스 조서에 언급되지 않은 스룹바벨 성전의 길이는 솔로몬 성전과 동일하게 내부 규격 60규빗으로 보아야 합니다. 거기에 현관과 내벽과 외벽을 포함하면, 성전 전체의 길이는 그보다 훨씬 길었을 것입니다.

그런데 스룹바벨 성전의 길이를 솔로몬 성전과 같이 내부 규격으로 보는 것과 달리, 고레스 조서에 기록된 스룹바벨 성전의 높이와 너비 60규빗은 외부 규격으로 보아야 합니다. 이는 스룹바벨 성전의 규모를 언급한 것으로, 건축 가능한 최대한의 외부 규격을 규정한 것으로 보는 것이 적절합니다. 참고로, 에스겔 성전 계시에서 문간의 외부 높이는 60척*이며(겔 40:13-14), 성전 본관의 외부 너비도 빈 터를 포함하여 60척입니다(① 내전 길이 20척(겔 41:4) + ② 내벽 두께 6척 × 2(겔 41:5) + ③ 골방 너비 4척×2(겔 41:5) + ④ 외벽 두께 5척 × 2(겔 41:9) + ⑤ 빈 터 너비 5척 × 2(겔 41:11)** = **총 60척**).[11)]

고대 근동에서 건물의 규모는 그 나라나 도시, 지역의 권위를 나타내기도 했는데, 아마도 당시 60규빗이라는 수치는 제국의 수도 밖에 구조물을 세울 때 사용할 수 있는 최대한의 수치였던 것으로 보

---

* 에스겔 40:14의 "그가 또 현관을 척량하니 광이 이십 척이요"는 '그가 또 벽기둥을 척량하니 육십 척이다'로 해석해야 합니다.

** 에스겔 성전 본관 건물의 높이는 지대(빈 터)의 높이 6척(3.192m)을 제외하고 60척(31.92m)입니다. 그리고 빈 터 가장자리에 사람이 떨어지지 않도록 막아주는 난간을 포함하면(참고-신 22:8), 에스겔 성전 본관의 외부 너비는, 남북으로 있는 빈 터의 너비 각 5척을 더하여 60척으로 볼 수 있습니다.

입니다. 참고로, 다니엘 3:1에서도 느부갓네살왕이 금 신상을 바벨론 두라 평지에 세우면서 60규빗 높이로 한 것을 볼 수 있습니다.

요세푸스의 기록에 의하면, 헤롯 대왕은 스룹바벨 성전을 개축하기 위해 백성을 설득하면서 '고레스 당시에 성전 본관의 높이가 제한되어 스룹바벨 성전이 불완전한 높이로 지어졌지만, 그 제한을 풀고 성전의 완전한 규모로 건축하자'라고 연설하였습니다(*Ant.* 15.11.1). 그리고 헤롯은 성전을 완전히 개축하여 외부 규격을 가로, 세로, 높이 모두 100규빗(45.6m)으로 확장하였습니다(*Middot* 4:6). 헤롯의 연설과 헤롯 성전의 건축을 볼 때, 당시 사람들이 '60규빗'이라는 수치를 제한된 값으로 여겼음을 추정할 수 있습니다.

이상을 종합해 볼 때, 스룹바벨 성전 외부의 총 길이를 정확하게는 알 수 없지만, 지성소의 내부 길이 20규빗과 성소의 내부 길이 40규빗, 그리고 현관부가 포함되었습니다. 그러나 외부 너비와 높이는 60규빗으로 제한되었습니다. 이 규모는 성전 본관의 크기만 비교할 때 솔로몬 성전보다 더 큽니다. 열왕기상 6:2에서는 솔로몬 성전 내부 너비는 20규빗, 높이는 30규빗, 길이는 60규빗이라고 말씀하고 있습니다. 따라서 벽 두께와 그 외 공간의 크기를 고려해도, 스룹바벨 성전 본관 자체는 솔로몬 성전보다 훨씬 커졌음을 알 수 있습니다.

② 스룹바벨 성전 부속 건물들의 복합 구조

솔로몬 성전이나 에스겔에게 보여주신 새 성전처럼, 스룹바벨 성전 역시 성전 본관 외에도 넓은 성전 뜰과 여러 부속 건물을 갖춘 복합 건물이었습니다. 솔로몬 성전에는 문지기들이 동쪽 문에 6명,

북쪽 문과 남쪽 문에 각각 4명, 낭실 서편 큰길에 4명, 낭실에 2명, 곳간 두 곳에 각 2명씩, 일곱 장소에서 24명이 한 조가 되어 파수하였습니다(대상 26:13, 17-18, 참고-대상 26:20). 그런데 스룹바벨 성전에서 212명의 문지기가 반열을 따라 성전 문을 지킨 것을 볼 때(대상 9:17-24, 26), 스룹바벨 성전에도 솔로몬 성전과 같이 문간과 여러 부속 건물이 있었음을 알 수 있습니다.

먼저, 성전 본관의 지대 외에도 넓은 뜰이 있었습니다. 바벨론 포로에서 제1차로 귀환한 이스라엘 백성은 주전 536년에 성전 재건을 시작하면서, 가장 먼저 번제단을 그 터 위에 세우고 뒤이어 성전의 지대를 수축하였습니다(스 3:2-6). 솔로몬 성전의 번제단이 있던 바로 그 자리에 다시 단을 세운 것을 볼 때, 성전의 지대 역시 이전의 경계석을 찾아서 바로 그 자리에 건축을 시작했을 것입니다.

완공된 스룹바벨 성전의 뜰 역시 안뜰과 바깥뜰로 구성됩니다. 스가랴 3:7을 볼 때 성전 재건의 명령을 전하면서 "만군의 여호와의 말씀에 네가 만일 내 도를 준행하며 내 율례를 지키면 네가 내 집을 다스릴 것이요 내 뜰을 지킬 것이며 내가 또 너로 여기 섰는 자들 중에 왕래케 하리라"라고 말씀하고 있습니다. 여기 '뜰'은 히브리어 '하체르'(חָצֵר)의 쌍수형으로, '두 개의 뜰'이라는 뜻입니다. 완공된 뜰의 크기는 정확히 알 수 없지만, 주전 4세기경 최초의 지리학자로 평가받는 헬라인 헤카테우스는 평생에 걸쳐 페르시아부터 이집트까지를 방문하여 지리서를 기록하면서 예루살렘을 방문한 후에 '예루살렘에 세워진 성전은 뜰의 길이가 500규빗, 너비가 100규빗이었다'라고 하였습니다. 이후 성전의 뜰은 마카비 혁명 시기와 하스몬 왕조를 지나며 장과 광이 각각 500규빗인 정방형으로 확장되었습니다(*Middot* 2:1, 참고-겔 45:2). 에스겔 성전이 500척의 정방형 구조로 되어 있는 것에서(겔 45:2) 에스겔 성전과 스룹바벨 성전의 연관성을 찾을 수 있습니다.

안뜰과 바깥뜰은 담으로 구분되어 있었습니다. 그리고 성전 밖에서 바깥뜰로, 바깥뜰에서 안뜰로 들어가기 위한 문간들이 여러 개 있었으며, 각 문간에는 곳간이 딸려 있었습니다(느 12:24-26). 또한, 성전의 여러 도구를 보관하거나 제사장과 레위인이 이용하는 여러 개의 방이 있었습니다(스 10:6, 느 10:37-39, 13:4-5).

2. 건축 과정

The Construction Process

(1) 번제단의 건설

이스라엘 백성이 성전을 재건하기 위해 모였을 때 가장 먼저 건설한 것은 번제단이었습니다. 성전의 기초 지대도 아직 쌓지 않은 상태였지만, 가장 먼저 번제단을 만든 것입니다(스 3:6). 예루살렘으로 귀환한 이스라엘 백성이 7월에 이르러 일제히 예루살렘에 모였는데(스 3:1), 칠월 초하루부터 단을 쌓고 번제를 드렸습니다(스 3:3, 6).

에스라 3:1-6 "이스라엘 자손이 그 본성에 거하였더니 칠월에 이르러 일제히 예루살렘에 모인지라 2 요사닥의 아들 예수아와 그 형제 제사장들과 스알디엘의 아들 스룹바벨과 그 형제들이 다 일어나 이스라엘 하나님의 단을 만들고 하나님의 사람 모세의 율법에 기록한 대로 번제를 그 위에 드리려 할 쌔 3 무리가 열국 백성을 두려워하여 단을 그 터에 세우고 그 위에 조석으로 여호와께 번제를 드리며 4 기록된 규례대로 초막절을 지켜 번제를 매일 정수대로 날마다 드리고 [5]그 후에는 항상 드리는 번제와 초하루와 여호와의 모든 거룩한 절기의 번제와 사람이 여호와께 즐거이 드리는 예물을 드리되 [6]칠월 초하루부터 비로소 여호와께 번제를 드렸으나 그때에 여호와의 전 지대는 오히려 놓지 못한지라"

에스라 3:3에서는 "무리가 열국 백성을 두려워하여 단을 그 터에 세우고 그 위에 조석으로 여호와께 번제를 드리며"라고 말씀하고 있는데, 원문의 의미를 살려 해석하면 '무리 위에 이 땅 백성에 대한 두려움이 있었지만, 단을 그 터 위에 세웠다'는 뜻입니다. 여기 '단을 그 터 위에 세웠다'는 것은 솔로몬 성전의 번제단이 있던 그 자리에 단을 세웠다는 의미입니다. 이스라엘 백성이 바벨론으로 끌려간 후 예루살렘과 그 인근 지역을 차지하고 살던 이방 민족들은, 이스라엘 백성의 귀환과 성전 건축에 대해 매우 부정적이었습니다. 이제 막 예루살렘에 귀환하여 폐허 위에 던져진 이스라엘 백성은, 대적의 위협 가운데서도 하나님만을 경외하는 믿음으로 가장 먼저 번제단을 본래 자리에 세우고 조석으로 매일 제사를 드리며, 하나님을 의지하고 성전 재건 준비를 시작한 것입니다(참고-출 29:38-42, 민 28:1-8).

(2) 성전 지대의 건설

성전의 지대는 큰 돌을 놓아 만들었습니다. 에스라 6:3에서 "고레스왕 원년에 조서를 내려 이르기를 예루살렘 하나님의 전에 대하여 이르노니 이 전 곧 제사드리는 처소를 건축하되 지대를 견고히 쌓고 그 전의 고는 육십 규빗으로, 광도 육십 규빗으로 하고"라고 말씀하고 있습니다(참고-스 5:8). 스룹바벨 성전 본관만 해도 고가 60규빗으로 27m가 넘는 높은 건물이었으며, 여러 부속 건물이 많이 있었습니다.

또한, 성전의 지대는 아래의 바깥뜰과 그 위의 안뜰로 다시 구분되었습니다(슥 3:7, '내 뜰'은 히브리어 '하체라이'(חֲצֵרָי)로, 두 개를 가리키는 쌍수형). 성전의 지대는 성전 건축이 처음 시작된 주전 536년에 놓였습니다(스 3:8). 에스라 3장에서는 "건축자가 여호와의 전 지대를 놓을 때"(10절上), "여호와의 전 지대가 놓임을 보고"(11절下), "전 지대 놓임을 보고"(12절下)라고 하였고, 에스라 5:16에서 "하나님의 전 지대를 놓았고"라고 하였으며, 스가랴 4:9 상반절에서 "스룹바벨의 손이 이 전의 지대를 놓았은즉"이라고 말씀하고 있습니다.

성전의 지대는 큰 돌을 세 켜 놓은 다음에 새(new) 나무를 한 켜 놓는 방식으로 진행되었습니다. 에스라 6:4에서 "큰 돌 세 켜에 새 나무 한 켜를 놓으라"라고 말씀하고 있습니다. 여기 '켜'는 히브리어 '니드바크'(נִדְבָּךְ)로, '줄(row), 열(layer)'이라는 뜻입니다. '큰 돌'은 아람어 '에벤 겔랄'(אֶבֶן גְּלָל)로, '굴리다'라는 뜻의 '갈랄'(גְּלַל)에서 유래하여, 굴리지 않고는 옮길 수 없는 아주 무겁고 큰 돌들을 가리킵니다. 그러므로 스룹바벨 성전의 지대는 큰 돌을 세 줄 쌓고 그 위에 나무 한 줄을 올리는 방식으로 지어진 것입니다. 이는 솔로몬 성전의 건축 방식을 따른 것입니다. 열왕기상 6:36에서 "또 다듬은 돌 세 켜와 백향목 두꺼운 판자 한 켜로 둘러 안뜰을 만들었더라"라고 말씀하고 있습니다. 오랫동안 고대 근동에서는 돌이나 벽돌 사이에 나무를 삽입하는 건축 방식이 사용되었습니다. 이는 지진을 대비하여 건물을 견고하게 하기 위한 방식이었을 것입니다.

과거에 솔로몬 성전을 건축할 때도 가장 먼저 성전 지대를 튼튼히 세웠으며(대하 3:3), 에스겔 성전 본관 건물 역시 성전 지대가 튼튼하게 받치고 있습니다(겔 41:8). 열왕기상 7:10을 볼 때, 솔로몬의 왕궁을 비롯한 건물들의 기초석은 자그마치 10규빗(4.56m)과 8규빗(3.65m)이었습니다. 참고로, 훗날 헤롯은 헤롯 성전을 증축하면서 스룹바벨 성전의 지대를 완전히 헐고 지대를 새로 쌓았습니다. 요세푸스의 기록에 의하면, 헤롯 성전 지대의 기초석은 길이 25규빗(11.4m), 높이 8규빗(3.65m), 너비 12규빗(5.47m)이나 되는 엄청난 크기였습니다(*Ant.* 15.11.3).

통나무를 깔고, 다듬은 큰 돌을 그 위로 굴려 성전 산으로 운반해 와서 넓고 평평한 뜰을 만들기 위해서는 많은 사람의 헌신이 있었을 것입니다. 하나님의 성전을 완성하기 위해서는 이름도 없이 빛도 없이 수고하고 헌신하는 손길이 있어야 합니다(고전 15:58, 고후 5:7, 살전 1:3).

스룹바벨 성전이 큰 돌로 된 견고한 지대 위에 지어진 것은, 모든 성도가 만세반석이신 예수 그리스도를 믿는 지극히 거룩한 믿음 위에 자신을 참성전으로 건축해야 함을 일깨워줍니다(고전 3:16, 엡 2:20-22, 유 1:20). 예수 그리스도는 견고한 기초석이십니다. 고린도전서 10:4 하반절에서는 "그 반석은 곧 그리스도시라"라고 말씀하고 있고, 고린도전서 3:11 하반절에서도 "이 터는 곧 예수 그리스도라"라고 말씀하고 있으며, 이사야 28:16에서는 "그러므로 주 여호와께서 가라사대 보라 내가 한 돌을 시온에 두어 기초를 삼았노니 곧 시험한 돌이요 귀하고 견고한 기초돌이라 그것을 믿는 자는 급절하게 되지 아니하리로다"라고 말씀하고 있습니다. 예수님께서도 베드로를 향하여 "내가 이 반석 위에 내 교회를 세우리니"라고 말씀하셨는데(마 16:18), 이는 예수님에 대한 베드로의 신앙고백 위에 교회를 세우시겠다는 말씀입니다(참고-사 44:28).

말씀의 반석 위에 세워진 교회는 어떠한 환난에도 결코 요동하거나 무너지지 않습니다. 마태복음 7:24-25을 볼 때 예수님께서는 "그러므로 누구든지 나의 이 말을 듣고 행하는 자는 그 집을 반석 위에 지은 지혜로운 사람 같으리니 [25] 비가 내리고 창수(漲水: 비가 많이 내려 강물이 불어서 둑 위로 넘치는 것)가 나고 바람이 불어 그 집에 부딪히되 무너지지 아니하나니 이는 주초를 반석 위에 놓은 연고요"라고 말씀하셨습니다(눅 6:48-49). 성도가 신앙생활 가운데 넘어지는 이유는 말씀에 순종하지 않기 때문입니다(벧전 2:8). 교회와 성도를 든든하게 세우는 것은 오직 '은혜의 말씀'입니다(행 20:32).

(3) 성전 본관과 부속 건물들의 건설

스룹바벨 성전의 번제단과 성전 지대를 완성한 후, 대적들의 방해로 성전 본관 및 부속 건물들의 건축이 16년간 중단되었습니다. 그러나 학개 선지자의 독려로 주전 520년 6월 24일에 드디어 성전 건축이 재개되었습니다(학 1:12-15, 슥 8:9).

성전 재건이 진행되자 강 서편 총독 닷드내와 스달보스내, 그 동료 아바삭 사람이 성전 재건을 방해하기 위해 바사 왕 다리오 1세에게 편지를 보내, 과연 고레스왕의 성전 건축 명령이 있었는지를 확인해달라고 요청하였습니다(스 5:3-17). 이 편지에서 그들은 유다인들이 성전을 '큰 돌로 세우며 벽에 나무를 얹고 부지런히 한다'고 보고하고 있습니다.

에스라 5:8 "왕께 아시게 하나이다 우리가 유다도에 가서 지극히 크신 하나님의 전에 나아가 보온즉 전을 큰 돌로 세우며 벽에 나무를 얹고 부지런히 하므로 역사가 그 손에서 형통하옵기로"

여기 '큰 돌'도 아람어 '에벤 겔랄'(אֶבֶן גְּלָל)로, 굴려서 가지고 올 만큼 커다란 떠낸 돌을 의미합니다. 그리고 '나무'는 아람어 '아'(אָע)로, 건축용으로 다듬어진 나무를 의미합니다. '벽'은 아람어 '케탈'(כְּתַל)로, 구체적으로 내부 벽면을 가리키는 표현이며(단 5:5), '얹다'로 번역된 아람어 '숨'(שׂוּם)은 '어떤 장소에 두다, 놓다, 세우다'라는 뜻입니다. 종합해보면, 성전 건물을 큰 돌로 쌓고 그 안쪽 면에 나무 널판을 덧대었다는 것입니다. 이러한 모습은 솔로몬 성전이나(왕상 6:9, 15-16, 18), 에스겔 성전 내부의 나무 널판으로 장식한 벽면과 같습니다(겔 41:16-20).

학개 선지자가 '하나님의 성전이 황무하였는데 유다인들이 판벽한 집(널판을 덧대어 장식한 집)에 거하는 것이 가하냐'라고 한 것을 볼 때(학 1:4), 널판으로 벽을 장식하는 것은 고급 건축 양식이었습니다. 참고로, 솔로몬 성전이나 에스겔 성전에서 나무 널판에 대한 기록은 모두 성전 본관 내부와 성전 본관을 두르는 삼면의 골방(צֵלָע, '첼라')에만 등장합니다. 또한, 솔로몬 성전의 내벽에는 백향목 널판을 덧댄 후 거기에 금을 입혔지만(왕상 6:14-22), 에스겔 성전의 계시에서는 널판에 금이 사용되지 않습니다.

스룹바벨 성전 재건 기사에 부속 건물에 대한 자세한 언급은 없지만, 재건 후의 기사에는 성전 내부의 다양한 방들이 등장하는 것을 볼 때(대상 9:26), 스룹바벨 성전도 여러 부속 건물이 함께 지어진 것을 알 수 있습니다. 고레스 조서에 기록된 스룹바벨 성전 본관의 외부 높이는 60규빗(27.36m)으로, 성전 본관의 규모는 솔로몬 성전보다 훨씬 높았을 것입니다. 그러나 솔로몬 성전 앞에 하늘을 받치는 위용을 자랑했던 '야긴과 보아스' 두 기둥(왕상 7:21)은 사라졌으며, 성전의 여러 부속 건물도 솔로몬 성전에 비할 바가 되지 못했습니다. 학개 2:3을 볼 때, 성전 재건을 시작하면서 "너희 중에 남아 있는 자 곧 이 전의 이전 영광을 본 자가 누구냐 이제 이것이 너희에게 어떻게 보이느냐 이것이 너희 눈에 보잘것이 없지 아니하냐" 라고 말씀하고 있습니다. 또한, 솔로몬 성전의 건축에는 6년 6개월 동안 183,850명이라는 많은 인원이 헌신하였지만, 스룹바벨 성전 재건에는 주전 520년부터 516년까지 약 4년 5개월 동안 제1차 귀환자 전원이 참여했다 해도 49,897명이 헌신한 것입니다. 이처럼 건축 기간이나 참여 인원, 그리고 성전 봉헌식의 규모 등을 볼 때 겉으로 보이는 성전의 전체 규모는 이전보다 무척 작아졌다는 것을 알 수 있습니다.*

---

* 혹자는 역대하 3:4을 근거로 솔로몬 성전의 높이가 120규빗(54.72m)이라고 보고, 스룹바벨 성전의 높이가 그보다 절반으로 줄은 것이라고 주장합니다. 그러나 솔로몬 성전의 장과 광을 고려할 때, 높이가 120규빗인 것은 물리적으로 불가능합니다. 역대하 3:4의 '120규빗'은 히브리어 '메아 베에세림'(מֵאָה וְעֶשְׂרִים)인데, '100'을 의미하는 '메아'(מֵאַע)와 '20'을 의미하는 '에세르'(עֶשֶׂר)가 사용되었으며, '규빗'에 해당하는 '암마'(אַמָּע)는 없습니다. 역대하 3장에서 솔로몬 성전의 척량값을 기록할 때 항상 숫자 앞에 '암마'가 사용되는데, 4절에서만 '암마' 대신 '메아'가 기록되어 있습니다. 아마도 서기관들이 필사하는 과정에서 현관의 높이 '20규빗'을 쓰면서 어순을 잘못하여 '암마'(אמע)를 '메아'(מאע)로 기록했기 때문일 것입니다. 솔로몬 성전의 현관 높이는 20규빗으로 보는 것이 적절합니다. 솔로몬 성전 현관의 '야긴과 보아스' 두 기둥은 거푸집에 녹인 놋을 부어서 속이 비어있는 원통형으로 만들어졌음을 볼 때(왕상 7:15-16, 렘 52:21), 성전 현관의 지붕을 받치는 것이 아니라 현관 전면부에 세워져 있었을 것입니다.

3. 건축 재료
The Construction Materials

(1) 백향목(柏香木, cedar)

스룹바벨 성전의 주재료는 돌과 나무이며, 그중에 가장 많이 쓰인 재료는 백향목입니다. 에스라 3:7에서 "이에 석수와 목수에게 돈을 주고 또 시돈 사람과 두로 사람에게 먹을 것과 마실 것과 기름을 주고 바사 왕 고레스의 조서대로 백향목을 레바논에서 욥바 해변까지 수운하게 하였더라"라고 말씀하고 있습니다. 스룹바벨 성전을 짓기 위한 준비로, 고레스의 조서를 따라 레바논에서 백향목을 가져온 것입니다. 백향목을 레바논에서 가지고 왔다는 기록은 솔로몬 성전 건축의 경우에서도 찾아볼 수 있습니다(왕상 5:6, 9, 대하 2:8, 16). 고레스는 조서를 통해서 "큰 돌 세 켜에 새 나무 한 켜를 놓으라"라고 하면서, "그 경비는 다 왕실에서 내리라"라고 하였습니다(스 6:4). 백향목값은 모두 바사 왕실에서 지불하였으니 그 수량도 충분했을 것입니다. 여기 '나무'를 가리키는 아람어 '아'(אָע)가 에스라 6:11에는 '들보'라고 번역된 것으로 보아, 성전을 지을 때 사용된 백향목은 잘 다듬어진 들보(beams) 형태였을 것입니다.

'백향목'은 히브리어 '에레즈'(אֶרֶז)로, '견고하다, 단단하다'라는 뜻의 '아라즈'(אָרַז)에서 유래하였습니다. 백향목은 소나무과에 속하는 나무로, 건조한 고원 지대에서 잘 자라며, 성경에서 주로 '레바논의 백향목'으로 언급되었습니다(왕상 5:6, 시 104:16, 호 14:5-6). 백향목은 수목의 왕이라 불리는데, 1년에 겨우 1cm 자랄 정도로 성장 속도가 아주 느리지만, 그만큼 결이 곱고 속이 매우 단단합니다. 백향목의 수명은 900-1,000년이나 되는데, 30m 이상 하늘을 향해 일직선으로 거대하게 자라납니다. 그래서 백향목의 곧은 나무 줄기는

'곧게 뻗은 다리'의 비유로도 사용되었습니다(아 5:15). 백향목 줄기가 얼마나 단단한지, 레바논 지역 시돈 사람들의 숙련된 솜씨 없이는 벌목이 어려울 정도였습니다(왕상 5:6, 대하 2:8). 백향목 줄기에 상처가 나면 진한 향기의 진액이 흘러 나오는데, 이 진액은 탁월한 방충· 방부 효과가 있습니다.

이스라엘의 일반적인 건축에는 가볍고 단단한 뽕나무(돌무화과나무)가 사용되었지만, 백향목은 나무의 고귀함과 단단함, 그리고 향기로 인해 다윗과 솔로몬의 궁을 짓는 데 사용되었으며(삼하 7:2, 왕상 7:2), 솔로몬 성전의 건축 재료로도 사용되었습니다(왕상 6:9, 15-16). 백향목은 문둥병 환자가 나았음을 증명하기 위하여 행하는 정결 예식에 사용되었는데(레 14:3-6), 백향목은 잘 썩지 않는 나무이기 때문에 문둥병에서 치유받은 환자가 다시는 병에 걸리지 않기를 소망하는 것을 나타냅니다.

백향목은 성경에서 자주 교만한 통치자(사 2:12-13), 강대한 나라(암 2:9), 성도의 성장(시 92:12), 이스라엘의 영광(민 24:5-6), 그리스도의 영광(겔 17:22-23), 아름다움(아 5:15, 렘 22:7), 영광(시 80:10, 104:16), 장엄함(왕상 4:33, 슥 11:1-2), 위엄(겔 17:22, 31:3) 등을 상징합니다. 특히 '백향목 들보, 잣나무 석가래(서까래)'라고 하면, 아주 아름답고 우아한 집을 일컫는 표현입니다(아 1:17).

에스겔 17:22-23을 볼 때 "나 주 여호와가 말하노라 내가 또 백향목 꼭대기에서 높은 가지를 취하여 심으리라 내가 그 높은 새 가지 끝에서 연한 가지를 꺾어 높고 빼어난 산에 심되 [23] 이스라엘 높은 산에 심으리니 그 가지가 무성하고 열매를 맺어서 아름다운 백향목을 이룰 것이요 각양 새가 그 아래 깃들이며 그 가지 그늘에 거할찌라"라고 말씀하고 있는데, 여기 나타난 백향목에 대한 묘사는 종말적인 의미를 담고 있습니다. 백향목 꼭대기에서 꺾은 한 가지는 일차적으로 스룹바벨을 가리킵니다. 하나님께서 스룹바벨을 바벨론 포로에서 해방시켜 이스라엘 고토에 귀환시키실 것을 나타낸 것입니다. 그러나 이 말씀은 궁극적으로 메시아에 대한 예언입니다. 이 예언을 구속사적 관점에서 살펴보면 다음과 같습니다.

첫째, 백향목의 높은 새 가지 끝의 연한 가지는 예수님께서 성육신하실 것을 나타냅니다.

에스겔 17:22의 '그 높은 새 가지'는 히브리어 '요네케트'(יוֹנֶקֶת)로 '어린 가지'를 뜻하며, '연한 가지'는 '라크'(רַךְ)로, '부드러운, 약한'이라는 뜻입니다. 하나님께서 '약한 어린 가지'를 꺾어서 높고 빼어난 산에 심으시겠다는 것입니다. 이는 예수님께서 이 땅에 성육신하실 것을 나타냅니다.

예수님은 아주 약하고 비천한 목수의 아들로 이 땅에 오셨습니다. 예수님께서 이렇게 연약한 모습으로 오실 것에 대하여 "뿌리에서 한 가지가 나서 결실할 것이요"(사 11:1), "다윗에게 한 의로운 가지를 일으킬 것이라"(렘 23:5), "그는 주 앞에서 자라나기를 연한 순 같고 마른 땅에서 나온 줄기 같아서 고운 모양도 없고 풍채도 없은즉 우리의 보기에 흠모할 만한 아름다운 것이 없도다"(사 53:2)라고 말씀하고 있습니다(슥 6:12).

둘째, 백향목 꼭대기의 높은 가지는 예수님께서 가장 높으신 하나님이심을 나타냅니다.

에스겔 17:22 상반절에서 "나 주 여호와가 말하노라 내가 또 백향목 꼭대기에서 높은 가지를 취하여 심으리라"라고 말씀하고 있습니다. 여기 '높은 가지'는 예수님께서 본래 근본 하나님 본체인, 가장 높은 분이심을 나타냅니다(빌 2:6). 예수님께서는 높고 높은 하늘 보좌를 버리시고 낮고 낮은 이 땅으로 내려오셨습니다. 그래서 요한복음 3:13에서 예수님을 가리켜 "하늘에서 내려온 자 곧 인자"라고 말씀하고 있는 것입니다.

셋째, 백향목의 가지가 높은 산에 심기는 것은, 성육신하신 예수님께서 예루살렘에서 일하실 것을 나타냅니다.

에스겔 17:22 하반절에서 "내가 그 높은 새 가지 끝에서 연한 가지를 꺾어 높고 빼어난 산에 심되"라고 말씀하고 있습니다. 여기 '높고 빼어난 산'을, 23절에서는 "이스라엘 높은 산"이라고 말씀하고 있습니다. 이 산은 바로 예루살렘을 가리킵니다. 이사야 40:9에서 "아름다운 소식을 시온에 전하는 자여 너는 높은 산에 오르라 아름다운 소식을 예루살렘에 전하는 자여"라고 말씀하고 있습니다. 여기에서 시온과 높은 산과 예루살렘은 동의어로 사용되고 있습니다(시 2:6, 사 2:2-3, 미 4:1-2, 슥 8:3). 예수님은 예루살렘에서 말씀을 증거하시고, 예루살렘 골고다에서 십자가에 높이 달려 죽으심으로 구속 사역을 완성하셨습니다(마 16:21, 행 10:39).

넷째, 연한 가지가 무성하고 열매를 맺어 아름다운 백향목이 된다는 것은, 예수님께서 십자가에서 죽으시고 부활하시고 승천하심으로 복음 운동이 크게 확장될 것을 나타냅니다.

에스겔 17:23에서 "이스라엘 높은 산에 심으리니 그 가지가 무성하고 열매를 맺어서 아름다운 백향목을 이룰 것이요 각양 새가 그 아래 깃들이며 그 가지 그늘에 거할찌라"라고 말씀하고 있습니다. 실제로 어린 백향목은 삼각뿔 모양이지만, 300년 이상 자라면서 줄기가 일직선으로 뻗어 올라가고, 풍성한 가지가 우산 모양으로 펼쳐지며 아름다운 위용을 자랑합니다. 그리고 2-3년에 걸쳐 하늘로 솟은 열매를 맺습니다.

예수님께서는 자신이 십자가에서 죽으시고 부활하심으로 많은 열매를 맺으실 것을 미리 말씀하셨습니다. 요한복음 12:24에서 "내가 진실로 진실로 너희에게 이르노니 한 알의 밀이 땅에 떨어져 죽지 아니하면 한 알 그대로 있고 죽으면 많은 열매를 맺느니라"라고 말씀하고 있습니다. 예수님의 십자가 죽으심과 부활은 오히려 많은 사람을 예수님께로 이끄시는 계기가 되었습니다. 32-33절에서 "내가 땅에서 들리면 모든 사람을 내게로 이끌겠노라 하시니 [33] 이렇게 말씀하심은 자기가 어떠한 죽음으로 죽을 것을 보이심이러라"라고 말씀하고 있습니다.

백향목은 줄기에 상처를 입으면 진액이 나오는데, 이 진액은 짙은 향기를 내면서 방부·방충 작용을 합니다. 예수님께서 몸이 상하시고 십자가에서 피 흘려 죽으심으로, 죄로 인해 죽을 수밖에 없는 인간을 구속하여(벧전 2:24) 영원한 생명에 이르게 하는 향기를 주셨습니다(고후 2:15-16, 참고-엡 5:2).

다섯째, 백향목에 각양 새가 깃들이며 거하게 된다는 것은, 예수 그리스도의 복음이 전 세계로 흘러가서 만인이 예수님 안에서 참 안식을 누리게 될 것을 나타냅니다.

에스겔 17:23 하반절에서 "각양 새가 그 아래 깃들이며 그 가지 그늘에 거할찌라"라고 말씀하고 있습니다. 여기 '각양 새'는 히브리어 '콜 칩포르 콜 카나프'(כֹּל צִפּוֹר כָּל־כָּנָף)로, 직역하면 '모든 날개의 모든 새들'입니다. 이는 세계 모든 민족을 비유한 것입니다. '깃들이며'와 '거할찌라'는 둘 다 '거주하다, 살다'라는 뜻의 히브리어 '샤칸'(שָׁכַן)입니다. 이 말씀은 각종 새들이 백향목 아래로 모여 오듯이, 복음이 전 세계로 흘러가 각 민족 모든 사람이 복음을 받아들이고 하나님의 말씀 안에서 참 안식을 누리게 될 것을 나타냅니다. 스가랴 8:22에서도 "많은 백성과 강대한 나라들이 예루살렘으로 와서 만군의 여호와를 찾고 여호와께 은혜를 구하리라"라고 말씀하고 있습니다(사 66:18).

이는 예수님께서 말씀하신 '작은 겨자씨가 큰 나무가 되는 비유'에서도 나타납니다. 마태복음 13:32에서 "이는 모든 씨보다 작은 것이로되 자란 후에는 나물보다 커서 나무가 되매 공중의 새들이 와서 그 가지에 깃들이느니라"라고 말씀하고 있습니다. 이 모든 예언은 주님께서 재림하실 때 완성될 것입니다. 요한계시록 11:15에서 "일곱 째 천사가 나팔을 불매 하늘에 큰 음성들이 나서 가로되 세상 나라가 우리 주와 그 그리스도의 나라가 되어 그가 세세토록 왕 노릇 하시리로다"라고 말씀하고 있습니다.

(2) 감람목(橄欖木, olive tree)

① 산에 올라가서 얻은 나무

학개 1:8에서 "너희는 산에 올라가서 나무를 가져다가 전을 건축하라 그리하면 내가 그로 인하여 기뻐하고 또 영광을 얻으리라 나 여호와가 말하였느니라"라고 말씀하고 있습니다. '산에 올라가서'(עֲלוּ הָהָר, '알루 하하르')에서 '산'을 가리키는 '하르'(הָר) 앞에 정관사 '하'(הַ)가 쓰여, 특정한 '한 산'을 가리킵니다. 이 산은 감람나무가 많이 있는 감람산을 가리킵니다. 사도행전 1:12에서 "제자들이 감람원이라 하는 산으로부터 예루살렘에 돌아오니 이 산은 예루살렘에서 가까와 안식일에 가기 알맞은 길이라"라고 말씀하고 있습니다. 감람산은 예루살렘 동쪽 1.1km 지점에 위치한 해발 814m의 산입니다. 그 아래에는 기드론 시내가 흐르는 여호사밧 골짜기가 있으며, 이 산의 서쪽 기슭에 겟세마네 동산이 있습니다.

학개 1:8에 나오는 '나무'는 히브리어 '에츠'(עֵץ)로, 단수입니다. 이는 특정한 나무, 곧 감람나무를 가리킵니다. 신약성경에서는 감람산을 가리켜 '감람원이라는 산'으로 표현하고 있습니다. 누가복음 19:29에서 "감람원이라는 산의 벳바게와 베다니에 가까이 왔을 때에 제자 중 둘을 보내시며"라고 말씀하고 있습니다(눅 21:37). '감람원'은 '올리브나무, 감람나무'를 가리키는 헬라어 '엘라이아'(ἐλαία)가 복수형으로 쓰였습니다. 감람산은 감람나무숲이 울창한 곳이었습니다.

감람목은 이스라엘에서 흔하게 구할 수 있는 나무였으므로, 수입하지 않았습니다(느 8:15). 모세가 가나안 땅을 가리켜 '감람나무의 땅'이라고 할 만큼 팔레스타인의 산과 들은 온통 감람나무 천지였습니다(신 8:8, 왕하 18:32). 솔로몬 성전을 지을 때에도 감람나무가 사용되었습니다. 솔로몬 성전의 지성소(내소) 안의 두 그룹(왕상 6:23), 내소에 들어가는 문과 외소의 문(왕상 6:31-33)도 감람목으로 만들었습니다.

② 감람나무에 담긴 영적 의미

감람나무는 아름다움(렘 11:16, 호 14:6), 축복(시 128:3), 평화(창

8:11), 예수님의 증인 된 교회를 비유하기도 합니다(계 11:4). 감람나무는 자주 이스라엘 백성, 하나님의 백성을 가리키는 비유로 쓰입니다(시 128:3, 렘 11:16, 호 14:5-6, 롬 11:24). 시편 52:8에서 "오직 나는 하나님의 집에 있는 푸른 감람나무 같음이여 하나님의 인자하심을 영영히 의지하리로다"라고 말씀하고 있습니다. 로마서 11:17에서 "또한 가지 얼마가 꺾여졌는데 돌감람나무인 네가 그들 중에 접붙임이 되어 참감람나무 뿌리의 진액을 함께 받는 자 되었은즉"이라고 말씀하고 있는데, '돌감람나무'는 이방인들을 가리키며, '참감람나무'는 이스라엘 백성을 가리킵니다. 그렇다면 감람나무가 주는 영적인 교훈은 무엇입니까?

첫째, 하나님의 백성은 끝까지 견디며 인내해야 합니다.

감람나무는 성장이 느려서 처음 열매를 맺기까지 10-14년이 걸리며, 제대로 된 열매를 맺으려면 적어도 30년 이상 걸립니다. 이렇게 천천히 성장하기 때문에 나무의 결이 곱고 단단하여 건축 재료로 적합하므로, 성전 건축에 많이 사용된 것입니다.

감람나무의 수명은 대략 600년이며 1,000년 이상 사는 나무도 있습니다. 감람나무는 오랜 세월 모진 바람과 일교차가 심한 기후를 견디며 버티는 나무입니다.

성도는 감람나무처럼 끝까지 견디는 믿음을 가져야 합니다(마 24:13). 감람나무 꼭대기에 남은 몇 개의 실과는 온갖 시련 중에서도 하나님의 은혜로 신앙의 순결을 지키며 끝까지 남은 자를 가리킵니다. 이사야 17:6에서 "그러나 오히려 주울 것이 남으리니 감람나무를 흔들 때에 가장 높은 가지 꼭대기에 실과 이삼 개가 남음 같겠고 무성한 나무의 가장 먼 가지에 사오 개가 남음 같으리라 이스라엘의 하나님 여호와의 말씀이니라"라고 말씀하고 있습니다.

둘째, 하나님의 백성은 성령 충만해야 합니다.

감람유는 감람나무 열매에서 짜낸 기름(올리브유)입니다. 감람유는 식용이나 의약품이나 등유(燈油)로 사용되었는데, 특히 성전의 등불을 밝히는 기름으로 사용되었습니다. 출애굽기 27:20에서 "너는 또 이스라엘 자손에게 명하여 감람으로 찧어낸 순결한 기름을 등불을 위하여 네게로 가져오게 하고 끊이지 말고 등불을 켜되"라고 말씀하고 있습니다(레 24:2).

성경에서 기름은 성령을 나타내고 있습니다. 사도행전 10:38 상반절에서 "하나님이 나사렛 예수에게 성령과 능력을 기름 붓듯 하셨으매"라고 말씀하고 있습니다. 요한일서 2:20에서 "너희는 거룩하신 자에게서 기름 부음을 받고 모든 것을 아느니라"라고 하였는데(요일 2:27), 이 '기름 부음'은 바로 '성령의 임재'를 가리키는 것입니다. 성도는 항상 성령이 충만한 삶을 살아야 합니다. 에베소서 5:18에서 "술 취하지 말라 이는 방탕한 것이니 오직 성령의 충만을 받으라"라고 말씀하고 있습니다.

셋째, 하나님의 백성은 십자가를 지는 삶을 살아야 합니다.

학개 1:8에 나오는 '나무'를 70인경에서는 '크쉴론'(ξύλον)으로 번역하고 있습니다. 예수님께서 달리신 십자가 나무 역시 '크쉴론'입니다. 사도행전 5:30 상반절에서 "너희가 나무('크쉴론')에 달아 죽인 예수", 사도행전 10:39 하반절에서 "그를 저희가 나무('크쉴론')에 달아 죽였으나"라고 말씀하고 있습니다(행 13:29). 예수님께서는 십자가에서 우리의 죄를 대신 지시고 죽으셨던 것입니다(갈

3:13, 벧전 2:24). 그렇다면 우리도 예수님의 고난의 발자취를 따라 자기 십자가를 지고 주님께서 걸으신 길을 가야 합니다(벧전 2:21). 마태복음 16:24에서 "이에 예수께서 제자들에게 이르시되 아무든지 나를 따라 오려거든 자기를 부인하고 자기 십자가를 지고 나를 좇을 것이니라"라고 말씀하고 있습니다(마 10:38, 막 8:34, 눅 9:23, 14:27, 갈 2:20). 히브리서 13:12-13에서도 "그러므로 예수도 자기 피로써 백성을 거룩케 하려고 성문 밖에서 고난을 받으셨느니라 [13] 그런즉 우리는 그 능욕을 지고 영문 밖으로 그에게 나아가자"라고 요청하고 있습니다.

VI
스룹바벨 성전의 완공과 봉헌
THE COMPLETION AND DEDICATION OF ZERUBBABEL'S TEMPLE

중단된 스룹바벨 성전의 건축 역사가 재개된 것은 다리오왕 2년(주전 520년) 6월 24일이었습니다(학 1:14-15). 그리고 마침내 성전의 건축이 완성된 것은 다리오왕 6년(주전 516년) 12월 3일이었습니다. 에스라 6:15에서 "다리오왕 육년 아달월 삼일에 전을 필역하니라"라고 말씀하고 있습니다. 이스라엘 백성은 마침내 하나님께 즐거이 봉헌식을 거행하였습니다(스 6:16).

1. 봉헌식
The Dedication of the Temple

(1) 제물의 양

에스라 6:17에서 "하나님의 전 봉헌식을 행할 때에 수소 일백과 수양 이백과 어린양 사백을 드리고 또 이스라엘 지파의 수를 따라 수염소 열둘로 이스라엘 전체를 위하여 속죄제를 드리고"라고 말씀하고 있습니다. 이는 솔로몬 성전을 짓고 봉헌할 때 드린 제물과 비교할 때는 너무나 적은 수였습니다. 솔로몬 성전의 봉헌 제물에 대하여 "솔로몬이 화목제의 희생을 드렸으니 곧 여호와께 드린 소가 이만 이천이요 양이 십이만이라 이와 같이 왕과 모든 이스라엘 자손이 여호와의 전의 낙성식을 행하였는데"라고 말씀하고 있습니다(왕상 8:63).

솔로몬 성전 봉헌식의 제물과 스룹바벨 성전 봉헌식의 제물을 비교하면 아래와 같습니다.

솔로몬 성전		스룹바벨 성전			
소	양	수소	숫양	어린양	숫염소
22,000	120,000	100	200	400	12
총 142,000마리		**총 712마리**			

비록 적은 제물이 드려졌지만, 이스라엘 백성이 믿음으로 정성을 다해서 드렸기 때문에 하나님께서 기쁘게 받으셨습니다. 에스라 6:22에서 "즐거우므로 칠 일 동안 무교절을 지켰으니 이는 여호와께서 저희로 즐겁게 하시고 또 앗수르 왕의 마음을 저희에게로 돌이켜 이스라엘의 하나님이신 하나님의 전 역사하는 손을 힘 있게 하도록 하셨음이었느니라"라고 말씀하고 있습니다(참고-창 4:3-4, 히 11:4).

(2) 유월절과 무교절을 지킴

이스라엘 백성은 성전 건축을 완성한 다음에 성전에서 예배를 인도해야 할 제사장과 레위인을 반차대로 세웠습니다(스 6:18). 그리고 온 백성이 유월절과 무교절을 지켰습니다(스 6:19-22). 본래 유월절과 무교절은 애굽에서 해방된 것을 기념하는 절기입니다(출 23:15, 34:18). 과거에 유월절을 지키고 무교절에 애굽에서 해방되었듯이, 이제 예루살렘에 성전이 건축되었으므로 바벨론으로부터 해방이 이루어졌음을 나타내는 것입니다.

이때 이스라엘 백성뿐만 아니라 여호와를 구하는 이방인들도 함께 절기를 지켰습니다. 에스라 6:21에서 "사로잡혔다가 돌아온 이스라엘 자손과 무릇 스스로 구별하여 자기 땅 이방 사람의 더러운 것을 버리고 이스라엘 무리에게 속하여 이스라엘 하나님 여호와를 구하는 자가 다 먹고"라고 말씀하고 있습니다. 이방인들이 절기를 지키려면 스스로 구별하여 이방 사람의 더러운 것을 버려야 합니다. 이는 예수 그리스도 안에서 유대인과 이방인 사이에 막힌 담이 헐리고 하나가 되는 거룩한 복음의 우주적 성격을 보여줍니다(사 56:6-7, 엡 2:14-19).

2. 성전 완공의 구속 경륜
The Redemptive Administration of the Temple Completion

(1) 바벨론 포로 기간이 70년 만에 마쳐진다는 말씀이 이루어졌습니다.

하나님께서는 이스라엘 백성이 바벨론에 포로로 끌려가지만 그 기간은 70년이 될 것이라고 말씀하셨습니다. 예레미야 29:10에서 "나 여호와가 이같이 말하노라 바벨론에서 칠십 년이 차면 내가 너희를 권고하고 나의 선한 말을 너희에게 실행하여 너희를 이곳으로 돌아오게 하리라"라고 말씀하고 있습니다(렘 25:11-12). 성전 중심의 관점에서 볼 때, 이 예언은 그대로 성취되었습니다. 솔로몬 성전은 주전 586년에 파괴되었는데 스룹바벨 성전이 주전 516년에 완공되었으므로, 이스라엘 백성은 70년 만에 완전히 회복된 성전에 돌아오게 된 것입니다.

(2) 하나님께서는 말씀의 성취를 위해서 선지자들을 통해 말씀을 선포하게 하셨습니다.

바벨론에서 귀환한 백성이 성전 건축을 시작하였으나 대적들의 방해로 중단되어 있을 때, 하나님께서는 학개와 스가랴 선지자를 통하여 말씀을 선포하게 하셨습니다(스 5:1-2, 6:14, 학 1:12-13). 학개 1:1에서 "다리오왕 이년 유월 곧 그달 초하루에 여호와의 말씀이 선지자 학개로 말미암아 스알디엘의 아들 유다 총독 스룹바벨과 여호사닥의 아들 대제사장 여호수아에게 임하니라 가라사대"라고 말씀하고 있으며, 스가랴 1:1에서 "다리오왕 이년 팔월에 여호와의 말씀이 잇도의 손자 베레갸의 아들 선지자 스가랴에게 임하니라 가라사대"라고 말씀하고 있습니다. 하나님께서는 학개와 스가랴 선지자에게 임하셔서, 이스라엘 백성의 해이해진 신앙을 각성시켜 중단된 성전 건축을 진행하게 하신 것입니다.

하나님께서는 구속사의 중단 없는 전진과 완성을 위해 시대마다 하나님의 종들을 통하여 말씀을 선포하셨습니다(히 1:1). 아모스 3:7에서 "주 여호와께서는 자기의 비밀을 그 종 선지자들에게 보이지 아니하시고는 결코 행하심이 없으시리라"라고 말씀하고 있습니다.

(3) 하나님께서는 말씀의 성취를 위해서 이방 왕들까지도 움직이셨습니다.

하나님께서는 바사 왕 고레스의 마음을 움직이셔서, 바벨론에 포로 되었던 이스라엘 백성을 해방시키셨습니다(대하 36:22-23, 스 1:1-4). 또한, 성전 건축 작업이 중단되었을 때 다리오왕을 움직이셔서, 성전 건축을 지원하고 유다의 대적들이 방해하지 못하도록 조처하셨습니다(스 6:6-12). 에스라 6:7에서는 "하나님의 전 역사를 막지 말고 유다 총독과 장로들로 하나님의 이 전을 본처에 건축하게 하라"라고 말씀하였고, 에스라 6:22 하반절에서는 "또 앗수르 왕의 마음을 저희에게로 돌이켜 이스라엘의 하나님이신 하나님의 전 역사하는 손을 힘있게 하도록 하셨음이었느니라"라고 말씀하고 있습니다.

여기 22절의 '앗수르 왕'은 앗수르 지역을 점령한 다리오왕을 가리킵니다. 성전 건축이 완공된 주전 516년의 시점에서 볼 때, 앗수르는 주전 608년에 이미 망하고 없어진 상태였습니다. 그러므로 22절에 나오는 앗수르 왕은 당시 앗수르 지역을 차지하고 있었던 바사(페르시아) 왕 다리오 1세(주전 522-486년)를 가리킵니다. 그리고 '돌이켜'는 '에워싸다'라는 뜻의 히브리어 '사바브'(סָבַב)의 히필(사역)형입니다. 이는 '하나님께서 다리오왕의 마음을 에워싸셨다'는 의미입니다. 하나님께서 왕의 마음을 둘러싸서 전심으로 성전 재건을 도와주게 하시고, 그 마음이 변하지 않도록 막으셨다는 의미인 것입니다(참고-시 33:15).

하나님의 주권 섭리 속에 바사 왕 다리오 1세는 다른 사람들이 이스라엘 백성의 성전 건축을 방해하지 못하도록 조서를 내렸습니다. 에스라 6:8에서도 "내가 또 조서를 내려서 하나님의 이 전을 건축함에 대하여 너희가 유다 사람의 장로들에게 행할 것을 알게 하노니 왕의 재산 곧 강 서편 세금 중에서 그 경비를 이 사람들에게 신속히 주어 저희로 지체치 않게 하라"라고 말씀하고 있습니다. 하나님께서는 구속사의 성취를 위하여 이방 왕들과 그들의 권력과 재물까지도 그 뜻대로 주장하시는 분입니다(단 2:21, 4:17, 25, 32).

스룹바벨 성전 건축 시작과 중단, 완공까지의 성경 연대와 메대·바사의 연대 비교

The Biblical Chronology of the Beginning, Interruption, and Completion of the Construction of Zerubbabel's Temple in Comparison to the Medo-Persian Chronology

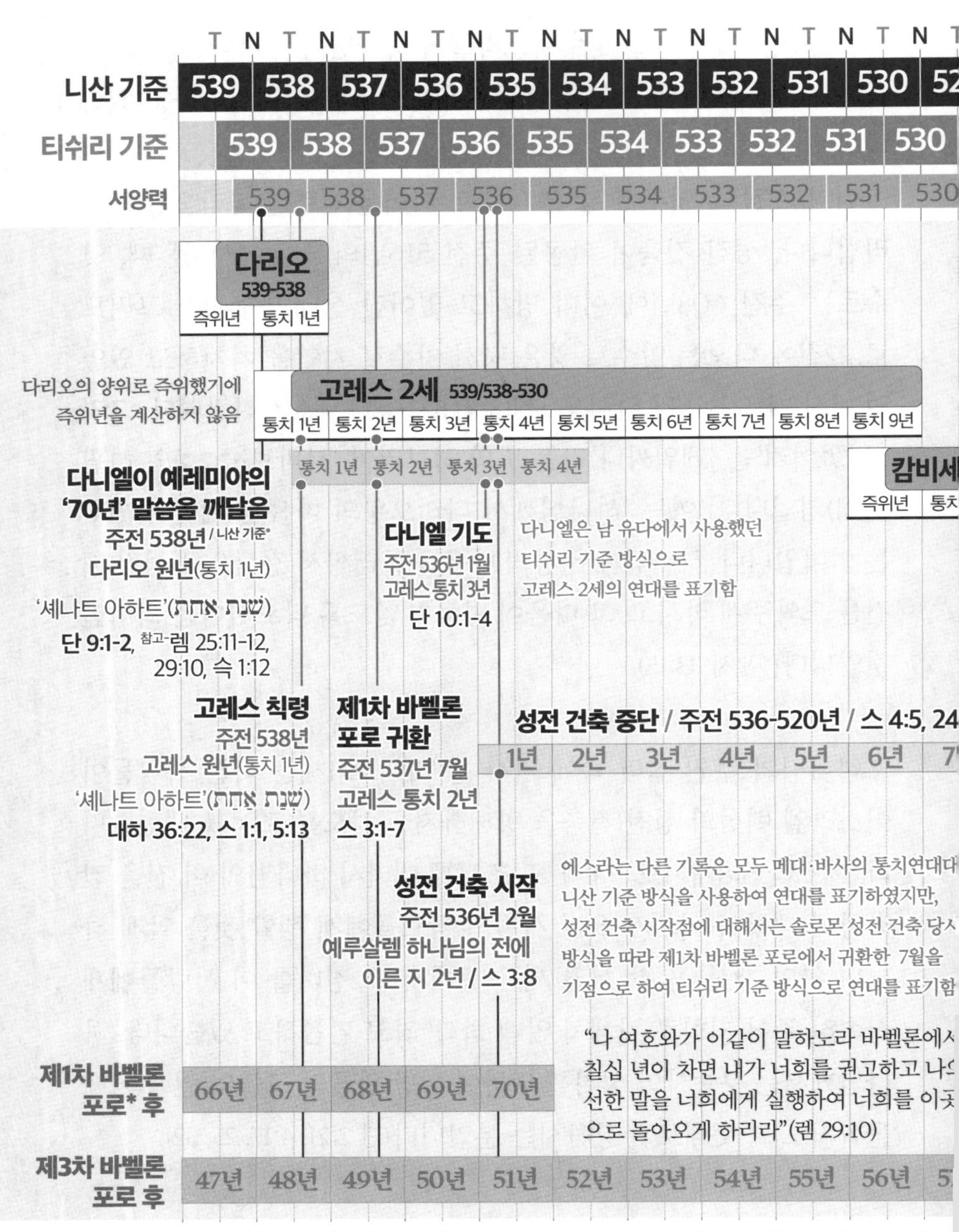

* 느부갓네살 2세의 비문에 따르면, 그의 즉위는 엘룰(6월) 1일의 사건으로, 제1차 바벨론 포로 사건도 엘룰의 사건으로 본다.

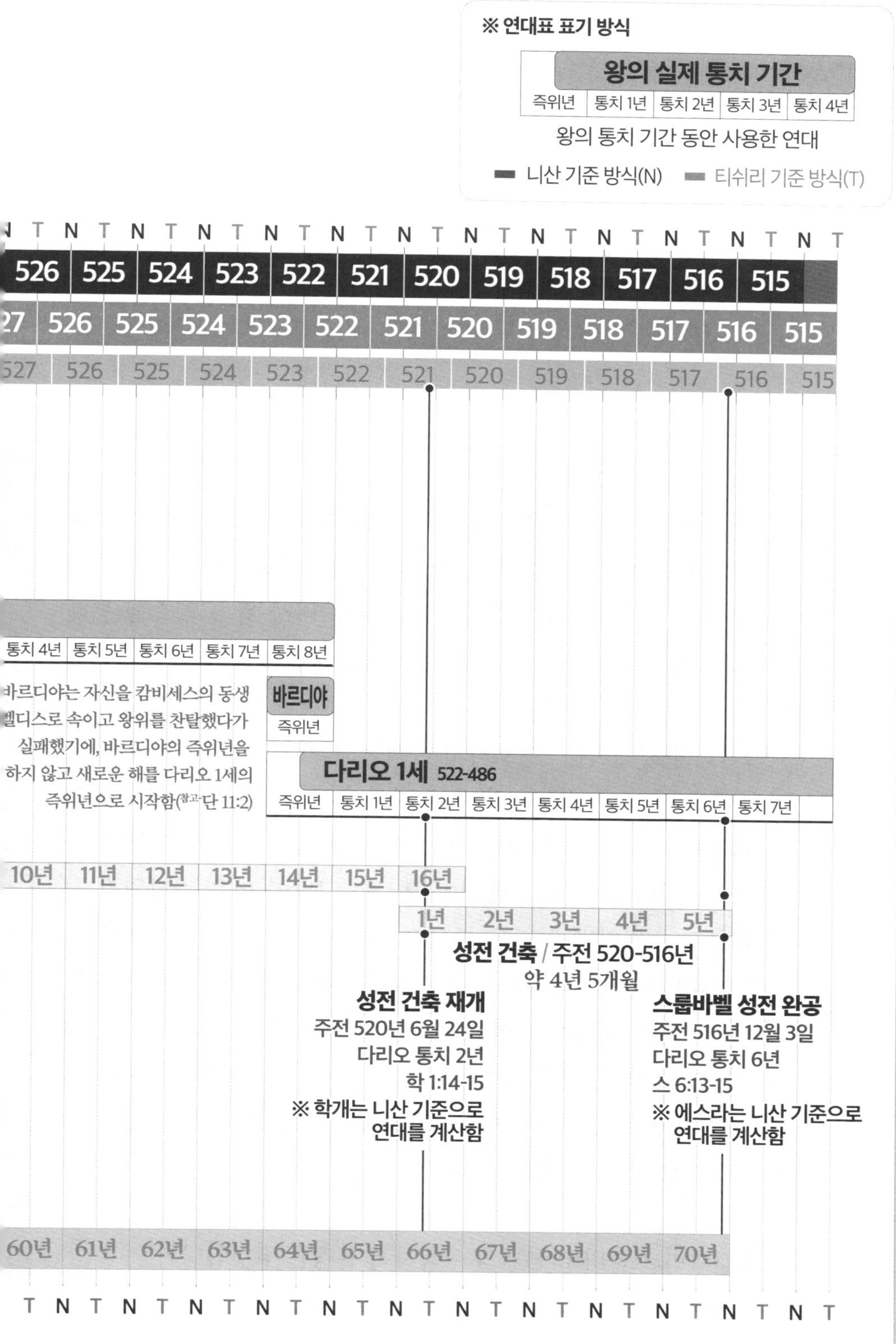

※ 연대표 표기 방식

	왕의 실제 통치 기간			
즉위년	통치 1년	통치 2년	통치 3년	통치 4년

왕의 통치 기간 동안 사용한 연대

니산 기준 방식(N) 티쉬리 기준 방식(T)

N T N T N T N T N T N T N T N T N T N T N T N T N T

526	525	524	523	522	521	520	519	518	517	516	515

27	526	525	524	523	522	521	520	519	518	517	516	515

527	526	525	524	523	522	521	520	519	518	517	516	515

통치 4년	통치 5년	통치 6년	통치 7년	통치 8년

바르디야는 자신을 캄비세스의 동생 벨디스로 속이고 왕위를 찬탈했다가 실패했기에, 바르디야의 즉위년을 하지 않고 새로운 해를 다리오 1세의 즉위년으로 시작함(참고-단 11:2)

바르디야
즉위년

다리오 1세 522-486

즉위년	통치 1년	통치 2년	통치 3년	통치 4년	통치 5년	통치 6년	통치 7년

10년	11년	12년	13년	14년	15년	16년

1년	2년	3년	4년	5년

성전 건축 / 주전 520-516년
약 4년 5개월

성전 건축 재개
주전 520년 6월 24일
다리오 통치 2년
학 1:14-15
※ 학개는 니산 기준으로 연대를 계산함

스룹바벨 성전 완공
주전 516년 12월 3일
다리오 통치 6년
스 6:13-15
※ 에스라는 니산 기준으로 연대를 계산함

60년	61년	62년	63년	64년	65년	66년	67년	68년	69년	70년

T N T N T N T N T N T N T N T N T N T N T N T N T

VII
스룹바벨 성전의 구속사적 특징
THE REDEMPTIVE-HISTORICAL CHARACTERISTICS OF ZERUBBABEL'S TEMPLE

이스라엘 백성의 범죄로 말미암아, 첫 번째 고정 성전이었던 솔로몬 성전이 파괴되었고 언약 백성은 바벨론에 포로로 끌려갔습니다. 그러나 하나님께서는 강권적인 은혜로 바사 왕 고레스를 통해 그들을 바벨론에서 귀환하게 하셨고, 마침내 성전을 재건하게 하셨습니다.

스가랴 14:7에서는 "여호와의 아시는 한 날이 있으리니 낮도 아니요 밤도 아니라 어두워 갈 때에 빛이 있으리로다"라고 말씀하고 있습니다. 하나님께서는 자기 백성이 극한 어둠 속에서 아무리 큰 환난을 당한다 할지라도, 메시아 오시는 그날이 더욱 가까워진 것을 깨닫고 스룹바벨 성전을 중심으로 넘치는 소망 가운데 믿음을 지키면서 메시아를 대망하도록 준비시켜주셨던 것입니다. '성전보다 더 큰 이요'(마 12:6), '성전에서 드려진 모든 제사의 실체요'(히 9:9-12), '성전의 온전한 실체요'(요 2:21, 히 8:5, 9:23-24), '하나님의 집 주인'(딤전 3:15) 되시는 예수 그리스도께서 오시는 그날이 곧 눈앞에 다가오고 있기 때문입니다.

그렇다면 스룹바벨 성전의 구속사적 특징은 무엇입니까?

1. 하나님의 구속 경륜 속에 지어진 성전

The Temple That Was Built According to God's Administration of Redemption

스룹바벨 성전은 이전에 있었던 성전의 기본 구조를 그대로 계승하였습니다. 성전의 중심에 번제단이 있었으며(스 3:6), 대제사장이 일 년에 단 하루만 들어갈 수 있는 지성소, 제사장이 늘 관리해야 하는 성소, 그리고 성전 본관에 들어가기 위한 현관이 있었습니다(스 6:3-5). 또한, 성전 전체는 안뜰과 바깥뜰, 여러 부속건물이 복합 구조를 이루고 있었습니다(참고-대상 9:17-24, 26, 슥 3:7).

비록 스룹바벨 성전에는 언약궤나 성전 본관 앞의 두 놋기둥('야긴과 보아스', 왕상 7:21)이 없었지만(왕하 25:16, 렘 52:17), 언약궤의 실체가 되시는 하나님께서 성전 안에 거하신다고 말씀하심으로, 스룹바벨 성전도 구속사를 진행하는 성전 운동의 연속 선상에서 하나님의 경륜 속에 지어진 성전임을 분명하게 밝히고 있습니다.

(1) 하나님의 말씀대로 지어진 성전(단절 없는 구속사)

주전 586년에 바벨론이 예루살렘에 쳐들어와 제사장들만 출입할 수 있는 거룩한 성소(민 18:3, 7, 22-23)에 들어가서 모든 보물을 약탈하고 성전을 불태웠습니다(왕하 25:8-9, 렘 52:12-13, 애 1:10). 예루살렘 성전의 파괴는 곧 남 유다의 멸망이었고, 이스라엘 백성에게 너무나 충격적인 일이었습니다.

그러나 하나님께서는 이렇게 구속사가 단절될 뻔한 위기 속에서도 선지자들을 통하여 하나님의 말씀을 끊임없이 선포하셨습니다. 그 말씀의 핵심은 성전 재건을 중심한 예루살렘의 회복에 관한 것이었습니다. 참으로 하나님의 백성에게 미래에 대한 각성과 소망을 주는 예언이요, 역사를 관통하는 위대한 예언이었습니다.

일찍이 하나님께서는 이사야 선지자(주전 739-680년, 사 1:1, 6:1)를 통해 예루살렘성과 성전이 회복될 것을 약속하셨습니다.

이사야 44:28 "고레스에 대하여는 이르기를 그는 나의 목자라 나의 모든 기쁨을 성취하리라 하며 예루살렘에 대하여는 이르기를 중건되리라 하며 성전에 대하여는 이르기를 네 기초가 세움이 되리라 하는 자니라"

이사야는 남 유다의 제10대 왕 웃시야로부터 제13대 왕 히스기야 시대까지 활동한 선지자로(사 1:1), 이사야가 이 말씀을 할 당시에 솔로몬 성전은 영화로운 모습으로 서 있었고, 예루살렘성의 규모는 최대 크기로 확장되어 있었습니다(대하 32:5-6, 사 22:6-11). 바사의 고레스왕이 태어나기는커녕, 메대가 작은 도시국가로 막 일어나고 있었고, 바사는 아직 등장하지도 않은 때였습니다. 그러나 하나님께서는 이방 왕 고레스를 '하나님의 기쁘신 뜻을 성취하기 위해 부르신 자'(사 44:28), '나의 모략을 이루려고 동방에서 부른 독수리'(사 46:11), 심지어 '나의 기름 받은 고레스'(사 45:1)라고 부르시며, 하나님께서는 열방까지 주관하시어 예정하신 대로 뜻을 이루신다는 것을 분명하게 선포하셨습니다.

또한, 하나님께서는 예레미야 선지자를 통해 성전과 예배의 회복을 자세히 예언하셨습니다. 이방인에게 성전이 짓밟히는 수치를 당한 것(렘 51:51)을 하나님께서 보수하시고(렘 50:28, 51:11), 다시 성전에서 제사를 드리게 될 것이라고 선포하셨습니다(렘 33:10-11, 18).

에스겔 선지자는 바벨론 땅에 사로잡혀간 지 12년째 되던 해(주전 585년 10월 5일)에 예루살렘이 완전히 멸망당했다는 충격적인 소식을 들었지만(겔 33:21-22), 사로잡혀간 지 25년 1월 10일에 에스겔에게 보여주신 새 성전의 계시를 통해 성전이 반드시 회복될 것을 깨닫고 백성에게 전했습니다(겔 40:1-4).

다니엘 선지자 역시 예루살렘의 황무함이 70년 만에 마쳐질 것이며(단 9:2), 마침내 예루살렘성의 중건 명령까지도 선포될 것을 예언하였습니다(단 9:25).

실제로 주전 538년(고레스 원년)에, 예레미야 선지자의 예언(렘 29:10)을 응하게 하시려고 하나님께서 바사 왕 고레스의 마음을 감동시키셨고, 그는 유다 백성에게 예루살렘에 귀환하여 성전을 건축하라는 조서를 내렸습니다(스 1:1-2). 뿐만 아니라 고레스왕은 느부갓네살왕이 주전 586년에 예루살렘을 침략하고 약탈하여 옮겨다가 바벨론 신당에 두었던 '여호와의 전 기명'을 꺼내 주었고(스 1:7, 참고-왕하 25:8-17), 그 기명들을 예루살렘에 가져다가 하나님의 전 안 '각기 본처에' 두도록 명령하였습니다(스 6:5, 참고-스 5:14-15).

이처럼 하나님께서 고레스왕을 통하여 이스라엘을 해방시키신 이유는 오직 한 가지, 하나님의 성전을 건축하기 위해서였습니다. 에스라 1:3을 볼 때, 고레스왕은 "너희 중에 무릇 그 백성 된 자는 다 유다 예루살렘으로 올라가서 거기 있는 여호와의 전을 건축하라"라고 명령하고 있습니다. 이사야 선지자는 고레스왕을 통해 성전 기초가 세워질 것을 예언하였습니다(사 44:28). 과연 이스라엘의 회복과 성전 건축은 이루어졌고, 하나님께서 이사야 선지자를 통해 고레스에 대해 말씀하신 대로 정녕 행하셨던 것입니다(사 41:2, 4, 46:11). 하나님께서는 그 입으로 하신 모든 말씀을 기필코 다 이루시는 분입니다(사 55:11).

(2) 하나님의 말씀이 응한 역사적 표적

역사 속에서 영원히 사라진 줄만 알았던 작은 한 나라 이스라엘, 그들이 다시 일어날 것이라고는 전혀 기대할 수 없었던 그 시대에, 하나님께서는 주권 섭리 속에 그들을 회복시키셨고 성전을 다시 짓게 하셨습니다. 70년 동안 황폐했던 땅에 다시 세워진 스룹바벨 성전은 하나님의 말씀이 응한 역사적 표적이었습니다.

예레미야 선지자는 성전이 재건되어 예배가 다시 드려질 것을 미리 예언하였습니다. 예레미야 33:11 하반절에서 "여호와의 집에 감사제를 드리는 자들의 소리가 다시 들리리니 이는 내가 이 땅의 포로로 돌아와서 처음과 같이 되게 할 것임이니라 여호와의 말이니라"라고 말씀하고 있습니다(렘 33:18). 에스라 1:1에서 "바사 왕 고레스 원년에 여호와께서 예레미야의 입으로 하신 말씀을 응하게 하시려고"라고 말씀하고 있습니다. 여기 '예레미야의 입으로 하신 말씀'은 '바벨론에서 포로 생활 70년 만에 돌아오리라'는 예언입니다(렘 25:11-14, 29:10-14). 성전을 중심으로 볼 때, 바벨론 침략으로 성전이 파괴된 주전 586년부터 스룹바벨 성전이 완공된 주전 516년까지의 기간이 70년입니다. 하나님께서는 메대와 바사 제국을 일으키셔서 이스라엘을 포악스럽게 압제하던 대국 바벨론을 한순간에 무너뜨리고 하나님의 말씀을 응하게 하신 것입니다(대하 36:21-22, 스 1:1).

에스라 1:1에서 '응하게 하시려고'는 히브리어 '리클로트'(לִכְלוֹת)이며, '완성하다, 끝내다'라는 뜻의 '칼라'(כָּלָה)의 부정사형입니다. 이 표현은 하나님의 섭리와 관련해서 사용될 때, 완전한 성취를 강조하는 표현입니다(참고-삼상 3:12, 대상 28:20, 대하 29:28, 36:22, 겔 20:8, 21). 세상 역사는 하나님의 말씀에 따라 진행되며, 하나님의 말씀을 성취하고 완성하는 것에 초점을 맞추어 흘러가고 있다는 강력한 메시지입니다(롬 9:28).

이스라엘 자손이 바사 왕 고레스의 조서를 통해 본토로 귀환하게 된 것은, 결코 우연의 산물이 아니라 역사의 주관자 되시는 하나님의 섭리인 것이 명백하고, 스룹바벨 성전은 하나님의 말씀이 역사 속에서 이루어진 분명한 표적이었습니다.

또한, 스룹바벨 성전은 솔로몬 성전이 훼파된 그 자리에 재건되어 이전 성전들의 식양을 그대로 반영하고 있으며, 더 나아가 에스겔에게 보이신 새 성전의 구조를 부분적으로 반영하고 있습니다(참고-스 6:3). 따라서 스룹바벨 성전은 성전 회복의 역사적 성취와 그 표적이며, 미래에 완성될 새 성전 계시의 부분적인 성취입니다.

2. 언약궤 없는 성전

A Temple Without the Ark of the Covenant

유대 전승에 의하면 스룹바벨 성전에는 다음 다섯 가지 성물들이 없었다고 전해집니다.[12] **① 언약궤(속죄소, 그룹) ② 돌비, 만나 담은 금항아리 ③ 아론의 싹 난 지팡이 ④ 우림과 둠밈 ⑤ 제단 위의 영원한 불***입니다. 승전을 기념하기 위해 세워진 로마의 건축물인 '디도의 개선문(Arch of Titus)'에는 디도 장군이 주후 70년 예루살렘을 함락시키고 약탈한 보물들을 나르는 모습이 조각되어 있는데, 거기에는 등대와 진설병 상을 들고가는 것은 보이나 언약궤는 나타나 있지 않습니다. 또한, 바벨론에 옮겨갔던 모든 성물을 포로 귀환 당시에 돌려받아 스룹바벨 성전에 두었는데, 그 가운데 언약궤는 없

---

* 유대 전승에 의하면, 이 불은 장막 성전을 완성하고 봉헌하면서 아론과 그의 아들들을 제사장으로 임명할 때 하나님께서 내려주셨던 불(레 9:23-24)이 꺼지지 않도록 솔로몬 성전 때까지 지켜온 것이라고 합니다(레 6:12-13).

었습니다. 이러한 사실들은, 솔로몬 성전이 파괴될 때 언약궤가 바벨론 군대에게 탈취당한 것이 아니라 누군가에 의해 미리 사라지게 되었음을 보여줍니다(왕하 25:9, 13-17).

언약궤가 갑자기 사라진 후 이스라엘 백성은 더 이상 언약궤를 볼 수 없었고, 언약궤는 그 후에 단 한 번도 등장하지 않았습니다. 그러나 언약궤가 사라졌다고 해서 성전의 역사가 멈춘 것은 아니었습니다. 하나님께서는 포로지에서 귀환한 백성에게 가장 먼저 무너진 성전을 다시 짓게 하심으로써, 성전을 중심으로 한 구속사적 경륜을 진행해가셨습니다. 구약 시대의 마지막 성전인 스룹바벨 성전을 언약궤 없이 짓도록 섭리하신 것은, 언약궤의 실체이신 예수 그리스도가 오시기를 대망하게 하신 것입니다. 말라기 선지자도 "또 너희의 구하는바 주가 홀연히 그 전에 임하리니 곧 너희의 사모하는바 언약의 사자가 임할 것이라"라고 예언하였습니다(말 3:1).

(1) 언약궤가 필요 없는 시대

언약궤는 하나님께서 이스라엘과 함께하신다는 대표적인 상징물로 매우 귀중하게 여겨졌는데, 바벨론이 예루살렘을 침공한 이후 구약성경에는 더 이상 등장하지 않습니다. 하나님께서는 바벨론에게 남 유다가 멸망당하기 전에, 예레미야 선지자를 통하여 언약궤를 더 이상 필요로 하지 않는 때가 온다는 충격적인 말씀을 전하셨습니다.

예레미야 3:15-16 "내가 또 내 마음에 합하는 목자를 너희에게 주리니 그들이 지식과 명철로 너희를 양육하리라 16 나 여호와가 말하노라 너희가 이 땅에서 번성하여(רָבָה, '라바') 많아질 때에는(פָּרָה, '파라') 사람 사람이 여호와의 언약궤를 다시는 말하지 아니할 것이요 생각지 아니할 것이요 기억지 아니할 것이요 찾지 아니할 것이요 만들지 아니할 것이며"

① 예레미야 3:15의 예언

예레미야 선지자는 하나님의 마음에 합한 목자 즉, '지식과 명철로 선민을 양육할 지도자'가 일어날 것을 예언하였습니다. 예레미야 3:15의 '목자'는 히브리어 '로임'(רֹעִים)으로, 복수형입니다. 일차적으로 바벨론 포로 귀환의 지도자들인 스룹바벨과 여호수아, 에스라와 느헤미야와 같은 사람들을 가리킵니다. 그러나 이 지도자는 구속사적 관점에서 볼 때, 궁극적으로 하나님께로부터 와서 모든 신령한 것을 알며, 선한 목자로서 그 택한 백성을 지식과 명철로 양육하여 바른길로 이끄실 예수 그리스도를 예표합니다. 예수 그리스도께서는 하나님의 마음에 합한 참 목자이십니다(요 10:11, 14).

16절의 '이 땅'은 여호와의 마음에 합한 목자들이 지식과 명철로 하나님의 백성을 잘 돌보는 땅을 가리킵니다. 그런 땅에서 이스라엘은 그 수가 번성하여 많아지게 될 것입니다. '번성하여 많아진다'는 표현은 창세기에서 '생육하다'(פָּרָה, '파라')와 '번성하다'(רָבָה, '라바')로 번역된 두 동사를 순서만 바꾸어 놓은 것으로, 두 단어가 함께 쓰이면 대부분, 하나님의 놀라운 창조의 역사와 전능하신 하나님에 의한 언약의 성취를 보여줍니다(창 1:22, 28, 8:17, 9:1, 7, 17:20, 28:3, 35:11, 47:27, 48:4, 출 1:7, 20, 렘 23:3, 겔 36:11). 이 예언은 이스라엘 백성이 바벨론 포로에서 돌아오면 번성하여 많아질 것인데, 그들은 하나님의 창조 권능에 의해 새롭게 창조된 백성이요(창 1:22, 28), 대홍수 심판에서 구원받은 노아 가족처럼 완전히 새롭게 출발하게 된다는 소망의 메시지였습니다(창 8:17, 9:1, 7). 그리고 야곱에게 언약하신 하나님께서(창 35:11, 참고-창 28:3), '고센 땅에 정착한 야곱의 70가족을 생육하고 번성케 하여, 애굽 나라와 바로가 그들을 두려워하게 된 것'과 같은 역사(출 1:7, 12, 20)를 행하실 것을 확신케 하여 용기를 주는 메시지였습니다.

② 예레미야 3:16의 예언

'언약궤를 다시는 찾지 않는 때가 온다'는 말씀에 강력한 부정의 의미를 가진 '로'(לֹא)가 다섯 번이나 반복해서 사용됩니다.

"다시는 말하지 아니할 것이요"(לֹא־יֹאמְרוּ עוֹד, '로 요메루 오드')
"생각지 아니할 것이요"(לֹא יַעֲלֶה עַל־לֵב, '로 야알레 알 레브')
"기억지 아니할 것이요"(לֹא יִזְכְּרוּ־בוֹ, '로 이즈케루 보')
"찾지 아니할 것이요"(לֹא יִפְקֹדוּ, '로 이프코두')
"(다시는) 만들지 아니할 것이며"(לֹא יֵעָשֶׂה עוֹד, '로 예아세 오드')

이 말씀들은 '나 여호와가 말하노라'(렘 3:16上)라고 밝힌 대로, 결코 예레미야 선지자 자신의 개인적인 생각이나 상상이나 꿈이 아니었습니다. 기필코 이루어지고 마는 하나님의 뜻의 선포였고, 만일 그것을 따르지 않는다면 하나님의 말씀을 거역하는 큰 죄가 된다는 것을 강조하고 있습니다.

예레미야 선지자가 다섯 번이나 강조하여 언약궤가 필요 없음을 역설한 대로, 예수 그리스도께서 이 땅에 오심으로써 언약궤는 더 이상 필요 없게 되었습니다. 하나님의 백성은 언약궤가 아니라 언약궤의 실체이신 예수 그리스도의 인도하심을 받아 하늘의 지식과 명철로 양육받을 것입니다. 더 나아가, 예수 그리스도의 구속 사역으로 말미암아 시작되는 신약 교회는 언약궤와 같이 눈에 보이는 대상이 없어도 하나님의 말씀을 통하여 영적으로 더 밝고 올바른 신앙생활을 영위하게 될 것입니다. 이에 대하여 요한복음 4:23-24에서는 "아버지께 참으로 예배하는 자들은 신령과 진정으로 예배할 때가 오나니 곧 이때라 아버지께서는 이렇게 자기에게 예배하는 자들을 찾으시느니라 [24] 하나님은 영이시니 예배하는 자가 신령과 진정으로 예배할찌니라"라고 말씀하고 있습니다.

유대 전승에 의하면, 예루살렘 멸망 당시에 예레미야가 언약궤를 느보(Nebo)산에 숨겼다고 기록되어 있습니다(마카비하 2:4-5). 김희보 박사는 그의 저서에서 「법궤와 속죄소는 바벨론 포로 시 예레미야 때에 성전의 황폐와 함께 없어졌다. 예레미야 자신이 그것을 없이했을 가능성은 다음 그의 기록으로 보아 십분 추측할 수 있을 것이다. "나 여호와가 말하노라… 사람 사람이 여호와의 언약궤를 다시는 말하지 아니할 것이요 생각지 아니할 것이요 기억지 아니할 것이요 찾지 아니할 것이요 만들지 아니할 것이며"(렘 3:16)」라고 설명하였습니다.[13)]

또한, 예레미야 3:16의 '생각지 아니할 것이요 기억지 아니할 것이요'라는 표현은 이사야 선지자가 선포한 종말적인 새 창조와 관련이 있습니다. 이사야 65:17에서 "보라 내가 새 하늘과 새 땅을 창조하나니 이전 것은 기억되거나 마음에 생각나지 아니할 것이라"라고 말씀하고 있습니다. 요한계시록 21:1에서도 "또 내가 새 하늘과 새 땅을 보니 처음 하늘과 처음 땅이 없어졌고 바다도 다시 있지 않더라"라고 말씀하고 있습니다. 그러므로 언약궤가 없는 성전의 시대는, 예수 그리스도를 통해 새 창조가 이루어지는 시대를 바라보게 합니다.

(2) 언약궤의 실체이신 예수 그리스도

이스라엘 백성에게 언약궤는 하나님의 언약을 상징하는 성물로, 심지어 하나님께서 언약궤 위에 좌정하신다고 말씀하셨습니다(출 25:22, 참고-삼하 6:2, 시 80:1, 99:1). 그래서 성막이나 솔로몬 성전에서 언약궤가 놓인 지성소는 가장 거룩한 곳이며, 성전을 성전 되게 하는 핵심 중의 핵심이라고 여겨졌습니다. 솔로몬 성전에 언약궤가 안치되는 순간 하나님의 영광이 임했으며(왕상 8:1-11), 이와 반대로 아벡전투에서 법궤(언약궤)를 빼앗기자 비느하스의 아내는 '하나님의 영광이 이스라엘을 떠났다'고 하면서 막 태어난 아이 이름을 '이가봇'(אִי־כָבוֹד, '이카보드': 뜻-영광이 없다)이라고 하였습니다(삼상 4:21). 그런데 스룹바벨 성전에는 하나님의 영광스러운 임재를 상징하는 언약궤가 없습니다. 성전에 언약궤가 없다는 사실은 이스라엘 백성에게 큰 실망을 안겨주었을 것입니다.

그러나 하나님께서는 학개 선지자를 통해 "너희 중에 남아 있는 자 곧 이 전(殿)의 이전 영광을 본 자가 누구냐 이제 이것이 너희에게 어떻게 보이느냐 이것이 너희 눈에 보잘것이 없지 아니하냐"라고 물으셨습니다(학 2:3). '너희 눈에 보잘것이 없지 아니하냐'를 공동번역에서는 "너희의 눈에도 이따위는 있으나마나 하지 않느냐?", 바른성경에서는 "너희 눈에 이것이 아무것도 아닌 것처럼 보이지 않느냐?", 영어성경 NASB에서는 "Does it not seem to you like nothing in comparison?"이라고 번역하고 있습니다. 이는 당시 이스라엘 백성의 마음을 꿰뚫어 지적하는 동시에 새로운 미래의 비전을 제시해 주는 것입니다.

언약궤는 그림자요 참형상이 아닙니다. 그리스도의 예표이며 그림자일 뿐이지, 실체가 아니었습니다(히 8:5, 9:23, 10:1). 온전한 것이

올 때, 그림자는 사라져야 합니다(참고-고전 13:10). 언약궤 없는 에스겔 성전은 그 실체이신 예수 그리스도에 대한 더욱 분명한 계시가 되었고, 예수 그리스도와 비교할 때, 언약궤는 다시 기억하지 말아야 할 허상(虛像)이었습니다. 따라서 남 유다의 멸망 후 에스겔 선지자가 목격한 새 성전의 이상이나, 포로 귀환 후에 건축된 스룹바벨 성전에는 언약궤가 등장하지 않습니다. 언약궤 없는 스룹바벨 성전은 그 실체가 되시는 예수 그리스도(히 9:4-9, 24)를 맞아들이기에 더욱 적합한 성전이 되었습니다.[14] 이는 오래도록 이스라엘의 삶 속에 함께했던 언약궤를 무시하는 말씀이 아니라, 앞으로의 제사(예배)에서는 성전의 실체요, 언약의 실체이신 예수 그리스도가 중심이 되어야 할 것을 가르쳐 줍니다. 요한복음 4:23-24 말씀과 같이 영과 진리로 하나님 앞에 나아가 예배드리는 날이 예수 그리스도의 구속 사역을 통해 열리게 될 것을 말씀하신 것입니다.

하늘의 하나님께서 자기 땅에 찾아오셔서 자기 백성과 함께 거하시겠다는 언약은 성육신하신 예수 그리스도를 통해서 정확하게 성취되었습니다(요 1:14, 18). 예수님은 언약궤의 실체로 오셔서 새 언약을 이루신 것입니다(눅 22:20, 고전 11:25, 히 8:10, 9:15, 12:24).

(3) 예루살렘이 여호와의 보좌가 됨

언약궤는 '여호와의 보좌'라는 의미로 사용되기도 하였습니다. '여호와의 보좌'는 하나님께서 앉으시는 자리로 하나님의 임재를 나타냅니다. 하나님께서는 언약궤(증거궤) 위 속죄소에 임재하시고(출 25:21-22), 그룹 사이에 좌정하십니다(왕하 19:15, 시 80:1). 사무엘하 6:2에서 "그 궤는 그룹들 사이에 좌정하신 만군의 여호와의 이름으로 이름하는 것이라"라고 말씀하고 있습니다.

또한 하나님께서는 언약궤를 그의 발등상으로 삼으십니다. 역대상 28:2에서 "여호와의 언약궤 곧 우리 하나님의 발등상"이라고 말씀하고 있습니다(시 99:5, 132:7, 애 2:1). 이 발등상은 하나님의 보좌와 연결됩니다. 이사야 66:1에서 "여호와께서 이같이 말씀하시되 하늘은 나의 보좌요 땅은 나의 발등상이니 너희가 나를 위하여 무슨 집을 지을꼬 나의 안식할 처소가 어디랴"라고 말씀하고 있습니다(행 7:49). 이 말씀은 하나님께서 전 우주를 초월하시는 분이심을 나타내는 말씀으로, 만왕의 왕이신 하나님께서 앉으시는 보좌와 두 발을 올려 놓으시는 발등상은 하나로 연결되는 이미지로 사용되고 있습니다. 그러므로 언약궤는 하나님의 보좌를 나타냅니다.

그런데 예레미야 3:17 상반절에서 "그때에 예루살렘이 여호와의 보좌라 일컬음이 되며"라고 말씀하고 있습니다. 여기에서 예루살렘 그 자체가 여호와의 보좌가 된다고 말씀하고 있습니다. 이는 15-16절의 언약궤가 필요 없는 시대에 대한 예언 뒤에 이어지는 말씀으로, 이제 제사(예배)의 중심은 더 이상 보이는 언약궤가 아니라는 것을 명백히 가르쳐 주고 있습니다.

메시아가 오심으로 예루살렘이 전 우주의 영적 중심지가 됩니다. 하나님 영광의 임재로 예루살렘이 가득 채워지기 때문입니다(사 4:5-6). 그곳은 하나님께서 '내가 나의 발 둘 곳'이라고 칭하게 될 것이요, 이방인들도 '여호와의 성읍이라, 이스라엘의 거룩한 자의 시온'이라고 부를 것입니다(사 60:13-14).

갈라디아서 4:22-31을 볼 때 사도 바울은 지상의 예루살렘과 하늘의 예루살렘에 대해서 설명하고 있습니다. 지상의 예루살렘은 육체를 따라났으며(23절上) 시내산에서 선포된 율법의 종이지만(24-25

절), 새 언약의 성취자이신 예수님을 머리로 하는 교회를 향해 '위에 있는 예루살렘은 곧 우리 어머니라'(26절), '너희는 이삭과 같이 약속의 자녀라'(28절), '유업을 얻을 자라'(30절), '자유하는 여자의 자녀니라'(31절)라고 선포하였습니다. 이 예루살렘은 '살아계신 하나님의 도성인 하늘의 새 예루살렘'입니다(히 12:22, 계 3:12, 21:2).

예레미야 3:17에서 "열방이 그리로 모이리니 곧 여호와의 이름으로 인하여 예루살렘에 모이고 다시는 그들의 악한 마음의 강퍅한 대로 행치 아니할 것이며"라고 말씀하고 있습니다. 예루살렘에 언약궤가 없을지라도 언약의 실체이신 예수 그리스도께서 오시기 때문에, 오히려 열방이 그 성전으로 모이되, '곧 여호와의 이름으로 인하여 예루살렘에' 모이게 되는 것입니다. 이는 종말적으로 새 예루살렘성이 하나님의 보좌가 되어 만국이 그리로 들어오게 됨을 보여줍니다(사 2:2-3). 요한계시록 21:24에서 "만국이 그 빛 가운데로 다니고 땅의 왕들이 자기 영광을 가지고 그리로 들어오리라"라고 하였고, 26절에서 "사람들이 만국의 영광과 존귀를 가지고 그리로 들어오겠고"라고 말씀하고 있습니다.

3. '만국의 보배'가 이를 성전

The Temple to Which the "Wealth of All Nations" Will Come

스룹바벨 성전은 솔로몬 성전의 위용에 비할 바가 되지 못했습니다. 그러나 학개 선지자는 이스라엘 백성의 눈에 보잘것없어 보이는 그 성전을 가리켜, "또한 만국을 진동시킬 것이며 만국의 보배가 이르리니 내가 영광으로 이 전에 충만케 하리라 만군의 여호와의 말이니라"라고 담대히 선포했습니다(학 2:7). '만군의 여호와'라는 말씀에는 '일월성신 하늘 위의 군중과 군대'를 하나님께서 직접 지휘하신다는 의미가 들어 있으며(수 5:14), 여호와 자신이 모든 싸움에 능하고 강하신 총사령관이심을 뜻합니다(출 15:3, 삼상 17:47, 대하 20:15-17, 잠 21:31, 롬 8:31, 37).

성막 시대, 곧 시내산 언약을 맺을 때에는 '온 산이 크게 진동'(출 19:18下)했다고 하였지만, 이제 스룹바벨 성전에 대해서는 '만국을 진동'시킬 것이라고 예언하였습니다. 그 이유는 그 성전에 만국의 보배가 이를 것이기 때문입니다.

(1) 만국의 보배이신 예수 그리스도

만국의 보배는 예수 그리스도를 가리킵니다. 예수 그리스도는 세계 만민을 충분히 만족하게 해주시는 가장 값진 보배이십니다(골 2:3).

예수님은 우리의 보배요(벧전 2:7), 보배로운 산 돌이십니다(벧전 2:4). 예수님은 우리를 구원하시기 위하여 보배로운 피를 흘려 주셨습니다(벧전 1:19). 하나님의 비밀인 예수 그리스도 안에는 지혜와 지식의 모든 보화가 감취어 있습니다(골 2:2-3). 만국을 진동시킬 만국의 보배는 예수 그리스도 자신인 것입니다.

① '더 큰 영광'이신 만국의 보배

학개 2:7을 볼 때 학개 선지자는 '만국의 보배가 이를 것'을 말씀한 다음에 "이 전(殿)의 나중 영광이 이전 영광보다 크리라 만군의 여호와의 말이니라 내가 이곳에 평강을 주리라 만군의 여호와의 말이니라"라고 선포했습니다(학 2:9).

'이전 영광'은 히브리어 '하리숀'(הָרִאשׁוֹן)이라는 한 단어로, '그 첫 번째의'라는 뜻입니다. 이는 솔로몬 성전의 영광을 가리키는데, 솔로몬 성전이 지어졌을 때도 하나님의 영광이 임하였습니다. 열왕기상 8:11에서 "제사장이 그 구름으로 인하여 능히 서서 섬기지 못하였으니 이는 여호와의 영광이 여호와의 전에 가득함이었더라"라고 말씀하고 있습니다.

또한, '나중'은 히브리어 '하아하론'(הָאַחֲרוֹן)으로, '그 종말의, 그 가장 마지막의'라는 뜻입니다(참고-사 44:6). 구속사적으로는, 성전의 진정한 실체이신 예수 그리스도를 통해 나타날 영광을 의미합니다. 따라서 나중 영광이 이전 영광보다 클 것은 자명합니다. 과거에 솔로몬 성전에는 언약궤가 있었으며, 그것은 하나님의 임재의 상징으로 존재하였습니다. 새롭게 지어진 스룹바벨 성전에는 언약궤가 없었지만, 훗날 언약궤의 실체가 되시는 예수님께서 직접 찾아오셨습니다. 실제로 요셉과 마리아가 아기 예수를 안고 성전에 들어갔을 때, 시므온 선지자가 아기 예수를 보고 "이는 만민 앞에 예비하신 것이요 32 이방을 비추는 빛이요 주의 백성 이스라엘의 영광이니이다"라고 고백하였습니다(눅 2:31-32).

더 나아가, 궁극적으로 예수님께서 재림하실 때의 영광은 과거의 그 어떤 영광보다도 가장 큰 영광이 될 것입니다(마 16:27, 빌 3:21). 요한계시록 21:11에서 "하나님의 영광이 있으매 그 성의 빛이 지극히 귀한 보석 같고 벽옥과 수정같이 맑더라"라고 하였고, 23절에서 "그 성은 해나 달의 비췸이 쓸데없으니 이는 하나님의 영광이 비취고 어린양이 그 등이 되심이라"라고 말씀하고 있습니다.

② '참평강'이신 만국의 보배

학개 2:9에서 "내가 이곳에 평강을 주리라"라고 말씀하고 있습니다. 여기 '평강'은 히브리어 '샬롬'(שָׁלוֹם)으로, '부족함이 전혀 없는 온전하고 충만한 상태'를 뜻하며, 완전하신 하나님으로부터 내려오는 평강과 만족을 의미합니다. 예수 그리스도께서는 평강의 근원이십니다(요 20:19, 21, 26). 이사야 9:6에서 예수님을 가리켜 "평강의 왕"이라고 말씀하고 있습니다. 요한복음 14:27에서 "평안을 너희에게 끼치노니 곧 나의 평안을 너희에게 주노라 내가 너희에게 주는 것은 세상이 주는 것 같지 아니하니라 너희는 마음에 근심도 말고 두려워하지도 말라"라고 말씀하고 있습니다. 그러므로 예수 그리스도의 이름으로 세워진 교회는 그 누구도 빼앗아갈 수 없는 참 평강을 누릴 수 있습니다.

(2) 만국의 보배들인 하나님의 백성

학개 2:7의 '만국의 보배가 이르리니'에서 '보배'는 '기쁨, 아름다움, 보배'라는 뜻의 히브리어 '헴다'(חֶמְדָּה)가 단수형으로 사용되어, 우리의 가장 큰 보배가 되시는 예수 그리스도를 나타내고 있습니다. 그런데 '이르리니'는 '오다, 거하다'라는 뜻의 히브리어 '보'(בּוֹא)의 3인칭 복수형 어미를 취하고 있습니다. 이러한 표현은 만국의 보배이신 예수님께서 오시는 것이 삼위일체 하나님의 구속 역사임을 보여줍니다(참고-마 3:16-17, 요 1:1, 14).

이사야 62:4에서 "다시는 너를 버리운 자라 칭하지 아니하며 다시는 네 땅을 황무지라 칭하지 아니하고 오직 너를 헵시바라 하며 네 땅을 뿔라라 하리니 이는 여호와께서 너를 기뻐하실 것이며 네 땅이 결혼한 바가 될 것임이라"라고 말씀하고 있습니다. 여기 '헵시바(하나님의 기쁨이 그녀에게 있다)', '뿔라(나와 결혼한 자)'는 만국의 보배이신 예수님과 함께 영광스러운 통치에 동참할 만국의 보배들입니다. 신명기 26:18-19에서 “오늘날 너를 자기의 보배로운 백성으로 인정하시고… [19] 여호와께서 너의 칭찬과 명예와 영광으로 그 지으신 모든 민족 위에 뛰어나게 하시고 그 말씀하신 대로 너로 네 하나님 여호와의 성민이 되게 하시리라”라고 말씀하고 있습니다.

하나님과 언약을 맺은 이스라엘 백성은 하나님께서 열국 가운데서 특별히 구별하여 소중하게 아끼는 자기 백성, 가장 값진 소유물입니다. 예레미야애가 4:2에서 “시온의 아들들이 보배로와 정금에 비할러니”라고 하였고, 이사야 43:4에서는 “내가 너를 보배롭고 존귀하게 여기고 너를 사랑하였은즉 내가 사람들을 주어 너를 바꾸며 백성들로 네 생명을 대신하리니”라고 말씀하고 있습니다. 예수님 당시에 예수님을 따랐던 제자들과 믿는 자들 역시, 예수님과 함께하는 만국의 보배들이었던 것입니다. 이사야 33:6에서 “너의 시대에 평안함이 있으며 구원과 지혜와 지식이 풍성할 것이니 여호와를 경외함이 너의 보배니라”라고 말씀하고 있습니다. 만국의 보배들인 성도는 ‘존귀한 자’(시 16:3)요, ‘영화와 존귀로 관을 쓴 자’(시 8:5)입니다. 성도는 질그릇처럼 천하고 보잘것없는 존재이지만, 최고의 보화이신 예수님을 믿고 그분을 모셨으므로 하나님께서 가장 소중히 여기시는 보배입니다(고후 4:7).

(3) 만국의 진동

만국의 보배가 이를 때 만국은 진동하게 됩니다. 학개 2:6-7에서 “나 만군의 여호와가 말하노라 조금 있으면 내가 하늘과 땅과 바다와 육지를 진동시킬 것이요 [7] 또한 만국을 진동시킬 것이며 만국의 보배가 이르리니”라고 말씀하고 있습니다.

모세 시대에 하나님께서 옛 언약을 체결하실 때, 시내산이 진동하였습니다. 출애굽기 19:18에서 "시내산에 연기가 자욱하니 여호와께서 불 가운데서 거기 강림하심이라 그 연기가 옹기점 연기같이 떠오르고 온 산이 크게 진동하며"라고 말씀하고 있습니다. 새 언약의 중보이신 예수님께서 오셨을 때도 온 예루살렘이 진동하였습니다. 마태복음 2:3에서 "헤롯왕과 온 예루살렘이 듣고 소동한지라"라고 말씀하고 있습니다.

장차 주님께서 다시 오실 때 천지가 진동할 것입니다. 히브리서 12:26에서 "그때에는 그 소리가 땅을 진동하였거니와 이제는 약속하여 가라사대 내가 또 한 번 땅만 아니라 하늘도 진동하리라 하셨느니라"라고 말씀하고 있습니다. 또한, 베드로후서 3:10에서 "그러나 주의 날이 도적같이 오리니 그날에는 하늘이 큰 소리로 떠나가고 체질이 뜨거운 불에 풀어지고 땅과 그중에 있는 모든 일이 드러나리로다"라고 말씀하고 있습니다(참고-사 34:4, 계 6:12-14). 결국 학개 2:6-7의 말씀은 궁극적으로 재림 때에 이루어질 예언입니다. 주님께서 재림 하실 때 모든 것이 다 진동할 것이지만, 진동치 못할 나라 곧 하나님의 나라를 유업으로 받은 만국의 보배들은 영원히 진동하지 않을 것입니다(히 12:27-29).

결언 | 오로지 메시아를 대망하게 하는 성전

Concluding Remarks: The Temple That Invokes Great Yearning for the Messiah

스룹바벨 성전은 장막 성전, 솔로몬 성전 후에 하나님의 명령으로 이 땅에 건축된 마지막 성전이었습니다. 하나님께서 이방 왕 고레스와 학개와 스가랴 선지자를 통해 스룹바벨과 여호수아, 귀환자들을 감동시켜 건축하게 하신 성전이었습니다(스 1:1-2, 5:1, 6:14, 학 1:12-15, 슥 4:6-10, 8:9). 이로써 구속사 속에서 하나님의 택하신 선민의 역사가 중단 없이 지속된다는 것을 확증시켜 주시고, 하나님의 언약대로 머지않아 도래할 메시아 시대를 믿음으로 대망하도록 섭리하셨습니다. 스룹바벨 성전은 모세에게 장막 성전 건축을 명령하실 때처럼 완벽한 설계도가 주어지지 않았고, 건축 과정도 성경에 자세히 기록되지 않았으나, 그것은 오직 오실 메시아만을 주목하게 하시는 하나님의 구속 섭리였습니다. 하나님께서 건축을 명령하신 성전 중에 마지막으로 지어진 스룹바벨 성전은, 하나님의 구속 계시를 가장 밝히 보여주고 있습니다. 세상에 곧 오실 메시아를 맞이하기 위해 특별히 준비된 스룹바벨 성전처럼, 재림하시는 주님을 맞이하기 위해 우리도 성령이 거하시는 거룩한 성전이 되어야 할 것입니다(고전 3:9, 16, 6:19, 고후 6:16).

재림을 준비하는 성도는 새 언약의 약속을 가슴깊이 간직하고 그 성취를 바라보며 살아야 합니다. 이스라엘 백성은 하나님과의 언약을 배반한 결과로, 약속의 땅에서 쫓겨나 바벨론에 사로잡혀 갔습니다. 이때 하나님께서는 선지자 예레미야와 에스겔을 통하여 옛 언약(율법)과는 다른 새 언약을 선포하셨습니다(렘 31:31-34, 겔 36:24-38).

'새 언약'(בְּרִית חֲדָשָׁה, '베리트 하다샤')이란, 전에는 한 번도 접해 보지 못했던 전혀 새로운 언약을 의미합니다. 나라가 망하고 이방으로 쫓겨나는 암울했던 격변의 시기에, 선지자들을 통해 선포하신 새 언약은 너무나 파격적인 축복의 말씀이었고 소망의 메시지였습니다. 옛 언약을 새 언약으로 바꾸어 모든 것을 개혁한다는 것은 불가능에 가까운 일이었으므로, 예레미야 선지자는 새 언약을 선포하면서, 각 구절마다 "나 여호와가 말하노라"(נְאֻם־יְהוָה, '네움 예호바 아도나이')라는 말씀을 빼놓지 않았습니다(렘 31:31-34). 이는 새 언약이 하나님의 절대적인 뜻이며, 새 언약의 선포는 구속사에서 중차대한 분기점이라는 것을 확증시켜 주신 것입니다. 새 언약의 약속은 다음과 같습니다.

첫째, 완전한 죄 사함의 약속입니다.

하나님께서는 새 언약이 절실했던 이유를, "내가 그들의 남편이 되었어도 그들이 내 언약을 파하였음이니라"라고 말씀하셨습니다(렘 31:32下). 이스라엘은 마치 본남편을 버리고 다른 남자를 찾아간 음탕한 여인 고멜과 같이(호 1:2-3, 3:1-3), 하나님을 버리고 우상숭배에 열을 올렸습니다. 하나님께서는 언약을 파기해 버린 이스라엘 족속에게 "마치 아내가 그 남편을 속이고 떠남같이 너희가 정녕히 나를 속였느니라"라고 탄식하셨습니다(렘 3:20).

새 언약은 이스라엘의 고집과 불신에도 불구하고 하나님의 완전한 죄 사함을 바탕으로 이루어졌습니다(렘 31:34). '하나님께서 죄를 기억하지 않으시겠다'는 것으로, 주 예수 그리스도의 십자가 보혈로 말미암은 새 언약을 가리킵니다(마 26:27-29, 막 14:24-25, 눅 22:20, 고전 11:25, 히 8:8-13). 예수님께서는 성만찬의 자리에서 "이 잔은 내 피로 세우는 새 언약이니 곧 너희를 위하여 붓는 것이라"라고 말씀하셨습니다(눅 22:20). 예수 그리스도의 새 언약은 혈통적 이스라엘이 아니라 영적 이스라엘, 곧 예수 그리스도를 주로 고백하는 모든 사람에게 해당하는 영원한 약속입니다(롬 2:28-29, 갈 3:7, 29). 과연 예수님께서는 자기 백성을 구원하시기 위해 몸소 율법의 저주를 받아 자기 몸을 드리심으로, 자기 백성의 죗값을 단번에 치르시고 우리를 속량하셨습니다(갈 3:13). 예수 그리스도의 살과 피로 세우신 새 언약을 통해 인류의 죄 문제가 단번에 해결된 것입니다(롬 6:10, 히 7:27, 9:12, 26, 10:2, 10, 벧전 3:18-19).

새 언약이 가져오는 가장 중요한 결과는 죄 사함으로 말미암는 자유입니다. 아무리 작은 죄라도 죄를 범하는 순간부터 그 죄의 종이 되어 무서운 죄의 구속(拘束)을 받게 됩니다. 죄는 참자유를 도적질해 가는 강도입니다. 죄가 그 죄 지은 자를 포로 삼아 꼼짝 못하게 옭아매어 끌고 다닙니다. 그 일생이 두려움과 슬픔과 수치와 불안으로 얼룩지게 만들고, 결국은 죄의 값으로 죽음에 이르게 됩니다(욥 4:7, 겔 18:4, 롬 5:12, 6:23, 엡 2:5, 약 1:15). 주님의 제자였던 가룟 유다는 죄에 속고, 속으면서 끌려 다니다가 그 죄 가운데 갇혀서 회개할 기회를 붙잡지 못하고, 마침내 배가 터져 창자가 다 흘러나와 비참하게 죽고 말았습니다(행 1:17-18). 육신의 생각은 우리를 하나님과 원수가 되게 하여 하나님의 일을 못하게 방해하고, 죽음에 이르게 합니다(롬 8:5-8).

그래서 사도 바울은 "그리스도께서 우리로 자유케 하려고 자유를 주셨으니 그러므로 굳세게 서서 다시는 종의 멍에를 메지 말라"라고 경고했습니다(갈 5:1). 예수 그리스도의 새 언약 아래 있는 자는 더 이상 죄의 종이 아니라 '자유자의 자녀'입니다(갈 4:24-31). 말씀 안에 있는 이 자유를 가진 자는 철창 감옥에 갇히어도 자유함이 있습니다. 그 사람 속에는 영원한 자유, 우주적인 자유, 진리의 자유가 충만하기 때문입니다(요 8:32, 롬 5:1, 21).

둘째, 작은 자로부터 큰 자까지 다 하나님을 알게 된다는 약속입니다.

예레미야 31:34에서 "그들이 다시는 각기 이웃과 형제를 가리켜 이르기를 너는 여호와를 알라 하지 아니하리니 이는 작은 자로부터 큰 자까지 다 나를 앎이니라 내가 그들의 죄악을 사하고 다시는 그 죄를 기억지 아니하리라 여호와의 말이니라"라고 말씀하고 있습니다. 장차 보혜사 성령, 진리의 성령이 오셔서, 사람의 가르침을 받지 않아도 하나님을 알도록 역사하신다는 것입니다(요 14:26, 15:26, 16:13).

'새 영의 역사로 이스라엘의 회복이 이루어진다는 약속'은, 예레미야와 동시대의 사역자였던 에스겔 선지자를 통해서도 선포되었습니다(겔 11:19-20). 에스겔 36:26-27에서 "또 새 영을 너희 속에 두고 새 마음을 너희에게 주되 너희 육신에서 굳은 마음을 제하고 부드러운 마음을 줄 것이며 [27] 또 내 신을 너희 속에 두어 너희로 내 율례를 행하게 하리니 너희가 내 규례를 지켜 행할찌라"라고 말씀하고 있습니다. 하나님께서 주시는 '새 영'을 받은 마음은 돌같이 굳은 마음이 아니고, 생명체의 살같이 부드러운 마음, 생명이 있는 마음입니다. 이 성령을 하나님의 백성에게 부어 주신다고 구약성경에 예언되어 있습니다(사 44:3, 59:21, 겔 11:19-20, 36:26-27, 욜 2:28-29). 성령은 성도의 구원의 보증이 되시고(고후 1:22, 5:5), 부활의 보증이 되십니다(롬 8:11, 고전 15:44).

셋째, **말씀을 마음속에 새겨주신다는 약속입니다.**

하나님께서는 시내산 언약을 체결할 때는 십계명을 돌비에 기록해 주셨지만(출 31:18), 새 언약에서는 "내가 나의 법을 그들의 속에 두며 그 마음에 기록하여 나는 그들의 하나님이 되고 그들은 내 백성이 될 것이라"라고 말씀하셨습니다(렘 31:33). 여기 '그들의 속에'에서 '속'은 '심장, 내부, 중심'이라는 뜻의 히브리어 '케레브'(קֶרֶב)이며, 사람의 인격을 나타냅니다(참고-창 18:12, 시 64:6). 그리고 '마음'은 '마음, 속사람'이라는 뜻의 히브리어 '레브'(לֵב)로, 영혼과 생명이 있는 곳(시 73:21, 84:5, 102:4), 감각·정·감정이 있는 곳(시 104:15, 109:16, 잠 5:12), 생각과 행동이 시작되는 곳(왕상 9:4, 느 9:8), 지능과 지혜가 있는 곳이며(신 29:4, 사 6:10, 렘 23:16), 사람이 의지를 가지고 뜻을 결단하는 곳입니다(삼상 14:7, 렘 3:10, 29:13).

사람의 마음속에 하나님의 말씀을 기록한다는 것(고후 3:1-3)은, 인간의 행동을 강제로 규제하는 것이 아니라, 죄로 물든 인간의 완악한 심령을 변화시켜 자발적으로 하나님을 사랑하고 하나님의 말씀에 순종하는 마음을 불러일으킨다는 것입니다. 하나님의 말씀이 사람의 마음에 있으면 그 말씀이 죄를 짓지 못하게 하며, 또 하나님께 순종할 수 있도록 도와주십니다(신 11:18, 시 40:8, 119:11, 133, 요일 3:9).

하나님께서 십계명을 두 돌판에 새겨주신 것은 우리 마음에 말씀을 새겨주시는 것과 같습니다. 십계명이 기록된 '판'은 히브리어 '루아흐'(לוּחַ)로, 문자적으로는 돌이나 나무나 금속의 판을 의미합니다. 그런데 이 돌판은 인간의 마음을 나타내기도 합니다. 잠언 7:3에서 하나님의 말씀을 마음 판에 새기라고 할 때 마음 '판'에도 '루아흐'를 사용했습니다(잠 3:3).

하나님께서는 하나님의 말씀이 인간의 마음에 새겨지기를 원하십니다(렘 31:33, 히 8:10, 10:16). 글을 판에 기록하는 것은 보고 읽기 위한 것입니다. 마음 판에 새겨진 하나님의 말씀은 성도의 순종과 아름다운 삶을 통해서 이웃에게 읽혀야 합니다. 사도 바울도 "너희가 우리의 편지라 우리 마음에 썼고 뭇사람이 알고 읽는 바라 3 너희는 우리로 말미암아 나타난 그리스도의 편지니 이는 먹으로 쓴 것이 아니요 오직 살아계신 하나님의 영으로 한 것이며 또 돌비에 쓴 것이 아니요 오직 육의 심비에 한 것이라"라고 권면했습니다(고후 3:2-3).

타락한 인간의 마음은 너무나 단단하게 굳어서, 하나님의 손가락 외에 그 어떤 것으로도 하나님의 말씀을 새길 방법이 없습니다. 십계명은 두 돌판에 하나님께서 '친히'(출 31:18), '친수로'(신 9:10) 쓰신 것입니다. 이들을 원어로 볼 때 '에츠바 엘로힘'(אֶצְבַּע אֱלֹהִים)이며, '하나님의 손가락'이라는 뜻입니다. 이 표현은 구약성경에서 세 번 사용되었는데 모두 하나님의 권능을 의미합니다(출 8:19, 31:18, 신 9:10, 참고-시 8:3). 특히 출애굽기 8:19을 볼 때, '이' 재앙을 목격한 애굽의 술객들이 외쳤던 "이는 하나님의 권능이니이다"라는 고백은 히브리어 '에츠바 엘로힘 히'(אֶצְבַּע אֱלֹהִים הִוא)로, 직역하면 '이는 하나님의 손가락이다'라는 뜻입니다. 세 번째 재앙부터는 애굽의 술객들이 하나님의 이적을 따라하지 못했습니다. 예수님께서 이 땅에 오셨을 때도 권능의 손가락으로 귀먹고 어눌한 자를 고치셨습니다(막 7:32-35). 또한, 서기관들과 바리새인들이 간음하다가 잡힌 여자를 끌고 왔을 때, 예수님은 그 앞에서 몸을 굽혀 권능의 손가락으로 땅에 글을 두 번이나 쓰셨습니다(요 8:6-8).

우리의 마음 판에 하나님의 말씀을 새기기 위해서는 먼저 우리가 마음 판을 깎아내는 회개가 있어야 합니다. 하나님께서 모세에게 말씀하신 '깎아 만들라'(출 34:1)는 '새기다, 채석하다, 자르다'라는 뜻의 히브리어 '파살'(פָּסַל)의 명령형입니다. 모세가 황량한 시내 광야에서 돌을 떠내어 세밀하게 자르고 다듬어서 두 돌판을 만든 것은 힘들고 고단한 작업이었을 것입니다.

우리 마음 판을 다시 깎는 회개도 결코 쉬운 일이 아닙니다. 우리의 가장 큰 원수는 날마다 죄를 짓고 회개하지 않는 바로 나 자신입니다(참고-고전 9:27, 15:31). 양날이 날카롭게 선 말씀의 검으로 마음 속 부패한 곳마다 도려내고(히 4:12), 말씀의 불로 숨어 있는 허물까지도 전부 태워버려야 합니다(시 19:12). 무엇보다 거짓 없는 진실한 믿음과 선한 양심으로 하나님 앞에 서기를 힘써야 합니다(딤전 1:5).

하나님께서는 율법을 통해 죄의 본성을 깊이 깨닫게 하시고(롬 3:19-20, 7:7), 전적 타락으로 인한 절망 속에서 메시아를 소망하게 하셨습니다(갈 3:19, 참고-롬 4:15, 5:13, 20). 하나님께서 모세가 깎아서 준비한 판에 말씀을 새겨주셨듯이, 율법으로 죄를 깨달은 그 마음 판에 오직 예수 그리스도만이 하나님의 말씀을 영원히 새겨주십니다(슥 3:9). 예수 그리스도께서 새겨주시는, 하나님의 살아 역사하시는 말씀만이 우리를 변화시켜 영원한 천국으로 인도하십니다(고전 15:51-54).

제 3 장

예루살렘 성벽 재건

Rebuilding the Wall of Jerusalem

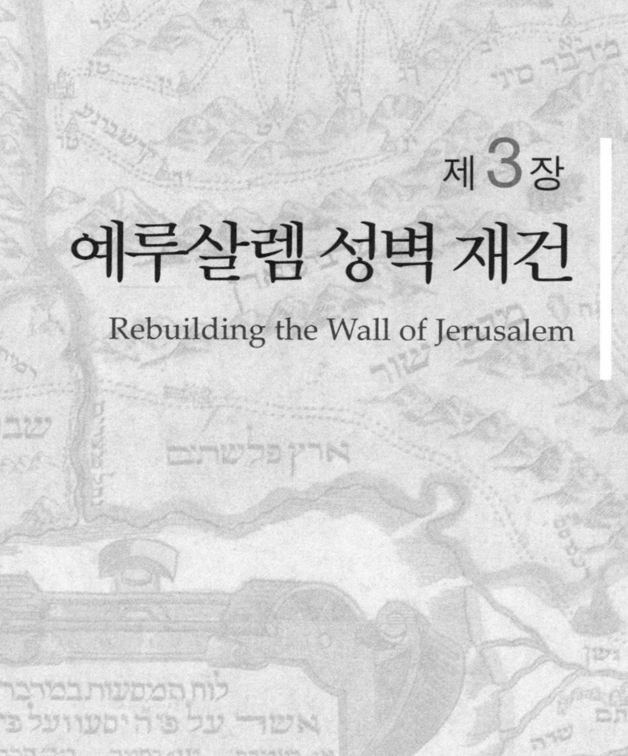

예루살렘 성벽 재건

REBUILDING THE WALL OF JERUSALEM

바벨론에 포로로 끌려갔던 이스라엘 백성은 주전 537년에 바벨론에서 제1차로 귀환하여, 주전 516년에 스룹바벨 성전을 완성하였습니다. 이어 주전 458년에 제2차로 귀환하여 학사 에스라를 통해 언약 백성의 신앙을 회복하였고, 주전 444년에 제3차로 귀환하게 됩니다. 제3차 귀환의 지도자는 느헤미야였습니다. '느헤미야'는 히브리어 '네헴야'(נְחֶמְיָה)로, '여호와께서 위로하신다'라는 뜻입니다.

제3차 귀환의 가장 큰 목적은 예루살렘 성벽을 재건하는 것이었습니다. 성벽을 재건하는 것은 대적들의 공격을 차단하고 나라로서의 안보 태세를 갖추는 중대한 일이었습니다. 또한, 성벽은 구속사의 주역인 선민 이스라엘 백성을 세상과 구별하는 울타리요, 그들을 호위하시는 하나님의 절대 보호의 표지였습니다. 성벽 재건의 모든 과정은 오늘날 성도가 죄악된 세상으로부터 자신을 지키며, 나아가 하나님의 뜻대로 세상과 구별된 삶을 살기 위하여 영적인 성벽을 어떻게 세워야 하는지를 보여줍니다.

본 장에서는 성벽 재건과 관련하여 「구속사 시리즈」 제5권 <영원한 언약의 약속>에서 미처 다루지 못했던 주제들을 중심으로 살펴보도록 하겠습니다.

I
성벽 재건의 시작
THE BEGINNING OF REBUILDING THE WALL

스룹바벨 성전이 주전 516년에 완성되었지만, 예루살렘 성벽의 대부분은 여전히 무너진 상태로 있었습니다. 귀환자들은 끊임없이 예루살렘 성벽을 재건하려고 했지만, 주변의 대적들은 직간접적으로 성벽 재건 공사를 중단시키려 했습니다. 에스라 4:6을 볼 때, 사마리아인들은 아하수에로왕 즉위년인 주전 486년에 글을 올려 유다와 예루살렘 거민을 고소하였으며, 7-23절을 볼 때 유브라데 서편에 거하던 사마리아인과 이방인들이 아닥사스다왕의 통치 시기(주전 464-423년)에 적극적으로 성벽 재건 공사 중단을 요청하였습니다. 이로 보아, 귀환자들은 스룹바벨 성전 재건 후에 성벽을 재건하기 위해 계속 노력하였으나 대적들의 방해로 매번 중단되고 말았던 것입니다.

느헤미야서는 예루살렘 성벽 재건이 또다시 실패하였다는 안타까운 소식으로 시작됩니다. 느헤미야 1:2-3을 볼 때, 하나니는 느헤미야에게 예루살렘에 대해서 "사로잡힘을 면하고 남은 자가 그 도에서 큰 환난을 만나고 능욕을 받으며 예루살렘성은 훼파되고 성문들은 소화되었다"라고 전했습니다. 여기 '훼파되고'는 히브리어 '파라츠'(פָּרַץ)의 푸알(수동강조) 분사형으로, '파괴된 채로 버려져 있다'라는 의미입니다. 또한, '소화되었다'는 히브리어로 두 단어인데, '태워져버렸다'는 뜻의 '야차트'(יָצַת)의 니팔(수동)형과 '불'을 의미하는 '에쉬'(אֵשׁ)를 함께 사용하여, 예루살렘의 성문이 처참하게 불타버린 상황을 묘사하고 있습니다. 성벽과 성문에 대한 하나니의 보고는 주전 444년 당시 예루살렘의 근황에 대한 것입니다. 스룹바벨 성전 공사를 마친 후에 성벽과 성문 공사를 계속 시도하였지만, 대적들의 방해로 번번이 중단되었습니다. 그리고 제3차 바벨론 포로 귀환 직전에 부분적으로나마 세워졌던 성벽이 파괴되고 성문이 불태워지자, 하나니가 그 소식을 전하기 위해 느헤미야를 찾아간 것입니다.

느헤미야 3장의 성벽 재건 기사를 볼 때, 수문·마문·동문·함밉갓문은 이미 세워져 있었고(느 3:26-31), 성벽 구역 구분의 기점이 되는 일부 건물들이 존재했습니다. 따라서 느헤미야가 예루살렘에 귀환하기 전에도 성벽 재건 시도가 계속되었으며, 일부 성문과 거리가 재건되었음을 알 수 있습니다. 주전 458년 제2차 바벨론 포로 귀환 시 성전 제사 회복에 필요한 많은 재물을 예루살렘으로 가지고 와서(스 7:15-24, 8:25-30), 그것들을 안전하게 지키고 성전을 보호할 수 있도록 성벽을 재건하는 작업을 다시 진행하였지만(참고-단 9:25), 여의치 않았던 것으로 보입니다. 주전 516년에 스룹바벨 성전이 완공된 이래, 주전 444년에 성벽 재건이 마쳐지기까지 무려 72년 동안, 성전과 이스라엘 백성을 보호해 줄 성벽이 제대로 갖추어지지 않은 채로 있었던 것입니다.

본격적인 성벽 재건 공사는 '하나니'라는 사람이 유다에서 느헤미야에게 찾아와 예루살렘의 형편을 보고하면서 시작되었습니다.

1. 하나니의 보고

Hanani's Report

아닥사스다왕 제20년(주전 444년) 기슬르(9월), 당시 느헤미야는 바사의 수산 궁에 있었습니다(느 1:1). 그때 느헤미야의 형제 중 하나인 '하나니'와 함께 두어 사람이 유다로부터 찾아왔고, 느헤미야는 예루살렘의 형편을 물었습니다. 느헤미야 1:2에서 "나의 한 형제 중 하나니가 두어 사람과 함께 유다에서 이르렀기로 내가 그 사로잡힘을 면하고 남아 있는 유다 사람과 예루살렘 형편을 물은즉"이라고 하였고, 느헤미야 7:2에서는 "내 아우 하나니"라고 하고 있습니다. 참고로, '하나니'(חֲנָנִי)는 히브리어로 '은혜로운'이라는 뜻입니다.

첫째, 하나니는 행동하는 믿음을 소유하였습니다.

하나니는 나라의 위기를 해결하기 위해 유다에서 약 1,600km나 되는 머나먼 바사의 수산 궁까지 느헤미야를 찾아왔습니다. 무너진 성벽이 방치된 채로 있을 때 아무도 그 문제를 해결하려고 나서지 않았는데, 하나니는 행동하는 믿음으로 나라의 오랜 과제를 해결하려고 했던 것입니다.

둘째, 하나니는 하나님을 경외하는 믿음을 소유하였습니다.

느헤미야는 하나니를 통해 예루살렘의 형편을 듣고 금식하며 기도했습니다. 느헤미야 1:11에서 "주여 구하오니 귀를 기울이사 종의 기도와 주의 이름을 경외하기를 기뻐하는 종들의 기도를 들으시고 오늘날 종으로 형통하여 이 사람 앞에서 은혜를 입게 하옵소서 하였나니 그때에 내가 왕의 술 관원이 되었었느니라"라고 말씀하고 있습니다. 여기 '주의 이름을 경외하기를 기뻐하는 종들'은 '하나니와 그와 함께 온 사람들'을 가리킵니다. 이들은 느헤미야가 인정할 정도로 하나님의 이름을 경외하는 자들이었습니다.

2. 느헤미야의 금식 기도
Nehemiah's Fasting Prayer

느헤미야가 하나니에게 예루살렘의 형편을 묻자, 하나니는 "그 도에서 큰 환난을 만나고 능욕을 받으며 예루살렘성은 훼파되고 성문들은 소화되었다"라고 대답하였습니다(느 1:3). 이 보고를 듣고 느헤미야는 주저앉아 울었고, 수일 동안 슬픔에 잠겨 하나님께 금식하면서 기도하였습니다(느 1:4).

느헤미야의 기도의 특징은 무엇입니까?

첫째, 회개하는 기도였습니다.

느헤미야는 이스라엘 백성의 죄를 대신 회개하면서 기도하였습니다. 더 나아가, 느헤미야 자신도 하나님께 범죄하였음을 고백하였습니다.

느헤미야 1:6-7 "이제 종이 주의 종 이스라엘 자손을 위하여 주야로 기도하오며 이스라엘 자손의 주 앞에 범죄함을 자복하오니 주는 귀를 기울이시며 눈을 여시사 종의 기도를 들으시옵소서 나와 나의 아비 집이 범죄하여 [7] 주를 향하여 심히 악을 행하여 주의 종 모세에게 주께서 명하신 계명과 율례와 규례를 지키지 아니하였나이다"

성도가 악한 길에서 떠나 자신의 허물을 자복하며 회개할 때, 하나님께서는 반드시 그 기도를 들으시고 모든 죄를 용서해 주십니다.

역대하 7:14 "내 이름으로 일컫는 내 백성이 그 악한 길에서 떠나 스스로 겸비하고 기도하여 내 얼굴을 구하면 내가 하늘에서 듣고 그 죄를 사하고 그 땅을 고칠찌라"

시편 32:5 "내가 이르기를 내 허물을 여호와께 자복하리라 하고 주께 내 죄를 아뢰고 내 죄악을 숨기지 아니하였더니 곧 주께서 내 죄의 악을 사하셨나이다(셀라)"

둘째, 말씀에 근거한 기도였습니다.

느헤미야는 "옛적에 주께서 주의 종 모세에게 명하여 가라사대 만일 너희가 범죄하면 내가 너희를 열국 중에 흩을 것이요 [9] 만일 내게로 돌아와서 내 계명을 지켜 행하면 너희 쫓긴 자가 하늘 끝에 있을찌라도 내가 거기서부터 모아 내 이름을 두려고 택한 곳에 돌아오게 하리라 하신 말씀을 이제 청컨대 기억하옵소서"라고 기도하였습니다(느 1:8-9). 느헤미야는 약 1,000년 전에 모세를 통해서 주신 신명기 30:1-4 말씀에 근거해서, 그 말씀을 기억해달라고 기도한 것입니다. 이스라엘 백성이 불순종하여 다른 나라로 쫓겨났다 할지라도, 회개하고 하나님께로 돌아와 말씀에 순종하면 반드시 포로에서 돌아오게 하신다는 약속의 말씀입니다(참고-왕상 8:46-50, 대하 6:36-39).

신명기 30:1-4 "내가 네게 진술한 모든 복과 저주가 네게 임하므로 네가 네 하나님 여호와께 쫓겨간 모든 나라 가운데서 이 일이 마음에서 기억이 나거든 [2] 너와 네 자손이 네 하나님 여호와께로 돌아와 내가 오늘날 네게 명한 것을 온전히 따라서 마음을 다하고 성품을 다하여 여호와의 말씀을 순종하면 [3] 네 하나님 여호와께서 마음을 돌이키시고 너를 긍휼히 여기사 네 포로를 돌리시되 네 하나님 여호와께서 너를 흩으신 그 모든 백성 중에서 너를 모으시리니 [4] 너의 쫓겨간 자들이 하늘 가에 있을찌라도 네 하나님 여호와께서 거기서 너를 모으실 것이며 거기서부터 너를 이끄실 것이라"

셋째, 하나님의 은혜를 구하는 구체적인 기도였습니다.

당시 예루살렘 성벽을 재건할 수 있도록 도와줄 수 있는 사람은 아닥사스다왕이었습니다. 그래서 느헤미야는 아닥사스다왕에게 은혜를 입게 해달라고 하나님께 기도했습니다. 느헤미야 1:11에서 "주여 구하오니 귀를 기울이사 종의 기도와 주의 이름을 경외하기를 기뻐하는 종들의 기도를 들으시고 오늘날 종으로 형통하여 이 사람 앞에서 은혜를 입게 하옵소서 하였나니 그때에 내가 왕의 술 관원이 되었었느니라"라고 말씀하고 있습니다. 여기 '이 사람'에서 '이'는 히브리어 '하제'(הַזֶּה)로, 지시대명사 '제'(זֶה)와 정관사 '하'(הַ)가 함께 사용되어 '바로 이 사람'이라는 뜻입니다. 이 아닥사스다왕은 '롱기마누스'(Longimanus)라고 불리며, 주전 464-423년에 바사를 통치하였습니다.

아닥사스다왕은 이전에 이스라엘 백성의 대적들의 고소를 듣고 예루살렘 성벽 공사를 중단시킨 적이 있었습니다(스 4:7-23). 그런데 그런 아닥사스다왕에게 성벽 재건을 다시 허락받아야 했기 때문에, 느헤미야는 하나님께서 아닥사스다왕의 마음을 움직여달라고 구체적으로 기도하였던 것입니다. 기도는 정확한 목표를 가지고 구체적으로 구할 때 응답이 확실합니다.

3. 느헤미야의 기도에 대한 하나님의 응답과 그 교훈

The Lessons from God's Answer to Nehemiah's Prayer

느헤미야의 진실한 회개와 말씀에 근거한 구체적인 기도에 하나님께서 응답해 주셨습니다. 느헤미야가 기도한 지 4개월이 지난 어느 날 아닥사스다왕에게 술을 드리게 되었을 때(느 2:1), 놀랍게도 왕이 먼저 느헤미야의 얼굴을 살피고 무슨 근심이 있는지 물어보았던 것입니다. 느헤미야 2:2에서 “왕이 내게 이르시되 네가 병이 없거늘 어찌하여 얼굴에 수색이 있느냐 이는 필연 네 마음에 근심이 있음이로다”라고 말씀하고 있습니다. 이에 느헤미야는 ‘예루살렘 성읍이 황무하고 성문이 소화되었다’는 소식을 전했고, 왕은 적극적으로 “네가 무엇을 원하느냐”라고 물었습니다(느 2:3-4上).

느헤미야가 하나님께 묵도하고, 자신을 예루살렘에 보내어 성을 중건하게 해달라고 왕에게 간청하자, 왕은 기한을 정해서 다녀올 수 있도록 허락하였습니다(느 2:4下-6). 또한, 아닥사스다왕은 느헤미야의 요청대로 강 서편 총독들에게 조서를 내려 느헤미야 일행이 유다까지 무사히 통과할 수 있게 했고, 삼림 감독 아삽에게 조서를 내려 공사에 필요한 들보 재목을 주게 하였으며, 군대 장관과 마병까지도 주어서 느헤미야를 지키도록 조처하였습니다(느 2:7-9). 이러한 일련의 과정은 우리에게 소중한 교훈을 줍니다.

첫째, 느헤미야는 때를 기다리며 계속하여 기도하였습니다.

느헤미야는 4개월 정도 기도하였습니다. 느헤미야가 성벽 훼파 소식을 들은 것은 아닥사스다왕 제20년 기슬르(9월)였습니다(느 1:1). 그리고 그가 아닥사스다왕을 만나서 예루살렘에 보내

주도록 요청한 것은 아닥사스다왕 제20년 니산(1월)이었습니다(느 2:1). 아닥사스다왕 제20년에, 기슬르(9월)가 먼저 나오고 다음에 니산(1월)이 나오는 것을 볼 때, 느헤미야서는 티쉬리 기준 방식(7월 1일부터 다음 해 6월 말까지를 1년으로 계산)으로 연대가 기록된 것을 알 수 있습니다.

당시 느헤미야는 수산 궁에서 일하는 술 맡은 관원이었습니다(느 1:1, 11). 수산 궁은 왕이 겨울을 보내는 별궁이었습니다. 근동의 겨울은 서양력 11월경부터 시작되어 2-3월까지 이어집니다. 유대력으로는 기슬르(유대력 9월, 서양력 11-12월에 해당)부터 니산(유대력 1월, 서양력 3-4월에 해당)에 해당합니다(참고-막 14:54, 요 18:18, 25). 그러므로 느헤미야는 기슬르(9월)에 성벽 훼파 소식을 들은 후, 아닥사스다왕이 겨울 왕궁을 떠나 다른 궁으로 돌아가기 전에 약 4개월 동안 계속하여 기도했던 것입니다.

둘째, 기도 응답에는 하나님이 정하신 기한이 있습니다.

아닥사스다왕이 느헤미야에게 예루살렘에 다녀올 기한을 묻자, 느헤미야는 기한을 정하여 왕에게 아뢰었습니다(느 2:6). 느헤미야가 예루살렘에 도착한 날짜에는 구속사적으로 중요한 의미가 있습니다. 아닥사스다왕에게 예루살렘에 돌아갈 것을 허락받은 것은 니산(1월)이었지만, 실제로 느헤미야가 예루살렘에 도착한 것은 아브(5월) 1일이었습니다.

느헤미야가 예루살렘에 도착한 날짜는 다음과 같이 계산할 수 있습니다. 느헤미야의 지도 아래 성벽 재건이 완성된 것은 6월 25일입니다(느 6:15). 공사에는 총 52일이 걸렸고, 공사 시작 전에 느헤미야는 예루살렘에 도착한 지 제3일에 무너진 성벽을 돌아보았습니다(느 2:11). 그러므로 6월 25일로부터 성벽 재건 공사 기간 52일과 예루살렘 도착 후 성벽을 돌아보기까지의 3일을 거슬러 올라가면(52+3=55), 느헤미야가 예루살렘에 도착한 날이 5월 1일이라는 것을 알 수 있습니다.[15)]

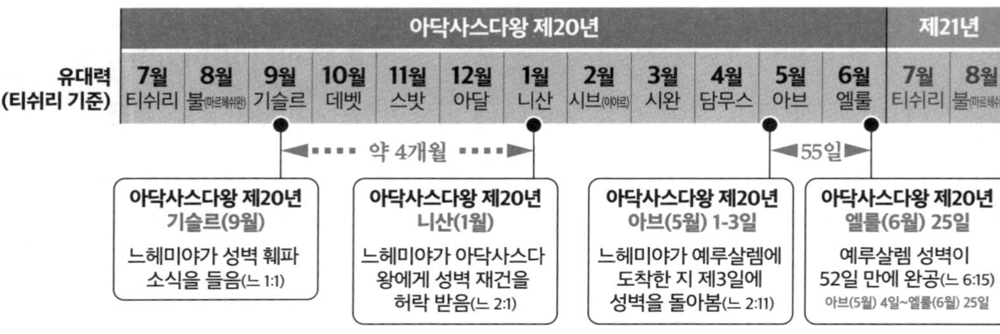

	27	28	29	1 예루살렘 도착(제1일)	2 제2일	3 제3일	4 성벽 재건 시작(제1일)
	5 2일	6 3일	7 4일	8 5일	9 6일	10 7일	11 8일
아브 (5월)	12 9일	13 10일	14 11일	15 12일	16 13일	17 14일	18 15일
	19 16일	20 17일	21 18일	22 19일	23 20일	24 21일	25 22일
	26 23일	27 24일	28 25일	29 26일	30 27일		
						1 28일	2 29일
	3 30일	4 31일	5 32일	6 33일	7 34일	8 35일	9 36일
엘룰 (6월)	10 37일	11 38일	12 39일	13 40일	14 41일	15 42일	16 43일
	17 44일	18 45일	19 46일	20 47일	21 48일	22 49일	23 50일
	24 51일	25 성벽 재건 완료(52일)	26	27	28	29	1

5월 1일은 역사적으로 대제사장 아론이 죽은 날입니다(민 33:38). 대제사장이 죽으면 도피성에 거하는 살인자들이 속죄함을 얻고 자기 집으로 귀환하게 됩니다(민 35:28, 수 20:6). 또한, 5월 1일은 제2차 귀환자들이 예루살렘에 도착한 날이기도 합니다(스 7:9). 이처럼 하나님께서는 구속사적으로 '해방'이라는 중요한 의미가 있는 날에 느헤미야의 귀환이 이루어질 수 있도록 섭리하신 것입니다.

셋째, 지도자의 물질적인 헌신과 말씀에 대한 순종이 있었습니다.

느헤미야는 예루살렘으로 돌아와 성벽 재건을 위한 공사를 진행할 때, "우리는 이방인의 손에 팔린 우리 형제 유다 사람들을 우리의 힘을 다하여 속량하였거늘"이라고 고백하였습니다(느 5:8). 느헤미야가 제3차 귀환을 준비하던 당시, 예루살렘으로 돌아가고 싶지만 가난하여 이방인들에게 팔린 유다 사람들이 있었습니다. 이들은 밀린 채무를 갚을 돈이 없었습니다. 이때 느헤미야와 몇몇 사람들이 자비를 들여 그들의 채무를 갚아주고 해방시켜서 함께 귀환할 수 있도록 했던 것입니다.

레위기 25:47-49에서 "너희 중에 우거하는 이방인은 부요하게 되고 그 곁에 사는 너희 동족은 빈한하게 됨으로 너희 중에 우거하는 그 이방인에게나 그 족속에게 몸이 팔렸으면 48 팔린 후에 그를 속량할 수 있나니 그 형제 중 하나가 속하거나 49 삼촌이나 사촌이 속하거나 그 근족 중 누구든지 속할 것이요 그가 부요하게 되면 스스로 속하되"라고 말씀하고 있는데, 느헤미야와 몇몇 사람들이 이 말씀에 순종한 것입니다. 바벨론에서 귀환하는 데 걸림이 되었던 난문제들이 지도자들의 헌신을 통해 해결된 것입니다.

넷째, 포로 귀환은 전적으로 하나님의 선한 손의 도우심으로 가능했습니다.

에스라 4:7-23에는 스룹바벨 성전이 완성된 후로도 계속된 성벽 재건 방해 사건을 기록하고 있는데, 이 내용을 에스라 4장의 성전 건축 방해에 대한 기록 사이에 배치하고 있습니다(스 4:1-5, 24). 이는 대적들이 성전 건축뿐만 아니라 그 후에 이루어진 성벽 재건까지도 끈질기게 방해했던 것을 강조하여, 대적들이 끊임없이 하나님의 역사를 훼방하고 가로막았다는 사실을 깨우쳐 주기 위한 것입니다.

7절을 볼 때, 이스라엘의 대적들이 아닥사스다왕에게 예루살렘 백성을 고소한 일이 있었습니다. 이 상소문을 읽고, 아닥사스다왕은 "이제 너희는 명을 전하여 그 사람들로 역사를 그치게 하여 그 성을 건축지 못하게 하고 내가 다시 조서 내리기를 기다리라 [22] 너희는 삼가서 이 일에 게으르지 말라 어찌하여 화를 더하여 왕들에게 손해가 되게 하랴"라고 하며 성벽 재건을 중단시키는 조서를 내렸습니다(스 4:21-22). 23절에서도 이 조서는 분명 아닥사스다왕이 내린 것이라고 반복해서 말씀하고 있습니다. 대적들의 고소와 아닥사스다의 조서가 정확히 언제 발표되었는지는 기록되어 있지 않지만, 아마도 주전 458년의 제2차 귀환 시 예루살렘 중건령이 내린 이후에 고소 접수와 그에 대한 조서가 발표되어, 결국 성벽 재건을 가로막은 것으로 보입니다. 그런데 그 아닥사스다왕이 느헤미야의 간청을 듣고 다시 자신이 과거에 내린 조서를 번복하여, 정반대로 예루살렘 성벽 재건을 허락하는 조서를 내린 것입니다. 심지어 아닥사스다왕은 성벽 재건에 필요한 들보 재목과 군대 장관과 마병까지도 지원하도록 하였습니다(느 2:8-9).

이러한 모든 과정 속에는 하나님의 주권적이고 절대적인 도우심이 있었습니다. 느헤미야 2:8 하반절에서 "내 하나님의 선한 손이 나를 도우심으로 왕이 허락하고"라고 말씀하고 있습니다. 느헤미야는 이스라엘 백성에게도, 모든 것이 하나님의 선한 손의 도우심이라는 것을 강력하게 증거하였습니다. 18절에서 "또 저희에게 하나님의 선한 손이 나를 도우신 일과 왕이 내게 이른 말씀을 고하였더니 저희의 말이 일어나 건축하자 하고 모두 힘을 내어 이 선한 일을 하려 하매"라고 말씀하고 있습니다.

제3차 귀환 14년 전에 있었던 제2차 귀환 때에도 하나님의 선한 손의 도우심이 있었습니다. 에스라 7:9에서 "정월 초하루에 바벨론에서 길을 떠났고 하나님의 선한 손의 도우심을 입어 오월 초하루에 예루살렘에 이르니라"라고 말씀하고 있습니다(스 7:6, 8:18, 31).

느헤미야는 자신이 하나님께 쓰임받는 도구일 뿐이며, 모든 역사는 오직 하나님의 선한 손의 도우심으로 이루어짐을 정확하게 깨달았기 때문에 늘 겸손히 사역할 수 있었습니다(느 13:31). 우리가 하나님의 선한 손의 도우심만을 의지하며 믿음으로 기도할 때, 구하는 것을 허락받을 수 있습니다(대상 4:10).

II
성벽 재건의 방해
OBSTACLES IN REBUILDING THE WALL

느헤미야는 주전 444년 5월 1일에 예루살렘에 도착하였습니다. 그리고 예루살렘에 거한 지 제3일에 하나님께서 그 마음을 감화하셔서, 밤에 일어나 파괴된 성벽을 돌아보았습니다(느 2:11-12). 느헤미야는 예루살렘 성벽이 다 무너지고 성문은 불타버린 것을 목격하였는데, 심지어 샘문과 왕의 못에 이르렀을 때 그 근방은 짐승이 지나갈 수 없을 정도로 처참하게 무너져 있었기 때문에 시내(골짜기)를 따라 올라가야만 했습니다(느 2:13-15). 그 이튿날인 5월 4일에, 느헤미야는 백성에게 "예루살렘성을 중건하여 다시 수치를 받지 말자"라고 독려하면서(느 2:17), 하나님의 선한 손이 자기를 도우신 일과 왕이 예루살렘성 중건을 허락한 것을 그들에게 고하였습니다(느 2:8, 18上). 이에 백성은 "일어나 건축하자"라고 하면서, 모두 힘을 내어 성벽 공사를 시작하였습니다(느 2:18下).

그러나 성벽 공사는 결코 쉽지 않았습니다. 그것은 내적으로나 외적으로 많은 방해가 있었기 때문입니다. 여기서는 「구속사 시리즈」 제5권 제5장의 '바벨론 포로 귀환의 역사'에서 다루었던 내용과 중첩되지 않는 내용을 중심으로 살펴보겠습니다.

1. 외부의 방해
External Obstacles

성벽 재건 방해를 주동한 자들은 주로 산발랏과 도비야와 게셈이었습니다. 산발랏은 호론(벧호론) 사람으로 당시 사마리아 지역을 다스리던 총독이었으며, 도비야는 암몬 사람이었고, 게셈은 아라비아 사람이었습니다. 느헤미야 2:19에서 "호론 사람 산발랏과 종이 되었던 암몬 사람 도비야와 아라비아 사람 게셈이 이 말을 듣고 우리를 업신여기고 비웃어 가로되 너희의 하는 일이 무엇이냐 왕을 배반코자 하느냐 하기로"라고 말씀하고 있습니다. 성벽 재건의 방해는 다음과 같이 진행되었습니다.

(1) 성벽 공사에 대해 분노하며 비웃음

느헤미야 4:1에서 "산발랏이 우리가 성을 건축한다 함을 듣고 크게 분노하여 유다 사람을 비웃으며"라고 말씀하고 있습니다. 원문에 보면 '크게 분노하여'라는 단어 앞에 '뜨겁다, 불타오르다'라는 뜻의 동사 '하라'(חָרָה)가 나옵니다. 이는 이스라엘 백성이 성벽을 건축한다는 소식을 듣고 산발랏이 얼마나 격분하였는지를 보여줍니다.

또한, 산발랏은 유다 사람을 비웃었습니다. '비웃으며'는 히브리어 '라아그'(לָעַג)로, '조롱하다, 멸시하여 조소하다'라는 뜻입니다. 산발랏을 비롯한 대적들은 이스라엘 백성이 도저히 성벽을 완성할 수 없다고 확신하면서 그들을 얕잡아 보았던 것입니다. 느헤미야 4:2에서 "자기 형제들과 사마리아 군대 앞에서 말하여 가로되 이 미약한 유다 사람들의 하는 일이 무엇인가, 스스로 견고케 하려는가, 제사를 드리려는가, 하루에 필역하려는가, 소화된 돌을 흙무더기에서 다시 일으키려는가"라고 말씀하고 있습니다. 이를 공동번역에서는 “자기 일족들과 사마리아의 세력가들 앞에서 빈정거리는 소리를 하였다. ‘유다놈들, 그 다 말라 빠진 것들이 무얼 한다는 거지? 누가 내버려 둘 줄 알고? 제사를 드린다고? 하루에 일을 끝낸다고? 불타 버린 잿더미 속에서 돌들을 꺼내 쓴다고?’”라고 번역하고 있습니다. 심지어 암몬 사람 도비야는 곁에 섰다가 “저들의 건축하는 성벽은 여우가 올라가도 곧 무너지리라”라고 비아냥거렸습니다(느 4:3).

이렇게 대적들이 비웃을 때 위축될 수밖에 없지만, 느헤미야와 백성은 결코 의기소침해지지 않았습니다. 하나님께서 배후에 계심을 믿었기 때문입니다. 그래서 대적들이 아무리 조롱해도 ‘하늘의 하나님이 우리를 형통케 하시리라’라고 담대하게 외쳤습니다. 그리고 하나님께 간절히 기도했습니다.

느헤미야 2:19-20 “호론 사람 산발랏과 종이 되었던 암몬 사람 도비야와 아라비아 사람 게셈이 이 말을 듣고 우리를 업신여기고 비웃어 가로되 너희의 하는 일이 무엇이냐 왕을 배반코자 하느냐 하기로 [20]내가 대답하여 가로되 하늘의 하나님이 우리로 형통케 하시리니 그의 종 우리가 일어나 건축하려니와 오직 너희는 예루살렘에서 아무 기업도 없고 권리도 없고 명록도 없다 하였느니라”

느헤미야 4:4-5 “우리 하나님이여 들으시옵소서 우리가 업신여김을 당하나이다 원컨대 저희의 욕하는 것으로 자기의 머리에 돌리사 노략거리가 되어 이방에 사로잡히게 하시고 [5]주의 앞에서 그 악을 덮어 두지 마옵시며 그 죄를 도말하지 마옵소서 저희가 건축하는 자 앞에서 주의 노를 격동하였음이니이다”

유다 외부의 대적들 / The Enemies Outside of Judah

호론 사람 **산발랏** 2:10, 19, 4:1, 6:1–9, 10–13, 14, 13:28	당시 사마리아 지역의 총독으로, 이스라엘 사람과 이방인 사이에서 난 자의 후손으로 추정된다. 유대 지역까지 막강한 영향력을 미치던 자로, 자신의 권력을 지키기 위해 예루살렘 성벽 재건을 집요하게 방해했으며, 급기야 느헤미야 총독을 예루살렘 밖으로 불러내서 암살하려고 모의했다. 대제사장 엘리아십의 손자 요야다의 아들을 사위로 삼을 만큼 유다 고위층과 긴밀한 관계가 있었다.
암몬 사람 **도비야** 2:10, 19, 4:3, 7, 12, 14, 17–19	요단 동편의 암몬 족속의 후손으로, 바사 왕국의 시종이었다가 산발랏의 신복이 된 것으로 보인다. 유다의 유력자들 집안과 연혼으로 동맹 관계를 유지하면서 유다에 계속적인 영향력을 행사하였다. 제사장 엘리아십과의 친분을 이용해 성전에 큰 방을 얻어 사용하다가 느헤미야에 의해 쫓겨났다.
아라비아 사람 **게셈** 2:19, 6:1–2, 6	아라비아 사람으로, 산발랏과 도비야와 함께 모의한 것을 볼 때 당시 그 지역을 담당하던 관리로 보인다. 느헤미야 6:6에는 '가스무'(아라비아식 이름)로 기록되어 있다. 아라비아는 유다 남부의 옛 에돔과 모압 지역에 해당하며 애굽과 인접하여(대하 21:16, 겔 27:21), 당시 바사 제국에 필수적인 무역로를 장악하고 있었다.
아스돗 사람들 느 4:7	아스돗은 유다 서쪽 블레셋의 대표 성읍으로(삼상 5:1, 슥 9:6), 바벨론과 바사의 지배를 받는 시기에도 여전히 유다에 적대적이었다. 느헤미야가 유다 총독 임기를 마치고 바사로 돌아갔다가 다시 귀환하였을 때, 이방 여인과의 사이에서 태어난 자녀들 중 아스돗 방언은 하면서 유다 방언은 못하는 사람들이 있어서 크게 책망하고 이방인과의 결혼을 금지하였다(느 13:23–27).

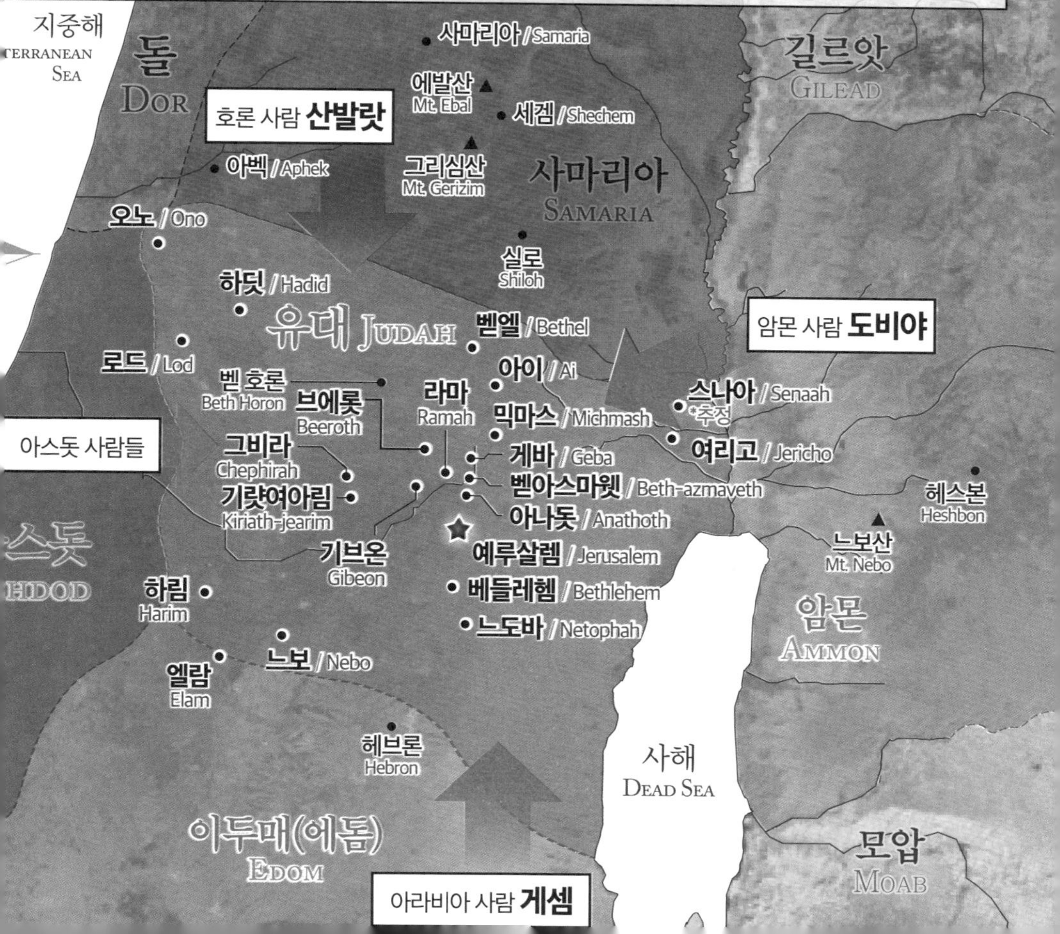

지중해
TERRANEAN SEA
돌 DOR
호론 사람 **산발랏**
사마리아 / Samaria
에발산 Mt. Ebal
세겜 / Shechem
그리심산 Mt. Gerizim
사마리아 SAMARIA
길르앗 GILEAD
아벡 / Aphek
오노 / Ono
실로 Shiloh
하딧 / Hadid
유대 JUDAH
벧엘 / Bethel
암몬 사람 **도비야**
로드 / Lod
아이 / Ai
벧 호론 Beth Horon
브에롯 Beeroth
라마 Ramah
믹마스 / Michmash
스나아 / Senaah *추정
아스돗 사람들
그비라 Chephirah
게바 / Geba
여리고 / Jericho
기랏여아림 Kiriath-jearim
벧아스마웻 / Beth-azmaveth
헤스본 Heshbon
아나돗 / Anathoth
스돗 HDOD
기브온 Gibeon
예루살렘 / Jerusalem
느보산 Mt. Nebo
하림 Harim
베들레헴 / Bethlehem
느도바 / Netophah
암몬 AMMON
엘람 Elam
느보 / Nebo
헤브론 Hebron
사해 DEAD SEA
이두매(에돔) EDOM
모압 MOAB
아라비아 사람 **게셈**

느헤미야와 백성은 대적들과 일일이 대응하여 싸우지 않고, 모든 것을 하나님께 맡기고 마음을 다해 성벽 공사에 매진하였습니다. 이처럼 어떠한 환경에서도 주어진 사명에 집중하여 최선을 다할 때 신속하게 구속사를 전진시킬 수 있습니다.

(2) 물리적인 수단을 동원하려 함

대적들의 분노와 비웃음에도 불구하고, 이스라엘 백성이 마음을 다하여 일한 결과로 성벽 공사는 급속도로 진행이 되었습니다. 성벽들이 전체적으로 이어지고, 높이도 반 정도로 올라갔습니다. 느헤미야 4:6에서 "이에 우리가 성을 건축하여 전부가 연락되고 고가 절반에 미쳤으니 이는 백성이 마음 들여 역사하였음이니라"라고 말씀하고 있습니다. 이 소식을 듣고 대적들은 심히 분노했습니다. 7절에서 "산발랏과 도비야와 아라비아 사람들과 암몬 사람들과 아스돗 사람들이 예루살렘성이 중수되어 그 퇴락한 곳이 수보되어 간다 함을 듣고 심히 분하여"라고 말씀하고 있습니다.

이에 대적들은 물리적인 수단을 동원해서라도 성벽 공사를 중단시키려고 하였습니다. 느헤미야 4:8에서 "다 함께 꾀하기를 예루살렘으로 가서 쳐서 요란하게 하자"라고 말씀하고 있습니다. 여기 '쳐서'는 히브리어 '라함'(לָחַם)으로, '싸우다, 전투하다'라는 뜻입니다. 11절에서는 "우리의 대적은 이르기를 저희가 알지 못하고 보지 못하는 사이에 우리가 저희 중에 달려 들어가서 살륙하여 역사를 그치게 하리라"라고 말씀하고 있습니다. 여기 '살륙하여'는 히브리어 '하라그'(הָרַג)로, '죽이다, 살해하다'라는 뜻입니다. 그러므로 대적들은 이스라엘 백성을 기습적으로 공격하여 그들을 살해하고 공사를 중단시키려고 계획했던 것입니다.

그러나 느헤미야가 이스라엘 백성을 칼과 창과 활로 무장시키고 예루살렘성 뒤 낮고 넓은 곳에서 대적들의 공격에 대비하자(느 4:13), 대적들은 포기할 수밖에 없었습니다. 느헤미야 4:15에서 "우리의 대적이 자기의 뜻을 우리가 알았다 함을 들으니라 하나님이 저희의 꾀를 폐하셨으므로 우리가 다 성에 돌아와서 각각 역사하였는데"라고 말씀하고 있습니다. 계속해서 느헤미야는 철통같은 방어 태세를 갖추고 대적들의 공격에 대비하면서 성벽 공사를 진행시켜 나갔습니다(느 4:16-23).

(3) 느헤미야를 해치려는 음모

성벽 공사가 거의 마무리되고 아직 성문에 문짝을 달지 못하고 있을 때였습니다. 느헤미야 6:1에서 "산발랏과 도비야와 아라비아 사람 게셈과 그 나머지 우리의 대적이 내가 성을 건축하여 그 퇴락한 곳을 남기지 아니하였다 함을 들었는데 내가 아직 성문에 문짝을 달지 못한 때라"라고 말씀하고 있습니다. 대적들은 성벽을 완성하지 못하게 하기 위하여 최후의 발악을 했습니다.

첫째, 느헤미야를 암살하려고 하였습니다.

대적들이 느헤미야를 죽이기 위해 오노 평지에서 만나 회담을 하자고 다섯 번이나 제안하였지만, 느헤미야는 단호하게 거절하였습니다(느 6:2-9). 느헤미야 6:2에서 "산발랏과 게셈이 내게 보내어 이르기를 오라 우리가 오노 평지 한 촌에서 서로 만나자 하니 실상은 나를 해코자 함이라"라고 말씀하고 있습니다.

산발랏의 다섯 번째 편지에서는, 느헤미야가 왕이 되려 한다는 소문이 있다면서 만나서 의논하자고 유인하였습니다. 그 편지는

'봉하지 않은 편지'였습니다(느 6:5). 일반적으로 공적 문서는 그 내용의 신뢰성을 보장하기 위해, 양피지나 파피루스를 말아 밀랍에 도장을 찍어 인봉하였습니다. 그런데 산발랏이 편지를 봉하지 않은 것은 그 내용을 사람들이 볼 수 있게 하여, 느헤미야가 바사 왕에게 반역하려 한다는 거짓 소문이 퍼지게 함으로 유다 사람들과 이방 사람들을 선동하려는 간악한 술책이었습니다. 그러나 느헤미야는 그런 일은 없는 일이며 산발랏이 지어낸 것이라고 하면서 단호하게 거절하였습니다(느 6:5-9).

둘째, **느헤미야를 곤경에 빠뜨리려 하였습니다.**

도비야와 산발랏은 제사장 스마야를 매수하여 느헤미야를 어려움에 빠뜨리려 하였습니다. 스마야는 느헤미야에게 '산발랏 일당이 너를 죽이러 올 것이니 함께 외소(성소)에 들어가 숨자'고 제안하였습니다(느 6:10). 외소는 제사장만 들어갈 수 있는 곳이므로(참고-대하 26:18-21) 만약 느헤미야가 성소에 들어가면 율법을 범하는 죄가 됩니다. 이를 빌미로 악한 말을 지어 비방하여 느헤미야의 권위를 떨어뜨리려 했던 것입니다(느 6:13). 그러나 느헤미야는 이러한 제안 역시 단호하게 거절하였습니다. 느헤미야 6:11에서 "나 같은 자가 어찌 도망하며 나 같은 몸이면 누가 외소에 들어가서 생명을 보존하겠느냐 나는 들어가지 않겠노라"라고 말씀하고 있습니다. 느헤미야는 하나님께서 주신 지혜와 철저한 말씀 중심의 원칙을 가지고 대적의 음모를 다 물리쳤습니다.

2. 내부의 반대
Internal Oppositions

외부 대적들의 방해보다 더 무섭고 심각한 것은 공동체 내부의 반대입니다. 동족이면서 성벽 공사에 참여하지 않거나 부정적인 말을 퍼뜨림으로, 공사에 적극적으로 참여하는 사람들의 사기를 떨어지게 만든 것입니다.

(1) 공사에 참여하지 않은 드고아 귀족들

느헤미야 3:5에서 "그다음은 드고아 사람들이 중수하였으나 그 귀족들은 그 주의 역사에 담부치* 아니하였으며"라고 말씀하고 있습니다. 성벽 공사를 위해서는 무거운 돌과 나무나 흙을 날라야 하는데, 드고아 귀족들은 그런 일을 비천한 일로 치부하고 참여하지 않았던 것입니다. 성벽을 재건하여 국가로서의 면모를 갖추는 중대한 일에 일반 백성은 힘을 다해 참여하였는데, 그들은 지도층으로서 책임을 다하지 않았습니다. 이들은 자기 일만 구하고 주의 일을 구하지 않는 사람들이었습니다.

(2) 부정적인 말을 한 유다 사람들

대적들이 물리적인 행동을 취하여 예루살렘을 공격하려고 하자 (느 4:7-8), 공사에 참여했던 유다인들이 부정적인 말을 하기 시작하였습니다. 느헤미야 4:10에서 "유다 사람들은 이르기를 흙무더기가 아직도 많거늘 담부하는 자의 힘이 쇠하였으니 우리가 성을 건축하지 못하리라"라고 말씀하고 있습니다. 여기 흙무더기는 과거

* 담부(擔負)하다: 짐을 등에 지고 어깨에 메다.

에 바벨론의 공격으로 예루살렘이 함락될 때(주전 586년) 남겨진 잔해물입니다. 남아 있는 흙무더기도 처리해야 하고 성벽 공사도 해야 하는데, 대적들이 공격하려고 하자 갑자기 의욕을 상실하고 부정적인 말을 내뱉기 시작한 것입니다.

여기 '우리가 성을 건축하지 못하리라'라고 외친 말은, 과거에 가나안 땅을 탐지하고 돌아온 10명의 정탐꾼들이 "우리는 능히 올라가서 그 백성을 치지 못하리라"라고 불평했던 말을 생각나게 합니다(민 13:31). 부정적인 말을 하는 자들은 하나님의 말씀을 믿지 않고, 전능하신 하나님을 의지하지 않기 때문입니다. 그들은 하나님보다 사람을 두려워하는 자들입니다. 그래서 느헤미야는 "너희는 저희를 두려워 말고 지극히 크시고 두려우신 주를 기억하고 너희 형제와 자녀와 아내와 집을 위하여 싸우라"라고 외쳤던 것입니다(느 4:14下).

(3) 대적의 근처에 거하는 유다 사람들

성벽 공사를 반대하는 대적들이 그들의 근방에 사는 유다 사람들을 위협하자 유다 사람들은 각처에서 열 번이나 성벽 공사 현장으로 찾아와, 공사를 중단하고 와서 자기들의 안전을 지켜달라고 요청하였습니다. 느헤미야 4:12에서 "그 대적의 근처에 거하는 유다 사람들도 그 각처에서 와서 열 번이나 우리에게 고하기를 너희가 우리에게로 와야 하리라 하기로"라고 말씀하고 있습니다.

한두 번도 아니고 자그마치 열 번씩이나 요청한 것을 볼 때, 대적들이 집요하게 예루살렘 외곽에 사는 유다 사람들을 위협했음을 알 수 있습니다. 그러나 느헤미야는 이것이 성벽 공사를 중단시키려는 대적들의 의도임을 간파하여 유다 사람들의 요청을 거절하고, 오히려 성벽 공사에 참여한 사람들을 무장시켜 공사 현장에서 대적들의 공격에 대비하였습니다. 느헤미야 4:13에서 “내가 성 뒤 낮고 넓은 곳에 백성으로 그 종족을 따라 칼과 창과 활을 가지고 서게 하고” 라고 말씀하고 있습니다.

성벽 재건에는 지역을 초월하여 많은 사람이 동원되었습니다. 그러나 대적의 근처에 거하는 유다 사람들은 성벽 재건에 참여하지도 않고 열 번이나 공사 현장에 찾아와 자신들의 안전 보장만을 요청하였으니, 이들은 하나님의 일과 사명에는 전혀 관심이 없고 오직 자신들의 안위만 생각하는 이기적인 사람들이었습니다(빌 2:21).

(4) 제사장 스마야, 여선지 노아댜와 그 남은 선지자들

성전 공사가 거의 마무리되어갈 때, 대적들은 직접 느헤미야를 공격하지 않고 유다 내의 지도자들을 통해 공격하였습니다. 제사장 스마야는 도비야와 산발랏에게 뇌물을 받고 느헤미야를 제사장만 들어갈 수 있는 성소에 들어가게 만들어서 율법을 어기고 범죄하게 만들려고 하였습니다(느 6:10-13). 뿐만 아니라 여선지 노아댜(נוֹעַדְיָה, 뜻-여호와께서 모으심)와 그밖의 많은 선지자들이 느헤미야에게 두려움을 주려고 했습니다(느 6:14). 예루살렘 성벽 재건에 누구보다 모범이 되어야 할 영적 지도자들이 악인과 결탁하여 느헤미야를 넘어뜨리려고 한 것입니다.

그러나 느헤미야는 대적들과 결탁한 거짓 선지자들의 예언에 속아넘어가지 않고, 하나님의 지혜로 이를 분별하고 기도로 승리하여 마침내 성벽을 완공하였습니다(느 6:14-15).

예루살렘 성벽 공사의 반대·방해자들

The people who opposed or hindered the building of the walls of Jerusalem

<table>
<tr><th></th><th>반대·방해자</th><th>반대·방해의 내용</th></tr>
<tr><td rowspan="3">성벽 재건 초기</td><td>드고아 귀족들
느 3:5</td><td>성벽 건축을 위해서 무거운 돌이나 나무, 흙을 나르는 일을 비천한 일로 치부하고 참여하지 않았다.</td></tr>
<tr><td>산발랏과 도비야, 사마리아인들과 그 군대 / 느 4:1-5</td><td>성벽 건축에 대한 소식을 듣고 분노하여 유다인들을 비웃고 조롱하였다(참고-삼상 17:45, 왕하 18:19-37, 대하 32:9-19).</td></tr>
<tr><td colspan="2">느헤미야 4:6 “이에 우리가 성을 건축하여 전부가 연락되고 고가 절반에 미쳤으니 이는 백성이 마음 들여 역사하였음이니라”</td></tr>
<tr><td rowspan="7">성벽 재건 중반</td><td>산발랏과 도비야, 아라비아·암몬·아스돗 사람들
느 4:7-9</td><td>유다의 대적들이 연합하여 군대를 동원해서 예루살렘 인근에 진을 치고 위협을 가하자, 귀환자들은 하나님께 기도하며 파수꾼을 배치하여 주야로 방비하였다.</td></tr>
<tr><td>성벽 공사에 지치고 낙담한 귀환자들 / 느 4:10-11</td><td>흙무더기가 아직도 많고, 일하는 자들은 지쳤으니 성벽을 더 이상 쌓을 수 없을 것이며, 대적들이 몰래 들어와서 자신들을 죽일 것이라며 낙담하였다.</td></tr>
<tr><td>대적의 근처에 거하는 유다 사람들
느 4:12</td><td>대적들의 위협이 두려워, 각처에서 열 번이나 성벽 공사 현장을 찾아와 성벽 공사를 중단하고 자신들의 안전을 지켜달라고 요청했다.</td></tr>
<tr><td colspan="2">느헤미야 4:13 “내가 성 뒤 낮고 넓은 곳에 백성으로 그 종족을 따라 칼과 창과 활을 가지고 서게 하고”
느헤미야 4:16-18 “그때로부터 내 종자의 절반은 역사하고 절반은 갑옷을 입고 창과 방패와 활을 가졌고 민장은 유다 온 족속의 뒤에 있었으며 [17] 성을 건축하는 자와 담부하는 자는 다 각각 한 손으로 일을 하며 한 손에는 병기를 잡았는데 [18] 건축하는 자는 각각 칼을 차고 건축하며 나팔 부는 자는 내 곁에 섰었느니라”</td></tr>
<tr><td>동족 이스라엘에게 과도히 취리한 자
느 5:1-5</td><td>동족에게 팔린 자들이 과도한 이자를 견디지 못하자, 느헤미야는 동족끼리 이자 받는 것을 금지하였다(느 5:6-13).</td></tr>
<tr><td colspan="2">느헤미야 5:11-13 “그런즉 너희는 오늘이라도 그 밭과 포도원과 감람원과 집이며 취한바 돈이나 곡식이나 새 포도주나 기름의 백분지 일을 돌려보내라 하였더니 [12] 저희가 말하기를 우리가 당신의 말씀대로 행하여 돌려보내고 아무 것도 요구하지 아니하리이다 하기로… [13] 내가 옷자락을 떨치며 이르기를 이 말대로 행치 아니하는 자는 하나님이 또한 이와 같이 그 집과 산업에서 떨치실찌니 저는 곧 이렇게 떨쳐져 빌찌로다 하매 회중이 다 아멘 하고 여호와를 찬송하고 백성들이 그 말한 대로 행하였느니라”</td></tr>
</table>

	반대·방해자	반대·방해의 내용
성벽 완공 직전	**느헤미야 6:1** "산발랏과 도비야와 아라비아 사람 게셈과 그 나머지 우리의 대적이 내가 성을 건축하여 그 퇴락한 곳을 남기지 아니하였다 함을 들었는데 내가 아직 성문에 문짝을 달지 못한 때라"	
	산발랏과 도비야와 아라비아 사람 게셈 느 6:1-9	느헤미야를 암살하려고 네 번이나 오노 평지로 불러내려 했고, 다섯 번째에는 산발랏이 '네가 모반하여 왕이 되려 한다'는 소문이 있다고 거짓 모함하며 만나자고 하였으나 느헤미야는 단호하게 거절하였다.
	제사장 스마야 느 6:10-13	도비야와 산발랏에게 뇌물을 받은 스마야가 느헤미야를 제사장만 들어갈 수 있는 성소에 들어가도록 유도하여 범죄케 해서(참고-대하 26:18-21) 악한 말로 비방받게 하려 하였다.
	여선지자 노아댜와 그 남은 선지자들 느 6:14	여선지 노아댜와 그 밖의 많은 선지자들이 느헤미야를 두렵게 하려 하였다.
성벽 완공 이후	**느헤미야 6:15-16** "성 역사가 오십이일 만에 엘룰월 이십오일에 끝나매 16 우리 모든 대적과 사면 이방 사람들이 이를 듣고 다 두려워하여 스스로 낙담하였으니 이는 이 역사를 우리 하나님이 이루신 것을 앎이니라"	
	도비야와 협력한 유다 내부의 적들 느 6:17-19	도비야는 아라 자손인 제사장 스가냐의 사위가 되었고, 도비야의 아들 여호하난도 제사장 므술람의 딸을 취하였다. 이는 도비야가 유다에 대한 영향력을 더욱 강화하려는 시도였으며, 도비야와 동맹한 유다인들은 느헤미야 앞에서도 거리낌없이 도비야를 칭찬했고, 느헤미야의 말을 도비야에게 알려주었다.
	도비야·산발랏과 협력한 대제사장 엘리아십 느 13:4-9, 28-29	대제사장 엘리아십은 평소에도 도비야와 친밀한 관계를 유지하였고, 느헤미야가 바사로 돌아간 틈에 성전의 방을 이방인인 도비야에게 내어주었다. 또한 자신의 손자 요야다의 아들 하나를 산발랏에게 사위로 주었다. 이는 '제사장의 직분을 더럽히고 제사장의 직분과 레위 사람에 대한 언약을 어기는 일'이었다(느 13:29).

성벽 재건 기간 52일(아브(5월) 4일부터 엘룰(6월) 25일까지)

외부 방해자

내부 반대자

열두 문을 기점으로 42구역을 나누어 예루살렘 성벽 재건 시작

성벽이 연결되고 절반 높이에 달함

성문에 문짝을 부착함

Ⅲ 성벽 재건의 완공

THE COMPLETION OF REBUILDING THE WALL

대적들의 집요한 방해에도 불구하고 성벽 재건 공사는 52일 만에 완료되었습니다. 그때는 주전 444년 6월 25일이었습니다. 느헤미야 6:15에서 "성 역사가 오십이일 만에 엘룰월 이십오일에 끝나매"라고 말씀하고 있습니다. 느헤미야 3장을 볼 때, 이스라엘 전 백성이 42구역으로 나누어서 공사를 진행하여 예루살렘성의 열두 문이 갖춰졌습니다(열두 문 중 6개 문을 건축 및 중수, 6개 문은 이미 완성되어 있었으며 이중 2개 문은 성벽 재건 기사에 기록되어 있지 않음). 실제 공사 과정은 내용이 방대하므로 다음 장에서 자세히 다루도록 하고, 여기서는 성벽이 완공된 비결과 완공 후의 역사를 중심으로 살펴보겠습니다.

1. 방해 속에서도 성벽이 완공된 비결

The Secret to Completing the Wall Despite the Obstacles

성벽이 완공된 것은 전적으로 하나님의 역사였습니다. 성벽이 완공되었다는 소식을 듣고 모든 대적과 사면 이방 사람들이 다 두려워하며 낙담할 정도였습니다. 느헤미야 6:16에서 "우리 모든 대적과 사면 이방 사람들이 이를 듣고 다 두려워하여 스스로 낙담하였으니 이는 이 역사를 우리 하나님이 이루신 것을 앎이니라"라고 말씀하고 있습니다. 하나님의 역사 속에 이루어진 성벽 완공 비결을 구체적으로 살펴보겠습니다.

(1) 끊임없는 기도

성벽 공사가 진행되지 못하도록 대적들이 방해할 때, 느헤미야와 이스라엘 백성은 하나님께 간절히 기도했습니다. 대적들이 비웃을 때, 느헤미야는 "우리 하나님이여 들으시옵소서 우리가 업신여김을 당하나이다 원컨대 저희의 욕하는 것으로 자기의 머리에 돌리사 노략거리가 되어 이방에 사로잡히게 하시고 [5] 주의 앞에서 그 악을 덮어 두지 마옵시며 그 죄를 도말하지 마옵소서 저희가 건축하는 자 앞에서 주의 노를 격동하였음이니이다"라고 기도하였습니다(느 4:4-5).

느헤미야 4:9에서 "우리가 우리 하나님께 기도하며 저희를 인하여 파숫군을 두어 주야로 방비하는데"라고 말씀하고 있습니다. 여기 '기도하며'는 '기도하다, 탄원하다'라는 뜻을 가진 히브리어 '팔랄'(פָּלַל)의 히트파엘(재귀강조)형이 사용되어, 이들이 적극적으로 아주 간절히 기도했음을 나타냅니다.

기도는 하나님을 의지하는 것입니다. 느헤미야는 대적들의 물리적인 위협 속에서도 '대적들을 두려워하지 말고 하나님을 두려워하라'고 백성을 격려했습니다. 느헤미야 4:14에서 "내가 돌아본 후에 일어나서 귀인들과 민장과 남은 백성에게 고하기를 너희는 저희를 두려워 말고 지극히 크시고 두려우신 주를 기억하고 너희 형제와 자녀와 아내와 집을 위하여 싸우라"라고 말씀하고 있습니다.

또한, 성벽이 거의 완성되었으나 대적들이 다섯 번이나 느헤미야에게 만나자고 유인하여 죽이려 할 때에도, "이제 내 손을 힘있게 하옵소서"라고 기도하였습니다(느 6:9下). 이렇게 기도하는 지도자와 백성이 있을 때 하나님께서 도와주십니다.

(2) 마음을 들인 공사

대적들의 비웃음에도 불구하고 성벽이 서로 연결되고 절반 정도의 높이까지 올라가게 된 것은, 백성이 마음을 들여서 공사했기 때문입니다. 느헤미야 4:6에서 "이에 우리가 성을 건축하여 전부가 연락되고 고가 절반에 미쳤으니 이는 백성이 마음 들여 역사하였음이니라"라고 말씀하고 있습니다. '마음 들여'라는 표현은 원문으로 볼 때 '마음이 있었다'는 뜻입니다. 사람은 마음이 있는 일에 몸이 움직이게 되어 있습니다. 성벽 공사에 하나님의 마음이 있었고, 하나님의 마음이 있는 곳에 백성의 마음이 있었기에 많은 어려움에도 공사가 진행될 수 있었던 것입니다.

예수님의 전 일생은 오직 하나님의 마음을 좇아가는 삶이었습니다. 예수님은 십자가를 앞두고 겟세마네 동산에서 기도하실 때도 "그러나 나의 원대로 마옵시고 아버지의 원대로 하옵소서"라고 기도하셨습니다(마 26:39下). 아브라함은 그 마음이 주 앞에 충성되므로 하나님과 언약을 체결할 수 있었습니다(느 9:7-8). 다윗은 하나님의 마음을 좇아감으로 하나님의 뜻을 이루는 사람이 되었습니다. 사도행전 13:22에서 "내가 이새의 아들 다윗을 만나니 내 마음에 합한 사람이라 내 뜻을 다 이루게 하리라"라고 말씀하고 있습니다. 우리도 '하나님의 마음이 있는 곳에 나의 마음도 있게 하소서!'라고 기도해야 합니다.

(3) 행동하는 믿음

참 믿음에는 행함이 동반됩니다. 야고보서 2:22에서 "네가 보거니와 믿음이 그의 행함과 함께 일하고 행함으로 믿음이 온전케 되었느니라"라고 말씀하고 있습니다. 이스라엘 백성은 대적들의 방해 속에서 행동하는 믿음을 보여주었습니다. 행동하는 믿음은 여러 가지 모습으로 나타났습니다. 이스라엘 백성은 성벽 공사를 하면서 동시에 대적들의 공격에 대비했습니다. 한 손으로 일을 하면서 한 손에는 병기를 잡았습니다(느 4:13, 16-21). 심지어 예루살렘 안에서 잠을 자면서, 잠잘 때에도 옷을 벗지 않았고, 병기를 손에 잡고 철통같은 방비 태세를 갖추었습니다(느 4:22-23). 이렇게 행동하는 믿음을 통하여 대적들의 위협을 물리치고 성벽을 완성할 수 있었던 것입니다.

성도가 대적 마귀와 싸워 승리하기 위해서는 하나님의 전신갑주로 무장해야 합니다. 에베소서 6:11에서 "마귀의 궤계를 능히 대적하기 위하여 하나님의 전신갑주를 입으라", 13절에서 "하나님의 전신갑주를 취하라 이는 악한 날에 너희가 능히 대적하고 모든 일을 행한 후에 서기 위함이라"라고 말씀하고 있습니다. 하나님의 전신갑주로 무장하는 가운데, 하나님께서 우리를 위하여 싸워주심으로 성도는 반드시 승리하게 되는 것입니다. 그래서 느헤미야는 "우리 하나님이 우리를 위하여 싸우시리라"라고 담대하게 선언하였던 것입니다(느 4:20, 참고-출 14:14, 신 3:22, 20:4, 수 10:42, 23:3, 대하 32:8).

(4) 느헤미야의 개혁

대적들의 방해를 뚫고 성벽 공사가 마무리되어 갈 때, 계속된 흉년으로 인해 백성 사이에 잠재되어 있던 갈등이 폭발하였습니다(느

5:1). 식량이 없는 사람들은 자신들의 밭과 포도원과 집을 전당 잡혀서 식량을 얻었으며, 세금을 낼 돈이 없는 사람들도 자기의 밭과 포도원을 담보로 빚내어 세금을 바쳤습니다(느 5:3-4). 심지어 자식들을 남의 종으로 팔아야 했고, 밭과 포도원을 다른 사람에게 넘겨주어야 했습니다(느 5:5). 이런 와중에 부유한 귀인과 민장들은 이스라엘 백성에게 높은 이자를 취하여 자신들의 배를 불렸습니다(느 5:7). 백성의 부르짖음과 원통함을 들은 느헤미야는 크게 분노하여(느 5:6) 몇 가지 개혁 조치를 단행하였습니다.

첫째, 이자 받는 것을 그치고 지금까지 받은 이자를 돌려주게 하였습니다.

느헤미야 5:10에서 "나와 내 형제와 종자들도 역시 돈과 곡식을 백성에게 취하여 주나니 우리가 그 이식 받기를 그치자"라고 말씀하고 있습니다. 이는 하나님의 말씀에 순종하는 것입니다. 레위기 25:36에서 "너는 그에게 이식을 취하지 말고 네 하나님을 경외하여 네 형제로 너와 함께 생활하게 할 것인즉"이라고 말씀하고 있습니다(출 22:25, 신 23:19-20).

느헤미야는 또 지금까지 받은 이자도 돌려주게 하였습니다. 느헤미야 5:11 하반절에서 "취한바 돈이나 곡식이나 새 포도주나 기름의 백분지 일을 돌려보내라"라고 말씀하고 있습니다. 여기 '백분지 일'은 당시에 받았던 월 1%의 이자였습니다.

둘째, 저당 잡은 땅과 집을 돌려보내게 하였습니다.

느헤미야 5:11에서 "그런즉 너희는 오늘이라도 그 밭과 포도원과 감람원과 집이며… 돌려보내라"라고 말씀하고 있습니다. 여기 '밭과 포도원과 감람원과 집'은 돈을 빌려주고 저당을 잡은 것들입니다. 느헤미야는 저당 잡은 모든 부동산을 다 돌려주라고 명령하였고, 이에 백성의 재산을 저당 잡았던 유력자들은 "우리가 당신의 말씀대로 행하여 돌려보내고 아무것도 요구하지 아니하리이다"라고 대답하였습니다(느 5:12).

셋째, 유력자들로 맹세케 하고 옷자락을 떨쳤습니다.

느헤미야 5:12 하반절에서 "내가 제사장들을 불러 저희에게 그 말대로 행하리라는 맹세를 시키게 하고"라고 말씀하고 있습니다. 그리고 13절 상반절에 "내가 옷자락을 떨치며 이르기를 이 말대로 행치 아니하는 자는 하나님이 또한 이와 같이 그 집과 산업에서 떨치실찌니 저는 곧 이렇게 떨쳐져 빌찌로다"라고 말씀하고 있습니다. 옷자락을 떨치는 것은 맹세를 확실히 하는 상징적 행동으로, 만약 이 맹세를 어기면 저주를 받는다는 표시입니다. 사람들이 물건을 나를 때 옷자락에 담아서 나르기도 했는데, 담은 물건을 쏟아버리듯이 옷자락을 떨치는 행동은 하나님께 받은 복을 다 쏟아버린다는 저주의 의미를 표현한 것입니다.

이에 회중이 다 아멘 하고 여호와를 찬송하며 그 말한 대로 행하였습니다(느 5:13下) .

아무리 외부적인 대적들의 공격을 잘 막는다 해도, 언약 백성 내부의 균열과 진통을 해결하지 않으면 하나님의 뜻을 이룰 수 없습니다. 느헤미야의 강력한 지도력과 유력자들의 순종을 통해 신앙 공동체가 깨어질 위기가 극복되었고, 성벽 공사가 하나님의 뜻대로 완성되었던 것입니다.

2. 성벽 완공 후의 역사
History after the Completion of the Wall

(1) 도비야 일당의 위협

성벽이 완공된 후에도 유다의 귀인들은 대적들 중 하나인 도비야와 서신을 왕래하면서 모든 소식을 알려주었습니다(느 6:17). 도비야는 예루살렘의 유력자들 집안과 혼인을 통해 동맹을 맺어 자신의 영향력을 키워 나갔습니다. 느헤미야 6:18에서 "도비야는 아라의 아들 스가냐의 사위가 되었고 도비야의 아들 여호하난도 베레갸의 아들 므술람의 딸을 취하였으므로 유다에서 저와 동맹한 자가 많음이라"라고 말씀하고 있습니다. 그들은 느헤미야에게는 도비야를 좋게 말하고, 도비야에게는 느헤미야의 일거수일투족을 다 알려주었던 것입니다. 그래서 도비야는 계속 느헤미야에게 협박하는 편지를 보내어 두려움에 빠뜨리려 했습니다. 느헤미야 6:19에서 "저희들이 도비야의 선행을 내 앞에 말하고 또 나의 말도 저에게 전하매 도비야가 항상 내게 편지하여 나를 두렵게 하고자 하였느니라"라고 말씀하고 있습니다.

훗날에 도비야는 제사장 엘리아십과의 친분을 이용하여 성전에 큰 방 하나를 얻어서 사용했습니다. 느헤미야는 바사로 돌아갔다가 아닥사스다 제32년(주전 432년)에 다시 귀국하여 그 소식을 듣고, 도비야의 세간을 방 밖으로 내어던지고 그 방을 정결하게 하였습니다(느 13:4-9).

(2) 에스라의 율법책 낭독과 초막절 준수

주전 444년 6월 25일에 성벽이 완공되고, 7월 1일 나팔절이 되었습니다(느 8:2). 에스라는 백성 앞에 율법책을 낭독하고 그 뜻을 해석해 주었습니다. 하나님께서는 외적으로 성벽이 완공되자, 이제 내적으로 영적 부흥 운동을 일으키게 하신 것입니다. 당시 영적 부흥 운동은 하나님의 말씀을 중심으로 시작되고 진행되었습니다. 그 부흥 운동의 특징은 무엇입니까?

첫째, 말씀을 읽는 운동입니다.

성경은 하나님의 말씀입니다(딤후 3:16, 벧후 1:20-21). 그러므로 성경을 읽기만 해도 하나님의 놀라운 역사들이 나타나는 것입니다(시 1:1-2, 행 17:11, 계 1:3). 에스라는 남자나 여자나 무릇 말씀을 알아들을 만한 회중 앞에서 율법책을 읽었습니다. 느헤미야 8:3에서 "수문 앞 광장에서 새벽부터 오정(정오)까지 남자, 여자 무릇 알아들을 만한 자의 앞에서 읽으매"라고 말씀하고 있고, 8절에서도 "하나님의 율법책을 낭독하고"라고 말씀하고 있습니다. 놀랍게도 학사 에스라는 새벽부터 오정까지 계속 율법책을 읽었습니다. 3절의 '새벽부터'는 히브리어 '민 하오르'(מִן־הָאוֹר)로, '그 빛으로부터'라는 뜻입니다. 이는 새벽에 빛이 밝아오기 시작하여 율법책을 읽을 수 있을 때부터를 가리킵니다. 온 백성이 캄캄한 새벽에 모였고, 율법책을 읽을 수 있을 만큼 날이 밝아오자 에스라는 하나님의 말씀을 낭독하기 시작하였습니다. 이 순간 이스라엘 백성의 마음의 어두움도 사라지기 시작하였던 것입니다.

율법책을 읽는 것은 초막절에도 계속되었습니다. 이스라엘 백성은 율법책에 기록된 대로 초막절을 지키며, 초막절 첫날부터 끝날까지 하나님의 말씀을 들었습니다. 느헤미야 8:18에서 "에스라는 첫날부터 끝날까지 날마다 하나님의 율법책을 낭독하고 무리가 칠일 동안 절기를 지키고 제팔일에 규례를 따라 성회를 열었느니라"

라고 말씀하고 있습니다.

둘째, 말씀을 경외하는 운동입니다.

에스라가 율법책을 낭독하자, 이스라엘 백성은 그 말씀에 귀를 기울였습니다. 느헤미야 8:3 하반절에서 "뭇 백성이 그 율법책에 귀를 기울였는데"라고 말씀하고 있습니다. 원문을 번역하면 "모든 그 백성의 귀가 그 율법책에 있었다"(וְאָזְנֵי כָל־הָעָם אֶל־סֵפֶר הַתּוֹרָה, '베아제네 콜 하암 엘 세페르 하토라')라는 의미입니다. 영어성경 YLT에서도 "and the ears of all the people [are] unto the book of the law"로 번역하고 있습니다. 말씀을 경외하는 백성은 말씀에 귀를 기울입니다(잠 2:1-5).

또한, 에스라가 백성 위에 서서 율법책을 펼 때에 모든 백성이 일어났습니다. 5절에서 "학사 에스라가 모든 백성 위에 서서 저희 목전에 책을 펴니 책을 펼 때에 모든 백성이 일어서니라"라고 말씀하고 있습니다. 이스라엘 백성은 앉아서 말씀을 듣지 않고, 서서 들었습니다(느 9:3). 이는 하나님의 말씀을 경외하고, 진심으로 하나님을 경외하는 경건한 자세였습니다. 하나님의 백성은 말씀을 통하여 하나님을 경외하는 법을 배우게 됩니다. 신명기 17:19에서 "평생에 자기 옆에 두고 읽어서 그 하나님 여호와 경외하기를 배우며 이 율법의 모든 말과 이 규례를 지켜 행할 것이라"라고 말씀하고 있습니다(신 31:11-13).

또한, 에스라가 광대하신 하나님 여호와를 송축하였습니다. 느헤미야 8:6의 '송축하매'는 히브리어 '바라크'(בָּרַךְ)의 피엘(강조)형이 사용되었습니다. '바라크'는 기본적으로 '무릎을 꿇다, 축복하다'라는 의미인데, 피엘(강조)형으로 하나님에 대해 사용되면 '찬양하다'

라는 의미입니다. 히브리어에는 찬양과 관련된 다양한 단어들이 있는데, '바라크'는 무릎을 꿇듯 겸손한 마음으로 받은 복에 감사하고 받을 복을 사모하는 자세로, 하나님을 높이는 행위를 가리킵니다. 에스라가 하나님을 송축할 때 백성은 세 가지 반응을 보였습니다. 먼저, 모든 백성이 손을 들고 '아멘 아멘'으로 화답하였습니다. 다음으로, 몸을 굽혔습니다. 마지막으로, 얼굴을 땅에 대고 하나님께 경배하였습니다.

셋째, 말씀을 밝히 깨닫는 운동입니다.

학사 에스라가 율법책을 읽은 다음에, 레위인들이 그 말씀을 백성에게 가르쳐서 깨닫게 했습니다. 느헤미야 8:7에서 "예수아와 바니와 세레뱌와 야민과 악굽과 사브대와 호디야와 마아세야와 그리다와 아사랴와 요사밧과 하난과 블라야와 레위 사람들이 다 그 처소에 섰는 백성에게 율법을 깨닫게 하는데"라고 말씀하고 있습니다.

말씀을 깨달은 백성은 다 울었습니다. 이들은 말씀을 통하여 자신들의 죄악과 나태함과 무지를 깨닫고 슬피 울었던 것입니다. 느헤미야와 에스라와 레위 사람들은 백성에게 "오늘은 너희 하나님 여호와의 성일이니 슬퍼하지 말며 울지 말라"라고 했습니다(느 8:9). 느헤미야는 "이날은 우리 주의 성일이니 근심하지 말라 여호와를 기뻐하는 것이 너희의 힘이니라"라고 하며 백성을 위로하였습니다(느 8:10). 여기 '여호와를 기뻐하는 것'은 히브리어 '헤드바트 예호바[아도나이]'(חֶדְוַת יְהוָה)로, '여호와의 기쁨'이라는 뜻입니다. 이는 하나님께서 주시는 기쁨을 의미합니다. 그 기쁨이 성도의 힘이요 피난처입니다. 여기 '힘'은 히브리어 '마오즈'(מָעוֹז)로, '힘'이라는 뜻 외에도 '피난처, 요새'라는 뜻이 있습니다. 하나님께서 주시는 기쁨이 성도의 삶에 힘이 되고 피난처와 요새가 되는 것입니다.

이스라엘 백성은 하나님의 말씀을 밝히 알게 되었습니다. 느헤미야 8:12에서 "모든 백성이 곧 가서 먹고 마시며 나누어 주고 크게 즐거워하였으니 이는 그 읽어 들린 말을 밝히 앎이니라"라고 말씀하고 있습니다. 여기 '밝히 앎이니라'는 '이해하다, 통찰하다'라는 뜻의 히브리어 '빈'(בִּין)으로, 백성이 하나님의 말씀을 깊이 깨달았음을 나타냅니다.

이들은 말씀이 너무나 좋아서 다음날에도 하나님의 말씀을 더 알고자 에스라에게 대표자들을 보냈습니다. 느헤미야 8:13에서 "그 이튿날 뭇 백성의 족장들과 제사장들과 레위 사람들이 율법의 말씀을 밝히 알고자 하여 학사 에스라의 곳에 모여서"라고 말씀하고 있습니다. 여기 '밝히 알고자 하여'는 '신중하다, 용의주도하다, 숙고하다'라는 뜻의 히브리어 '사칼'(שָׂכַל)로, 백성이 하나님의 말씀을 더 자세히 배우기를 원했음을 알려줍니다.

말씀을 밝히 깨달았다면, 순종으로 열매를 맺어야 합니다. 이스라엘 백성은 말씀을 듣고 깨달으면서 초막절을 지키는 방법을 알게 되었습니다. 느헤미야 8:14-15에서 "율법책을 본즉 여호와께서 모세로 명하시기를 이스라엘 자손은 칠월 절기에 초막에 거할찌니라 하였고 [15] 또 일렀으되 모든 성읍과 예루살렘에 공포하여 이르기를 너희는 산에 가서 감람나무 가지와 들감람나무 가지와 화석류나무 가지와 종려나무 가지와 기타 무성한 나무 가지를 취하여 기록한 바를 따라 초막을 지으라 하라 하였는지라"라고 말씀하고 있습니다. 이에 모든 백성이 초막을 짓고, 하나님께서 명하신 대로 순종하게 되었습니다. 17절에서는 "사로잡혔다가 돌아온 회 무리가 다

초막을 짓고 그 안에 거하니 눈의 아들 여호수아 때로부터 그날까지 이스라엘 자손이 이같이 행함이 없었으므로 이에 크게 즐거워하며"라고 말씀하고 있습니다. 포로지에서 귀환한 백성이 성전과 성벽 재건을 마친 후, 율법에 기록된 규례대로(레 23:34-43) 초막절을 지키며 크게 즐거워하였는데, 이렇게 지킨 것은 출애굽한 이스라엘 백성이 가나안에 입성하여 초막절을 지키기 시작한 이래 약 960년 만에 처음 이루어진 일이었던 것입니다.

(3) 거족적인 회개 운동

하나님의 말씀을 읽고 듣고 깨달음으로 시작된 영적 각성 운동은 7월 24일까지 이어졌습니다. 느헤미야 9:1에서 "그달 이십사일에 이스라엘 자손이 다 모여 금식하며 굵은 베를 입고 티끌을 무릅쓰며"라고 말씀하고 있습니다. 이스라엘 자손의 거족적인 회개 운동이 일어난 것입니다. 이 회개 운동은 다음과 같이 진행되었습니다.

첫째, 죄를 자복하였습니다.

느헤미야 9:2을 볼 때 이스라엘 백성은 '자기의 죄와 열조의 허물을 자복'하였습니다. 여기 '자복하고'는 '던지다, 쏘다'라는 뜻의 히브리어 '야다'(יָדָה)의 히트파엘(재귀강조)형이 쓰여, 자기 스스로 하나님 앞에 죄를 고백했음을 보여줍니다. 죄를 자복하는 사람은 자기 자신에게 돌을 던지고 화살을 쏘듯이 자기의 죄를 토설하는 사람입니다(시 32:5). 이스라엘 백성은 자신들의 죄뿐만 아니라 열조의 죄까지도 토설하였습니다(참고-레 26:40, 느 1:6-7, 단 9:16).

백성이 죄를 자복하면서 가장 먼저 한 일은 이방 사람과 절교하는 것이었습니다. 2절에서 "모든 이방 사람과 절교하고"라고 말씀하고 있습니다. '절교하고'는 '나누다, 분리하다'라는 뜻의 히브리어 '바달'(בָּדַל)의 니팔(수동/재귀)형으로, 스스로 나누고 분리하여 모든 관계를 끊어냈다는 의미입니다.

이스라엘 백성은 세 시간 동안 서서 하나님의 말씀을 듣고, 세 시간 동안 죄를 자복하며 하나님께 경배하였습니다. 느헤미야 9:3에서 "이날에 낮 사분지 일은 그 처소에 서서 그 하나님 여호와의 율법책을 낭독하고 낮 사분지 일은 죄를 자복하며 그 하나님 여호와께 경배하는데"라고 말씀하고 있습니다. 유대인들은 낮과 밤을 각각 세 시간씩 네 구간으로 구분하였으므로(참고-마 20:5, 행 3:1), 낮 사분지 일은 세 시간에 해당됩니다. 그러므로 해가 떠서 율법책을 읽을 수 있는 오전 6시경부터 9시경까지 율법책을 읽고, 오전 9시경부터 12시경까지 죄를 자복하였던 것입니다. 진정한 회개는 하나님의 말씀에 근거하여 이루어져야 함을 보여줍니다.

그리고 백성의 지도자들이 단 위에서 큰 소리로 하나님께 부르짖었습니다. 그들은 '레위 사람 예수아와 바니와 갓미엘과 스바냐와 분니와 세레뱌와 바니와 그나니'로, 백성을 대표하여 하나님께 다시 한번 죄를 자복하였던 것입니다(느 9:4).

둘째, 하나님을 송축하였습니다.

느헤미야 9:5을 볼 때, '또 레위 사람 예수아와 갓미엘과 바니와 하삽느야와 세레뱌와 호디야와 스바냐와 브다히야'는 백성에게 "너희 무리는 마땅히 일어나 영원부터 영원까지 계신 너희 하나님 여호와를 송축할찌어다"라고 외쳤습니다. 그리고 "주여 주의 영화로운 이름을 송축하올 것은 주의 이름이 존귀하여 모든 송축이나 찬양에서 뛰어남이니이다"라고 고백하였습니다. 여기 나오는 '송축하다'는 앞에서 살펴본 대로 히브리어 '바라크'(בָּרַךְ)의 피엘(강조)형으로, 하나님께 무릎을 꿇듯 겸손한 마음으로 받은 복과 받을 복에 감사하며 찬양을 드렸음을 나타냅니다. 이어지는 느헤미야 9:6-38은 하나님을 송축하는 내용으로, 크게 세 부분으로 볼 수 있습니다.

느헤미야 9:6-15에서, 과거에 아브라함을 택하신 때로부터 애굽 종살이를 거쳐 광야를 통과하여 가나안에 들어가기까지 역사하신 하나님의 구속사를 송축하고 있습니다. 하나님은 창조주요, 지으신 것을 보존하시는 분입니다(느 9:6). 하나님께서는 아브람을 택하시고 갈대아 우르에서 인도하시고 '아브라함'이라는 새 이름을 주셨으며, 그 마음이 하나님 앞에 충성됨을 보시고 언약을 체결하셨습니다(느 9:7-8). 그리고 아브라함의 자손이 애굽에서 고난받는 것을 감찰하시고, 애굽의 바로와 그 모든 신하와 그 나라 온 백성을 치시고, 뒤쫓아 오는 애굽 군대를 돌을 던지듯이 홍해 속에 던지셨습니다(느 9:9-11). 하나님께서는 그들을 광야에서 낮에는 구름 기둥으로, 밤에는 불 기둥으로 인도하시고, 시내산에 강림하여 십계명과 율법을 주시고, 거룩한 안식일을 알려주시고, 하늘에서 만나를 내리시고, 반석에서 물을 내시고, 약속하신 가나안 땅에 들어가서 그 땅을 차지하라고 명령하셨습니다(느 9:12-15). 이렇게 모든 구속사를 친히 주관하시고 섭리하시는 하나님께 뜨거운 감사를 올리며 하나님을 송축한 것입니다.

느헤미야 9:16-31에서, 광야 40년 동안과 가나안 땅에 들어간 이후 남 유다가 망할 때까지 백성이 하나님께 범죄한 내용을 고백하고 있습니다. 이 부분은 원문을 중심으로, 이스라엘 백성의 24가지 범죄와 하나님의 48가지 긍휼이 나타나는 구조로 분류할 수도 있습니다. 실로, 하나님은 인간들의 끝없는 범죄 가운데서도 더 크신 긍휼로 하나님의 뜻을 성취하시는 분이십니다.

느헤미야 9:17에서, "긍휼히 여기시며", 19절에서 "긍휼을 베푸사", 27절에서 "긍휼을 발하사", 28절에서 "여러 번 긍휼을 발하사", 31절에 "주의 긍휼이 크시므로", "주는 은혜로우시고 긍휼히 여기시는 하나님이심이니이다"라고 선포하고 있습니다. 하나님의 긍휼과 뜨거운 사랑은 인간의 계속되는 범죄 속에서도 구속사를 완전한 승리로 이끄시는 원동력입니다(신 30:3, 왕하 13:23, 사 54:7-10, 63:7-9, 렘 30:18, 31:20, 겔 39:25, 슥 10:6).

느헤미야 9:32-38에서, 북 이스라엘과 남 유다 멸망으로부터 바벨론 포로 귀환까지 모든 역사를 돌아보며, 현재의 환난과 곤란을 해결해 달라고 하나님께 기도하고 있습니다.

32절 하반절을 볼 때 "앗수르 열왕의 때로부터 오늘날까지 당한 바 환난을 이제 작게 여기시지 마옵소서"라고 기도하고 있으며, 37절을 볼 때, "우리의 죄로 인하여 주께서 우리 위에 세우신 이방 열왕이 이 땅의 많은 소산을 얻고 저희가 우리의 몸과 육축을 임의로 관할하오니 우리의 곤란이 심하오며"라고 기도하고 있습니다. 이는 바벨론에서 해방되어 고국으로 돌아와 예루살렘에 성전을 건축하고 성벽을 완성하였으나, 여전히 바사의 속국으로 종의 신세에 있는 자신들의 어려움을 해결해달라고 호소한 것입니다. 36절에서 "우리가 오늘날 종이 되었삽는데… 종이 되었나이다"라고 고백하고 있습니다.

이러한 모든 환난과 곤란을 해결하는 길은 하나님의 말씀대로 순

이스라엘의 범죄와 하나님의 긍휼 / 느[Neh] 9:16-31

Israel's Transgressions and God's Compassion

이스라엘 백성의 범죄 24가지	하나님의 긍휼 48가지	
1. 교만히 행함(16절)	1. 사유하심(17절)	25. 가나안 거민을 저희 손에 붙이시고 임의로 행하게 하심(24절)
2. 목을 굳게 함(16, 17절)	2. 은혜로우심(17절)	26. 견고한 성들과 기름진 땅을 취함(25절)
3. 주의 명령을 듣지 않음(16절)	3. 긍휼히 여기심(17절)	27. 집, 우물, 포도원, 감람원, 과목을 차지함(25절)
4. 거역함(17절)	4. 노하기를 더디하심(17절)	28. 배불리 먹음(25절)
5. 주의 기사를 생각지 않음(17절)	5. 인자가 풍부하심(17절)	29. 살찜(25절)
6. 패역함(17절)	6. 자기 백성을 버리지 않으심(17절)	30. 큰 복을 즐기게 하심(25절)
7. 스스로 한 두목을 세움(17절)	7. 연하여 긍휼을 베푸심(19절)	31. 대적의 손에 붙이심(27절)
8. 종 되었던 땅으로 돌아가려 함(17절)	8. 광야에 버리지 않으심(19절)	32. 곤고를 당하게 하심(27절)
9. 송아지를 만들어 섬김(18절)	9. 낮에 구름 기둥으로 인도하심(19절)	33. 부르짖을 때 들으심(27절)
10. (금송아지를) 너희를 인도하여 애굽에서 나오게 하신 하나님이라고 함(18절)	10. 밤에 불 기둥으로 비추심(19절)	34. 크게 긍휼을 발하사 구원자들을 주심(27절)
11. 크게 설만하게 함(18절)	11. 선한 신을 주어 가르치심(20절)	35. 대적의 손에서 구원하심(27절)
12. 주께 순종치 않음(26절)	12. 만나가 끊어지지 않게 하심(20절)	36. 대적의 손에 버려두심(28절)
13. 주를 거역함(26절)	13. 40년 동안 들에서 기르심(21절)	37. 대적에게 제어를 받게 하심(28절)
14. 주의 율법을 등 뒤에 둠(26절)	14. 결핍함이 없게 하심(21절)	38. 돌이켜 부르짖을 때 들으심(28절)
15. 선지자들을 죽임(26절)	15. 옷이 해어지지 않음(21절)	39. 여러 번 긍휼을 발하사 건져주심(28절)
16. 크게 설만히 행함(26절)	16. 발이 부릍지 않음(21절)	40. 다시 율법을 복종하도록 경계하심(29절)
17. 평강 얻은 후 다시 악을 행함(28절)	17. 나라들과 족속들을 주심(22절)	41. 여러 해 동안 용서하심(30절)
18. 저희가 교만히 행함(29절)	18. 각각 땅을 나눠 주심(22절)	42. 주의 신으로 저희를 경계하심(30절)
19. 주의 계명을 듣지 않음(29절)	19. 땅을 차지하게 하심(22절)	43. 열방 사람의 손에 붙이심(30절)
20. 주의 규례를 범함(29절)	20. 자손을 하늘의 별과 같이 많게 하심(23절)	44. 주의 긍휼이 크심(31절)
21. 고집하는 어깨를 내어 밈(29절)	21. 가나안 땅으로 인도하여 이르게 하심(23절)	45. 아주 멸하지 아니하심(31절)
22. 목을 굳게 함(29절)	22. 가나안 땅에 들어가게 하심(24절)	46. 버리지 아니하심(31절)
23. 저희가 교만히 행하여 계명을 듣지 않음(29절)	23. 가나안 땅을 차지하게 하심(24절)	47. 은혜로우심(31절)
24. 저희를 경계하시되 저희가 듣지 않음(30절)	24. 가나안 거민을 복종케 하심(24절)	48. 긍휼히 여기심(31절)

종하면서 사는 것뿐입니다. 그래서 그들은 이제 다시 견고한 언약을 세우고 하나님의 말씀대로 살겠다고 결심하면서, 그 증표로 인(印)을 친 것입니다. 느헤미야 9:38에서 "우리가 이 모든 일을 인하여 이제 견고한 언약을 세워 기록하고 우리의 방백들과 레위 사람들과 제사장들이 다 인을 치나이다"라고 말씀하고 있습니다. 여기 '인을 치나이다'는 '인봉하다, 인을 치다'라는 뜻의 히브리어 '하탐'(חָתַם)으로, 각 지도자들이 진흙에 도장을 찍고 구워서, 약속을 이행할 것을 공표한 것입니다.

(4) 언약의 갱신

느헤미야 9:1-38에 기록된 거족적인 회개 운동은 언약의 갱신으로 이어졌습니다. 느헤미야 10:1-27에는 언약을 지키기로 맹세하고 인을 친 백성의 대표자들의 명단이 기록되어 있으며, 28-39절에는 나머지 백성이 실제로 언약을 지키기로 한 세부 내용이 기록되어 있습니다. 언약을 지키기로 인을 친 자들의 명단(느 10:1-27)은 제6장의 '귀환자들의 성별된 족보'에서 자세히 살펴보도록 하고, 여기서는 언약 갱신에 담겨 있는 교훈을 살펴보도록 하겠습니다.

첫째, 제2의 출애굽을 마무리하는 공식적인 언약이었습니다.

과거에 이스라엘 백성은 애굽에서 해방된 후에 시내산에서 하나님과 언약을 체결했습니다. 바벨론에 포로로 끌려갔던 이스라엘 백성이 해방되어 예루살렘으로 돌아온 것은 제2의 출애굽과 같은 역사였습니다. 제1차부터 제3차까지의 모든 귀환 과정을 마무리하고 성전을 건축하고 성벽을 재건한 뒤, 이제 언약을 갱신하고 인을 치게 된 것입니다.

언약에 인을 친 사람들 명단 / 느[Neh] 10:1-27

The List of People Who Sealed the Covenant

지도자/제사장 느 10:1-8		레위인 느 10:9-13		백성의 두목 느 10:14-27	
느헤미야, 시드기야	1절	예수아, 빈누이, 갓미엘	9절	바로스, 바핫모압, 엘람, 삿두, 바니	14절
스라야, 아사랴, 예레미야	2절	스바냐, 호디야, 그리다, 블라야, 하난	10절	분니, 아스갓, 베배	15절
바스훌, 아마랴, 말기야	3절	미가, 르홉, 하사뱌	11절	아도니야, 비그왜, 아딘	16절
핫두스, 스바냐, 말룩	4절	삭굴, 세레뱌, 스바냐	12절	아델, 히스기야, 앗술	17절
하림, 므레못, 오바댜	5절	호디야, 바니, 브니누	13절	호디야, 하숨, 베새	18절
다니엘, 긴느돈, 바룩	6절			하립, 아나돗, 노배	19절
므술람, 아비야, 미야민	7절			막비아스, 므술람, 헤실	20절
마아시야, 빌개, 스마야	8절			므세사벨, 사독, 얏두아	21절
				블라댜, 하난, 아나야	22절
				호세아, 하나냐, 핫숩	23절
				할르헤스, 빌하, 소벡	24절
				르훔, 하삽나, 마아세야	25절
				아히야, 하난, 아난	26절
				말룩, 하림, 바아나	27절
23명		17명		44명	
언약에 인을 친 백성의 대표자 84명					

이스라엘 백성이 시내산 언약을 통해 하나님의 선민으로서 말씀대로 살겠다고 약속한 것처럼, 이제 다시 언약을 통해 하나님의 말씀대로 살겠다고 다짐하였습니다. 느헤미야 10:1의 '인친 자'에서 '인친'도 히브리어 '하탐'(חָתַם)으로, 언약을 이행할 것을 공식적으로 약속한 것입니다. 도장은 자신의 신분을 증명하는 증표로(창 38:18, 25, 아 8:6), 당시에도 자신을 대표하는 도장을 문서에 찍음으로써 공적인 계약을 체결하였습니다(왕상 21:8, 에 3:12, 8:8, 10, 렘 32:10-11, 44, 단 6:17). '하탐'은 '봉인하다'라는 의미도 있는데, 당시에는 인주를 묻혀 도장을 찍는 것이 아니라 점토나 밀랍에 도장을 찍거나 굴려서 문서를 봉했기 때문입니다. 밀랍으로 봉하는 경우에는, 양피지나 파피루스를 둥글게 말고 그 위에 밀랍을 붙이고 도장을 찍어서 봉인하였습니다. 이렇게 인봉된 문서는 인을 떼기 전까지는 아무도 열 수 없기 때문에(참고-사 8:16, 단 12:9), 인치는 것은 공식성과 불변성을 공표하는 것이기도 합니다.

둘째, 견고한 언약이었습니다.

느헤미야 9:38에서 "우리가 이 모든 일을 인하여 이제 견고한 언약을 세워 기록하고"라고 말씀하고 있습니다. 여기 '견고한 언약'은 히브리어 '아마나'(אֲמָנָה)인데, '확실하게 하다, 지지하다, 충실하다, 믿다'라는 뜻의 '아만'(אָמַן)에서 유래한 단어입니다. 히브리어 '아만'에서 '진실로, 확실히, 그러하다'라는 뜻의 '아멘'(אָמֵן)과 '진리, 확실함'이라는 뜻의 '에메트'(אֱמֶת)가 유래하였습니다. 갱신된 언약은 변치 않는 진리요, 확실한 말씀이라는 것입니다.

느헤미야 9:13에서 "또 시내산에 강림하시고 하늘에서부터 저희와 말씀하사 정직한 규례와 진정한('에메트') 율법과 선한 율례와 계명을 저희에게 주시고"라고 말씀하고 있으며, 느헤미야 9:33에서 "그러나 우리의 당한 모든 일에 주는 공의로우시니 우리는 악을 행하였사오나 주는 진실히('에메트') 행하셨음이니이다"라고 말씀하고 있습니다. 하나님은 이스라엘 백성에게 진실하셨지만, 백성은 그동안 하나님께 진실하지 못했습니다. 이제 이스라엘 백성은 언약에 인을 치고, 하나님께 진실하고 변함없는 삶을 살겠다고 다짐한 것입니다. 하나님께서는 성도의 진실하고 변함없는 삶을 기뻐하십니다(삼상 12:24, 시 51:6, 겔 18:9). 에베소서 6:24에서 "우리 주 예수 그리스도를 변함없이 사랑하는 모든 자에게 은혜가 있을찌어다"라고 말씀하고 있습니다.

셋째, **신앙생활 속에서 열매를 맺는 언약이었습니다.**

언약을 갱신하면서 맹세한 것은 신앙생활 속에서 반드시 열매를 맺어야 합니다. 비록 갱신된 언약에 인을 치지는 않았지만, 백성은 하나님의 율법을 좇아 모든 계명과 규례와 율례를 지키기로 맹세했습니다(느 10:28-29). 이들은 이방인들과 연혼하지 않을 것, 철저하게 안식일과 안식년을 지킬 것, 성전세로 1/3세겔을 바쳐 성전을 위해 쓰게 할 것, 성전에 필요한 나무를 바칠 것, 첫 것을 하나님께 바칠 것, 십일조를 바칠 것을 다짐하였습니다(느 10:30-38).

이 모든 언약에 인치는 일을 마친 다음, 마지막 다짐은 "그리하여 우리가 우리 하나님의 전을 버리지 아니하리라"라는 고백입니다(느 10:39下). 이 고백은 지금까지 이스라엘 백성이 하나님의 성전을 버리고 살아왔다는 뉘우침의 고백이자, 이제부터는 절대로 성전을 버리지 않겠다는 강한 결의가 포함되어 있는 것입니다.

또한, 이것은 언약 갱신의 초점이 '성전'에 있음을 알려줍니다.

올바른 제사와 성전 관리를 통해 하나님과의 올바른 관계를 정립하는 것이 언약의 핵심인 것입니다. 하나님께서는 오늘날 성도에게 신구약성경의 언약을 주시고 교회를 세워주셨습니다. 그러므로 예수 그리스도의 몸 된 교회에서 하나님께 올바른 예배를 드리는 자만이 하나님의 참된 언약 백성이 되는 것입니다(요 4:23-24, 롬 12:1). 시편 50:5에서 "나의 성도를 내 앞에 모으라 곧 제사로 나와 언약한 자니라"라고 말씀하고 있습니다.

언약 갱신 후에 했던 이스라엘 백성의 고백은 오늘날 성도의 신앙생활에 본이 됩니다. 성도는 이방인들의 사상에 혼잡해져서는 안 되며(고후 2:17, 4:2, 6:14-18, 엡 4:17-20, 계 2:14-15), 철저하게 주일을 성수하고(출 20:8-10, [참고-]사 66:23, 행 20:7, 히 10:25), 하나님께서 맡기신 재물로 하나님의 일에 헌신하며(마 6:20, 눅 12:33, 딤전 6:18-19), 하나님의 것으로 구별된 첫 것과 십일조를 반드시 드려야 합니다(출 23:19, 느 10:35, 잠 3:9-10, 말 3:10, 마 23:23).

3. 거주지 재배치와 성벽 낙성식

Relocation of the Inhabitants and Dedication of the Wall

느헤미야는 성벽이 완공되자 문짝을 달고, 문지기와 노래하는 자들과 레위 사람들을 세웠습니다(느 7:1). 그리고 동생인 하나니와 성의 사령관인 하나냐에게 예루살렘을 다스리도록 맡겼습니다. 하나냐는 충성되고, 누구보다도 하나님을 경외하는 사람이었습니다(느 7:2). 느헤미야는 해가 높이 뜬 후에 사람들의 일과가 시작되었을 때 성문을 열도록 하고, 성전 문을 닫고 빗장을 지를 때도 반드시 문지기들이 지키고 있을 때 하라고 하였으며, 각자의 집 앞을 잘 지키도록 명령하였습니다(느 7:3). 그러나 예루살렘성은 크고 넓은 반면에 거기에 거주하는 백성이나 집들은 얼마 되지 않는 형편이었습니다(느 7:4). 이에 예루살렘성과 성전을 지키기 위하여 이스라엘 백성의 거주지를 재배치하는 중대한 일을 실행했습니다.

(1) 예루살렘에 거주할 자들의 재배치

느헤미야 11장을 볼 때, 1-2절에서 거주지 재배치의 방법에 대하여 설명하고 있으며, 4-9절은 유다 자손과 베냐민 자손 중 예루살렘에 거주하는 자들의 가문과 인원수를 기록하고 있습니다. 또한, 10-24절에는 제사장과 레위 사람과 성전의 봉사자들 중에서 예루살렘에 거주하는 자들의 명단과 인원수를 기록하고 있습니다. 마지막으로 25-36절은 유다와 베냐민 자손들이 살고 있는 예루살렘 외의 다른 지역의 성읍들을 기록하고 있습니다.

예루살렘에 거주한 자들의 명단과 예루살렘 밖에 거주한 자들의 명단은 본서 제6장의 '귀환자들의 성별된 족보' 부분에서 다루기로 하고, 여기서는 재배치에 사용된 몇 가지 원칙을 살펴보도록 하겠습니다.

첫째, **백성의 두목을 예루살렘에 머물게 했습니다.**

느헤미야 11:1은 "백성의 두목들은 예루살렘에 머물렀고"라고 시작하고 있습니다. 여기 '머물렀고'는 히브리어 '야샤브'(יָשַׁב)로, 잠시 머무르는 것이 아니라 '거주하다'라는 뜻입니다. 예루살렘에 거하게 할 백성을 제비 뽑기 전에, 먼저 예루살렘에 거주하기로 작정한 두목들이 있었던 것입니다. 거주지의 재배치는 현재 자신들의 거주지를 떠나 삶의 근거지를 바꾸는 것으로, 큰 희생과 고통이 따르는 일이었지만, 이들은 백성의 지도자들로서 기꺼이 앞장섰습니다(참고-고전 11:1).

둘째, 제비를 뽑아 백성의 십분의 일을 예루살렘에 거하게 했습니다.

느헤미야 11:1에서 "그 남은 백성은 제비 뽑아 십분의 일은 거룩한 성 예루살렘에 와서 거하게 하고 그 구분은 다른 성읍에 거하게 하였으며"라고 말씀하고 있습니다. 제비를 뽑으면 사람의 힘으로 원하는 결과가 나올 수 없습니다. 그러나 제비 뽑은 대로 순종하는 것은 모든 결정을 하나님께 전적으로 맡기는 것을 의미합니다.

잠언 16:33에서 "사람이 제비는 뽑으나 일을 작정하기는 여호와께 있느니라"라고 말씀하고 있습니다. 이를 현대인의성경에서는 "제비를 뽑는 일은 사람이 하지만 그 일을 결정하는 분은 여호와이시다"라고 번역하고 있습니다. 제비를 뽑을 때에 인간의 다툼은 그치게 됩니다. 제비로 하나님의 뜻이 나타나니, 누구든지 거기에 순종해야 하는 것입니다. 잠언 18:18에서 "제비 뽑는 것은 다툼을 그치게 하여 강한 자 사이에 해결케 하느니라"라고 말씀하고 있습니다.

셋째, 예루살렘에 거하기를 자원하는 백성은 예루살렘에 거하였습니다.

제비로 뽑힌 십분의 일이 예루살렘성에 거하였으나, 그들 외에도 예루살렘에 거하기를 자원하는 자들은 예루살렘성에 거할 수 있었습니다. 느헤미야 11:2에서 "무릇 예루살렘에 거하기를 자원하는 자는 백성들이 위하여 복을 빌었느니라"라고 말씀하고 있습니다. 여기 '자원하는'은 히브리어 '나다브'(נָדַב)의 히트파엘(재귀강조)형으로, '자발적으로 강력하게 원하였다'는 뜻입니다. 똑같은 히브리어 형태가 쓰인 사사기 5:2, 9에서는 '즐거이 헌신하다'로 번역되었습니다. 하나님의 일은 억지로 마지못해 해서는 안되며, 항상 즐거운 마음으로 헌신할 때 하나님께서 받으십니다(고후 9:7). 이렇게 자원하는 사람들을 위하여 백성은 복을 빌어주었습니다.

결국 가나안에 입성한 후 땅의 분배가 이루어져서 언약 신앙 국가의 기초가 마련된 것처럼, 바벨론 포로에서 귀환한 백성의 거주지 재배치까지가 마쳐짐으로, 새로운 언약 신앙 국가의 기초가 마련되었습니다. 이 모든 역사는 하나님께서 이루신 것이었습니다.

에스겔 36:34-36 "전에는 지나가는 자의 눈에 황무하게 보이던 그 황무한 땅이 장차 기경이 될찌라 [35] 사람이 이르기를 이 땅이 황무하더니 이제는 에덴동산같이 되었고 황량하고 적막하고 무너진 성읍들에 성벽과 거민이 있다 하리니 [36] 너희 사면에 남은 이방 사람이 나 여호와가 무너진 곳을 건축하며 황무한 자리에 심은 줄 알리라 나 여호와가 말하였으니 이루리라"

성벽을 봉헌하기에 앞서, 먼저 하나님의 백성이 성안에 살고 있어야 진정한 봉헌이 됩니다. 외형을 갖춘 성전에는 반드시 하나님의 언약 백성이 있어야 합니다. 마찬가지로, 신약 시대의 교회도 하나님의 언약 백성이 그곳에 있어야 합니다. 성도의 삶은 하나님께서 지정하신 장소인 교회가 중심이 되어야 하고, 신령한 언약 공동체인 교회를 지키는 것이 성도 본연의 사명입니다.

예루살렘에 거주할 자들의 재배치 / 느[Neh] 11:4-24

Relocation of the Inhabitants of Jerusalem

	거주자들 가문	구절	인원수	
유다 자손	**베레스 자손 아다야** / Athaiah of the sons of Perez	느 11:4, 6	468명	
	마아세야* / Maaseiah	느 11:5		
베냐민 자손	**살루** / Sallu	느 11:7	928명	
	갑배와 살래 / Gabbai and Sallai	느 11:8		
제사장	**여다야와 야긴** / Jedaiah and Jachin	느 11:10		1,192명
	스라야와 그 형제들 / Seraiah and their kinsmen	느 11:11-12	822명	
	아다야와 그 형제들 / Adaiah and his kinsmen	느 11:12-13	242명	
	아맛새와 그 형제들 / Amashsai and their brothers	느 11:13-14	128명	
레위 자손	**스마야** / Shemaiah	느 11:15	284명 (느 11:18)	
	삽브대와 요사밧 / Shabbethai and Jozabad	느 11:16		
	맛다냐 / Mattaniah	느 11:17		
	압다 / Abda	느 11:17		
문지기	**악굽과 달몬과 그 형제** Akkub, Talmon, and their brethren	느 11:19	172명	
노래하는 자	**아삽 자손 웃시** / Uzzi from the sons of Asaph	느 11:22		
	브다히야 / Pethahiah	느 11:24		
기타	**느디님 사람(오벨에 거주)** / temple servants	느 11:21		

* 느헤미야 11:5에서 마아세야는 '실로 사람의 칠대손'이라고 말씀하고 있습니다. 마아세야에 대해서, 베레스 자손 가운데 실로 지역에 살았던 사람이며 베레스 자손 468명에 포함된다고 해석하는 견해와 베레스 자손과 구분되는 실로 사람이며 그 수가 미약해서 계수되지 않았다는 견해가 있습니다.

(2) 예루살렘 밖에 거주할 자들의 재배치

느헤미야는 백성의 두목과 남은 백성 중 십분의 일은 예루살렘에 거하게 하였고, 나머지 십분의 구는 예루살렘 외의 지역에 거주하게 하였습니다.

느헤미야 11:25-36에서는 예루살렘 외의 지역에 있는 유다 자손과 베냐민 자손들의 거주하는 마을들을 기록하고 있습니다. 먼저 25-30절에는 유다 자손들이 거주하였던 예루살렘 남쪽 지역의 이름들을 기록하고 있으며, 다음으로 31-36절에는 베냐민 자손들이 거주하였던 예루살렘 북쪽 지역의 이름들을 기록하고 있습니다.

(3) 제사장과 레위인의 인구 조사

성벽 낙성식을 앞두고 맨 마지막으로 한 일은 제사장과 레위인들의 인구를 조사한 것입니다. 이는 성벽 공사의 궁극적인 목적이 하나님께 예배드리는 데 있음을 알려줍니다. 제사장과 레위인들은 하나님께 드리는 예배를 인도하는 자들이기 때문입니다.

느헤미야는 단순히 현재 제사장들의 이름만을 기록한 것이 아니라, 제1차 바벨론 포로 귀환까지 거슬러 올라가 그 뿌리를 확인하여 '성별된 족보'를 기록하였습니다.

느헤미야 12:1-7	제1차로 귀환한 제사장들의 명단
느헤미야 12:8-9	레위인들의 명단
느헤미야 12:10-11	대제사장 예수아(여호수아)의 족보
느헤미야 12:12-21	대제사장 요야김 시대의 제사장 족장들의 명단
느헤미야 12:22-26	대제사장 요야김 다음 시대의 레위 사람의 어른들의 명단

(4) 성벽 낙성식

느헤미야 12:27-43에서는 성벽 낙성식에 대해 말씀하고 있습니다. 성벽 낙성식은 성벽 공사를 마친 후 바로 거행되지 않았습니다. 성벽 공사를 마친 것은 6월 25일이었지만(느 6:15), 그 뒤에 제1차 바벨론 포로 귀환자들의 족보를 정리하였고(느 7장), 이스라엘 백성은 7월 1일에 학사 에스라를 통해 율법 강론을 듣고, 7월 15일부터 초막절 절기를 지켰습니다(느 8장). 그리고 7월 24일에는 백성이 다 모여 금식하며 회개하였고, 언약을 갱신하고 인을 쳤습니다(느 9-10장). 그러나 예루살렘성 안에 거민이 너무 적어서(느 7:4) 백성의 거주지를 재배치하였는데, 그 결과 백성의 두목들과 백성 중에 제비 뽑힌 십분의 일의 인원, 그리고 자원하는 백성이 예루살렘성에 와서 살게 되었습니다(느 11:1-2).

예루살렘 거민의 영적인 준비와 육적인 준비를 모두 마친 후, 드디어 성벽 낙성식이 시작되었습니다. 느헤미야는 먼저 각처에서 레위 사람들을 찾아 예루살렘으로 데려와 감사하며 노래하며 제금 치며 비파와 수금을 연주하며 즐겁게 낙성식을 행할 수 있게 하였습니다(느 12:27). 노래하는 자들 곧 레위인들이 사방에서 모여왔는데, 이들은 자기를 위하여 예루살렘 사방에 동네를 세웠던 사람들입니다(느 12:28-29).

제사장들과 레위인들은 먼저 스스로를 정결케 하고, 또 백성과 성문과 성을 정결케 하였습니다. 정결 예식을 집행해야 하는 제사장들과 레위인들 먼저 정결 규례를 행하고, 이어서 백성과 그 백성이 거하는 성의 성문과 성벽에 대한 정결 예식이 진행되었습니다(느 12:30). 사람을 위해서는 희생 제물을 잡아 속죄 제물을 드렸지만(레 16:6, 11, 14-15, 17, 24), 건물을 위해서는 희생 제물의 피를 뿌려서 정결케 하였습니다(레 14:49-53, 16:18-19, 참고-출 30:10). 성문과 성벽에까지 희생 제물의 피를 뿌려 정결케 한 것은, 훗날 예수님께서 십자가에서 희생 제물이 되어 흘리신 피가 성도의 마음뿐 아니라 모든 삶의 구석구석에 뿌려져서 정결케 해주실 것을 보여줍니다(히 9:12, 19-22).

모든 정결 예식을 마친 후 느헤미야는 에스라와 함께 유다의 방백들을 성벽 위로 올라가게 했고, 감사 찬송하는 자의 큰 무리를 두 떼로 나누어 성 위로 항렬을 지어 서로 반대 방향으로 행진하게 하였습니다(느 12:31). 감사 찬송하는 자들의 한 떼는 에스라가 인도하였고, 다른 한 떼는 느헤미야가 인도하였습니다. 낙성식을 시작한 위치가 성경에 자세하게 기록되어 있지는 않지만, 행진의 경로를 볼 때 골짜기문 앞에서 시작한 것을 알 수 있습니다.

① 에스라를 따르는 찬양 대열

에스라를 따르는 찬양 대열은 **1호세야와 유다 방백 절반**이었고, 또 **2아사랴, 3에스라, 4므술람, 5유다, 6베냐민, 7스마야, 8예레미야**였습니다(느 12:32-34). 또 제사장의 자손 몇이 나팔을 잡았는데, 그 이름은 **9스가랴, 10스마야, 11아사렐, 12밀랄래, 13길랄래, 14마애, 15느다넬, 16유다, 17하나니**였습니다(느 12:35-36).

이들은 에스라를 따라 골짜기문 바깥에서 행진을 시작하여 성 안에 들어가 성벽 위에 오른 후, 남쪽 바깥쪽 성벽을 통해 분문을 지나 샘문까지 도착하였고, 성벽에서 내려와 샘문으로 들어갔습니다. 느헤미야 12:37에서 "샘문으로 말미암아 전진하여 성으로 올라가는 곳에 이르러 다윗성의 층계로 올라가서 다윗의 궁 윗길에서 동향하여 수문에 이르렀고"라고 말씀하고 있는데, 한글 개역성경에는 많은 부분이 의역되어 있습니다. 여기 '전진하여'는 히브리어 접속사 '베'(וְ)와 '네게드'(נֶגֶד)가 결합하여 '바로 앞에'라는 의미입니다. 그리고 원문에서는 '성으로 올라가는 곳에 이르러'보다 '다윗성의 층계로 올라가서'가 먼저 나와있습니다. 또한, '동향하여'는 방향을 바꿨다는 것이 아니라, '동쪽에 있는'이라는 의미로, '수문'을 수식합니다. 즉, 원문의 의미를 살려 번역하면, '샘문에 들어와서 바로 앞에 있는 다윗성의 층계로 올라갔고, 성으로 올라가는 곳에서 성벽에 올라가서 다윗의 궁을 지나 동쪽의 수문에 이르렀다'는 것입니다.

② 느헤미야를 따르는 찬양 대열

[1]**느헤미야**를 따르는 찬양 대열은 [2]**제사장 엘리아김**, [3]**마아세야**, [4]**미냐민**, [5]**미가야**, [6]**엘료에내**, [7]**스가랴**, [8]**하나냐**가 다 나팔을 잡았고, 또 [9]**마아세야**, [10]**스마야**, [11]**엘르아살**, [12]**웃시**, [13]**여호하난**, [14]**말기야**, [15]**엘람**, [16]**에셀**이 함께했으며(느 12:41-42上), 노래하는 자들의 감독은 [17]**예스라히야**였습니다(느 12:42下). 느헤미야는 무리의 절반은 자신의 앞에, 무리의 절반은 자신의 뒤에 두고 대열에 섰습니다.[16]

이들은 골짜기문 바깥에서 성 안으로 들어가 성벽 위로 올라가며 행진을 시작하였습니다. 느헤미야 12:38 하반절에서 "내가 백성의 절반으로 더불어 그 뒤를 따라 성 위로 행하여 풀무 망대 윗길로 성 넓은 곳에 이르고"라고 말씀하고 있습니다. 여기 '성 넓은 곳'은 히브리어 '하호마 하르하바'(הַחוֹמָה הָרְחָבָה)로, '넓은 성벽'을 가리킵니다. 이어서 넓은 성벽에 위치한 에브라임문을 지나 옛문과 어문, 하나넬 망대와 함메아 망대를 지나 양문에 이르러 감옥문(함밉갓문)에 도착하였습니다(느 12:39). 그리고 에스라를 따르는 찬양 대열과 느헤미야를 따르는 찬양 대열은 성 안으로 들어가 성전 앞에 섰습니다(느 12:40).

에스라를 따르는 찬양 대열과 느헤미야를 따르는 찬양 대열은 중수된 성벽을 빠짐없이 한 바퀴 돌았습니다. 이는 재건된 모든 예루살렘 성벽이 하나님의 소유라는 고백이었습니다. 성벽 행진을 마친 후, 모든 무리가 성전에 모여 하나님께 크게 제사를 드리며 심히 즐거워하였습니다(느 12:43). 성벽 낙성식이 거행된 그날, 이스라엘

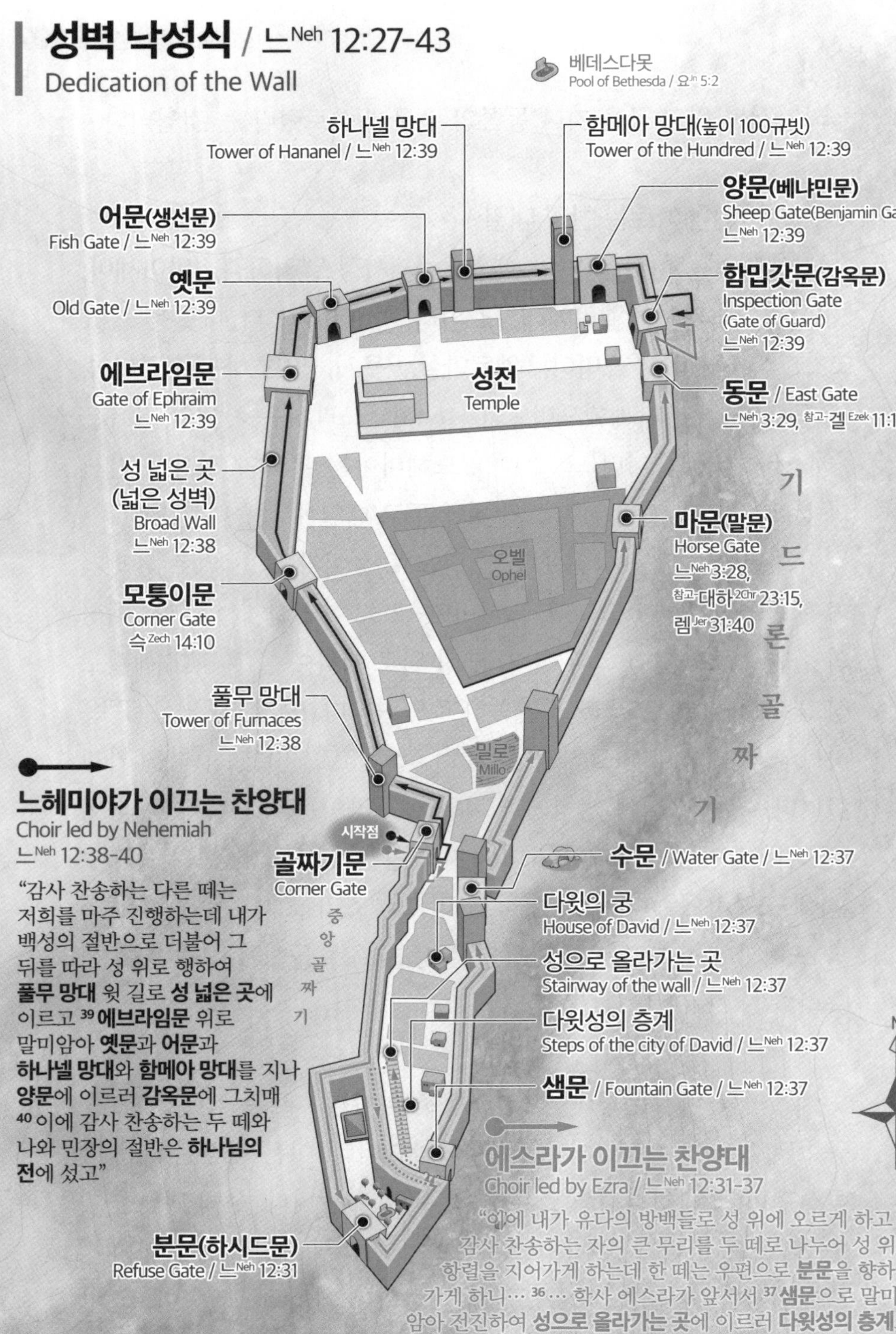

성벽 낙성식 / 느Neh 12:27-43
Dedication of the Wall
베데스다못
Pool of Bethesda / 요Jn 5:2
하나넬 망대
Tower of Hananel / 느Neh 12:39
함메아 망대(높이 100규빗)
Tower of the Hundred / 느Neh 12:39
양문(베냐민문)
Sheep Gate(Benjamin Ga
느Neh 12:39
어문(생선문)
Fish Gate / 느Neh 12:39
옛문
Old Gate / 느Neh 12:39
함밉갓문(감옥문)
Inspection Gate
(Gate of Guard)
느Neh 12:39
에브라임문
Gate of Ephraim
느Neh 12:39
성전
Temple
동문 / East Gate
느Neh 3:29, 참고-겔 Ezek 11:1
성 넓은 곳
(넓은 성벽)
Broad Wall
느Neh 12:38
기드론 골짜기
마문(말문)
Horse Gate
느Neh 3:28,
참고-대하 2Chr 23:15,
렘 Jer 31:40
오벨
Ophel
모퉁이문
Corner Gate
슥 Zech 14:10
풀무 망대
Tower of Furnaces
느Neh 12:38
밀로
Millo
느헤미야가 이끄는 찬양대
Choir led by Nehemiah
느Neh 12:38-40
시작점
골짜기문
Corner Gate
수문 / Water Gate / 느Neh 12:37
다윗의 궁
House of David / 느Neh 12:37
중앙 골짜기
“감사 찬송하는 다른 떼는
저희를 마주 진행하는데 내가
백성의 절반으로 더불어 그
뒤를 따라 성 위로 행하여
풀무 망대 윗 길로 성 넓은 곳에
이르고 39 에브라임문 위로
말미암아 옛문과 어문과
하나넬 망대와 함메아 망대를 지나
양문에 이르러 감옥문에 그치매
40 이에 감사 찬송하는 두 떼와
나와 민장의 절반은 하나님의
전에 섰고”
성으로 올라가는 곳
Stairway of the wall / 느Neh 12:37
다윗성의 층계
Steps of the city of David / 느Neh 12:37
N
샘문 / Fountain Gate / 느Neh 12:37
에스라가 이끄는 찬양대
Choir led by Ezra / 느Neh 12:31-37
“이에 내가 유다의 방백들로 성 위에 오르게 하고
감사 찬송하는 자의 큰 무리를 두 떼로 나누어 성 위
항렬을 지어가게 하는데 한 떼는 우편으로 분문을 향하
가게 하니… 36 … 학사 에스라가 앞서서 37 샘문으로 말미
암아 전진하여 성으로 올라가는 곳에 이르러 다윗성의 층계
올라가서 다윗의 궁 윗 길에서 동향하여 수문에 이르렀고”
분문(하시드문)
Refuse Gate / 느Neh 12:31

백성은 모세의 책을 낭독하면서, 그 책에 기록된 대로(신 23:3-6) 이스라엘 가운데서 섞인 이방인을 몰수이 분리하여 언약 공동체를 새롭게 하였습니다(느 13:1-3).

성벽 낙성식에는 놀라운 구속사적 경륜이 나타나 있습니다.

첫째, 성벽 재건으로 이루어진 언약 신앙 국가 체제의 완성은 전적으로 하나님의 은혜입니다.

낙성식에 대한 기록에는 '감사 찬송'이라는 단어가 여러 번 등장합니다. 낙성식을 위해 큰 무리를 두 떼로 나누었는데, 이들을 "감사 찬송하는 자의 큰 무리"(느 12:31), "감사 찬송하는 다른 떼"(느 12:38), "감사 찬송하는 두 떼"(느 12:40)라고 말씀하고 있습니다. 여기 '감사 찬송'은 히브리어로 한 단어인 '토다'(תּוֹדָה)입니다. '토다'는 히브리어 '야다'(יָדָה, 뜻-던지다, 찬양하다, 감사하다)에서 파생하여, '찬양, 고백, 감사, 감사 찬송' 등을 의미하며, 느헤미야 12:27에서 '감사하며'로 번역되고 있습니다. 찬양에 대한 여러 가지 히브리어 단어 중에 '토다'는 자신의 신앙을 겉으로 표현하여 고백한다는 의미를 가집니다. 즉, 낙성식에서 온 백성이 넘치는 감사와 찬송으로 성벽 재건을 비롯하여 모든 언약 신앙 국가 체제를 완성한 것이 전적으로 하나님의 은혜임을 고백하면서, 하나님의 이름을 높이고 하나님께 영광을 돌리고 있는 것입니다(시 69:30).

하나님의 은혜로 성벽이 완성되었지만, 앞으로 계속하여 하나님께서 지켜주시지 않으면 성벽은 아무 의미가 없습니다. 시편 127:1에서 "(솔로몬의 시 곧 성전에 올라가는 노래) 여호와께서 집을 세우지 아니하시면 세우는 자의 수고가 헛되며 여호와께서 성을 지키지 아니하시면 파숫군의 경성함이 허사로다"라고 말씀하고 있습니다.

성벽 낙성식에서 두 대열이 감사 찬송하며 성벽 위를 발로 밟은 것은(느 12:31), 하나님께서 지켜주심으로 자신들이 전진할 수 있었고 앞으로도 전진할 수 있음을 나타내는 의식이었습니다. 그러므로 이스라엘 백성은 성벽 낙성식을 통해, 성벽을 세워주시고 지금까지 전진시켜 주신 은혜에 감사하면서, 앞으로도 계속하여 하나님께서 지켜주시고 인도해 주시기를 간구하였던 것입니다.

둘째, 성벽 낙성식 때 하나님께 큰 제사를 드렸고, 하나님께서는 큰 즐거움을 주셨습니다.

느헤미야 12:43에서 "이날에 무리가 크게 제사를 드리고 심히 즐거워하였으니('사마흐') 이는 하나님이 크게 즐거워하게('심하') 하셨음이라('사마흐') 부녀와 어린아이도 즐거워하였으므로('사마흐') 예루살렘의 즐거워하는 소리('심하')가 멀리 들렸느니라"라고 말씀하고 있습니다. 이스라엘 백성은 성벽 낙성식에서 평상시보다 엄청나게 큰 제사를 드렸고, 이렇게 큰 제사를 드릴 때 하나님께서 큰 즐거움으로 갚아주셨습니다.

이 즐거움이 얼마나 컸던지, 원문에는 43절에 '즐거워하다, 기뻐하다'라는 뜻의 히브리어 동사 '사마흐'(שָׂמַח)가 세 번 나오고, '즐거움, 기쁨'이라는 뜻의 명사 '심하'(שִׂמְחָה)가 두 번이나 나오고 있습니다. 큰 즐거움은 점점 더 커져서 부녀와 어린아이까지 다 즐거워하였으며, 예루살렘의 즐거워하는 소리가 멀리까지 퍼져 나갔던 것입니다. 이 즐거움은 하나님의 도우심으로 그동안 많은 대적들의 방해와 공격, 힘들고 어려운 공사의 모든 과정을 극복하고 믿음의 선한 싸움을 싸워서(딤후 4:7) 승리함으로 얻은 즐거움이었기에 더욱 값진 것이었습니다.

셋째, **성벽 낙성식의 최종 도착 지점은 성전이었습니다.**

서로 반대 방향으로 성벽을 밟으며 감사 찬송을 불렀던 두 떼의 이스라엘 백성이 마지막으로 도착한 곳은 성전이었습니다. 느헤미야 12:40에서 "이에 감사 찬송하는 두 떼와 나와 민장의 절반은 하나님의 전에 섰고"라고 말씀하고 있습니다. 이는 바벨론 포로지에서 귀환하여 성전을 짓고(주전 516년 완성), 성벽을 완공하기까지(주전 444년)의 모든 역사가 오직 하나님의 구속 경륜 가운데 이루어졌음을 고백한 것입니다.

성벽 낙성식이 끝나자마자 느헤미야는 성전의 곳간을 맡을 사람을 세우고, 거제물과 처음 익은 것과 십일조를 거두어 이 곳간에 쌓아 두게 하였습니다(느 12:44). 유다 사람들은 낙성식을 진행하면서 하나님께 나아가는 일에 제사장들과 레위인들의 직무가 얼마나 중요한지를 깨닫게 되었고, 이후 제사장들과 레위인들에게 정성을 다했습니다. 느헤미야 12:44을 표준새번역에서는 "유다 사람들은 직무를 수행하는 레위 사람들이 고마워서, 관리인들을 세우고, 율법에 정한 대로, 제사장들과 레위 사람에게 돌아갈 몫을 성읍에 딸린 밭에서 거두어들여서 각 창고에 보관하는 일을 맡겼습니다"라고 번역하고 있습니다. 그리하여 제사장들과 레위인들은 하나님을 섬기는 일과 결례의 일을 힘썼습니다(느 12:45).

마지막으로 47절에서 "스룹바벨과 느헤미야 때에는 온 이스라엘이 노래하는 자들과 문지기들에게 날마다 쓸 것을 주되 그 구별한 것을 레위 사람들에게 주고 레위 사람들은 그것을 또 구별하여 아론 자손에게 주었느니라"라고 말씀하고 있습니다. 이는 유다 사람들이 십일조를 레위 사람들에게 주고, 레위 사람들은 그 십일조의 십일조를 다시 제사장들에게 주었다는 것입니다. 이처럼 낙성식 후에 제일 먼저 십일조 제도를 정비한 것은, 제사장들과 레위인들이 아무 근심이나 걱정 없이 오직 하나님을 섬기는 일에 전념할 수 있도록, 율법대로 제도를 개혁한 것입니다(민 18:21-32). 이렇게 성전과 성벽의 회복 그리고 제사 제도의 회복은, 단순히 국가 체제의 회복을 넘어 하나님을 섬기는 언약 신앙 국가의 회복이었습니다.

(5) 느헤미야의 마지막 개혁

느헤미야 13장에는 구약 시대의 마지막 사건들이 기록되어 있습니다. 물론 성경에는 마지막 선지자 말라기의 예언들이 기록되어 있지만, 실제로 일어난 마지막 사건들을 기록한 것은 느헤미야 13장입니다. 느헤미야 13:1-3 내용은 낙성식 이후에 일어난 사건입니다. 느헤미야가 모세의 책을 백성에게 읽어 들려주었는데, 암몬 사람과 모압 사람은 영영히 하나님의 총회에 들어오지 못한다는 말씀입니다. 이 말씀은 신명기 23:3-5에 기록된 말씀이었습니다. 백성은 이 말씀을 듣고 곧 섞인 무리를 이스라엘 가운데서 몰수이 분리하였습니다(느 13:3).

느헤미야 13:4-31은 느헤미야가 12년의 총독 임기(주전 444-433년)를 마치고 바사로 돌아갔다가, 1년 후인 주전 432년에 다시 귀국하여 실시한 마지막 개혁들을 기록하고 있습니다. 4-9절은 도비야를 쫓아낸 사건, 10-14절은 자신의 직무를 포기하고 떠난 레위인들을 복직시킨 사건, 15-22절은 안식일을 철저하게 지키게 한 사건, 23-28절은 이방 여자와 혼인한 사람들을 책망하고 쫓아낸 사건, 29-31절은 느헤미야의 마무리 기도를 기록하고 있습니다. 이 개혁들에 대한 설명은 「구속사 시리즈」 제5권 <영원한 언약의 약속>의 423-425쪽을 참조하시기 바랍니다.

느헤미야 13장을 볼 때, 느헤미야는 마지막 개혁을 단행하면서 세 번에 걸쳐서 자신을 기억해 달라고 하나님께 기도했습니다.

첫째, 느헤미야 13:14의 기도입니다.

느헤미야는 “내 하나님이여 이 일을 인하여 나를 기억하옵소서 내 하나님의 전과 그 모든 직무를 위하여 나의 행한 선한 일을 도말하지 마옵소서”라고 기도하였습니다. 느헤미야는 ‘기억하옵소서’라고 한 다음에, ‘도말하지 마옵소서’라고 기도하였습니다. ‘도말하지’는 ‘지우다, 닦다’라는 뜻의 히브리어 ‘마하’(מָחָה)의 히필(사역)지시형(Jussive)으로, 히브리어 문법에서 지시형은 화자의 간절한 마음을 표현하는 것입니다. 즉, 느헤미야는 지금까지 행한 일이 앞으로도 지워지지 않고 지속되기를 간절히 원했던 것입니다.

둘째, 느헤미야 13:22의 기도입니다.

느헤미야는 “내가 또 레위 사람들을 명하여 몸을 정결케 하고 와서 성문을 지켜서 안식일로 거룩하게 하라 하였느니라 나의 하나님이여 나를 위하여 이 일도 기억하옵시고 주의 큰 은혜대로 나를 아끼시옵소서”라고 기도하였습니다. 느헤미야는 ‘기억하옵시고’라고 한 다음에, ‘아끼시옵소서’라고 기도하였습니다. 이는 하나님께서 불쌍히 여겨주시기를 갈망하는 기도였습니다. ‘아끼시옵소서’는 히브리어 ‘후스’(חוּס)로, ‘불쌍히 여기다, 동정하다’라는 뜻입니다. 신앙 개혁의 지속적인 성공은 하나님께서 불쌍히 여겨주실 때만 가능합니다.

셋째, 느헤미야 13:31의 기도입니다.

느헤미야는 "내 하나님이여 나를 기억하사 복을 주옵소서"라고 기도하였습니다. 이 기도는 느헤미야서 전체를 마무리하는 기도였습니다. 여기서 느헤미야는 '기억하사'라고 한 다음에 '복을 주옵소서'라고 기도하였습니다. '복을 주옵소서'는 히브리어 '레토바'(לְטוֹבָה)로 '선을 위하여'라는 뜻입니다. 하나님께서 기억해주셔야 선한 미래, 좋은 미래가 펼쳐집니다. 잠언 16:9에서 "사람이 마음으로 자기의 길을 계획할지라도 그 걸음을 인도하는 자는 여호와시니라"라고 한 고백처럼, 우리의 걸음을 하나님께서 인도하십니다. 하나님께서 기억하시는 사람이 되기만 하면, 하나님의 선하신 구속 역사에 끝까지 쓰임받는 복된 미래를 허락받게 됩니다(시 106:4-5).

제 4 장

성벽 재건의 12문과 42구역

Rebuilding the Twelve Gates and Forty-Two Sections of the City Wall

성벽 재건의 12문과 42구역

REBUILDING THE TWELVE GATES AND FORTY-TWO SECTIONS OF THE CITY WALL

느헤미야는 주전 444년에 제3차로 바벨론 포로에서 귀환하여, 예루살렘 성벽 재건을 위해 12개의 문을 기준으로 총 42개 구역으로 구분하여 공사를 진행하였습니다. 느헤미야 3장에는 열 개의 성문이 기록되어 있는데, 주전 444년에 건축 및 중수한 여섯 개의 성문(양문, 어문, 옛문, 골짜기문, 분문, 샘문)과, 이미 세워져 있어서 성벽 재건의 구역별 기점으로 언급된 네 개의 성문(수문, 마문, 동문, 함밉갓문)입니다. 성벽 재건을 마친 후, 예루살렘에는 느헤미야 3장에 언급되지 않은 두 개의 성문(에브라임문, 모퉁이문)을 포함하여 총 열두 개의 성문이 있게 되었습니다.

성벽 재건 공사의 진행 과정은 느헤미야 3장에, 한 성문을 기점으로 하여 다음 성문까지의 성벽을 여러 개의 구역으로 나누어서 그 공사자를 소개하고 있습니다. 성벽 재건 공사 기록은 양문으로 시작되며, 시계 반대 방향으로 전체 성벽을 빠짐없이 돌아보며 각각 공사에 헌신한 사람들을 소개하고 있습니다. 이들은 모두 예루살렘의 회복을 위해 헌신한 자들입니다. 하나님께서는 하나님 나라 건설을 위하여 수고하는 사람들의 헌신을 반드시 기억하십니다. 고린도전서 15:58 하반절에서 "너희 수고가 주 안에서 헛되지 않은 줄을 앎이니라"라고 말씀하고 있습니다.

느헤미야는 구역을 분배하여 담당자들에게 맡김으로, 각자가 책임을 지고 열심히 일을 하도록 하였습니다. 하나님의 비밀을 맡은 그리스도의 일꾼으로서 필요한 것은 오직 충성입니다(고전 4:1-2).

이번 장에서는 **유구한 역사 속에 세계 최초로** 정리된 예루살렘성 12문과 42구역의 성벽 재건 공사 진행 과정을 자세히 살펴보겠습니다.

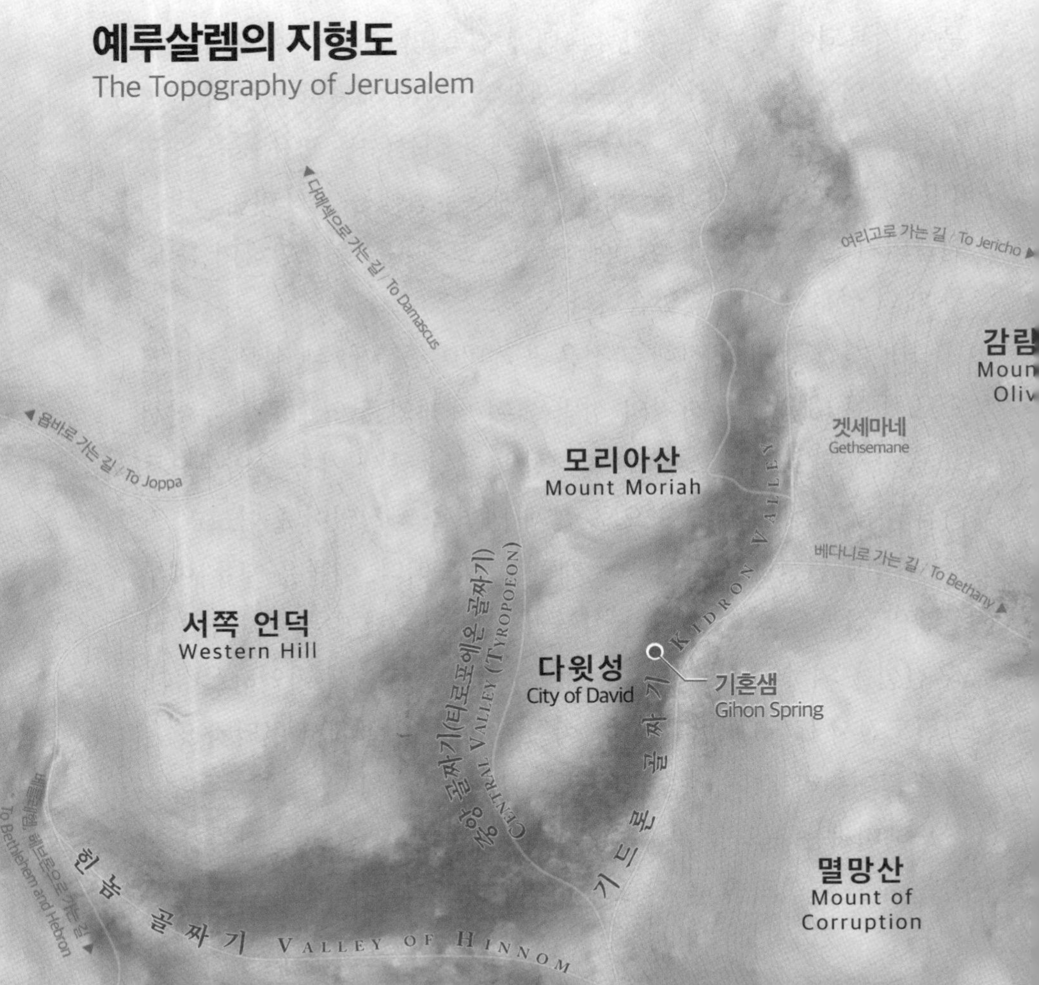

건축 혹은 중수한 문

01 양문(베냐민문) / 느Neh 3:1-2
שַׁעַר הַצֹּאן / Sheep Gate (Benjamin Gate)

제1구역: 엘리아십과 제사장들(느 3:1)
제2구역: 여리고 사람들(느 3:2上)
제3구역: 삭굴(느 3:2下)

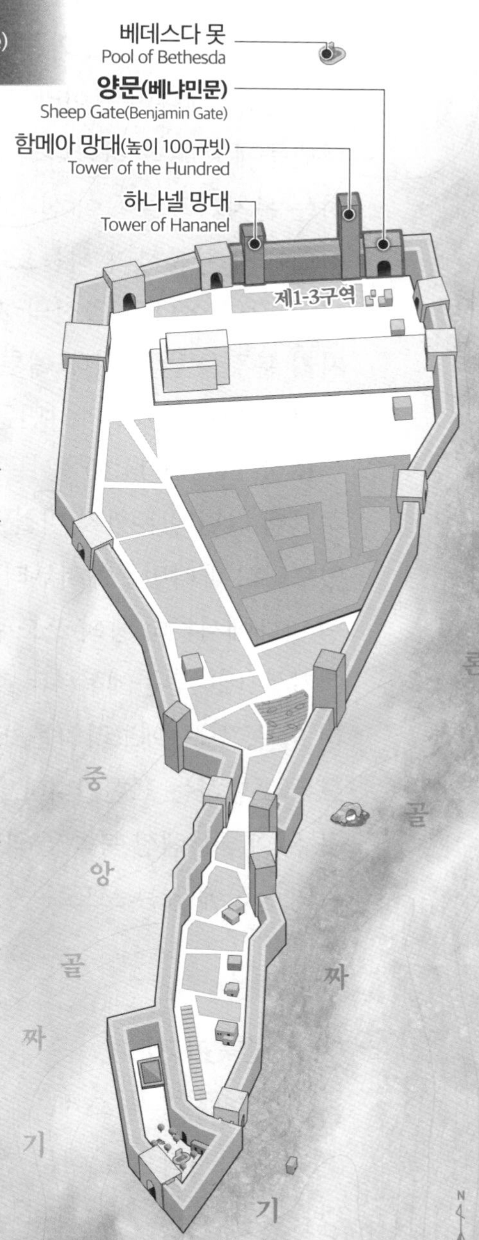

1. 의미
The Meaning

'양문(羊門)'은 히브리어 '샤아르 하촌'(שַׁעַר הַצֹּאן)으로, '그 양 떼의 문'이라는 뜻입니다. 이 문은 여리고 방향에서 예루살렘에 들어와 성전으로 들어갈 때 사용하였는데, 이 문 곁에 제물로 바칠 양을 매매하는 시장이 있었던 것으로 보입니다. 느헤미야 3:1에서 "때에 대제사장 엘리아십이 그 형제 제사장들과 함께 일어나 양문을 건축하여 성별하고 문짝을 달고 또 성벽을 건축하여 함메아 망대에서부터 하나넬 망대까지 성별하였고"라고 말씀하고 있습니다. 32절에서도 "성 모퉁이 누에서 양문까지"라고 '양문'을 언급하고 있습니다.

이 문은 예루살렘 북쪽 성벽의 가장

동쪽에 있으며, 성전에 들어가기 위해 자주 사용되는 문입니다. 양문 근처에는 베데스다못이 있으며(요 5:2),[17] 기드론 골짜기를 지나 여리고로 향하는 도로와 연결됩니다.

양문은 '베냐민문'이라고도 불렸습니다. 예레미야 37:13에서 "베냐민문에 이른즉 하나냐의 손자요 셀레먀의 아들인 이리야라 이름하는 문지기의 두목이 선지자 예레미야를 붙잡아 가로되 네가 갈대아인에게 항복하려 하는도다"라고 말씀하고 있습니다. 베냐민 지파의 땅인 아나돗 출신의 제사장이었던 예레미야는(렘 1:1, 32:7-8) 자기 분깃을 받기 위해 예루살렘에서 북동쪽으로 4km 정도 떨어진 아나돗으로 가려고 베냐민문으로 향했던 것입니다(참고-렘 38:7).

또한, 스가랴 14:10에서는 "온 땅이 아라바같이 되되 게바에서 예루살렘 남편 림몬까지 미칠 것이며 예루살렘이 높이 들려 그 본처에 있으리니 베냐민문에서부터 첫 문 자리와 성 모퉁이문까지 또 하나넬 망대에서부터 왕의 포도주 짜는 곳까지라"라고 말씀하고 있는데, 여기서 '베냐민문에서부터 첫 문 자리와 성 모퉁이문까지'는 양문부터 어문, 옛문, 에브라임문, 모퉁이문까지 예루살렘의 북서쪽 성벽을 모두 포함하는 표현입니다. '하나넬 망대에서부터 왕의 포도주 짜는 곳'은 예루살렘성 북쪽 끝의 하나넬 망대부터(느 3:1, 12:39) 남쪽 끝의 왕의 동산에 있는 포도주 짜는 곳까지를 가리킵니다(느 3:15).

2. 건축 과정
The Building Process

양문을 시작으로 어문 전까지의 건축 과정을 살펴보면 다음과 같습니다.

(1) 제1구역의 건축 - 대제사장 엘리아십과 그 형제 제사장들

전체 성벽 공사의 제1구역은 대제사장 엘리아십과 그 형제 제사장들이 담당하였습니다. 느헤미야 3:1 상반절에서 "때에 대제사장 엘리아십이 그 형제 제사장들과 함께 일어나 양문을 건축하여 성별하고 문짝을 달고"라고 말씀하고 있습니다. '엘리아십'은 히브리어 '엘야쉬브'(אֶלְיָשִׁיב)로, '하나님께서 돌이키신다, 하나님께서 회복하신다'라는 뜻입니다. 그 이름의 뜻과 같이, 하나님께서 엘리아십을 통하여 그동안 허물어졌던 성벽을 회복시키셨습니다. 엘리아십은 대제사장 예수아(여호수아)의 손자입니다. 느헤미야 12:10에서 "예수아는 요야김을 낳았고 요야김은 엘리아십을 낳았고 엘리아십은 요야다를 낳았고"라고 말씀하고 있습니다.

느헤미야 3장을 볼 때, 양문에 대해서는 '건축하다'라는 의미의 히브리어 '바나'(בָּנָה)라는 단어가 사용되었습니다. '바나'는 건물을 새로 지을 때 사용됩니다. 예루살렘의 북쪽은 적군의 침입이 가장 잦았던 곳으로, 주전 586년에 바벨론의 침략으로 집중 공격을 받아(참고-왕하 25:10) 성벽과 성문이 완전히 무너지고 말았습니다. 그러한 상태에서 대제사장 엘리아십과 제사장들의 헌신 가운데 새로 양문을 건축한 것입니다.

또한, 엘리아십과 제사장들은 성벽을 건축하여 함메아 망대에서부터 하나넬 망대까지 성별하였습니다(느 3:1). '함메아'(הַמֵּאָה)는 '그 일백'이라는 뜻이며(함메아 망대의 높이는 100규빗: 45.6m), '하나넬'(חֲנַנְאֵל)은 '하나님께서 은총을 베푸셨다'는 뜻입니다. 양문에서 북쪽 벽을 따라 이동할 때 먼저 함메아 망대를 지나고, 그다음에 하나넬 망대에 이르게 됩니다. 느헤미야 12:39에서 "에브라임문 위로 말미암아 옛문과 어문과 하나넬 망대와 함메아 망대를 지나 양문에 이르러"라고 말씀하고 있습니다. 그러므로 이 두 망대는 어문과 양문 사이에 위치하고 있음을 알 수 있습니다. 대제사장 엘리아십과 제사장들은 가장 중요한 북쪽 성벽을 담당하여, 양문과 성벽을 새로 건축하고 하나님 앞에 성별한 것입니다.

이처럼 신앙의 지도자들은 가장 어려운 일에 앞장서서 솔선수범해야 합니다. 예수님께서도 예루살렘에 입성하실 때에 가장 앞장서서 가셨습니다. 누가복음 19:28에서 "예수께서 이 말씀을 하시고 예루살렘을 향하여 앞서서 가시더라"라고 말씀하고 있습니다(요 10:4, 히 6:20).

그런데 안타깝게도 엘리아십은 느헤미야가 유대 총독으로 있다가 바사 제국으로 돌아간 사이에, 성벽 재건을 방해했던 암몬 사람 도비야(느 2:10, 19, 4:3, 7-8, 6:1, 12-14, 17-19)와 친분을 맺고 성전에 큰 방을 내어주기까지 하였으며(느 13:4-7), 그의 손자 중 하나가 산발랏의 사위가 되었습니다. 느헤미야 13:28에서 "대제사장 엘리아십의 손자 요야다의 아들 하나가 호론 사람 산발랏의 사위가 되었으므로 내가 쫓아내어 나를 떠나게 하였느니라"라고 말씀하고 있습니다. 이로써, 성벽이 재건되고 약 12년이 지나는 동안 에 대제사장 엘리아십 집안의 믿음이 변질되었음을 알 수 있습니다. 성도는 세월이 지나도 그 믿음에 변함이 없어야 합니다. 에베소서 6:24에서 "우리 주 예수 그리스도를 변함없이 사랑하는 모든 자에게 은혜가 있을찌어다"라고 말씀하고 있습니다.

(2) 제2구역의 건축 - 여리고 사람들

전체 성벽 공사의 제2구역은 여리고 사람들이 담당하였습니다. 느헤미야 3:2 상반절에서 "그다음은 여리고 사람들이 건축하였고"

라고 말씀하고 있습니다. 여기 '건축하였고'는 히브리어 '바나'(בָּנָה)로, 제2구역의 성벽 역시 새로 건축되었음을 밝히고 있습니다.

'여리고'는 히브리어 '예리호'(יְרִיחוֹ)로, '향기의 장소'라는 뜻이며, '종려의 성읍'이라고도 불렸습니다. 여리고는 예루살렘에서 북동쪽으로 27km 정도 떨어진 곳에 있는데, 여리고 사람들은 예루살렘까지 와서 건축 공사에 동참하였습니다. 여리고 사람들은 제1차 바벨론 포로 귀환 시 이스라엘로 돌아왔습니다. 에스라 2:34과 느헤미야 7:36에서 "여리고 자손이 삼백사십오 명이요"라고 말씀하고 있습니다.

(3) 제3구역의 건축 - 삭굴

전체 성벽 공사의 제3구역은 삭굴이 담당하였습니다. 느헤미야 3:2 하반절에서 "또 그다음은 이므리의 아들 삭굴이 건축하였으며"라고 말씀하고 있습니다. 삭굴의 아버지인 '이므리'(אִמְרִי)는 히브리어로 '말의, 말하는'이라는 뜻이며, '삭굴'은 히브리어 '자쿠르'(זַכּוּר)로 '기억된'이라는 뜻입니다. 여기 '건축하였으며'도 히브리어 '바나'(בָּנָה)로, 제3구역의 성벽 역시 새로 건축되었음을 밝히고 있습니다.

'양문'과 그 옆 성벽의 건축에 '성별하고'라는 표현이 두 번 등장합니다. 느헤미야 3:1에서 "때에 대제사장 엘리아십이 그 형제 제사장들과 함께 일어나 양문을 건축하여 성별하고 문짝을 달고 또 성벽을 건축하여 함메아 망대에서부터 하나넬 망대까지 성별하였고"라고 말씀하고 있습니다. 여기 '성별하다'는 '거룩하게 하다'라는 뜻의 히브리어 '카다쉬'(קָדַשׁ)입니다. 특별히 여기서는 강조형이 사용되어 '봉헌하다(dedicate)'라는 뜻이며, 이는 '양문'을 건축한 다음에 하나님께 드렸다는 점을 강조한 것입니다.

'성별하다'라는 표현은 성벽 공사 기록에서 대제사장 엘리아십이 중수한 제1구역에만 사용됩니다. 이는 전체 성벽 공사가 진행되는 동안 가장 먼저 제1구역의 건축을 마쳤고, 양문과 함메아 망대부터 하나넬 망대까지를 첫 것으로 하나님께 봉헌하였다는 것입니다(참고-출 23:19, 느 10:35, 겔 20:40). 그리고 제2구역부터 제42구역까지의 건축을 모두 마친 다음에 전체 성벽을 봉헌하였습니다(느 12:27). 참고로, 전체 성벽의 봉헌에 사용된 '봉헌'은 히브리어 '하눅카'(חֲנֻכָּה)로, '하나님께 온전히 드린 것'을 의미합니다. 이 단어는 성막의 번제단을 드릴 때(민 7:10-11, 84, 88)와 솔로몬 성전의 번제단을 드릴 때(대하 7:9, 참고-시 30:1표제)에도 사용되었습니다.

가장 먼저 완성한 양문과 인접 성벽을 하나님의 것으로 봉헌함으로(참고-잠 3:9-10), 앞으로 지어질 모든 성벽도 하나님의 것임을 고백하며 오직 하나님의 은혜로만 지어지기를 소원한 것입니다.

3. 구속사적 교훈

The Redemptive-Historical Lesson

양문은 이스라엘 백성이 하나님께 제물로 드리는 양들이 지나가는 문이어서 '양의 문'이라고 불렸습니다.

예수님은 참된 양의 문이십니다. 요한복음 10:7에서 "내가 진실로 진실로 너희에게 말하노니 나는 양의 문이라"라고 말씀하고 있습니다. 예수님께서 '양의 문'이 되신다는 것은 '양의 목자'가 되신다는 것과 같습니다. 당시 목자들은 밤이 되면 돌로 울타리를 만들어서 양들을 그 안으로 들이고, 하나뿐인 문에 기대어 자며 양을 지켰습니다. 이런 점에서 목자와 문은 동일한 개념을 가집니다. 그래서 몇몇 사본(𝔓75)에서는 '문'으로 번역된 헬라어 '뒤라'(θύρα)가 '목자'라는 뜻의 '포이멘'(ποιμήν)으로 바뀌어 표기되어 있으며, 예수님께서도 자신이 양의 문('뒤라')이라 하시면서 동시에 "나는 선한 목자('포이멘')라 선한 목자는 양들을 위하여 목숨을 버리거니와"(요 10:11), "나는 선한 목자('포이멘')라 내가 내 양을 알고 양도 나를 아는 것이"(요 10:14)라고 말씀하신 것입니다.

예수님은 우리에게 '구원의 문'이요, '생명의 문'이시며, '더 풍성히 얻게 하는 문'이 되십니다. 요한복음 10:9에서 "내가 문이니 누구든지 나로 말미암아 들어가면 구원을 얻고 또는 들어가며 나오며 꼴을 얻으리라"라고 말씀하고 있습니다. 사도행전 4:12을 볼 때, '예수 이름 외에 구원받을 만한 다른 이름을 주신 적이 없다'고 말씀하고 있듯이, 예수님은 유일한 '구원의 문'이십니다.

요한복음 10:10에서 "도적이 오는 것은 도적질하고 죽이고 멸망시키려는 것뿐이요 내가 온 것은 양으로 생명을 얻게 하고 더 풍성히 얻게 하려는 것이라"라고 말씀하고 있습니다. 양은 가축화된 짐승으로, 목자 없이 혼자서는 광야에서 생존이 불가능합니다. 여기 '더 풍성히'는 헬라어 '페릿소스'(περισσός)로, '탁월한, 넘치는, 뛰어넘는'이라는 뜻입니다. 예수님께서는 우리의 생명이 되실 뿐 아니라, 우리의 생각보다 더 큰 것으로 풍성하게 채워주시는 분이십니다(엡 3:20). 목자가 풍성한 은혜로 양들을 먹이고 생명을 지키듯이, 예수님께서도 양문 곁의 베데스다못가에서 그 풍성하신 은혜로 38년 된 병자를 고쳐 주셨습니다(요 5:2-9). 빌립보서 4:19에서도 "나의 하나님이 그리스도 예수 안에서 영광 가운데 그 풍성한 대로 너희 모든 쓸 것을 채우시리라"라고 말씀하고 있습니다.

건축 혹은 중수한 문

02 어문(생선문) / 느Neh 3:3-5
שַׁעַר הַדָּגִים / The Fish Gate

제4구역: 하스나아 자손들(느 3:3)
제5구역: 므레못(느 3:4上)
제6구역: 므술람(느 3:4中)
제7구역: 사독(느 3:4下)
제8구역: 드고아 사람들(느 3:5上)

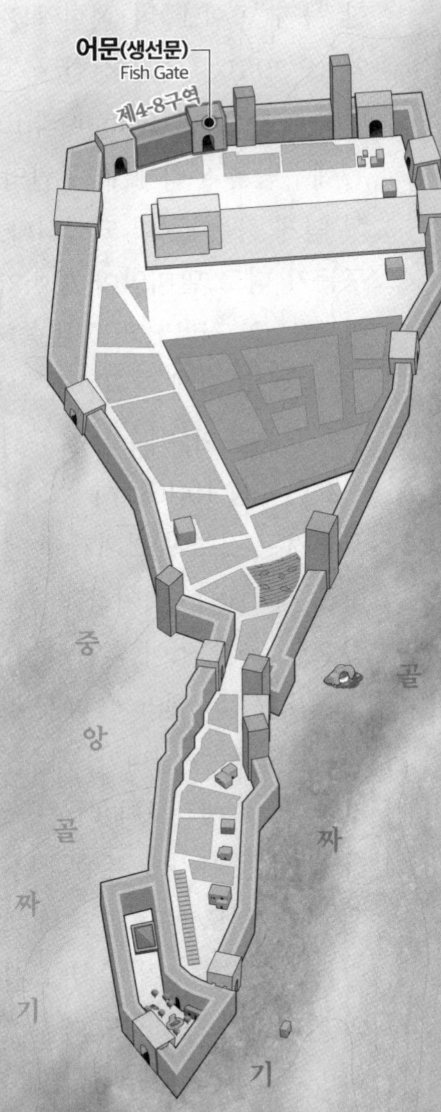

1. 의미
The Meaning

'어문(魚門)'은 히브리어 '샤아르 하다김'(שַׁעַר הַדָּגִים)으로, '그 물고기들의 문'이라는 뜻입니다(느 3:3). '어문'은, 두로의 상인들이 주로 이 문으로 물고기를 가져와서 팔았기 때문에 생긴 이름입니다. 느헤미야 13:16에서 "또 두로 사람이 예루살렘에 거하며 물고기와 각양 물건을 가져다가 안식일에 유다 자손에게 예루살렘에서도 팔기로"라고 말씀하고 있습니다. 역대하 33:14에서는 '생선문'이라고 번역하였습니다.

2. 건축 과정

The Building Process

(1) 제4구역의 건축 - 하스나아 자손들

전체 성벽 공사의 제4구역은 하스나아 자손들이 담당하였습니다. 느헤미야 3:3에서 "어문은 하스나아의 자손들이 건축하여 그 들보를 얹고 문짝을 달고 자물쇠와 빗장을 갖추었고"라고 말씀하고 있습니다.

'하스나아'는 '가시가 많은, 증오'라는 뜻의 히브리어 '세나아'(סְנָאָה)에 정관사 '하'(הַ)가 더해진 단어입니다. 에스라 2:35, 느헤미야 7:38에 기록된 제1차 포로 귀환자 명단에는 정관사 없이 '스나아'라고 기록되어 있습니다. '스나아'는 예루살렘 북동쪽 약 35km 지점에 위치한 지역으로, 하스나아 자손은 제1차 포로 귀환자 명단에 지역별 귀환자로 정리되었습니다. 스나아라는 지명이 에스라, 느헤미야 외에는 전혀 언급이 없는 것을 볼 때, 아마도 소외된 사람들이 모여 사는 변변치 않은 동네였던 것 같습니다. 하스나아 자손은 제1차 귀환한 모든 가문 중 가장 많은 3,630명(스 2:35, 느 7:38에는 3,930명)으로 기록되어 있습니다. 이는 가계나 거주지가 불분명한 소외된 사람들을 하나로 합쳐서 분류한 것으로 보입니다.

하스나아 자손은 적극적으로 성벽 공사에 동참하였습니다. 하스나아 자손들이 건축한 어문에 대해서도 '건축하다'라는 뜻의 히브리어 '바나'(בָּנָה)가 사용되었습니다. 양문과 같이, 어문도 완전히 무너진 채로 버려져 있었지만, 하스나아 자손을 통해 완전히 새로운 모습으로 세워진 것입니다.

(2) 제5구역의 중수* - 므레못

전체 성벽 공사의 제5구역은 학고스의 손자(자손) 우리아의 아들 므레못이 담당하였습니다. 느헤미야 3:4 상반절에서 "그다음은 학고스의 손자 우리아의 아들 므레못이 중수하였고"라고 말씀하고 있습니다. '므레못'은 히브리어 '메레모트'(מְרֵמוֹת)로 '높음'이라는 뜻입니다. 므레못의 가문을 볼 때 구속사적으로 몇 가지 중요한 점을 발견할 수 있습니다.

첫째, 제사장 가문으로 인정받지 못했다가 후에 인정받은 가문입니다.

제1차 바벨론 포로 귀환 시 므레못의 조상인 '학고스' 가문은 족보에서 그 이름을 찾지 못했기 때문에 제사장의 직분을 행할 수 없었습니다(느 7:63-64).

에스라 2:61-62 "제사장 중에는 하바야 자손과 학고스 자손과 바르실래 자손이니 바르실래는 길르앗 사람 바르실래의 딸 중에 하나로 아내를 삼고 바르실래의 이름으로 이름한 자라 62 이 사람들이 보계 중에서 자기 이름을 찾아도 얻지 못한 고로 저희를 부정하게 여겨 제사장의 직분을 행치 못하게 하고"

제2차 바벨론 포로 귀환 시 므레못은 바벨론에서 성전에 바치기 위해 가져온 은과 금과 기명을 인수하였습니다. 에스라 8:33에서 "제사일에 우리 하나님의 전에서 은과 금과 기명을 달아서 제사장 우리아의 아들 므레못의 손에 붙이니"라고 하였는데, 학고스의 자

* 중수(重修): 낡은 것을 다시 손대어 고침

손인 므레못을 '제사장 우리아의 아들'이라고 표현한 것을 보면 그 사이에 제사장 가문임이 밝혀졌음을 알 수 있습니다. 참고로, 느헤미야 12:3에 기록된 '므레못'은 제1차 바벨론 포로 귀환 시 제사장의 이름이므로, 시기를 고려할 때 성벽을 공사한 므레못과는 다른 사람입니다.

둘째, 므레못은 물질에 깨끗한 사람이었습니다.

제2차 바벨론 포로 귀환자들이 예루살렘으로 돌아올 때, 아닥사스다왕과 모사들, 방백들과 귀환하지 않은 이스라엘 무리로부터 하나님의 전을 위한 은과 금과 기명들을 받아 왔는데(스 8:25) 예루살렘에 도착한 지 제4일에 하나님의 성전에서 그 은과 금과 기명을 달아서 제사장 우리아의 아들 므레못의 손에 붙였습니다(스 8:33). 제2차 귀환 후 제일 먼저 진행한 공적 업무를 므레못이 맡았다는 것은, 그가 당시 많은 사람에게 정직하고 믿을 만한 사람으로 인정받았기 때문입니다.

그의 가문은 과거에 제사장 가문임을 증명하지 못해서 부정한 집안으로 여겨졌지만, 후에 제사장 가문으로 증명이 되었습니다. 그러나 여전히 므레못을 의심하는 사람들도 있었을 것입니다. 그러한 가문 사람인 므레못이 성전의 기명을 맡았다는 것은, 많은 사람이 마침내 의심을 풀고 므레못을 신뢰하여 성전의 은과 금과 기명의 관리 책임자로 세웠음을 보여줍니다. 잠언 11:3을 공동번역으로 보면 "정직한 사람은 바르게 살아 앞길이 열리지만 사기꾼은 속임수를 쓰다가 제 꾀에 넘어진다"라고 말씀하고 있습니다(잠 15:19, 16:17, 사 26:7).

셋째, 성벽 건설에서 두 군데 장소를 맡을 정도로 충성하였습니다.

한 구역의 성벽 재건 공사에 참여하는 것만도 힘든데, 두 구역에서 일을 한다는 것은 더욱 힘든 일입니다. 그러나 므레못은 어문 공사뿐만 아니라 샘문으로부터 시작하는 제27구역 성벽의 공사에도 참여하였습니다. 느헤미야 3:15-27에서 샘문부터 마문 사이의 성벽 공사에 대해 기술하고 있는데, 느헤미야 3:21에서 "그다음은 학고스의 손자 우리야의 아들 므레못이 한 부분을 중수하여 엘리아십의 집 문에서부터 엘리아십의 집 모퉁이에 이르렀고"라고 말씀하고 있습니다. 므레못은 북쪽의 성벽 재건을 담당했을 뿐만 아니라 동쪽의 성벽 공사까지도 담당한 충성스러운 일꾼이었습니다.

넷째, 언약 갱신에 참여하였습니다.

이스라엘 백성은 성벽 재건을 마친 다음에 견고한 언약을 세우고 앞으로 언약대로 살겠다고 인을 쳤습니다. 느헤미야 9:38에서 "우리가 이 모든 일을 인하여 이제 견고한 언약을 세워 기록하고 우리의 방백들과 레위 사람들과 제사장들이 다 인을 치나이다"라고 말씀하고 있습니다. 느헤미야 10:1-27에는 언약에 인친 자들의 명단이 기록되어 있는데, 5절에서 '므레못'의 이름을 발견할 수 있습니다. 므레못은 성벽 공사에 전심으로 충성하였고, 그 후 언약에 인칠 때도 참여하였습니다.

(3) 제6구역의 중수 - 므술람

전체 성벽 공사의 제6구역은 므세사벨의 손자 베레갸의 아들 므술람이 담당하였습니다. 느헤미야 3:4에서 "므세사벨의 손자 베레갸의 아들 므술람이 중수하였고"라고 말씀하고 있습니다. '므술람'은 히브리어 '메슐람'(מְשֻׁלָּם)으로, '친구, 동맹'이라는 뜻입니다. 므술람의 부모는 자식이 하나님과 '동맹'하기를 바라며 이름을 지었을 것입니다.

므술람 역시 북쪽 지역의 어문 인근의 성벽 공사에만 참여한 것이 아니라, 동쪽 지역의 성벽 재건 공사에도 참여하였습니다. 그는 두 군데에서 일을 할 정도로 열정이 있는 사람이었습니다. 동문으로부터 시작되는 구간의 제40구역 성벽 공사에 대하여 "그다음은 베레갸의 아들 므술람이 자기 침방과 마주 대한 부분을 중수하였고"라고 말씀하고 있습니다(느 3:30下). 여기 '므술람'이 '방'을 가지고 있었다는 것을 볼 때, 그가 제사장이라고 추정할 수 있습니다. 므술람은 언약에 인친 제사장의 명단에도 그 이름이 등장합니다(느 10:7).

그런데 므술람은 언약에 인을 친 후에 큰 죄를 범하고 말았습니다. 므술람은 성벽 재건을 방해했던 도비야(느 2:10, 19)의 아들인 여호하난에게 자신의 딸을 시집보냄으로 지금까지의 모든 충성과 헌신을 퇴색시키고 말았습니다. 느헤미야 6:17-18에서 "그때에 유다의 귀인들이 여러 번 도비야에게 편지하였고 도비야의 편지도 저희에게 이르렀으니 [18] 도비야는 아라의 아들 스가냐의 사위가 되었고 도비야의 아들 여호하난도 베레갸의 아들 므술람의 딸을 취하였으므로 유다에서 저와 동맹한 자가 많음이라"라고 말씀하고 있습니다.

여기 '그때에'는 히브리어 '바야밈'(בַּיָּמִים)으로, '…안에, …에'라는 의미의 전치사 '바'(בְּ)에 정관사 '하'(הַ)가 더해져, 느헤미야 6:15-16의 '성 역사가 52일 만에 끝난 엘룰월(6월) 25일 이후 대적과 이방들이 두려워하고 낙담에 빠졌을 때'를 가리킵니다. 이때는 언약 갱신을 마치고 인을 친 지 얼마 지나지 않은 때였습니다. 성벽 공사가 끝난 것은 주전 444년 6월 25일이었으며(느 6:15), 언약에 인을 친 것은 7월 24일이었습니다(느 8:1, 9:1, 38). 므술람은 하나님의 일에 헌신을 다했지만, 마지막에 악의 세력과 타협하여서 신앙에 큰 오점을 남기고 말았습니다.

(4) 제7구역의 중수 - 사독

전체 성벽 공사의 제7구역은 바아나의 아들 사독이 담당하였습니다. 느헤미야 3:4 하반절에서 "그다음은 바아나의 아들 사독이 중수하였고"라고 말씀하고 있습니다. '사독'은 히브리어 '차도크'(צָדוֹק)로, '의로움'이라는 뜻입니다. 사독은 언약에 인친 자들의 명단에 그 이름이 기록되어 있습니다(느 10:21).

사독의 부친 '바아나'(בַּעֲנָא)의 이름의 뜻은 '고통 중에'이며, 언약에 인을 친 자들의 명단에 기록되어 있습니다(느 10:27). 바아나는 고통스러운 환경에서 태어났지만, 믿음의 사람이 되어서 그의 아들 사독까지 믿음의 사람으로 키웠던 것입니다.

(5) 제8구역의 중수 - 드고아 사람들

전체 성벽 공사의 제8구역은 드고아 사람들이 담당하였습니다. 느헤미야 3:5에서 "그다음은 드고아 사람들이 중수하였으나 그 귀족들은 그 주의 역사에 담부치 아니하였으며"라고 말씀하고 있습니다. '드고아 사람들'은 히브리어 '테코이'(תְּקוֹעִי)로, '나팔을 붊'이라는 뜻을 가진 히브리어 '테코아'(תְּקֹעַ)에서 유래하였습니다. 드고아는 지리적으로 예루살렘에서 남동쪽으로 약 14.5km, 베들레헴에서 남쪽으로 약 8km 지점에 있는 해발 822m의 구릉에 위치하고 있습니다.

드고아 사람들이 성벽을 중수할 때, 그 귀족(상류층)들은 참여하지 않았습니다. 이 귀족들은 세상의 기준으로 볼 때 큰 자일지 몰라도, 믿음의 기준으로 볼 때 하나님의 일에 참여하지 않는 아주 작은 자에 불과했습니다. 반면에 성벽 공사에 헌신한 평민들은 세상의 기준으로 작은 자로 보일지 몰라도, 믿음의 기준으로는 하나님의 일에 앞장선 큰 자가 되었습니다. 드고아 사람들은 내어민 큰 망대와 오벨 성벽을 중수하는 일에도 참여하였습니다(느 3:27). 귀족들은 성벽 공사에 수수방관했지만, 평민들은 두 군데를 건축할 정도로 열심이 있었던 것입니다(참고-롬 12:11).

3. 구속사적 교훈

The Redemptive-Historical Lesson

어문은 '그 물고기들의 문'이라는 뜻입니다. 물고기들은 영적으로 구원받아야 할 성도를 가리킵니다. 예수님께서는 제자들을 부르실 때 "나를 따라오너라 내가 너희로 사람을 낚는 어부가 되게 하리라"라고 말씀하셨습니다(마 4:19, 막 1:17).

초대교회 성도들은 자신이 '그리스도인'이라는 사실을 나타낼 때 물고기 그림을 사용하였습니다. '예수 그리스도 하나님의 아들 구세주'(Ἰησοῦς Χριστός θεοῦ υἱὸς σωτήρ, '이에수스 크리스토스 데우 휘오스 소테르')라는 문장의 각 단어 앞 글자만 모으면 '익뒤스'가 되고, 이를 발음이 같은 단어인 '익뒤스'라고 불렀는데, '익뒤스'(ἰχθύς)는 '물고기'라는 뜻입니다.

Ἰησοῦς	예수
Χριστός	그리스도
θεοῦ	하나님
Υἱὸς	아들
Σωτήρ	구세주

초대교회에서 사용하던 그리스도인을 상징하는 물고기 문양

예수님은 성도가 반드시 통과해야 할 구원의 문이십니다. 예루살렘으로 들여오는 물고기가 어문을 통하여 반입되었듯이, 성도가 새 예루살렘에 들어가는 것은 신령한 어문이 되시는 예수님을 통해서만 가능합니다. 예수님께서는 "천국은 마치 바다에 치고 각종 물고기를 모는 그물과 같다"라고 말씀하신 다음에, "그물에 가득하매 물가로 끌어내고 앉아서 좋은 것은 그릇에 담고 못된 것은 내어 버리느니라"라고 말씀하셨습니다(마 13:47-48). 이어서 "세상 끝에도 이러하리라 천사들이 와서 의인 중에서 악인을 갈라내어 [50] 풀무불에 던져 넣으리니 거기서 울며 이를 갊이 있으리라"라고 물고기와 그물의 비유를 해석해 주셨습니다(마 13:49-50).

그물로 비유된 교회 안에는 많은 교인이 들어있습니다. 그러나 세상 끝에는 이 교인들이 '의인 중의 의인(좋은 물고기)'과 '의인 중의 악인(못된 물고기)'으로 나누어집니다. 의인 중에서 갈라냄을 당한 악인은 반드시 풀무불에 던져집니다(시 119:119, 계 20:15).

건축 혹은 중수한 문

03 옛문 / 느Neh 3:6-12
שַׁעַר הַיְשָׁנָה / The Old Gate

제9구역: 요야다와 므술람(느 3:6)
제10구역: 믈라댜와 야돈(느 3:7)
제11구역: 웃시엘(느 3:8上)
제12구역: 하나냐(느 3:8下)
제13구역: 르바야(느 3:9)
제14구역: 여다야(느 3:10上)
제15구역: 핫두스(느 3:10下)
제16구역: 말기야와 핫숩(느 3:11)
제17구역: 살룸과 그 딸들(느 3:12)

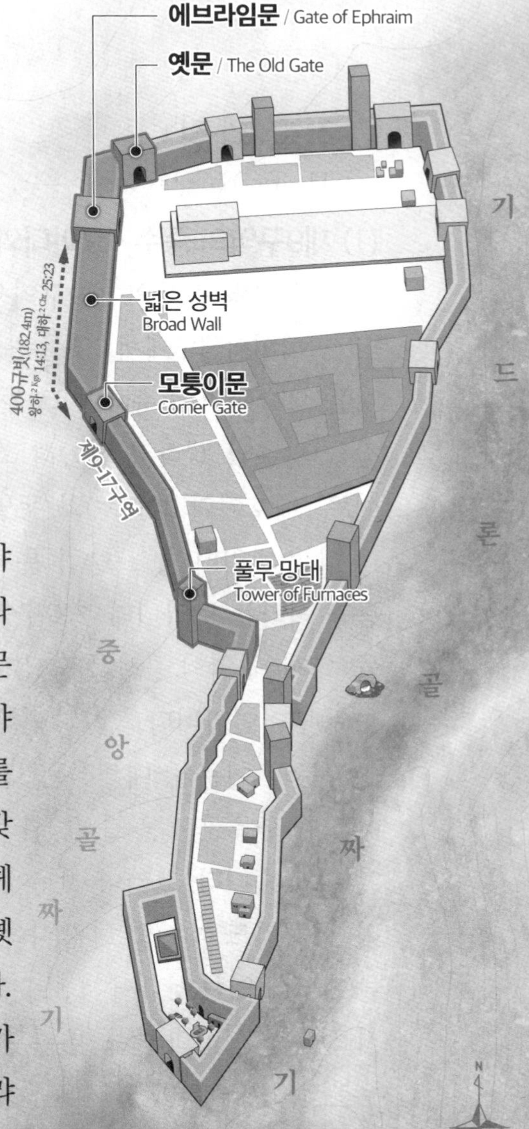

1. 의미
The Meaning

'옛문'은 히브리어 '샤아르 하예샤나'(שַׁעַר הַיְשָׁנָה)로, '그 오래된 문'이라는 뜻입니다. 느헤미야 3:6에서 "옛문은 바세아의 아들 요야다와 브소드야의 아들 므술람이 중수하여 그 들보를 얹고 문짝을 달고 자물쇠와 빗장을 갖추었고"라고 말씀하고 있습니다. 느헤미야 12:39을 볼 때, 에브라임문과 옛문과 어문이 같이 등장하고 있습니다.

옛문은 예루살렘의 문들 중에 가장 오래된 문으로 전해집니다. 스가랴

14:10에서는 '첫 문'이라고 표현하고 있습니다. 여기 '첫'은 히브리어 '리숀'(רִאשׁוֹן)으로, '첫 번째, 최초의, 처음에'라는 뜻입니다. 옛문은 북쪽의 다메섹으로 가려면 반드시 통과해야 하는 문이었기에, 전략적으로 굉장히 중요한 문이었습니다.

2. 건축 과정

The Building Process

(1) 제9구역의 중수 - 요야다와 므술람

전체 성벽 공사의 제9구역은 요야다와 므술람이 담당하였습니다. 느헤미야 3:6에서 "옛문은 바세아의 아들 요야다와 브소드야의 아들 므술람이 중수하여 그 들보를 얹고 문짝을 달고 자물쇠와 빗장을 갖추었고"라고 말씀하고 있습니다. '요야다'(יוֹיָדָע)는 히브리어로 '예호야다'(יְהוֹיָדָע)와 동일한 형태로, '여호와께서 알고 계신다'라는 뜻입니다. '므술람'은 히브리어 '메슐람'(מְשֻׁלָּם)으로, '친구, 동맹'이라는 뜻입니다. 제9구역을 중수한 므술람은 브소드야의 아들로, 제6구역의 공사를 담당했던 '베레갸의 아들 므술람'(느 3:4)과는 동명이인입니다.

양문과 어문에 대해서는 '건축하다'라는 뜻의 히브리어 '바나'(בָּנָה)가 사용된 것을 볼 때, 완전히 무너진 것을 새로 지은 성문임을 알 수 있습니다. 그러나 옛문에 대해서는 '중수하여'로 번역된 히브리어 '하자크'(חָזַק)의 히필(사역) 완료형이 사용되어, 어느 정도 건축물이 남아 있는 상태에서 보수하였음을 표현하고 있습니다. 재건 당시 성문과 성벽의 어느 부분은 완전히 무너져 있었고, 어느 부분은 부분적으로 남아 있었던 것입니다.

(2) 제10구역의 중수 - 믈라댜와 야돈

전체 성벽 공사의 제10구역은 믈라댜와 야돈이 담당하였습니다. 이들은 기브온 사람들과 미스바 사람들로 더불어 일을 하였습니다. 느헤미야 3:7에서 "그다음은 기브온 사람 믈라댜와 메로놋 사람 야돈이 강 서편 총독의 관할에 속한 기브온 사람들과 미스바 사람들로 더불어 중수하였고"라고 말씀하고 있습니다.

'믈라댜'는 히브리어 '멜라트야'(מְלַטְיָה)로, '여호와께서 구출하셨다'라는 뜻입니다. 그는 기브온 출신인데, 기브온은 예루살렘에서 북서쪽으로 약 10km에 위치한 구릉 지역에 있습니다. '야돈'(יָדוֹן)은 히브리어로 '고마운, 감사하는'이라는 뜻이며, 메로놋 사람이었습니다. 메로놋은 아마도 미스바의 한 지역일 것입니다(참고-대상 27:30). 예루살렘에서 북쪽으로 약 12km에 위치한 미스바는, 당시 예루살렘성이 함락된 후 바벨론에서 파견한 총독이 거했던 곳으로(왕하 25:23, 렘 40:5-16), 타 지역에 비해 부유하고 이방 문화의 영향도 크게 받았습니다. 그러한 지역에 살던 야돈은 성벽 재건을 위해서 세상의 헛된 부귀영화를 내려놓고 충성을 다한 것입니다.

제10구역을 담당한 자들은 모두 '강 서편 총독 관할에 속한' 자들, 곧 유브라데강 서편 수리아 지역 총독의 관할 아래 있던 자들이었습니다.

(3) 제11구역의 중수 - 웃시엘

전체 성벽 공사의 제11구역은 웃시엘이 담당하였습니다. 느헤미야 3:8 상반절에서 "그다음은 금장색 할해야의 아들 웃시엘 등이 중수하였고"라고 말씀하고 있습니다.

금장색은 금을 녹이고 정련하여 세공하는 기술자입니다. '웃시엘'은 히브리어 '웃지엘'(עֻזִּיאֵל)로, '하나님의 능력'이라는 뜻이며, 성경에 여러 동명이인이 기록되어 있습니다(출 6:18, 대상 7:7, 25:4, 대하 29:14).

(4) 제12구역의 중수 - 하나냐

전체 성벽 공사의 제12구역은 하나냐가 담당하였습니다. 느헤미야 3:8 하반절에서 "그다음은 향품 장사 하나냐 등이 중수하되 저희가 예루살렘 넓은 성벽까지 하였고"라고 말씀하고 있습니다. '하나냐'는 히브리어 '하나느야'(חֲנַנְיָה)로, '하나님의 힘, 하나님의 능력'이라는 뜻입니다. 8절에서 '금장색'과 '향품 장사'는 둘 다 복수형으로, 성벽 공사에 많은 금장색과 향품 장사들이 참여하였음을 알려줍니다. 이들은 예루살렘 성벽 가운데 가장 어려운 '예루살렘 넓은 성벽'을 담당하였습니다(느 3:8下). '예루살렘 넓은 성벽'은 옛문부터 모퉁이문까지의 전략상 요충지에 세워진 넓고 튼튼한 성벽을 가리킵니다.

한글 개역성경에서는 "넓은 성벽까지 하였고"라고 의역하였지만, 원문으로 보면 '아자브'(עָזַב)라는 단어를 쓰고 있습니다. 이 단어는 '남기다, 복구하다'라는 두 가지 뜻이 있는데, 여기에서는 '…까지'라는 의미의 '아드'(עַד)와 함께 '복구하다'라는 뜻으로 사용되어 '넓은 성벽이 있는 곳까지 (포함하여) 복구했다'라는 의미입니다(바른성경, 공동번역, 현대인의성경).

남 유다의 아마샤 왕(주전 796-767년)은 에돔과의 전쟁에서 승리한 후 심히 교만해져, 북 이스라엘 왕 요아스에게 선전포고를 하고 전쟁을 일으켰습니다(왕하 14:8-11, 대하 25:17-21). 그러나 아마샤는 처참히 패배하였고, 승리한 북 이스라엘 왕 요아스는 예루살렘 성벽의 에브라임문부터 모퉁이문까지 약 400규빗(182.4m) 구간을 헐어 버렸습니다(왕하 14:13, 대하 25:23). 훗날 아마샤의 아들 웃시야왕은 무너진 성벽을 보수하여 추가로 망대를 건설하였습니다(대하 26:9).

주전 701년 앗수르 왕 산헤립의 제2차 예루살렘 침공 당시에, 히스기야왕은 북 이스라엘 멸망 후에 예루살렘으로 이주하여 다윗성 서쪽에 정착한 사람들을 보호할 수 있도록, 성벽 주변의 가옥을 헐어서 퇴락한 성벽을 더욱 두껍게 하여 넓은 성벽을 완성하였습니다(사 22:8-11). 넓은 성벽은 옛문부터 모퉁이문까지 이어지다가, 모퉁이문을 기점으로 외곽 성벽을 둘러 중앙 골짜기(티로포에온 골짜기) 너머 남서쪽 언덕을 둘러 분문으로 이어졌습니다. 역대하 32:5에서 "히스기야가 세력을 내어 퇴락한 성을 중수하되 망대까지 높이 쌓고 또 외성을 쌓고"라고 말씀하고 있습니다. 여기 '성' 앞에 '모든'을 뜻하는 히브리어 '콜'(כֹּל)이 쓰였는데, 이는 히스기야왕이 과거의 퇴락한 모든 성벽을 중수했음을 의미합니다.

느헤미야의 성벽 재건 당시에는 옛문부터 모퉁이문까지의 넓은 성벽만 재건되었고, 넓은 성벽의 외곽 부분은 유대 독립 시대(하스몬 왕조 시대)에 재건되었습니다. 참고로, 현재 예루살렘 구(舊) 도심에는 넓은 성벽에서 연결되었던 외곽 부분의 일부가 발굴되어 있는데, 그 두께가 약 7m에 달합니다.

예레미야 선지자는 예루살렘이 비록 멸망할지라도, 바벨론에서 해방된 후 하나넬 망대부터 모퉁이문까지 재건될 것이라고 예언하였습니다. 예레미야 31:38에서 "나 여호와가 말하노라 보라, 날이 이르리니 이 성을 하나넬 망대에서부터 모퉁이문까지 여호와를 위하여 건축할 것이라"라고 말씀하고 있습니다. 이 예언이 느헤미야에 의해서, 구체적으로 금장색들과 향품 장사들에 의해서 성취된 것입니다.

금장색들과 향품 장사들은 부유한 사람들로, 어려운 성벽 공사에 적극적으로 참여하기가 쉽지 않았을 것입니다(참고-마 6:24, 눅 18:25). 그러나 이들은 하나님의 언약을 성취시키는 데 앞장서서 헌신하여, 그 이름이 성경에 기록되는 큰 복을 받았습니다. 오늘날 성도는 자신의 모든 재물이 하나님께로부터 왔음을 고백하며(대상 29:15-16), 금장색들과 향품 장사들처럼 하나님의 언약을 성취시키는 일에 적극적으로 참여해야 합니다.

(5) 제13구역의 중수 - 르바야

전체 성벽 공사의 제13구역은 르바야가 담당하였습니다. 느헤미야 3:9에서 "그다음은 예루살렘 지방 절반을 다스리는 자 후르의 아들 르바야가 중수하였고"라고 말씀하고 있습니다. '르바야'는 히브리어 '레파야'(רְפָיָה)로, '여호와께서 고치셨다'라는 의미입니다.

르바야는 '예루살렘 지방 절반을 다스리는 자'였습니다. 여기 '지방'은 히브리어 '펠레크'(פֶּלֶךְ)로, '주위, 주변 지역'이라는 뜻입니다. 그런데 12절에 "예루살렘 지방 절반을 다스리는 자 할로헤스의 아들 살룸"이 기록된 것을 볼 때, 예루살렘 주변 지역은 르바야와 살룸이 나누어서 다스렸음을 알 수 있습니다. 이들은 권력층이면서도 성벽 공사에 앞장서는 모범적인 지도자들이었습니다.

(6) 제14구역의 중수 - 여다야

전체 성벽 공사의 제14구역은 여다야가 담당하였습니다. 느헤미야 3:10 상반절에서 “하루맙의 아들 여다야는 자기 집과 마주 대한 곳을 중수하였고”라고 말씀하고 있습니다. 한글 개역성경에는 번역되지 않았지만, 히브리어 원문은 ‘그다음은’이라는 뜻의 ‘베알 야담’(וְעַל־יָדָם)으로 시작되고 있습니다. 이 표현은 성벽 공사가 한 군데도 빠짐없이 계속 이어져 진행되었음을 나타냅니다.

‘여다야’는 히브리어 ‘예다야’(יְדָיָה)로, ‘여호와께 찬양하는 자’라는 뜻입니다. 그는 자기 집 앞에 있는 성벽을 수리하였습니다. 느헤미야는 대체로 자기 집 근처에 위치한 성벽을 수리하도록 인원을 배치하였습니다(느 3:10, 23, 28-30). 각자의 자리에서 주어진 사명을 온전히 감당할 때 하나님의 역사가 신속하게 성취되는 것입니다.

(7) 제15구역의 중수 - 핫두스

전체 성벽 공사의 제15구역은 핫두스가 담당하였습니다. 느헤미야 3:10 하반절에서 “그다음은 하삽느야의 아들 핫두스가 중수하였고”라고 말씀하고 있습니다. ‘핫두스’는 히브리어 ‘하투쉬’(חַטּוּשׁ)로, ‘모음(gathering)’이라는 뜻입니다.

(8) 제16구역의 중수 - 말기야와 핫숩

전체 성벽 공사의 제16구역은 말기야와 핫숩이 담당하였습니다. 느헤미야 3:11에서 “하림의 아들 말기야와 바핫모압의 아들 핫숩이 한 부분과 풀무 망대를 중수하였고”라고 말씀하고 있습니다. 말기야는 히브리어 ‘말키야’(מַלְכִּיָּה)로, ‘여호와는 왕이시다’라는 뜻이며, 23절의 베냐민과 형제인 것으로 보입니다. 에스라 10:31-32을 볼 때, 하림 자손의 명단에 ‘말기야’와 ‘베냐민’이 같이 등장하고 있습니다.

‘핫숩’은 히브리어 ‘하슈브’(חַשּׁוּב)로, ‘분별력 있는’이라는 뜻입니다. 핫숩은 제16구역 외에, 샘문으로부터 시작되는 제29구역 성벽 공사에도 참여하였습니다. 느헤미야 3:23에서 “그다음은 베냐민과 핫숩이 자기 집 맞은편 부분을 중수하였고”라고 말씀하고 있습니다. 참고로, 말기야의 부친으로 기록된 ‘하림’과, 핫숩의 부친으로 기록된 ‘바핫모압’은 제1차 귀환자들의 명단에 기록되어 있습니다(느 7:11, 35). 제1차 귀환이 주전 537년이고 제3차 귀환이 주전 444년으로, 93년의 간격이 있음을 고려할 때 ‘말기야’와 ‘핫숩’은 ‘하림’과 ‘바핫모압’의 직계 아들이 아니라 자손들로 보는 것이 적절합니다.

이들이 중수한 곳은 ‘한 부분과 풀무 망대’입니다. ‘한 부분’은 히브리어 ‘밋다 쉐니트’(מִדָּה שֵׁנִית)로, ‘다른 부분’이라는 뜻입니다. 이는 핫두스가 공사한 지역과 다른 곳임을 강조하는 것으로(참고-느 3:10下), 이전 성벽 공사 구간과 거리상 조금 떨어진 곳을 가리킵니다. 그리고 ‘풀무 망대’의 ‘풀무’는 히브리어 ‘탄누르’(תַּנּוּר)로, 빵을 굽는 화덕을 가리킵니다. 이 근처에는 빵 굽는 사람들이 많이 있어서 빵 굽는 자(떡 만드는 자)들의 거리를 이루었습니다(렘 37:21).

(9) 제17구역의 중수 - 살룸과 그 딸들

전체 성벽 공사의 제17구역은 살룸과 그 딸들이 담당하였습니다. 느헤미야 3:12에서 “그다음은 예루살렘 지방 절반을 다스리는 자 할로헤스의 아들 살룸과 그 딸들이 중수하였고”라고 말씀하고 있습니다. ‘살룸’은 히브리어 ‘샬룸’(שַׁלּוּם)으로, ‘평강’이라는 뜻입니다.

살룸에게는 아들이 없고 딸만 있었던 것 같습니다. 광야 시대 슬로브핫의 다섯 딸처럼 살룸의 딸들 역시 아버지의 분깃을 이어받았을 것입니다(민 36:8). 아버지의 분깃을 물려받은 살룸의 딸들은 분깃을 받은 책임감으로 기꺼이 성벽 재건에 참여했고, 이 헌신을 통하여 살룸의 이름이 성벽 재건 참여자 명단에 기록될 수 있었습니다.

3. 구속사적 교훈
The Redemptive-Historical Lesson

재건된 예루살렘 성벽의 열두 성문 중 가장 오래된 문이 '옛문'입니다. 태초부터 계신 말씀이요(미 5:2, 요 1:1), 영원부터 영원까지 존재하시는(시 90:2, 93:2) 예수님께서 우리의 신령한 옛문이십니다(참고-요 10:9).

세례 요한은 예수님보다 6개월 일찍 태어났습니다(눅 1:36). 그러나 세례 요한은 "내가 전에 말하기를 내 뒤에 오는 사람이 있는데 나보다 앞선 것은 그가 나보다 먼저 계심이라 한 것이 이 사람을 가리킴이라"(요 1:30)라고 고백하였습니다. 예수님께서는 "진실로 진실로 너희에게 이르노니 아브라함이 나기 전부터 내가 있느니라"(요 8:58)라고 하시며, 주전 2166년에 태어난 아브라함보다 먼저 계셨음을 말씀하셨습니다. 예수님은 '다윗의 뿌리'(계 5:5, 22:16)요, '모든 창조물보다 먼저 나신 자'(골 1:15)이시며, 더 나아가 '만물의 창조주'(요 1:3, 10, 골 1:16)요, '태초의 말씀'(요 1:1-2)이십니다. 이 말씀들은 예수님의 선재성(先在性)을 분명하게 선포하고 있습니다.

사도 요한은 "태초부터 있는 생명의 말씀에 관하여는 우리가 들은 바요 눈으로 본 바요 주목하고 우리 손으로 만진 바라"라고 고백하고 있습니다(요일 1:1). 우리도 영원부터 영원까지 신령한 옛문이 되시는 예수님을 온몸으로 증거하는 삶을 살아야 합니다(요일 1:2-3).

예루살렘의 변천사 / The Transformation of Jerusalem

예루살렘은 의의 왕 멜기세덱이 통치할 때 '살렘'이라고 불렸다(창 14:18, 참고-시 76:2, 히 7:1). 그리고 가나안 족속 중 여부스인이 시온을 차지한 뒤 주변에 성벽을 쌓고 '여부스'라고 불렀다(삿 19:10, 대상 11:4).

다윗 시대의 예루살렘(주전 1003년 이후)

Jerusalem in the days of David (after 1003 BC)

여부스 사람들은 예루살렘 남동쪽 끝에 위치한 높이 790m의 낮은 언덕 '시온'에 거주했다. 이곳은 기드론 골짜기와 중앙 골짜기(티로포에온 골짜기)의 합류 지점이며, 천혜(天惠)의 요새로서 적들의 침입을 쉽게 방어할 수 있는 난공불락의 성읍이었다. 다윗왕은 헤브론에서 7년 6개월 동안 다스린 뒤 시온 산성을 점령하고 다윗성이라 칭하고 수도로 삼았으며, 그곳에 장막을 치고 언약궤를 모셨다(삼하 5:5-10, 대상 11:4-9).

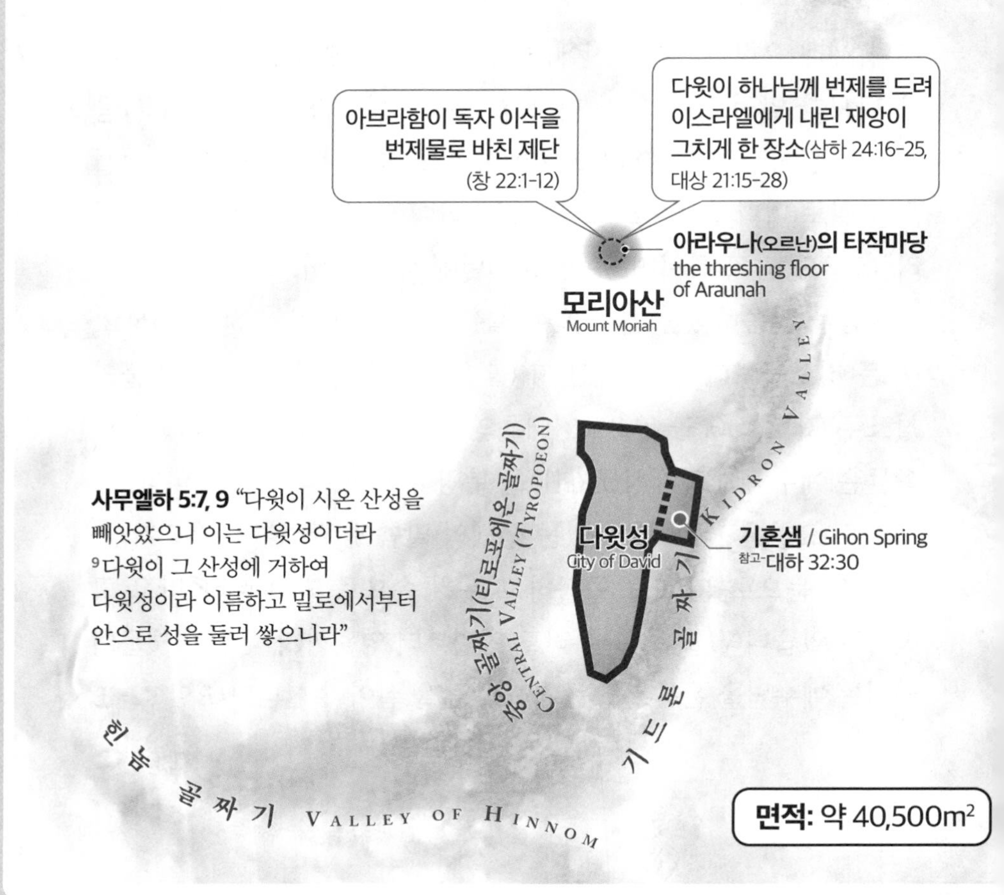

사무엘하 5:7, 9 "다윗이 시온 산성을
빼앗았으니 이는 다윗성이더라
9 다윗이 그 산성에 거하여
다윗성이라 이름하고 밀로에서부터
안으로 성을 둘러 쌓으니라"

솔로몬 시대의 예루살렘(주전 959년 이후)

Jerusalem in the days of Solomon (after 959 BC)

주전 959년, 솔로몬 성전이 세워지고 그곳으로 언약궤를 옮긴 이후(왕상 8:1-21), 예루살렘의 지경은 다윗성이 위치한 곳에서부터 성전이 세워진 북쪽 전체까지 확대되었다. 이후로 '시온'은 성전과 동일시되어 하나님께서 임재하여 그 거처로 삼으신 거룩한 장소, 곧 성산(聖山)이 되었다(시 2:6, 48:2, 78:68-69, 87:1-2, 132:13-14, 사 60:14, 욜 2:1, 3:17, 옵 1:17, 미 4:2, 슥 8:3).

모리아산 / 853m
Mount Moriah
다윗성 / 790m
City of David
티로포에온 골짜기
Valley of Tyropoeon
기드론 골짜기
Kidron Valley

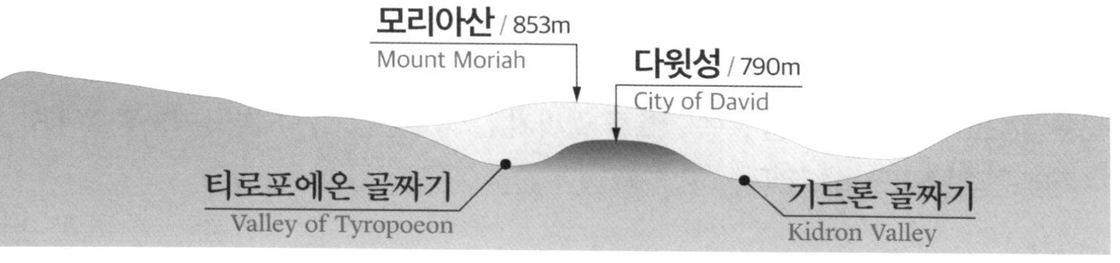

열왕기상 8:1, 13, 21 "솔로몬이 여호와의 언약궤를 다윗성 곧 시온에서 메어 올리고자 하여… 13 내가 참으로 주를 위하여 계실 전을 건축하였사오니 주께서 영원히 거하실 처소로소이다 하고 21 … 여호와의 언약 넣은 궤를 위하여 한 처소를 설치하였노라"

"솔로몬이 예루살렘 모리아산에 여호와의 전 건축하기를 시작하니 그곳은 전에 여호와께서 그 아비 다윗에게 나타나신 곳이요 여부스 사람 오르난의 타작마당에 다윗이 정한 곳이라"(대하 3:1)

다윗과 솔로몬 시대에 예루살렘 주변에 거하는 백성은 기혼샘으로 이어지는 산등성이 지역을 중심으로 정착했다. 산 정상의 평평한 부분은 자연적인 방어 요새를 형성했고, 이곳에 성전이 세워졌다.

솔로몬 성전
Solomon's Temple
솔로몬 왕궁
Solomon's house
예루살렘
Jerusalem
오벨
Ophel
다윗성
City of David
기혼샘 / Gihon Spring
참고-대하 32:30
중앙 골짜기(티로포에온 골짜기)
CENTRAL VALLEY (TYROPOEON)
기드론 골짜기
KIDRON VALLEY
힌놈 골짜기
VALLEY OF HINNOM
N

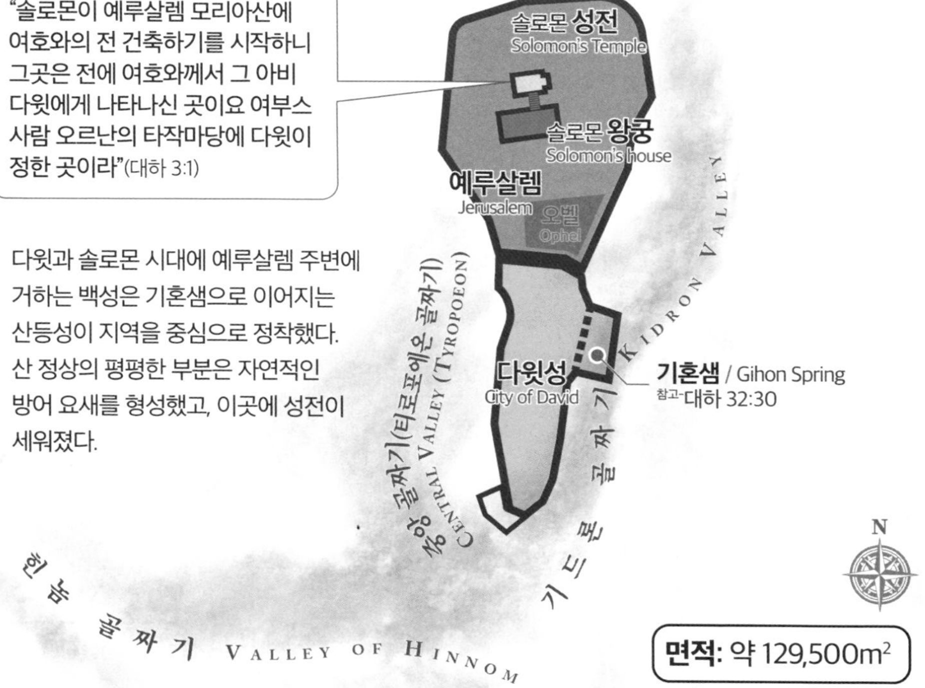

면적: 약 129,500m²

3 히스기야 시대의 예루살렘(주전 701년 이후)

Jerusalem in the days of Hezekiah (after 701 BC)

주전 722년에 앗수르에 의해 북 이스라엘이 멸망한 후, 많은 피난민들이 예루살렘으로 유입되었다. 이들의 일부는 예루살렘 성 안에 정착하였지만, 대부분은 서쪽 언덕에 새로 정착지를 건설하였다. 주전 701년, 앗수르의 산헤립이 예루살렘을 두 차례에 걸쳐 공격하자, 히스기야는 피난민들의 집을 헐고 넓은 성벽을 건축하여 서쪽 언덕 전체를 둘렀고, 외부의 못을 막고 기혼샘과 셀라못을 잇는 1,200규빗 길이의 지하수로를 공사하여 수원지를 확보하였다.

히스기야 시대를 전후하여 종교개혁과 함께 솔로몬 성전의 뜰 규모도 크게 확장되었을 것으로 보이며, 다윗성 동쪽 기드론 골짜기 전까지를 감싸는 외부 성벽 역시 이 시기에 건축된 것으로 보인다.

이사야 22:8-11 "그가 유다에게 덮였던 것을 벗기매 이날에야 네가 수풀 곳간의 병기를 바라보았고 너희가 다윗성의 무너진 곳이 많은 것도 보며 너희가 아래 못의 물도 모으며 10 또 예루살렘의 가옥을 계수하며 그 가옥을 헐어 성벽을 견고케도 하며 11 너희가 또 옛못의 물을 위하여 두 성벽 사이에 저수지를 만들었느니라"

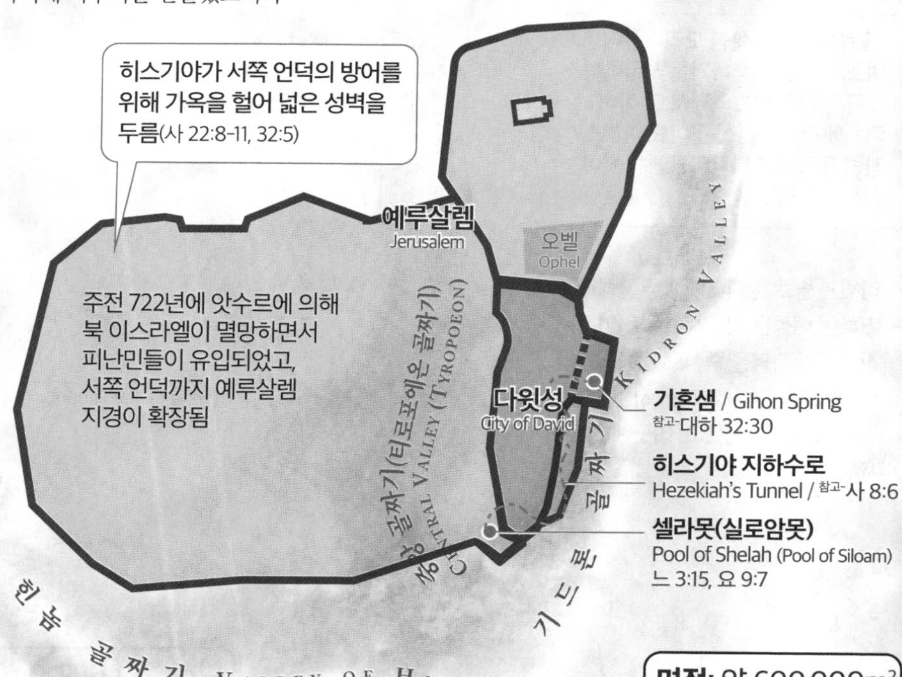

4 느헤미야 시대의 예루살렘(주전 444년 이후)

Jerusalem in the days of Nehemiah (after 444 BC)

이스라엘 백성은 포로 귀환 후 성전을 재건하고, 예루살렘 성을 재건함으로써 국가적 면모를 갖추려 했지만, 주변 대적들의 방해로 성이 훼파되었다.
주전 444년 제3차로 귀환한 느헤미야는 52일 만에 예루살렘 성벽을 재건하였다. 기존에 훼파되지 않고 남아있던 문들과 새로 건축하거나 중수하는 문을 포함해 총 열두 문이 성벽 중수의 기준점이 되었으며, 총 42개 구역으로 구분해서 공사를 진행하여 엘룰(6월) 25일에 완공했다.
이후 성벽을 봉헌하고 하나님의 언약대로 살기 위해 각 가문의 대표자들이 언약에 인을 치는 언약 갱신식을 가졌으며, 재건된 예루살렘에는 백성의 두목과 제비 뽑은 십분의 일 백성, 자원하는 자들이 거하게 되었다.

느헤미야 6:15-16 "성 역사가 오십이 일 만에 엘룰월 이십오 일에 끝나매 16 우리 모든 대적과 사면 이방 사람들이 이를 듣고 다 두려워하여 스스로 낙담하였으니 이는 이 역사를 우리 하나님이 이루신 것을 앎이니라"

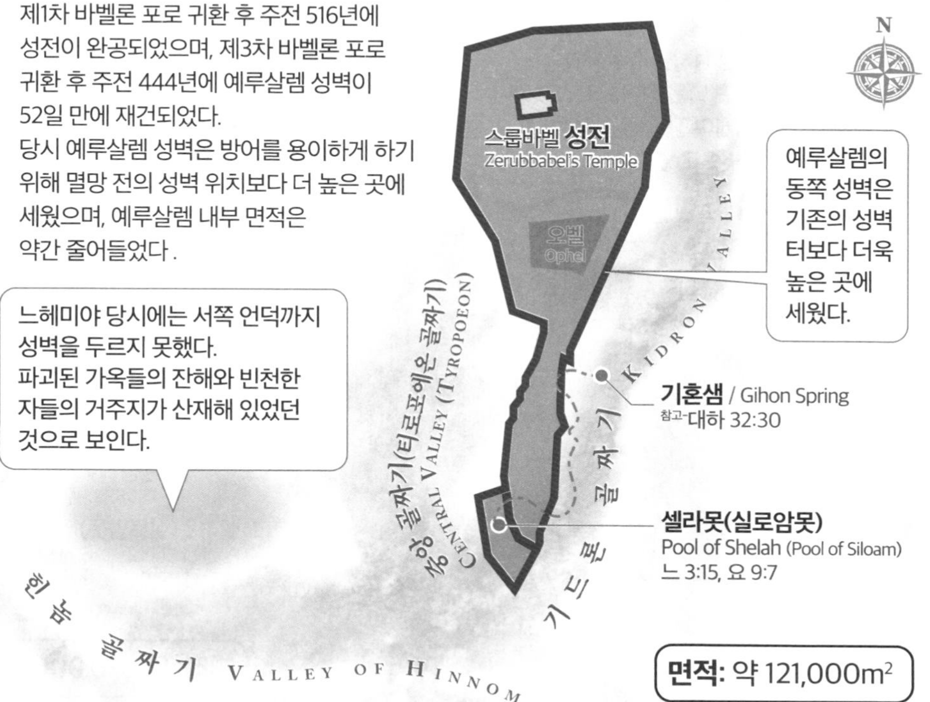

5 하스몬 시대의 예루살렘(주전 142년 이후)

Jerusalem during the Hasmonean Period (after 142 BC)

포로 귀환 시대 이후 예루살렘이 크게 확장된 것은 하스몬 왕조 시대이다. 하스몬 왕조 시대에 예루살렘성을 회복하여 북쪽의 평지를 중심으로 벽을 쌓고 성전을 개축하였으며, 서쪽 언덕과 남쪽의 다윗성 방향으로 성벽을 확장하였다. 마카비상 10:10-11에 의하면, 유다 마카비의 막내 동생 요나단(요나단 아푸스, 40대 대제사장)은 예루살렘 성벽을 더 강화하기 위해 네모진 돌로 성벽을 보수했다. 그리고 요나단의 형, 시몬(시몬 (3세) 타시, 41대 대제사장)은 예루살렘성 수축을 완성하고 방비를 튼튼하게 하였다(마카비상 13:10). 또한 이 시기의 유대교가 식사 전 손을 씻거나 부정에서 몸을 씻는 등의 정결례를 매우 강조하면서, 예루살렘 곳곳에 못들이 크게 확장되었다. 특히 바위를 파서 빗물을 모아 두는 연못이었던 베데스다못은 윗못과 아랫못으로 크게 확장되었다.

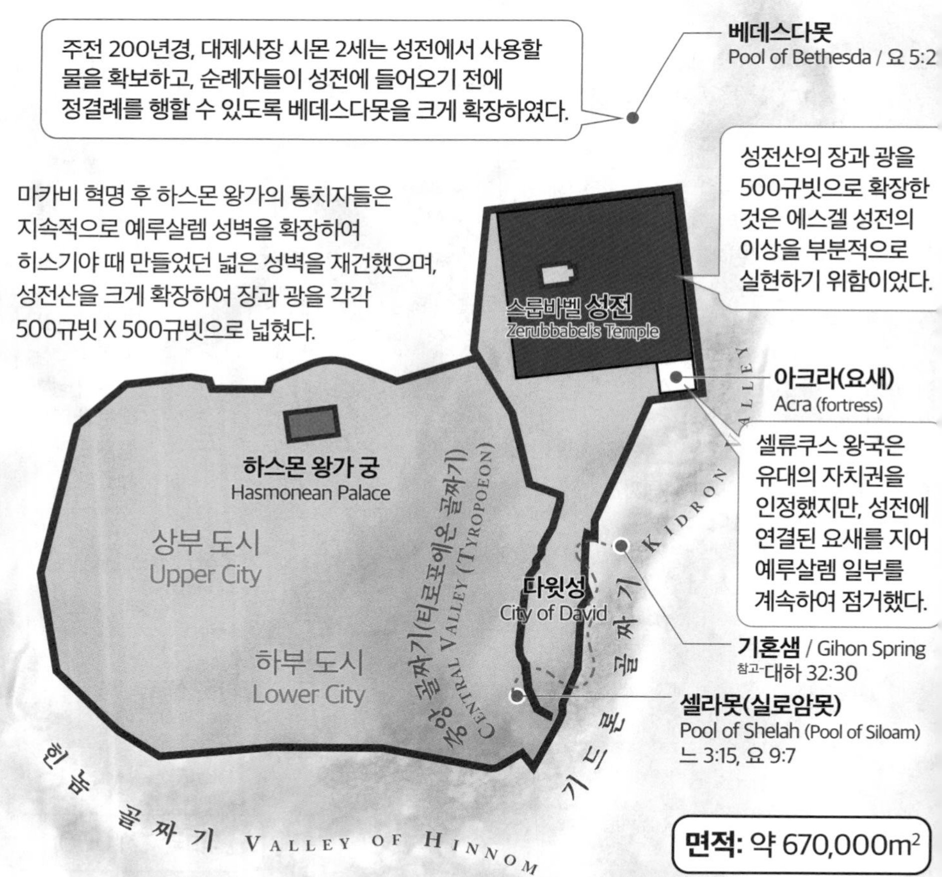

예수 그리스도 당시의 예루살렘(주후 29년 이후)
Jerusalem in the days of Jesus Christ (after AD 29)

로마 시대 유대 지역을 관할한 분봉 왕 헤롯은 예루살렘 성전을 증축하여 자신이 유대교 신앙을 갖고 있음을 증명하고자 했다. 헤롯은 예루살렘성을 약 2배로 확장하였는데, 북·남·서쪽으로 넓히면서 서쪽과 남쪽의 골짜기를 평평하게 하기 위해 인공적으로 아치 형태의 다리들을 만들었다.

헤롯 시대에 예루살렘은 서쪽 언덕 쪽이 주로 귀족들의 거주지가 되었고, 다윗성 쪽은 서민들의 거주지가 되었으며 소규모 상가와 가죽·염색 등의 산업 구역이 되었다.

예루살렘의 인구 증가로, 히스기야 시대부터 사용하던 윗못과 아랫못을 보강했으며, 성전에서 사용할 물은 베들레헴에 있는 솔로몬의 못으로부터 예루살렘까지 수로를 만들어 끌어왔다.

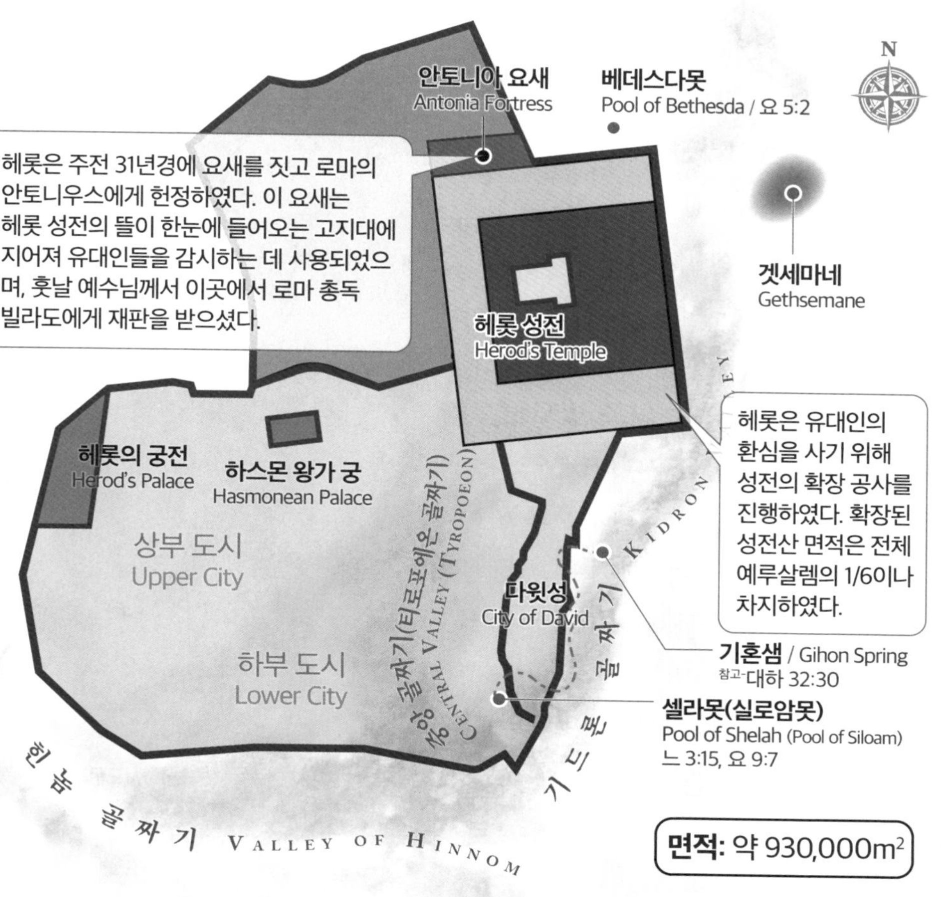

건축 혹은 중수한 문

04 골짜기문 / 느Neh 3:13
שַׁעַר הַגַּיְא / The Valley Gate

제18구역: 하눈과 사노아 거민(느 3:13)

1. 의미
The Meaning

'골짜기문'은 히브리어 '샤아르 하가예'(שַׁעַר הַגַּיְא)로, '그 계곡의 문, 그 협곡의 문'이라는 뜻입니다. 이곳에서 '티로포에온(Tyropoeon) 골짜기'가 내려다 보여서 '골짜기문'이라는 이름이 붙었습니다. '티로포에온 골짜기'는 '중앙 골짜기'라고도 불리며, 요세푸스는 이곳을 '치즈 만드는 자의 골짜기'라고 불렀습니다(*War* 5.4.1). 느헤미야 3:13에서 "골짜기문은 하눈과 사노아 거민이 중수하여 문을 세우며 문짝을 달고 자물쇠와 빗장을 갖추고 또 분문까지 성벽 일천 규빗을 중수하였고"라고 말씀하고 있습니다. 느헤미야는 바벨론에서 귀환할 때 성벽을 돌아보기 위하여 골짜기문으로 나갔다가 골짜기문으로 돌아왔습니다(느 2:13, 15, 참고-대하 26:9).

2. 건축 과정

The Building Process

제18구역의 중수 - 하눈과 사노아 거민

전체 성벽 공사의 제18구역은 하눈과 사노아 거민이 담당하였습니다. 느헤미야 3:13에서 "골짜기문은 하눈과 사노아 거민이 중수하여 문을 세우며 문짝을 달고 자물쇠와 빗장을 갖추고 또 분문까지 성벽 일천 규빗을 중수하였고"라고 말씀하고 있습니다. '하눈'(חָנוּן)은 히브리어로 '은혜를 입은'이라는 뜻입니다. 30절에는 동문으로부터 시작되는 구간의 제39구역의 성벽 공사에 대해 말씀할 때 '살랍의 여섯째 아들 하눈'이라고 기록되어 있습니다. 하눈은 골짜기문 구간과 함께 동문의 제39구역 구간의 성벽 공사까지 담당할 정도로 열심이 있는 사람이었습니다.

'사노아'는 히브리어 '자노아흐'(זָנוֹחַ)로, '거절된'이라는 뜻입니다. 사노아는 예루살렘 남서쪽 약 22km 지점에 위치한 작은 성읍으로(수 15:34), 바벨론 포로에서 귀환한 이스라엘 백성이 재건한 성읍 중 하나입니다(느 11:30).

하눈과 사노아 거민은 골짜기문부터 분문까지 약 1,000규빗(456m)의 성벽을 중수하였습니다(느 3:13). 이 넓은 지역을 하눈과 사노아 거민이 담당하였다는 것은, 이들이 힘에 지나도록 헌신하였음을 보여줍니다.

3. 구속사적 교훈

The Redemptive-Historical Lesson

'골짜기'를 가리키는 히브리어는 그 모양과 크기에 따라 다양한 단어가 있습니다. 그중 '가예'(גַּיְא)는 양 옆에 고지대를 끼고 있는, 길고 바닥이 평평한 지역을 가리킵니다. 고대 근동에서는 주로 골짜기('가예')로 둘러진 언덕에 마을이나 도시를 건설했는데, 이런 점에서 '가예'는 '극복해야 할 거대한 장애물'을 비유하기도 합니다.[18)]

예수님께서는 우리를 사망의 음침한 골짜기에서 구원하여 천국 문으로 인도하시는 분입니다. 시편 23:4에서 "내가 사망의 음침한 골짜기로 다닐찌라도 해를 두려워하지 않을 것은 주께서 나와 함께 하심이라 주의 지팡이와 막대기가 나를 안위하시나이다"라고 말씀하고 있습니다. 여기 '골짜기'도 히브리어 '가예'(גַּיְא)입니다. 주로 동서 방향으로 깊게 파인 유대 광야 골짜기에서는 해가 뜨면 골짜기 내부가 캄캄한 그림자로 덮여서 길과 낭떠러지가 잘 구분되지 않습니다. 이러한 골짜기에서 양들은 길을 잃거나, 발을 헛디뎌 실족하거나, 다른 짐승의 공격을 받기 쉽기 때문에 '사망의 음침한 골짜기'라고 표현하였습니다.

팔레스타인 지방의 양은 지독한 근시라 1m 앞도 제대로 보지 못하여 골짜기에서 홀로 살아남을 수 없지만, 목자의 음성을 듣고 따를 때 골짜기를 안전하게 다닐 수 있습니다. 그래서 요한복음 10:3-5에서 "문지기는 그를 위하여 문을 열고 양은 그의 음성을 듣나니 그가 자기 양의 이름을 각각 불러 인도하여 내느니라 4 자기 양을 다 내어 놓은 후에 앞서가면 양들이 그의 음성을 아는 고로 따라오되 5 타인의 음성은 알지 못하는 고로 타인을 따르지 아니하고 도리어 도망하느니라"라고 말씀하고 있습니다. 우리는 천국에 가는 그날까지 오직 우리의 영원한 목자이신 예수님의 음성만 듣고 따라가야 합니다(시 23:1, 95:7).

이사야 40:1-5에서는 이스라엘 백성의 포로 귀환을 예언하고 있는데, 이 말씀은 궁극적으로 세상 바벨론에서 영원한 천국 새 예루살렘성으로 귀환할 종말 성도를 통하여 성취될 것입니다. 3절에서 포로 귀환의 복음을 외치는 자의 사명을 말씀하고, 4절에서 "골짜기('가예')마다 돋우어지며 산마다 작은 산마다 낮아지며"라고 말씀하고 있습니다. 신령한 골짜기문 되시는 예수님으로 말미암아 사망에서 생명으로 옮겨진 성도는(요 5:24, 참고-겔 39:11) 말씀을 외치는 자가 되어 골짜기를 메우고 산을 낮추어 여호와의 영광이 오시는 길을 예비해야 합니다(마 3:3, 막 1:3, 눅 3:4-5, 요 1:23). 마지막 때의 성도로서 사망의 골짜기를 메우고 시온의 대로를 건설하여 구속사 완성에 쓰임받는 사명자가 되시기를 소망합니다.

건축 혹은 중수한 문

05 분문(하시드문) / 느Neh 3:14
שַׁעַר הָאַשְׁפּוֹת / The Refuse Gate

제19구역: 말기야(느 3:14)

1. 의미
The Meaning

'분문'(糞門)은 히브리어 '샤아르 하아쉬포트'(שַׁעַר הָאַשְׁפּוֹת)로, '그 쓰레기의 문, 그 똥의 문'이라는 뜻입니다. 이 문을 통하여 예루살렘성 내의 쓰레기나 똥을 배출하였기 때문에 붙은 이름입니다. 느헤미야 3:14에서 "분문은 벧학게렘 지방을 다스리는 레갑의 아들 말기야가 중수하여 문을 세우며 문짝을 달고 자물쇠와 빗장을 갖추었고"라고 말씀하고 있습니다.

분문은 '하시드문'이라고도 불렸습니다. 예레미야 19:2에서 "하시드문 어귀 곁에 있는 힌놈의 아들의 골짜기로 가서 거기서 내가 네게 이른 말을 선포하여"라고 말씀하고 있습니다. '하시드'는 히브리어 '하르수트'

(חֲרְסוּת)로, '질그릇 조각'이라는 뜻입니다. 아마도 분문이 있는 곳에서 토기장이들이 질그릇을 만들었기 때문에 붙은 이름일 것입니다(렘 19:1).

분문은 힌놈의 골짜기로 통하는 문이었습니다. 예레미야 19:2에서 "하시드문 어귀 곁에 있는 힌놈의 아들의 골짜기"라고 말씀하고 있습니다. 참고로, '힌놈의 아들 골짜기'와 '힌놈의 골짜기'(수 15:8, 18:16)는 같은 곳입니다.

2. 건축 과정
The Building Process

제19구역의 중수 - 말기야

전체 성벽 공사의 제19구역은 말기야가 담당하였습니다. 느헤미야 3:14에서 "분문은 벧학게렘 지방을 다스리는 레갑의 아들 말기야가 중수하여 문을 세우며 문짝을 달고 자물쇠와 빗장을 갖추었고"라고 말씀하고 있습니다. '말기야'는 히브리어 '말키야'(מַלְכִּיָּה)로, '여호와는 왕이시다'라는 뜻이며, 11절에 나오는 '말기야'와는 다른 사람입니다. 왜냐하면 14절의 '말기야'는 레갑의 아들이요, 11절의 '말기야'는 하림의 아들이기 때문입니다.

말기야는 '벧학게렘' 지방을 다스렸습니다. '벧학게렘'은 히브리어 '베트 하케렘'(בֵּית הַכֶּרֶם)으로, '포도원의 집'이라는 뜻입니다. 이곳은 예루살렘 남서쪽 약 6km 지역에 위치한 곳으로, 오늘날에도 '포도원의 샘'이라는 뜻의 '아인 카림(Ain Karim)'으로 불리고 있습니다.

3. 구속사적 교훈

The Redemptive-Historical Lesson

분문은 '힌놈의 골짜기'로 통하는 문이었습니다(렘 19:1-2). 힌놈의 골짜기는 우상(몰렉)을 숭배하고 인신 제사가 행해지던 곳이었습니다. 남 유다 아하스왕 시대의 참상에 대해, 역대하 28:3에서 "힌놈의 아들 골짜기에서 분향하고 여호와께서 이스라엘 자손 앞에서 쫓아내신 이방 사람의 가증한 일을 본받아 그 자녀를 불사르고"라고 말씀하고 있습니다. 남 유다 므낫세왕 시대에도 "또 힌놈의 아들 골짜기에서 그 아들들을 불 가운데로 지나게 하며 또 점치며 사술과 요술을 행하며 신접한 자와 박수를 신임하여 여호와 보시기에 악을 많이 행하여 그 진노를 격발하였으며"라고 말씀하고 있습니다(대하 33:6).

또한, 힌놈의 골짜기는 쓰레기가 버려지던 곳이었습니다. 요시야왕이 인신 제사를 금지한 후에(왕하 23:10) 예루살렘성 내에서 쏟아지는 각종 쓰레기가 분문을 통하여 힌놈의 골짜기에 버려졌습니다.

예레미야 선지자는 힌놈의 골짜기를 가리켜 '살육의 골짜기'라고 칭하였습니다. 예레미야 7:32에서 "그러므로 나 여호와가 말하노라 날이 이르면 이곳을 도벳이라 하거나 힌놈의 아들의 골짜기라 칭하지 아니하고 살륙의 골짜기라 칭하리니 매장할 자리가 없도록 도벳에 장사함을 인함이니라"라고 말씀하고 있습니다. 예레미야 19:6에서도 "그러므로 나 여호와가 말하노라 보라 다시는 이곳을 도벳이나 힌놈의 아들의 골짜기라 칭하지 아니하고 살륙의 골짜기라 칭하는 날이 이를 것이라"라고 말씀하고 있습니다. 이 말씀대로 바벨론이 쳐들어왔을 때 수많은 남 유다 사람이 죽임을 당하였고, 그들의 시체가 힌놈의 골짜기에 그냥 던져졌던 것입니다. 예레미야 31:40

에서도 “시체와 재의 골짜기”라고 표현하고 있습니다. 힌놈의 골짜기에서는 계속해서 불이 타올랐기 때문에, 훗날 불이 영원히 꺼지지 않는 지옥을 예표하게 되었습니다. ‘힌놈의 골짜기’는 히브리어 ‘게힌놈’(גֵּיא הִנֹּם)인데, 이것이 헬라어로 음역이 되면서 ‘지옥’을 뜻하는 ‘게엔나’(γέεννα)가 된 것입니다(마 5:22).

‘분문’은 쓰레기와 시체가 버려진 곳인 힌놈의 골짜기에서 예루살렘성으로 들어올 수 있는 문이었습니다. 이는 아무리 큰 죄와 허물로 지옥에 갈 수밖에 없는 쓰레기 인생일지라도, 자기 백성을 거룩하게 하려고 예루살렘성 문 밖 골고다 언덕 십자가에서 피 흘려 주신 예수님(히 13:12)을 통하여 새 예루살렘성에 들어갈 수 있음을 보여줍니다. 예수님께서는 “내가 의인을 부르러 온 것이 아니요 죄인을 불러 회개시키러 왔노라”라고 말씀하셨습니다(눅 5:32). 그리고 세리와 죄인들의 친구가 되어 주셨습니다(마 11:19, 눅 7:34). 우편 강도와 같은 밑바닥 인생도 최후에 예수님을 주로 고백하여 구원을 받았습니다(눅 23:40-43).

빌립보서 3:8-9을 볼 때, 사도 바울은 “모든 것을 해로 여김은 내 주 그리스도 예수를 아는 지식이 가장 고상함을 인함이라 내가 그를 위하여 모든 것을 잃어버리고 배설물로 여김은 그리스도를 얻고 [9] 그 안에서 발견되려 함이니”라고 고백하였습니다. 여기 ‘배설물’은 헬라어 ‘스퀴발론’(σκύβαλον)으로, ‘똥, 개에게 던지는 오물’을 가리킵니다. 사도 바울은 예수 그리스도 외에는 모든 것을 ‘똥’과 같이 여겼던 것입니다. ‘가장 고상함’은 헬라어 ‘휘페레코’(ὑπερέχω)로, ‘위로 솟아오르다, 위를 차지하다’라는 뜻입니다. 사도 바울의 고백처럼 세상의 것을 배설물과 같이 버리고, 오직 예수 그리스도를 믿음으로 하늘에서 내려오는 새 예루살렘성에 입성하는 성도가 되시기 바랍니다.

건축 혹은 중수한 문

06 샘문(왕의 동산 곁문) / 느Neh 3:15-25
שַׁעַר הָעַיִן / The Fountain Gate

제20구역: 살룬(느 3:15)
제21구역: 느헤미야(느 3:16)
제22구역: 르훔(느 3:17上)
제23구역: 하사뱌(느 3:17下)
제24구역: 바왜(느 3:18)
제25구역: 에셀(느 3:19)
제26구역: 바룩(느 3:20)
제27구역: 므레못(느 3:21)
제28구역: 평지에 사는 제사장들(느 3:22)
제29구역: 베냐민과 핫숩(느 3:23上)
제30구역: 아사랴(느 3:23下)
제31구역: 빈누이(느 3:24)
제32구역: 발랄(느 3:25上)
제33구역: 브다야(느 3:25下)

1. 의미
The Meaning

'샘문'은 히브리어 '샤아르 하아인'(שַׁעַר הָעַיִן)으로, '그 샘의 문, 그 눈의 문'이라는 뜻입니다. 사람들이 '왕의 못'에서 물을 길어서 이 문을 통하여 나갔기 때문에 '샘의 문'이라고 불렸습니다. 느헤미야 2:14에서 "샘문과 왕의 못"이 나란히 나옵니다. 느헤미야 3:15 상반절에서 "샘문은 미스바 지방을 다스리는 골호세의 아들 살룬이 중수하여 문을 세우고 덮으며 문짝을 달며 자물쇠와 빗장을 갖추고"라고 말씀하고 있습니다. 백성이 물을 길었던 못을 '왕의 못'이라고 부른 이유는 근처에 왕의 동산이 있었기 때문입니다(렘 52:7). 샘문까지는 다윗성에서 내려오는 계단이 있었는데(느 3:15下), 남 유다의 마지막 왕인 시드기야왕이 도망갈 때 이 계단을 이용하였을 것입니다(참고-왕하 25:4).

'왕의 못'의 물은 '셀라못'(실로암못)에서 흘러 내려왔습니다. 15절에도 "왕의 동산 근처 셀라못가"라는 표현이 나옵니다. 여기 '셀라'는 히브리어 '쉘로아흐'(שֶׁלַח)로, '실로아(암)'와 동일한 단어입니다. 셀라못의 물은 예루살렘 동쪽 기드론 골짜기에 있는 기혼샘에서 지하수로를 통해 공급되었습니다(참고-사 22:10-11). 물을 구하기 어려운 예루살렘 지역에서, 기혼샘에서 솟는 생수를 성안으로 끌어오는 실로아의 물은 하나님의 은혜를 상징합니다(사 8:6).

2. 건축 과정

The Building Process

(1) 제20구역의 중수 - 살룬

전체 성벽 공사의 제20구역은 살룬이 담당하였습니다. 느헤미야 3:15에서 "샘문은 미스바 지방을 다스리는 골호세의 아들 살룬이 중수하여 문을 세우고 덮으며 문짝을 달며 자물쇠와 빗장을 갖추고 또 왕의 동산 근처 셀라못가의 성벽을 중수하여 다윗성에서 내려오는 층계까지 이르렀고"라고 말씀하고 있습니다. 미스바 지방을 다스리는 살룬은 골호세의 아들이며, 히브리어 '샬룬'(שַׁלּוּן)은 그 어원상

'평강'이라는 의미를 가지고 있습니다.

느헤미야 3:15을 볼 때, 살룬은 샘문뿐만 아니라 '셀라못가'부터 '다윗성에서 내려오는 층계'까지의 성벽도 중수하였습니다. 여기 '다윗성에서 내려오는 층계'는 다윗 당시 최초로 점령했던 예루살렘 구역을 가리키는 '다윗성'에서 기드론 골짜기로 내려갈 수 있도록 만들어진 계단이었습니다. 또한 셀라못(실로암못)은 예루살렘 본성의 바깥 쪽에 위치하였는데, 이 못을 외부로부터 보호하기 위하여 별도의 외곽 성벽을 다시 쌓았던 것입니다.

느헤미야가 성벽 공사를 시작하기에 앞서 성을 돌아볼 때, 샘문과 왕의 못 근처의 성벽은 짐승도 지나갈 수 없을 만큼 처참하게 무너져 있는 상태였습니다(느 2:14). 그러나 살룬은 자신이 맡은 샘문 공사뿐 아니라, 층계가 필요할 만큼 가파른 경사에다가 처참하게 무너져 있기까지 했던 가장 어려운 구간을 이중으로 담당하였습니다. 그래서 15절에서는 살룬의 사역을 다른 구절보다 길고 자세하게 기록하고 있습니다. 이처럼 성도는 힘들고 어려운 일에 앞장서는 희생의 사람이 되어야 합니다(마 16:24, 막 8:34, 눅 9:23).

(2) 제21구역의 중수 - 느헤미야

전체 성벽 공사의 제21구역은 느헤미야가 담당하였습니다. 느헤미야 3:16에서 "그다음은 벧술 지방 절반을 다스리는 자 아스북의 아들 느헤미야가 중수하여 다윗의 묘실과 마주 대한 곳에 이르고 또 파서 만든 못을 지나 용사의 집까지 이르렀고"라고 말씀하고 있습니다. 느헤미야는 벧술 지방 절반을 다스리는 자로, 아스북의 아들이었습니다. '느헤미야'는 히브리어 '네헴야'(נְחֶמְיָה)로 '여호와께서 위로하셨다'라는 뜻입니다. 그는 예루살렘 성벽 재건을 주도하고 느헤미야서를 기록한 총독 느헤미야와 동명이인입니다.

느헤미야가 중수한 성벽은 다윗의 묘실과 마주 대한 곳에 이르렀습니다. 여기 '묘실'은 히브리어 '케베르'(קֶבֶר)의 복수형으로 다윗 가계의 묘실을 가리킵니다. 역대하 32:33에서는 "다윗 자손의 묘실"이라는 표현이 나옵니다. 또 느헤미야가 중수한 성벽은 "파서 만든 못을 지나 용사의 집"까지 이르렀습니다. '용사의 집'은 다윗을 지켰던 '용사들'처럼(삼하 23:8, 대상 11:10) 궁을 지키는 친위대가 주둔하였던 곳이며, '파서 만든 못'은 병사들이 먹을 물을 공급하기 위하여 작게 만든 못을 가리킵니다.

(3) 제22구역의 중수 - 르훔

전체 성벽 공사의 제22구역은 르훔이 담당하였습니다. 느헤미야 3:17 상반절에서 "그다음은 레위 사람 바니의 아들 르훔이 중수하였고"라고 말씀하고 있습니다. '르훔'은 히브리어 '레훔'(רְחוּם)으로 '긍휼히 여김'이라는 뜻입니다.

그런데 르훔에 이어 나오는 '중수하였고'의 히브리어는 복수형으로, '레위 사람'을 주어로 하고 있습니다. 이는 르훔이 혼자서 중수한 것이 아니라 르훔이 대표가 되어 그의 지도하에 여러 레위 사람이 함께 중수하였음을 의미합니다. 공동번역에서는 이를 "그다음 잇닿은 부분은 바니의 아들 르훔이 레위인들을 거느리고 보수하였다"라고 번역하였습니다.

이해도움

기혼샘에서 왕의 동산까지

From Gihon Spring to the King's Garden

왕하 2Kgs 20:20, 대하 2Chr 32:1-8, 30

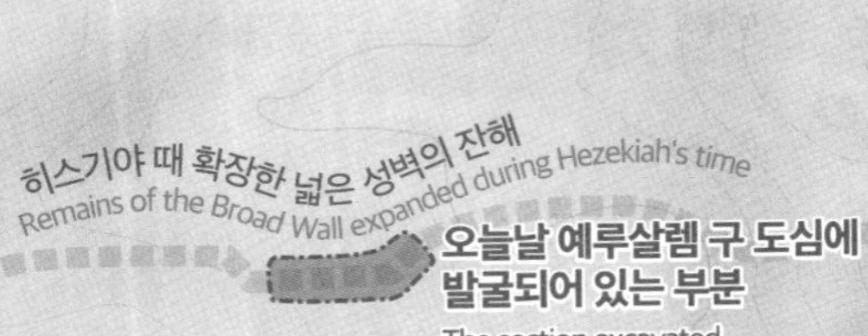

역대하 32:2-4 "히스기야가 산헤립이
예루살렘을 치러 온 것을 보고 3 그 방백
들과 용사들로 더불어 의논하고 성 밖
에 모든 물 근원을 막고자 하매 저희가
돕더라 4 이에 백성이 많이 모여 모든
물 근원과 땅으로 흘러가는 시내를 막
고 이르되 어찌 앗수르 왕들로 와서 많
은 물을 얻게 하리요 하고"

역대하 32:30 "이 히스기야가 또
기혼의 윗 샘물을 막아 그 아래로
좇아 다윗성 서편으로 곧게 인도
하였으니 저의 모든 일이 형통하
였더라"

베데스다못
Pool of Bethesda
요 John 5:2

기혼샘
Gihon Spring
대하 2Chr 33:14

히스기야 지하수로
Hezekiah's Tunnel

셀라못(실로암못)
Pool of Shelah(Pool of Siloam)
느 Neh 3:15, 참고/ref-눅 Lk 13:4, 요 Jn 9:7, 11

샘문(왕의 동산 곁
The Fountain Gate
느 Neh 2:14, 3:15, 12:37,
참고/Ref-왕하 2Kgs 25:4, 렘 Jer 52:

왕의 포도주 짜는 곳
King's wine presses
슥 Zech 14:10

왕의 동산
King's garden / 느 Neh 3:15

분문(하시드문)
Refuse Gate
느 Neh 2:13, 3:14
참고/ref-렘 Jer 19:2

왕의 못(파서 만든 못)
King's Pool (the artificial pool)
느 Neh 2:13, 3:16

용정(에느로겔)
Dragon's Well (En-rogel)
느 Neh 2:13
(삼하 2Sam 17:17, 왕상 1Kgs 1:9)

중앙골짜기

기드론골짜기

힌놈골짜기

샘문부터 수문 사이의 성벽 공사에 대해서는 당시 예루살렘에 있던 여러 건물이나 구조물을 기준으로 언급하면서, 구역별로 중수한 성벽을 설명하고 있습니다.

'셀라못'은 히브리어 '베레카트 하셸라'(בְּרֵכַת הַשֶּׁלַח)로, '(연)못'이라는 의미의 '베레카트'(בְּרֵכַת)와 '보내다'라는 뜻의 '셸라'(שֶׁלַח)에 정관사 '하'(הַ)가 같이 사용되었습니다. '셸라'의 모음을 다르게 읽으면 '쉴로아흐'(שִׁלֹחַ)가 되는데, 신약성경에서는 **'실로암못'**이라고 부릅니다(요 9:7-11).

셀라못은 히스기야왕에 의해서 건축되었습니다. 히스기야왕은, 앗수르 왕 산헤립의 제2차 침공 당시에 앗수르 군대가 물을 얻지 못하도록 성 밖의 모든 물 근원을 막았습니다(대하 32:2-3). 예루살렘성 안에는 여부스 족속이 살던 때부터 사용했던 지하통로가 기혼샘으로 연결되어 있어서, 성 밖의 못이 다 막혀도 물을 공급할 수 있었기 때문입니다. 그러나 히스기야왕 당시 예루살렘은 여부스 족속이 살던 때보다 면적이 12배 이상 늘어나고 인구도 크게 증가하여, 성 밖의 못을 막고 기혼샘으로만 물을 공급하기에는 역부족이었습니다.

이에 히스기야왕은 예루살렘 남쪽에 셀라못(실로암못)을 만들고, 1,200규빗 길이의 지하수로를 통해 예루살렘 동쪽에 있는 기혼샘과 연결하였습니다(왕하 20:20, 대하 32:2-4, 30). 전시 상황에서 진행된 공사였음에도 불구하고, 기혼샘과 셀라못 사이에 고저(高低)의 차이가 겨우 32㎝, 경사는 0.06°일 정도로 정밀하게 공사가 진행되었습니다. 이렇게 경사를 극도로 낮춘 것은 물이 천천히 흐르게 하여 성 밖에서 수로의 존재를 알 수 없게 하기 위함이었습니다(사 8:6, '천천히 흐르는 실로아 물').

놀랍게도 이 수로는 한쪽 방향으로 파면서 공사한 것이 아니라, 기혼샘과 셀라못 양쪽에서 동시에 파고 들어가며 암벽과 바위를 피해 지그재그로 진행하다가 가운데서 만나게 하여 완공한 것이었습니다. 과학 기술의 도움 없이 아무것도 보이지 않는 지하에서 수로가 연결된 것은 오직 하나님의 세밀한 섭리였습니다. 고고학자들의 발굴에 의하면, 셀라못은 길이와 너비가 각각 60m, 50m

정도 되는 거대한 크기였습니다.

셀라못의 완공으로 히스기야왕은 나라가 앗수르 군대에게 포위되는 위경에서 시원한 생수를 예루살렘성 안으로 공급하며 온 국민의 마음을 하나로 모아 기도하며 인내할 수 있었고, 마침내 하나님께서는 사자를 보내셔서 하룻밤 사이에 앗수르 군 185,000명을 송장으로 만드는 대역사를 행하셨습니다(왕하 19:35, 사 37:36, 참고-대하 32:21). 이런 점에서 열왕기하 20:20에서는 "히스기야의 남은 사적과 그 모든 권력과 못*과 수도(水道)를 만들어 물을 성중으로 인도하여 들인 일은 유다 왕 역대지략에 기록되지 아니하였느냐"라고 기록하고 있습니다(*히브리어 '하베레카' (הַבְּרֵכָה): 뜻-그 샘).

셀라못의 물은 수로를 통해 다시 남동쪽으로 흘러가며 아래에 넓고 비옥한 동산을 이루었습니다. 이곳은 '왕의 동산'이라고 불렸습니다(왕하 25:4, 느 3:15, 렘 39:4, 52:7). 이곳에는 포도나무를 많이 심었고, 포도주를 짜는 곳이 있었습니다(슥 14:10).

기혼샘 Gihon Spring	예루살렘 동편 기드론 골짜기에 있는 샘 솔로몬에게 기름을 부은 곳(왕상 1:33, 38, 45) "윗 샘물"(대하 32:30), "옛 못"(사 22:11)
히스기야의 지하 수로 Hezekiah's Tunnel	기혼샘의 물을 셀라못으로 잇는 지하 수로(왕하 20:20, 대하 32:2-4, 30) "천천히 흐르는 실로아 물"(사 8:6)
셀라못 Pool of Shelah	예루살렘 남쪽에 만든 인공 저수지 "실로암못"(요 9:7), "성벽 사이의 저수지"(사 22:11) ※기혼샘부터 셀라못까지 1,200규빗 거리, 고저 차이는 약 32cm
왕의 못 King's Pool	셀라못에서 흐르는 물을 받는 인공 못(느 2:14) "파서 만든 못"(느 3:16)
왕의 동산 King's Garden	왕의 못에서 흐르는 물로 만들어진, 이중 성벽 사이의 비옥한 동산(왕하 25:4, 느 3:15, 렘 39:4, 52:7, 참고-슥 14:10)

(4) 제23구역의 중수 - 하사뱌

전체 성벽 공사의 제23구역은 하사뱌가 담당하였습니다. 느헤미야 3:17 하반절에서 “그다음은 그일라 지방 절반을 다스리는 자 하사뱌가 그 지방을 대표하여 중수하였고”라고 말씀하고 있습니다. ‘하사뱌’는 히브리어 ‘하샤브야’(חֲשַׁבְיָה)로, ‘여호와께서 생각하셨다’라는 뜻입니다. 그는 ‘그일라’ 지방의 절반을 다스리는 자였는데, ‘그일라’는 예루살렘 남서쪽 24km 떨어진 구릉 지대에 있는 성읍이었습니다(수 15:44, 삼상 23:1).

(5) 제24구역의 중수 - 바왜

전체 성벽 공사의 제24구역은 바왜가 담당하였습니다. 느헤미야 3:18에서 “그다음은 그 형제 그일라 지방 절반을 다스리는 자 헤나닷의 아들 바왜가 중수하였고”라고 말씀하고 있습니다. ‘바왜’는 히브리어 ‘바바이’(בַּוַּי)로 ‘희망자’라는 뜻입니다. 여기 ‘그 형제’는 히브리어 ‘아헤헴’(אֲחֵיהֶם)으로, ‘그들의 형제들’이라는 뜻입니다. 단수형 ‘그’가 아니라 ‘그들’이라고 표현한 것을 볼 때, 바왜는 하사뱌의 형제가 아니라 그일라 지방의 사람들과 친족 관계로 연결된 자였습니다. 또한, ‘중수하였고’는 히브리어 복수형으로, 바왜를 대표로 하여 그의 지도하에 그 친척들이 하사뱌가 중수한 제23구역의 다음 부분을 중수하였다는 의미입니다. 우리말성경에서는 “그다음은 그일라의 나머지 반쪽 구역의 통치자이며 헤나닷의 아들인 바왜가 그 친척들과 함께 복구했습니다.”라고 번역하였습니다.

(6) 제25구역의 중수 - 에셀

전체 성벽 공사의 제25구역은 에셀이 담당하였습니다. 느헤미야

3:19에서 "그다음은 미스바를 다스리는 자 예수아의 아들 에셀이 한 부분을 중수하여 성굽이에 있는 군기고 맞은편까지 이르렀고"라고 말씀하고 있습니다. '에셀'은 히브리어 '에제르'(עֵזֶר)로, '도움, 원조자'라는 뜻입니다. 그는 미스바의 통치자였는데, '미스바'는 예루살렘 북쪽에 위치한 베냐민 지파의 성읍이었습니다(수 18:21, 26, '미스베'). 그가 중수한 부분은 '성굽이에 있는 군기고 맞은편'까지 이르렀습니다. 예루살렘에는 많은 군기고가 있었는데(참고-사 22:8), '성굽이에 있는 군기고'는 성벽이 날카롭게 꺾어지는 모퉁이에 있는 군기고를 가리킵니다. 여기에도 '한 부분'으로 번역된 히브리어 '밋다 쉐니트'(מִדָּה שֵׁנִית)가 쓰인 것을 볼 때, 제24구역과 제25구역의 성벽이 구분되었던 것으로 보입니다.

(7) 제26구역의 중수 - 바룩

전체 성벽 공사의 제26구역은 바룩이 담당하였습니다. 느헤미야 3:20에서 "그다음은 삽배의 아들 바룩이 한 부분을 힘써 중수하여 성굽이에서부터 대제사장 엘리아십의 집 문에 이르렀고"라고 말씀하고 있습니다. '바룩'은 히브리어 '바루크'(בָּרוּךְ)로, '축복받은'이라는 뜻입니다. 20절의 '힘써'는 히브리어 '하라'(חָרָה)의 히필(사역)형으로, '뜨겁다, 불타오르다'라는 뜻입니다. 느헤미야의 성벽 재건 기사에서 '하라'는 바룩에게만 사용되었습니다. 이는 바룩이 뜨거운 열정으로 열심히 성벽 재건에 앞장섰음을 알려줍니다. 그는 마음 깊은 곳에서 불타오르는 성벽 재건의 뜨거운 열정을 가지고 누구보다도 열심히 참여했던 것입니다. 예레미야 12:5에서는 히브리어 '하라'가 사람이 말과 경주하는 경우에 사용되었습니다. 사람이 말을 따라잡으려면 얼마나 열심히 달려야 하겠습니까? '하라'는 말과 비교될 정도로 열정적이고 뜨거운 마음을 나타냅니다.

바룩이 중수한 부분은 성굽이에서부터 대제사장 엘리아십의 집 문에 이르렀습니다(느 3:20). 여기에도 '한 부분'으로 번역된 히브리어 '밋다 쉐니트'(מִדָּה שֵׁנִית)가 쓰였는데, 이는 모퉁이에 있는 군기고에서 멀리 떨어진 샘문 너머의 안쪽 성벽 구역을 가리키는 것으로 보입니다. 느헤미야 10:1-8에 나오는 언약에 인을 친 제사장의 명단 중 6절에 '바룩'이 있습니다. 바룩이 제사장이라면, 그는 대제사장 엘리아십과 함께 양문을 건축하였을 뿐만 아니라(느3:1), 여기 샘

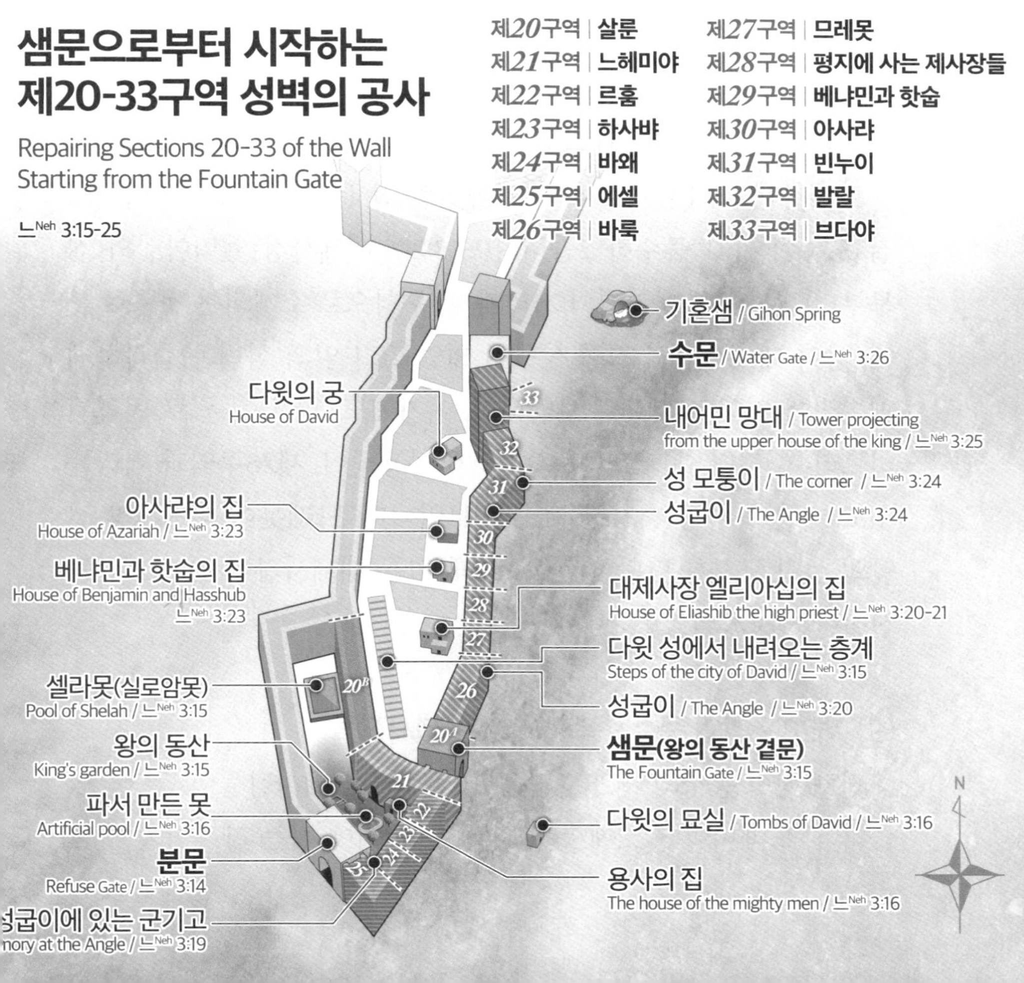

문 쪽 성벽 공사에도 참여한 것입니다. 느헤미야 3:20에서 바룩에 대해서만 '힘써'라는 표현이 들어간 것을 볼 때, 바룩은 두 군데 성벽을 건축한 것이 확실합니다.

(8) 제27구역의 중수 - 므레못

전체 성벽 공사의 제27구역은 므레못이 담당하였습니다. 느헤미야 3:21에서 "그다음은 학고스의 손자 우리야의 아들 므레못이 한 부분을 중수하여 엘리아십의 집 문에서부터 엘리아십의 집 모퉁이에 이르렀고"라고 말씀하고 있습니다. '므레못'은 히브리어 '메레모트'(מְרֵמוֹת)로 '높음'이라는 뜻이며, 그의 이름이 어문 쪽 성벽 재건에도 나오는 것을 볼 때(느 3:4), 성벽 재건에 헌신한 인물임을 알 수 있습니다.

므레못은 제사장으로서 '엘리아십의 집 문에서부터 엘리아십의 집 모퉁이'까지 중수하였습니다(느 3:21). 대제사장 엘리아십의 집 문부터 집의 모퉁이까지의 거리가 한 구역으로 소개되는 것으로 볼 때, 당시 대제사장의 집이 상당히 넓었고 그 앞의 성벽은 심각하게 훼손되어 있었던 것으로 보입니다. 여기에도 '한 부분을'로 번역된 히브리어 '밋다 쉐니트'(מִדָּה שֵׁנִית)가 사용되어, 제26구역과 거리를 두고 재건 공사를 시작한 것으로 보입니다. 므레못이 대제사장 집 앞의 성벽 공사를 담당한 것을 볼 때, 그는 대제사장이 인정할 만큼 신실한 제사장이었을 것입니다(스 8:33, 느 12:3).

(9) 제28구역의 중수 - 평지에 사는 제사장들

전체 성벽 공사의 제28구역은 평지에 사는 제사장들이 담당하였습니다. 느헤미야 3:22에서 "그다음은 평지에 사는 제사장들이 중수하였고"라고 말씀하고 있습니다. 여기 '평지'는 히브리어 '하키카르'(הַכִּכָּר)로, 정관사 '하'(הַ)가 '키카르'(כִּכָּר)와 같이 사용되어 예루살렘 인근의 특정한 평지를 가리킵니다. '키카르'는 '원, 둥근 빵, 원형 추'라는 의미가 있는데, 빵처럼 둥글고 완만하게 솟아 있는 모양의 평지를 말합니다.

'평지에 사는 제사장들'은 예루살렘에 사는 제사장들(느 3:1)과 다른 자들로, 예루살렘 주변의 평지에 거주한 제사장들입니다(공동번역: '예루살렘 둘레에서 사는 사제들'). 이들은 므레못이 담당하였던 엘리아십의 집 모퉁이가 끝나는 지점에서부터 이어지는 성벽을 재건하였습니다. 제26-28구역은 대제사장 엘리아십의 집과 관련된 구역으로서(느 3:20-22), 제사장들이 집중적으로 참여하였음을 알 수 있습니다.

예수님은 영원한 대제사장이십니다(히 3:1, 6:20). 하나님의 집은 교회입니다(눅 2:49, 딤전 3:15). 그러므로 신약 시대 왕 같은 제사장이 된 성도(벧전 2:9, 계 5:10)는 교회를 건축하며 하나님 나라를 확장하는 일에 앞장서야 합니다.

(10) 제29구역의 중수 - 베냐민과 핫숩

전체 성벽 공사의 제29구역은 베냐민과 핫숩이 담당하였습니다. 느헤미야 3:23 상반절에서 "그다음은 베냐민과 핫숩이 자기 집 맞은편 부분을 중수하였고"라고 말씀하고 있습니다. '베냐민'은 히브리어 '빈야민'(בִּנְיָמִן)으로 '오른손의 아들'이라는 뜻이며, '핫숩'은 히브리어 '하슈브'(חַשּׁוּב)로 '명철한'이라는 뜻입니다. 여기 '자기 집'은 히브리어 '베탐'(בֵּיתָם)으로 표기되어 있는데, 이는 '그들의 한 집'을 가리킵니다. 그러므로 베냐민과 핫숩은 한 집에 살았던 것입니다. 특히 '핫숩'은 '말기야'와 함께 풀무 망대를 재건했던 인물입니다. 느헤미야 3:11에서 "하림의 아들 말기야와 바핫모압의 아들 핫숩이 한 부분과 풀무 망대를 중수하였고"라고 말씀하고 있습니다.

(11) 제30구역의 중수 - 아사랴

전체 성벽 공사의 제30구역은 아사랴가 담당하였습니다. 느헤미야 3:23 하반절에서 "그다음은 아나냐의 손자 마아세야의 아들 아사랴가 자기 집에서 가까운 부분을 중수하였고"라고 말씀하고 있습니다. 여기 '가까운'은 히브리어 '에첼'(אֵצֶל)로, '바로 옆과 같이 밀접한 지역'을 의미합니다. '아사랴'는 히브리어 '아자르야'(עֲזַרְיָה)로 '여호와께서 도우셨다'라는 뜻이며, 그는 자기 집에서 가까운 부분을 중수하였습니다.

(12) 제31구역의 중수 - 빈누이

전체 성벽 공사의 제31구역은 빈누이가 담당하였습니다. 느헤미야 3:24에서 "그다음은 헤나닷의 아들 빈누이가 한 부분을 중수하되 아사랴의 집에서부터 성굽이를 지나 성 모퉁이에 이르렀고" 라고 말씀하고 있습니다. '빈누이'(בִּנּוּי)는 히브리어로 '건축하다' 라는 뜻입니다. 그가 중수한 부분은 '아사랴의 집에서부터 성굽이를 지나 성 모퉁이'에 이르렀습니다. '성굽이'는 히브리어 '마크초아'(מִקְצוֹעַ)이고, '성 모퉁이'는 히브리어 '핀나'(פִּנָּה)인데 둘 다 '모퉁이, 구석'이라는 뜻입니다. 이는 빈누이가 중수한 구역이 매우 험준하고 굴곡이 많은 지역임을 가르쳐 줍니다. '한 부분을'로 번역된 히브리어 '밋다 쉐니트'(מִדָּה שֵׁנִית)가 들어간 것도 공사의 어려움을 반영하는 것으로 보입니다. 그는 그 이름의 뜻대로 어려운 구역들을 맡아서 건축하였습니다.

(13) 제32구역의 중수 - 발랄

전체 성벽 공사의 제32구역은 발랄이 담당하였습니다. 느헤미야 3:25 상반절에서 "우새의 아들 발랄은 성 굽이 맞은편과 왕의 윗 궁에서 내어민 망대 맞은편 곧 시위청에서 가까운 부분을 중수하였고"라고 말씀하고 있습니다. '발랄'은 히브리어 '팔랄'(פָּלָל)로, '판단, 심판'이라는 뜻입니다. 한글 개역성경의 번역과 달리 원문에는 '중수하였고'에 해당하는 단어가 없습니다. 다른 구역과 다르게 건축을 의미하는 동사가 사용되지 않은 것은 상대적으로 훼손의 정도가 덜했기 때문일 것입니다. 여기 '왕의 윗 궁'은 수문 앞에 있었던 것으로 추정되는 왕궁으로 보이며, 근처에 왕궁을 지키기 위해 성벽 앞으로 튀어나와 있는 망대가 있었습니다. 그리고 그 망대 맞은편에 있던 시위청(侍衛廳, 왕실 근위대)까지가 제32구역의 경계가 되었습니다.

(14) 제33구역의 중수 - 브다야

전체 성벽 공사의 제33구역은 브다야가 담당하였습니다. 느헤미야 3:25 하반절에서 "그다음은 바로스의 아들 브다야가 중수하였고"라고 말씀하고 있습니다. '브다야'는 히브리어 '페다야'(פְּדָיָה)로, '여호와께서 구속하셨다'라는 뜻입니다.

3. 구속사적 교훈

The Redemptive-Historical Lesson

샘문은 실로암못 및 왕의 못과 예루살렘성 외부를 연결하는 문입니다. 왕국 시대 초기의 예루살렘에서는 주로 성 바깥에 있는 동쪽의 기혼샘과 북쪽의 베데스다못을 수원지로 삼았습니다. 그러나 히스기야 때 북 이스라엘이 멸망한 후에 많은 사람이 이주해 오면서 더 많은 수원지가 요구되었고, 대적들의 공격에도 물을 안전히 공급할 수 있는 성안의 샘이 필요하게 되었습니다. 그래서 히스기야왕은 예루살렘 남쪽으로 통하는 지하수로를 만들어 실로암못과 왕의 못을 만들었고, 바깥에 성벽을 둘러서 철저하게 지킨 것입니다.

예수님께서는 날 때부터 소경된 사람(요 9:1)에게 "내가 세상에 있는 동안에는 세상의 빛이로라"라고 말씀하시고, 땅에 침을 뱉어 진흙을 이겨 소경의 눈에 바르시고 "실로암못에 가서 씻으라"라고 명령하셨습니다(요 9:5-7). 그래서 날 때부터 소경된 자가 말씀에 순종하여 실로암못에 가서 씻었더니, 눈이 밝아져서 보게 되는 기적이 일어났습니다. 요한복음 9:7 하반절에서 "이에 가서 씻고 밝은 눈으로 왔더라"라고 말씀하고 있습니다.

그런데 예수님께 고침을 받은 소경은 예수님을 옹호했다는 이유로 회당에서 출교를 당하였습니다(요 9:31-34). 예수님께서 소경이 출교당했다는 소식을 들으신 후 그를 만나셔서 "네가 인자를 믿느냐"라고 물으셨습니다. 소경은 "주여 그가 누구시오니이까 내가 믿고자 하나이다"라고 대답했고, 예수님께서 "네가 그를 보았거니와 지금 너와 말하는 자가 그이니라"라고 말씀하시자, 소경은 "주여 내가 믿나이다"라고 말하고 절하였습니다(요 9:35-38). 예수님께서는 날 때부터 소경된 자의 육신의 눈을 고쳐주셨을 뿐만 아니라 영적인 눈까지 뜨게 하셨습니다. 예수님만이 우리의 영육 간의 눈을 뜨게 해주시는 신령한 샘물이시요, 생수의 근원이십니다.

아가 4:12에서는 "나의 누이, 나의 신부는 잠근 동산이요 덮은 우물이요 봉한 샘이로구나"라고 말씀하고 있습니다. 아가서의 술람미 여인은 솔로몬의 육십 왕후와 팔십 비빈, 무수한 시녀와도 바꿀 수 없는 하나뿐인 신부로(아 6:8-9), 그리스도의 신부된 교회를 상징합니다(사 61:10, 62:5, 요 3:29, 엡 5:31-32, 계 21:2, 9). 성도는 교회에서 예수님의 말씀의 생수를 마시고(요 4:13-14), 말씀의 샘을 대적에게 빼앗기지 않도록 잘 지켜야 합니다(마 13:19, 막 4:15, 눅 8:12).

건축 혹은 중수에서 제외된 문

07 수문 / 느[Neh] 3:26-27
שַׁעַר הַמַּיִם / The Water Gate

제34구역: 느디님 사람들(느 3:26)
제35구역: 드고아 사람들(느 3:27)

1. 의미
The Meaning

'수문'(水門)은 히브리어 '샤아르 하마임'(שַׁעַר הַמַּיִם)으로, '그 물들의 문'이라는 뜻입니다. 수문은 예루살렘성 동쪽에 있는 문입니다. 느헤미야 3:26에서는 '동편 수문'이라고 하였는데, 여기 '동편'은 히브리어 '라미즈라흐'(לַמִּזְרָח)로, '해 뜨는 곳을 향하여'라는 뜻입니다. 참고로, 수문과 마문, 동문이 예루살렘 동쪽 성벽에 있습니다. 양문부터 샘문까지의 성문들과 달리, 수문에는 '건축하다', '중수하다'라는 표현이 사용되지 않고 있습니다. 이는 예루살렘 성벽 재건 당시에 수문이 이미 존재했기 때문입니다.

수문은 성 밖의 기혼샘과 성 안의 오벨(느디님 사람들의 거주지) 사이에 위치하였으며, 사람들이 기혼샘(대하 32:30)의 식수를 얻기 위하여 이 문으로 자주 왕래하였으므로 수문이라 불렸습니다. 이곳에는 집회를 가질 수 있을 정도로 넓은 광장이 있어서 '수문 앞 광장'으로 불리기도 하였습니다. 느헤미야 8:1에서 "모든 백성이 일제히 수문 앞 광장에 모여 학사 에스라에게 여호와께서 이스라엘에게 명하신 모세의 율법책을 가지고 오기를 청하매"라고 말씀하고 있습니다(느 8:3, 16).

2. 건축 과정
The Building Process

(1) 제34구역의 중수 - 느디님 사람들

전체 성벽 공사의 제34구역은 느디님 사람들이 담당하였습니다. 느헤미야 3:26에서 "때에 느디님 사람은 오벨에 거하여 동편 수문과 마주 대한 곳에서부터 내어민 망대까지 미쳤느니라"라고 말씀하고 있습니다. '느디님'은 히브리어 '네티님'(נְתִינִים)으로 '주어진 자들'이라는 뜻인데, '주다'라는 뜻의 '나탄'(נָתַן)에서 유래하여 '주어진 자들, 바쳐진 자들'이라는 의미입니다. 주전 458년에 제2차로 바벨론 포로에서 귀환한 자들의 명단을 설명하면서, 느디님 사람 220명이 같이 왔다고 기록하고 있습니다. 이들은 '하나님의 전을 위하여 수종들 자'들이었고,'레위 사람에게 수종들게' 할 자들이었습니다(스 8:17-20). 이들은 성전 직무에 신속히 움직이고 수문 근처에서 물을 성전으로 운반하기 용이하도록 성전과 가까운 오벨에 거주하였습니다.

느디님 사람들이 거주했던 '오벨'은 성전과 다윗의 도성 사이에 위치한 언덕 지역을 의미합니다. '오벨'(עֹפֶל)이라는 단어는 '솟아오르다'라는 어근에서 유래하였는데, 급격한 경사지에 돌을 쌓아 올려서 견고하게 요새화한 곳을 '오벨'이라고 불렀습니다(참고-미 4:8, '시온의 산'). 남 유다의 제11대 왕 요담은 예루살렘을 견고하게 요새화하기 위해 오벨에 높은 성을 증축하였으며(대하 27:3), 제14대 왕 므낫세역시 아주 높은 벽으로 오벨을 둘러쌓았습니다(대하 33:14). 이처럼 오벨은 성전과 밀접한 남동쪽에 위치했으며, 군사적으로도 매우 중요한 요충지였습니다.

'내어민 망대'는 성벽 모퉁이에 바깥쪽으로 튀어나온 망대입니다. 견고한 오벨 요새나 망대가 위치한 것을 볼 때, 예루살렘 동쪽은 적의 침략이 잦은 위험한 곳이었습니다. 느디님 사람들은 성전에서 매일 드리는 상번제를 보조하고 성전의 각종 잡무를 도맡아 하면서 성벽 공사에도 최선을 다했던 충성된 자들이었습니다.

(2) 제35구역의 중수 - 드고아 사람들

전체 성벽 공사의 제35구역은 드고아 사람들이 담당하였습니다. 느헤미야 3:27에서 "그다음은 드고아 사람들이 한 부분을 중수하여 내어민 큰 망대와 마주 대한 곳에서부터 오벨 성벽까지 이르렀느니라"라고 말씀하고 있습니다. '드고아 사람들'은 히브리어 '테코이'(תְּקוֹעִי)로, '나팔을 붊'이라는 뜻을 가진 어원에서 유래했습니다. 이들은 내어민 큰 망대와 마주 대한 곳에서부터 오벨 성벽까지 중수하였습니다(참고-대하 27:3, 33:14, 느 11:21).

'내어민 큰 망대'는 느디님 사람들이 중수한 성벽 구역에 기록된 '내어민 망대'와 달리, '큰'이라는 뜻의 히브리어 '가돌'(גָּדוֹל)이 추가되어 있습니다. '가돌' 앞에 정관사 '하'(הַ)가 붙어 특정한 대상을 가리키는 것을 볼 때, '내어민 망대'와 별개의 더 거대한 망대가 가까운 거리에 하나 더 있었던 것으로 보입니다. '오벨 성벽'은 느디님 사람들의 거주지인 오벨을 마주하고 있는 높은 성벽을 가리킵니다(대하 27:3, 33:14).

드고아 사람들은 느헤미야 3:5에서 어문 쪽의 성벽을 재건하였는데 또 수문 쪽 성벽도 중수한 것을 볼 때, 성벽 재건에 매우 큰 열심을 가진 자들이었습니다.

3. 구속사적 교훈

The Redemptive-Historical Lesson

수문은 기혼샘의 물을 얻기 위하여 반드시 통과해야 하는 문이었습니다. '기혼'(גִּיחוֹן)은 히브리어로 '터져 나옴(모든 것의 근원)'이라는 뜻입니다. 이 샘은 예루살렘 급수원의 가장 중요한 부분이었습니다. 다윗이 예루살렘을 점령할 때, 기혼샘으로 들어가 수구(水口)를 통해 예루살렘성 내부로 침투한 것을 보면(삼하 5:6-8, 대상 11:5-6), 기혼샘은 예루살렘 정복 전부터 사용되었던 가장 오래된 급수원이었습니다.

히스기야왕은 기혼샘의 물을 예루살렘성 안으로 끌어들이기 위하여 바위를 뚫어서 수로를 만들었습니다(왕하 20:20). 역대하 32:30에서 "이 히스기야가 또 기혼의 윗 샘물을 막아 그 아래로 좇아 다윗성 서편으로 곧게 인도하였으니 저의 모든 일이 형통하였더라"라고 말씀하고 있습니다. 이 수로를 통해 예루살렘성 남쪽에 셀라못(실로암못)에 물이 공급되었으며, 그 물은 아래로 흐르며 왕의 못을 이루고 아름다운 동산을 이루었습니다. 오늘날도 기혼샘에서 시작한 물은 히스기야의 지하 수로를 지나 셀라못(실로암못)으로 이어지고 있습니다.

기혼샘 및 수문과 관련된 구속사적 교훈은 다음과 같습니다.

첫째, 예수님은 모든 것의 근원이십니다.

예수님은 영원한 생수의 근원이 되십니다(렘 2:13, 17:13). 더 나아가, 예수님은 모든 것의 근원이 되시는 분이십니다. 골로새서 1:16에서 "만물이 그에게 창조되되 하늘과 땅에서 보이는 것들과 보이지 않는 것들과 혹은 보좌들이나 주관들이나 정사들이나 권세들이나 만물이 다 그로 말미암고 그를 위하여 창조되었고"라고 하였으며, 18절에서 "그는 몸인 교회의 머리라 그가 근본이요 죽은 자들 가운데서 먼저 나신 자니 이는 친히 만물의 으뜸이 되려 하심이요"라고 말씀하고 있습니다.

기혼샘에서 시작한 물이 셀라못으로 흘러가며 끊임없이 생수가 공급되듯이, 모든 것의 근원이신 예수님과 연결되는 자에게는 영생하도록 생수가 솟아날 것입니다(요 4:13-14). 요한복음 7:38에서 "나를 믿는 자는 성경에 이름과 같이 그 배에서 생수의 강이 흘러나리라"라고 말씀하고 있습니다(슥 14:8).

둘째, 예수님은 만왕의 왕이십니다.

솔로몬은 기혼샘 곁에서 왕으로 선포되었습니다. 다윗은 죽기 전에 제사장 사독과 선지자 나단과 브나야를 불러서, 솔로몬을 기혼으로 데리고 가서 기름을 붓고 이스라엘 왕으로 삼으라고 명령하였습니다(왕상 1:32-35). 이에 제사장 사독과 선지자 나단은 솔로몬을 기혼으로 데리고 가서 기름을 붓고 이스라엘 왕으로 선포했습니다 (왕상 1:38-39).

영원한 생수의 근원이신 예수님은 만왕의 왕, 만주의 주로 선포되실 분이십니다. 요한계시록 19:16에서 "그 옷과 그 다리에 이름 쓴 것이 있으니 만왕의 왕이요 만주의 주라 하였더라"라고 말씀하고 있습니다. 그러므로 만왕의 왕이신 예수님을 믿는 자는 반드시 최후의 승리자가 될 것입니다. 요한계시록 17:14에서 "저희가 어린 양으로 더불어 싸우려니와 어린양은 만주의 주시요 만왕의 왕이시므로 저희를 이기실 터이요 또 그와 함께 있는 자들 곧 부르심을 입고 빼내심을 얻고 진실한 자들은 이기리로다"라고 말씀하고 있습니다.

건축 혹은 중수에서 제외된 문

08 마문(말문) / 느Neh 3:28-29上
שַׁעַר הַסּוּסִים / The Horse Gate

제36구역: 제사장들(느 3:28)
제37구역: 사독(느 3:29上)

1. 의미

The Meaning

'마문(馬門)'은 히브리어 '샤아르 하수심'(שַׁעַר הַסּוּסִים)으로, '그 말들의 문'이라는 뜻입니다. 이 문은 동편 성벽에 위치하였고(렘 31:40), 기드론 골짜기로 통하는 문입니다. 왕궁을 수직하는 병사들이 말을 이끌고 출입한다고 하여 '마문'이라는 이름이 붙었습니다. 마문은 성전과 왕궁에서 가까운 곳에 위치하였는데, 우상을 숭배하고 다윗 왕가를 진멸하려고 했던 아달랴가 도망을 가다가 죽임을 당한 곳입니다(왕하 11:16, 대하 23:15).

마문에는 '건축하다, 중수하다'라는 표현이 사용되지 않습니다. 이는 예루살렘 성벽 재건 당시에 마문이 이미 존재했기 때문입니다.

2. 건축 과정
The Building Process

(1) 제36구역의 중수 - 제사장들

전체 성벽 공사의 제36구역은 제사장들이 담당하였습니다. 느헤미야 3:28에서 "마문 위로부터는 제사장들이 각각 자기 집과 마주 대한 부분을 중수하였고"라고 말씀하고 있습니다. 여기 제사장들은 22절에 나오는 '평지에 사는 제사장들'과는 구별되는 자들로서, 예루살렘에 거주하는 제사장들입니다. 그들이 자기 집과 마주 대한 부분을 중수한 것을 볼 때, 이들은 예루살렘성 안에 거주하였음이 분명합니다. 또한, 마문을 기준으로 '위로부터는'이라는 단어에 공간적으로 위쪽에 있음을 가리키는 전치사 '메알'(מֵעַל, '메'(מִ): 뜻-…로부터, '알'(עַל): 뜻-…의 위에)이 사용되어서, 마문부터 오벨의 경사면을 따라 계단처럼 위로 올라가며 제사장들의 거주지가 있었음을 표현하고 있습니다. 그러므로 이들은 대제사장 엘리아십과 함께 예루살렘 북쪽의 양문과 제1구역 성벽을 중수하였을 뿐만 아니라(느 3:1), 각자 자신의 집 앞의 성벽까지도 중수했던 것입니다. 이처럼 제사장들은 백성의 지도자로서 주의 일에 솔선수범하였습니다.

(2) 제37구역의 중수 - 사독

전체 성벽 공사의 제37구역은 사독이 담당하였습니다. 느헤미야 3:29 상반절에서 "그다음은 임멜의 아들 사독이 자기 집과 마주 대한 부분을 중수하였고"라고 말씀하고 있습니다. 여기 '사독'은 히브리어 '차도크'(צָדוֹק)로 '의로움'이라는 뜻입니다.

역사적인 정황을 볼 때, 여기의 사독은 제1차 바벨론 포로 귀환(주전 537년) 때에 스룹바벨과 함께 귀환한 '임멜'(스 2:1, 37)의 아들이 아니라 그 자손입니다. 여기 '아들'로 번역된 '벤'(בֵּן)은 '아들'의 의미보다는 '자손'의 의미로 사용되었습니다. 성벽 재건은 주전 444년에 이루어진 것으로, 제1차 바벨론 포로 귀환으로부터 약 93년이 지났기 때문입니다. 사독 역시 자기 집과 마주 대한 부분을 중수하였습니다. 이처럼 마문과 인접한 성벽은 힘써 자기의 책임을 다한 제사장들과 사독에 의해 중수되었습니다.

3. 구속사적 교훈

The Redemptive-Historical Lesson

이스라엘에서 말은 농업이나 제사, 일상생활과는 관련이 없는 짐승입니다. 당시 말은 오직 전쟁과 과시를 위해 키우는 짐승이었습니다(욥 39:19-25, 시 20:7-8, 33:17, 147:10, 호 1:7, 미 5:10, 슥 1:8, 참고-신 17:16, 왕상 10:28, 사 31:1-3, 36:6-9). 이런 점에서, 성경에서 말은 심판과 전쟁의 이미지를 가집니다.

다윗 왕가의 씨를 진멸하려고 했던 극악한 아달랴가 죽임 당한 곳이 바로 마문 어귀입니다(왕하 11:16, 20, 대하 23:15, 21, 참고-왕하 11:4-21, 대하 23:3-11). '다윗 언약'대로 다윗의 후손으로 오시는 메시아의 길(삼하 7:12-14, 대하 22:10)을 끊으려고 한 악한 자가 마문에서 심판을 당한 것입니다.

재림하시는 주님은 백마를 타고 심판주로 오십니다. 요한계시록 19:11에서 "또 내가 하늘이 열린 것을 보니 보라 백마와 탄 자가 있으니 그 이름은 충신과 진실이라 그가 공의로 심판하며 싸우더라"라고 말씀하고 있습니다. 재림하시는 주님을 따르는 하늘에 있는 군대들 역시 백마를 타고 재림주를 따릅니다. 14절에서 "하늘에 있는 군대들이 희고 깨끗한 세마포를 입고 백마를 타고 그를 따르더라"라고 말씀하고 있습니다.

특별히 백마는 성결을 나타냅니다. 요한계시록 19:14의 '백'(白, 흰 백)은 헬라어 '류코스'(λευκός)로, 예수님의 성결을 나타낼 때 사용되었습니다. 예수님께서 높은 산에서 변화하셨을 때 옷이 빛과 같이 희어졌는데(마 17:2), 이때 사용된 '희어'의 헬라어가 '류코스'입니다. 또 일곱 교회에 거니시는 예수님의 모습을 묘사할 때 "그 머리와 털의 희기가 흰 양털 같고"라는 표현이 나오는데(계 1:14), 여기 '희기'와 '흰'이 헬라어 '류코스'입니다. 보좌에 앉으신 예수 그리스도를 말씀할 때도 헬라어 '류코스'가 사용되고 있습니다. 요한계시록 20:11에서 "또 내가 크고 흰('류코스') 보좌와 그 위에 앉으신 자를 보니 땅과 하늘이 그 앞에서 피하여 간 데 없더라"라고 말씀하고 있습니다.

마지막 때를 살아가는 성도들은 자신을 이기고, 세상을 이기고 죄악을 이겨서 예수님의 성결로 옷 입어야 합니다. 요한계시록 3:5에서 "이기는 자는 이와 같이 흰옷을 입을 것이요"라고 말씀하고 있습니다. 오늘날 성도는 '연단을 받아 스스로 정결케 하며 희게'(단 12:10) 하여 '희고 깨끗한 세마포를 입고'(계 19:8, 14) 하늘 군대가 되어 백마를 타고 재림하시는 주님을 따라야 할 것입니다.

건축 혹은 중수에서 제외된 문

09 동문 / 느Neh 3:29下-30
שַׁעַר הַמִּזְרָח / The East Gate

제38구역: 스마야(느 3:29下)
제39구역: 하나냐와 하눈(느 3:30上)
제40구역: 므술람(느 3:30下)

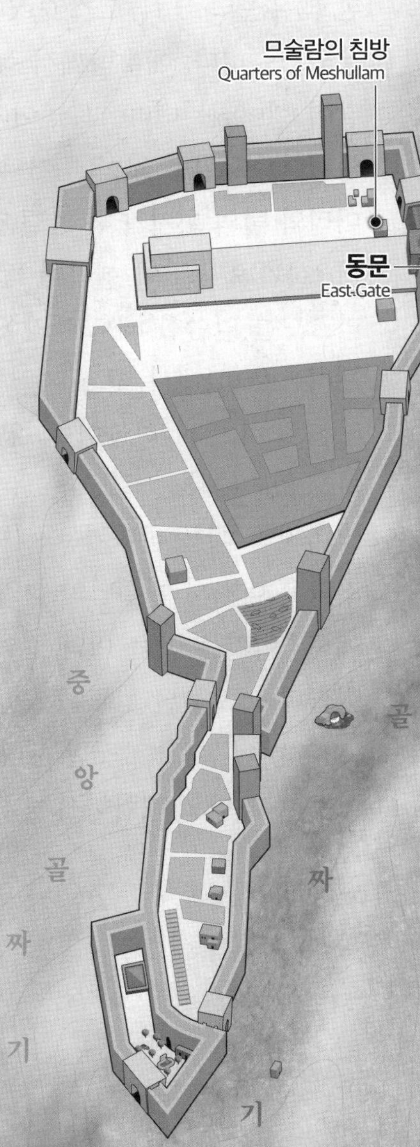

1. 의미
The Meaning

'동문'(東門)은 히브리어 '샤아르 하미즈라흐'(שַׁעַר הַמִּזְרָח)로, '그 동쪽의 문'이라는 뜻입니다. 동문에 사용된 히브리어 '미즈라흐'(מִזְרָח)는 '해 뜨는 곳'을 뜻합니다. 동문은 예루살렘성 밖 감람산에서 기드론 골짜기를 건너 성전에 출입하는 자들이 가장 많이 사용하는 문이었습니다.

동문의 문지기가 따로 존재하고(느 3:29), 성전 제사를 위한 므술람의 침방이 동문 너머에 있는 것을 볼 때(느 3:30), 아마도 동문은 예루살렘성 외부에서 성전으로 바로 이어지는 문이었을 것입니다.

동문에는 '건축하다', '중수하다'라는 표현이 사용되지 않고 있습니다. 이는 느헤미야의 성벽 재건 당시에 동문이 이미 존재했기 때문입니다.

2. 건축 과정
The Building Process

(1) 제38구역의 중수 - 스마야

전체 성벽 공사의 제38구역은 스마야가 담당하였습니다. 느헤미야 3:29 하반절에서 "그다음은 동문지기 스가냐의 아들 스마야가 중수하였고"라고 말씀하고 있습니다. '스마야'는 히브리어 '셰마에야'(שְׁמַעְיָה)로, '여호와께서 들으셨다'라는 뜻입니다. 이 스마야는 역대상 3:22의 '스가냐의 아들 스마야'와는 다른 인물입니다. 역대상 3장의 스마야는 다윗 자손 유다 지파의 인물이며, 느헤미야 3:29의 동문지기 스가냐의 아들 스마야는 문지기인 것을 볼 때 레위 지파의 인물입니다. 따라서 두 사람은 아버지의 이름과 아들의 이름이 모두 같은 동명이인입니다.

(2) 제39구역의 중수 - 하나냐와 하눈

전체 성벽 공사의 제39구역은 하나냐와 하눈이 담당하였습니다. 느헤미야 3:30 상반절에서 "그다음은 셀레먀의 아들 하나냐와 살랍의 여섯째 아들 하눈이 한 부분을 중수하였고"라고 말씀하고 있습니다. 여기 '한 부분'은 히브리어 '밋다 쉐니'(מִדָּה שֵׁנִי)로 '다른 한 부분'이라는 뜻이며(느 3:11, 19, 20, 21, 24, 27, 30), 이들이 이곳뿐만 아니라 다른 성벽 공사에도 참여하였음을 나타냅니다.

'하나냐'는 히브리어 '하나느야'(חֲנַנְיָה)로 '하나님의 힘, 하나님의 능력'이라는 의미입니다. 여기 '셀레먀의 아들 하나냐'는 느헤미야 3:8의 '향품 장사 하나냐'와 동일인물로 보이며, 그는 예루살렘성의 서쪽 성벽뿐만 아니라 동쪽 성벽까지 중수하였습니다. 느헤미야 3:8을 볼 때 하나냐 등이 '예루살렘 넓은 성벽'까지 중수하였다고 말씀하고 있는데, 이곳은 옛문부터 모퉁이문까지 이르는 전략상 요충지로, 일반 성벽보다 더 두껍게 강화되어 있었습니다. 본래 히스기야 때 세워진 넓은 성벽은 옛문부터 모퉁이문을 지나 서쪽 언덕까지를 두르는 성벽인데, 느헤미야 당시에는 서쪽 언덕을 제외하고 옛문부터 모퉁이문까지의 성벽만을 중건하였으며 유대 독립 시대에 서쪽 언덕을 두르는 성벽까지 확장된 것으로 보입니다. 하나냐가 두 군데 성벽 공사에 참여하였고 그것도 가장 어려운 부분을 담당하였다는 것은, 하나님을 향한 그의 충성이 누구보다 강력하였음을 보여줍니다.

또한, '하눈'(חָנוּן)은 히브리어로 '은혜를 입은'이라는 뜻입니다. '하눈' 역시 느헤미야 3:13의 '골짜기문'을 중수한 '하눈'과 동일인인 것으로 보입니다. 30절에서 특별히 '살랍의 여섯째 아들 하눈'이라고 표현한 것은, 살랍의 여러 아들 중에 다른 아들들은 성벽 공사에 참여하지 않고 여섯 번째 아들인 하눈만 참여하였음을 강조한 것입니다.

(3) 제40구역의 중수 - 므술람

전체 성벽 공사의 제40구역은 므술람이 담당하였습니다. 느헤미야 3:30 하반절에서 "그다음은 베레갸의 아들 므술람이 자기 침방과 마주 대한 부분을 중수하였고"라고 말씀하고 있습니다. '므술람'

은 히브리어 '메슐람'(מְשֻׁלָּם)으로, '친구, 동맹'이라는 뜻입니다. 그가 건축한 지역은 자기 침방과 마주 대한 부분인데, 여기 '침방'은 히브리어 '니쉬카'(נִשְׁכָּה)로 성전에서 제사를 위해 사용되는 방입니다. 그러므로 므술람은 성전에서 일하는 레위 지파 제사장일 것입니다. 느헤미야 3:4을 볼 때 므술람은 어문 쪽의 성벽 공사에도 참여하였으며, 언약에 인친 제사장 명단에도 이름이 기록되어 있습니다(느 10:7). 그러나 므술람은 마지막에 도비야의 아들 여호하난에게 자신의 딸을 내어줌으로써 악한 자와 교류하여 신앙에 큰 오점을 남기고 말았습니다(느 6:18).

3. 구속사적 교훈

The Redemptive-Historical Lesson

동문은 해가 뜨는 방향으로 세워졌습니다. 동문의 문지기가 따로 존재하고(느 3:29-30), 성전 제사를 위한 므술람의 침방이 동문 너머에 있는 것을 볼 때, 아마도 동문은 예루살렘성 외부에서 성전으로 바로 이어지는 문이었을 것입니다.

성경에 하나님을 해로 비유해서 말씀하는 경우가 자주 있습니다. 시편 84:11에서 "여호와 하나님은 해요"라고 말씀하였고, 말라기 4:2에서는 치료하시는 하나님의 역사를 '의로운 해'가 떠오르는 것으로 말씀하고 있습니다. 또한, 누가복음 1:78-79을 볼 때 예수님께서 '돋는 해'로서 위로부터 우리에게 임하셔서 어두움과 죽음의 그늘에 앉은 자들을 구원하시고 평강의 길로 인도하신다고 말씀하고 있습니다.

하나님께서 임재하시는 성전의 문도 항상 동쪽을 향합니다. 장막 성전의 입구는 동쪽으로 내었으며(출 27:13), 에스겔 성전 계시에서도 하나님의 영광이 동쪽 문으로 들어갔습니다. 에스겔 43:4에서 "여호와의 영광이 동문으로 말미암아 전으로 들어가고"라고 말씀하고 있습니다. 이처럼 동문은 해 뜨는 방향을 바라보며, 하나님의 영광이 임하는 은혜의 문입니다.

스가랴 14:4 상반절에서 "그날에 그의 발이 예루살렘 앞 곧 동편 감람산에 서실 것이요"라고 말씀하고 있습니다. 여기 '그날'은 비록 열국에 의해 큰 핍박을 받는다 할지라도, 여호와께서 직접 임재하셔서 열국을 정복하시는 언약 백성의 최후 승리의 날입니다. 예루살렘 동편 감람산을 향하여 바라보는 동문은 최후 승리의 날을 기다리는 소망의 문입니다. 신령한 동문이 되시는 예수님의 재림으로 모든 성도는 최후 승리의 날을 맞이하게 될 것입니다.

종말에도 해 돋는 곳(동쪽)에서 하나님의 인(印)치는 역사가 일어납니다. 요한계시록 7:2에서 "다른 천사가 살아계신 하나님의 인을 가지고 해 돋는 데로부터 올라와서"라고 말씀하고 있습니다. 하나님께서 하나님의 종들인 144,000의 이마에 인을 치십니다. 3-4절에서 "가로되 우리가 우리 하나님의 종들의 이마에 인치기까지 땅이나 바다나 나무나 해하지 말라 하더라 [4] 내가 인 맞은 자의 수를 들으니 이스라엘 자손의 각 지파 중에서 인 맞은 자들이 십사만 사천이니"라고 말씀하고 있습니다. 이렇게 이마에 하나님의 인침을 받은 자들은 다섯 번째 나팔 재앙 가운데 보호를 받습니다(계 9:1-5).

요한계시록 9:4 "저희에게 이르시되 땅의 풀이나 푸른 것이나 각종 수목은 해하지 말고 오직 이마에 하나님의 인 맞지 아니한 사람들만 해하라 하시더라"

요한복음 6:27 하반절에서 “인자는 아버지 하나님의 인치신 자니라”라고 말씀하고 있습니다. 아버지 하나님의 인치신 자 예수님께서 또한 우리에게 인을 치시고, 보증으로 성령을 주셨습니다. 고린도후서 1:21-22에서 “우리를 너희와 함께 그리스도 안에서 견고케 하시고 우리에게 기름을 부으신 이는 하나님이시니 [22] 저가 또한 우리에게 인치시고 보증으로 성령을 우리 마음에 주셨느니라”라고 말씀하고 있습니다(엡 1:13-14). 성도는 성령 안에서 최후 승리의 날 곧 구속의 날까지 인치심을 받은 자들입니다(엡 4:30下, 계 7:3-4, 9:4, 14:1).

건축 혹은 중수에서 제외된 문

10 함밉갓문(감옥문)

느Neh 3:31-32

שַׁעַר הַמִּפְקָד

The Inspection Gate

제41구역: 말기야(느 3:31)
제42구역: 금장색과 상고들(느 3:32)

1. 의미

The Meaning

'함밉갓문'은 히브리어 '샤아르 하미프카드'(שַׁעַר הַמִּפְקָד)로, '그 계수(計數)의 문'이라는 뜻입니다. 함밉갓문에 사용된 히브리어 '미프카드'(מִפְקָד)는 '세다, 계수하다'라는 뜻을 가진 '파카드'(פָּקַד)에서 유래하였습니다.

함밉갓문은 감옥문이라고도 불렸습니다. 느헤미야 12:39에서 "에브라임문 위로 말미암아 옛문과 어문과 하나넬 망대와 함메아 망대를 지나 양문에 이르러 감옥문에 그치매"라고 말씀하고 있습니다. '감옥'은 히브리어 '마타라'(מַטָּרָא)로, '감옥' 외에 '감시'라는 뜻이 있습니다. 그래서 바른성경에서는 '경비대 문'이라고 번역하였고, 영어성경 NASB, NIV에서는 'the Gate of the Guard'라고 번역하였습니다.

함밉갓문에는 '건축하다', '중수하다'라는 표현이 사용되지 않았습니다. 이는 성벽 재건 당시에 함밉갓문이 이미 존재했기 때문입니다(느 3:31).

2. 건축 과정

The Building Process

(1) 제41구역의 중수 - 말기야

전체 성벽 공사의 제41구역은 말기야가 담당하였습니다. 느헤미야 3:31에서 "그다음은 금장색 말기야가 함밉갓문과 마주 대한 부분을 중수하여 느디님 사람과 상고들의 집에서부터 성 모퉁이 누에 이르렀고"라고 말씀하고 있습니다. 말기야는 금장색이었습니다. 금장색은 금을 녹이고 정련하여 세공하는 기술자로, 당시에 매우 부유한 계층에 속하였습니다. 그는 함밉갓문과 마주 대한 부분을 중수하여 느디님 사람과 상고들의 집에서부터 성 모퉁이 누에 이르렀습니다. 당시에 느디님 사람과 상고들은 성전에서 가까운 함밉갓문 근처에 살았습니다. 성 모퉁이 누(樓, 다락 누: 벽이 트이어 사방을 바라볼 수 있도록 다락처럼 높이 지은 집)는 동쪽과 북쪽의 꺾이는 부분에 위치하여, 성의 밖과 안을 감시하는 역할을 하였습니다.

'말기야'는 히브리어 '말키야'(מַלְכִּיָּה)로, '여호와는 왕이시다'라는 뜻입니다. 느헤미야 3장에는 '말기야'라는 이름을 가진 세 사람이 나옵니다. 11절에는 옛문부터 골짜기문까지의 구역 중에 풀무 망대와 그 인접한 성벽을 중수한 '하림의 아들 말기야'가 기록되어 있으며, 느헤미야 3:14에는 분문을 중수한 '레갑의 아들 말기야'가, 31절에는 제41구역을 중수한 '금장색 말기야'가 기록되어 있습니다.

(2) 제42구역의 중수 - 금장색과 상고들

전체 성벽 공사의 제42구역은 금장색과 상고들이 담당하였습니다. 느헤미야 3:32에서 "성 모퉁이 누에서 양문까지는 금장색과 상고들이 중수하였느니라"라고 말씀하고 있습니다. 여기 '금장색'은 히브리어 '초르피'(צֹרְפִי)로, 금이나 은과 같은 보석을 세공하여 그릇이나 각양 기구를 만드는 자들을 가리킵니다. '상고'는 '돌아다니다'라는 뜻의 '라칼'(רָכַל)의 분사형이 사용되어서 '이곳 저곳을 다니며 장사하는 자들'을 가리킵니다. 이들은 모두 기구를 만들거나 장사하러 돌아다니는 시간이 곧 개인의 수입과 직결되는 자들이지만, 예루살렘 성벽을 짓는 일에 모든 것을 내려놓고 52일 동안 헌신했던 것입니다.

양문에 '중수하다'라는 단어 대신 '건축하다'라는 표현이 사용된 것을 볼 때(느 3:1), 당시 성 모퉁이 누와 양문까지는 파괴가 매우 심하여 중수하기 어려운 부분이었습니다. 당시에 금장색과 상고들은 부유한 계층으로, 이들은 경제적 여유를 선용하여 성벽의 가장 어려운 부분을 담당하였습니다.

3. 구속사적 교훈

The Redemptive-Historical Lesson

함밉갓문은 군인들을 계수하는 문이었습니다. 함밉갓문에 사용된 히브리어 '미프카드'(מִפְקָד)는 다윗이 인구를 조사할 때 사용되었습니다. 사무엘하 24:9에서 "요압이 인구 도('미프카드' 뜻-소집) 수를 왕께 고하니 곧 이스라엘에서 칼을 빼는 담대한 자가 팔십만이요 유다 사람이 오십만이었더라"라고 말씀하고 있습니다. 영어성경 NASB, NIV에서는 '함밉갓문'을 '검열문'(The Inspection Gate)이라고 번역하고 있으며, RSV에서는 '점호문'(The Muster Gate)이라고 번역하고 있습니다.

또한, '미프카드'는 에스겔 성전 계시에서 하나님의 '정하신 곳'이라는 의미로도 사용되었습니다. 에스겔 43:21에서 "그 속죄 제물의 수송아지를 취하여 전의 정한 처소('미프카드': 뜻-정하신 곳) 곧 성소 밖에서 불사를지며"라고 말씀하고 있습니다.

세상 마지막 때에도 재림하시는 주님께서 성도를 '정하신 곳'으로 보내기 위하여 수를 세십니다(참고-계 6:11). 시편 87:6에서 "여호와께서 민족들을 등록하실 때에는 그 수를 세시며 이 사람이 거기서 났다 하시리로다(셀라)"라고 말씀하고 있는데, 수를 세시는 목적은 분별하기 위한 것입니다. 마태복음 25:31-32에서는 "인자가 자기 영광으로 모든 천사와 함께 올 때에 자기 영광의 보좌에 앉으리니 [32] 모든 민족을 그 앞에 모으고 각각 분별하기를 목자가 양과 염소를 분별하는 것같이 하여"라고 말씀하고 있습니다. 여기 '분별하는'은 헬라어 '아포리조'(ἀφορίζω)로, '규정하다, 나누다, 분리하다'라는 뜻입니다.

이렇게 분별된 자들은 하나님께서 정하신 곳으로 옮겨집니다. 예수님께서 비유로 양은 오른편에, 염소는 왼편에 두신다고 말씀하셨는데(마 25:33), 오른쪽은 천국을, 왼쪽은 지옥을 나타냅니다. 그래서 34절에서 "그때에 임금이 그 오른편에 있는 자들에게 이르시되 내 아버지께 복 받을 자들이여 나아와 창세로부터 너희를 위하여 예비된 나라(천국)를 상속하라"라고 하셨으며, 마태복음 25:41에서 "또 왼편에 있는 자들에게 이르시되 저주를 받은 자들아 나를 떠나 마귀와 그 사자들을 위하여 예비된 영영한 불(지옥)에 들어가라"라고 말씀하셨습니다. 결국 영생과 영벌로 나누어지는 것입니다. 46절에서 "저희는 영벌에, 의인들은 영생에 들어가리라"라고 말씀하고 있습니다.

우편과 좌편으로 분별이 되는 기준은, 지극히 작은 자에게 행한 태도입니다. 예수님께서는 오른편에 있는 자들이 지극히 작은 자 하나의 괴로움에 동참하여 공궤한 것이 곧 예수님을 공궤한 것이라고 말씀하셨습니다(마 25:34-40). 반면에 왼편에 있는 자들이 지극히 작은 자 하나의 괴로움을 외면하고 무시한 것이 곧 예수님을 공궤하지 않은 것이라고 말씀하셨습니다(마 25:41-45). 예수 그리스도의 십자가로 구속함을 입고 성별된 성도는 지극히 작은 이웃 하나에게 십자가의 사랑을 실천하는 자들입니다.

성벽 재건 외 구약성경에서 언급된 당시의 문

11 에브라임문 / 느Neh 8:16
שַׁעַר אֶפְרַיִם / The Gate of Ephraim

느헤미야 3장에는 나오지 않음

1. 의미
The Meaning

'에브라임문'은 히브리어 '샤아르 에프라임'(שַׁעַר אֶפְרַיִם)으로, '창성의 문'이라는 뜻입니다.

주전 586년에 예루살렘이 함락될 당시에, 바벨론의 군대는 예루살렘을 불사르고 사면의 성벽을 모두 헐었습니다(왕하 25:1-4, 8-10, 대하 36:17-21, 렘 39:1-2, 8, 52:4-7, 12-14). 에브라임문은 느헤미야 3장의 성벽 재건 기사에 나오지 않습니다. 그러나 성벽 공사를 완성한 다음에 처음으로 초막절을 준수하면서 에브라임문 앞의 광장에 모인 것을 볼 때, 당시 에브라임문은 이미 완성된 상태였습니다. 느헤미야 8:16에서 "백성이 이에 나가서 나무 가지를 취하여 혹은 지붕 위에, 혹은 뜰

안에, 혹은 하나님의 전 뜰에, 혹은 수문 광장에, 혹은 에브라임문 광장에 초막을 짓되"라고 말씀하고 있습니다. 이 표현을 볼 때 에브라임문 앞에도 수문 앞 광장같이 넓은 광장이 있었음을 알 수 있습니다. 아마도 에브라임문은 이전 귀환자들에 의해 먼저 재건되었을 것입니다.

2. 건축 과정
The Building Process

에브라임문은 옛문에서부터 골짜기문까지의 중간 지역에 위치합니다. 옛문부터 골짜기문까지의 건축 과정은 느헤미야 3:6-12에 기록되어 있습니다. 그런데 이 과정에서 에브라임문이 전혀 언급되지 않은 것은, 에브라임문이 거의 보수가 필요가 없을 정도로 보존되어 있었기 때문일 것입니다. 당시에 에브라임문이 있었기 때문에 성벽 공사 후에 에브라임문 광장에 초막을 지었을 것입니다. 또한, 성벽 공사 후에 성벽 낙성식을 할 때도 에브라임문이 언급되고 있습니다. 느헤미야 12:39에서 "에브라임문 위로 말미암아 옛문과 어문과 하나넬 망대와 함메아 망대를 지나 양문에 이르러 감옥문에 그치매"라고 말씀하고 있습니다. 이는 당시에 에브라임문이 존재했다는 명백한 증거가 됩니다.

에브라임문의 역사를 거슬러 올라가 보면, 에브라임문은 남 유다의 아마샤왕 때 400규빗이나 헐렸습니다. 당시 북 이스라엘 왕 요아스가 남 유다 아마샤 왕과의 전쟁에 이기고 쳐들어와서 헐어버렸던 것입니다. 열왕기하 14:13에서 "이스라엘 왕 요아스가 벧세메스에서 아하시야의 손자 요아스의 아들 유다 왕 아마샤를 사로잡고 예루살렘에 이르러 예루살렘 성벽을 에브라임문에서부터 성 모퉁이문까지 사백 규빗을 헐고"라고 말씀하고 있습니다(대하 25:23).

그러나 후에 남 유다의 히스기야왕은 헐린 성벽을 복원하였습니다. 역대하 32:5에서 "히스기야가 세력을 내어 퇴락한 성을 중수하되 망대까지 높이 쌓고 또 외성을 쌓고 다윗성의 밀로를 견고케 하고 병기와 방패를 많이 만들고"라고 말씀하고 있습니다.

3. 구속사적 교훈

The Redemptive-Historical Lesson

에브라임문은 성전과 가까웠기 때문에 절기에 타 지역에서 온 사람들이 명절을 지키기에 좋은 장소였습니다. 많은 사람이 북적대는 문으로서(느 8:16), '창성(昌盛, 번성하고 잘됨)의 문'이라는 이름에 어울리는 문이었습니다. 성전을 가까이하는 사람은 창성의 복을 받습니다. 시편 65:4에서 "주께서 택하시고 가까이 오게 하사 주의 뜰에 거하게 하신 사람은 복이 있나이다 우리가 주의 집 곧 주의 성전의 아름다움으로 만족하리이다"라고 말씀하고 있습니다. 세상적인 창성은 잘 되어놓고도 불안과 근심이 가득하지만, 신령한 에브라임문이 되시는 예수님으로 말미암아 주어지는 창성에는 근심이 없습니다(잠 10:22, 사 9:3).

역사적으로 볼 때 '에브라임'은 요셉의 둘째 아들의 이름이었습니다. 창세기 41:52에서 "차자의 이름을 에브라임이라 하였으니 하나님이 나로 나의 수고한 땅에서 창성하게 하셨다 함이었더라"라고 말씀하고 있습니다. 에브라임이 하나님의 섭리 가운데 야곱의 오른손으로 장자의 축복을 받았는데(창 48:14), 그 후로 그의 후손은 창성한 지파가 되었습니다.

모세는 에브라임 지파에게 만만(萬萬)의 축복을 선포하였습니다. 신명기 33:17에서 "그는 첫 수송아지같이 위엄이 있으니 그 뿔이 들소의 뿔 같도다 이것으로 열방을 받아 땅 끝까지 이르리니 곧 에브라임의 만만이요 므낫세의 천천이리로다"라고 말씀하고 있습니다. 후에 에브라임 지파는 북 이스라엘 열 지파를 대표하는 이름이 되었습니다(겔 37:16, 슥 9:10).

성도는 예수님 안에서 진정한 창성의 복을 받게 됩니다. 요한복음 10:10에서 "도적이 오는 것은 도적질하고 죽이고 멸망시키려는 것 뿐이요 내가 온 것은 양으로 생명을 얻게 하고 더 풍성히 얻게 하려는 것이라"라고 말씀하고 있습니다. 여기 '더 풍성히'는 헬라어 '페릿소스'(περισσός)로, '뛰어넘는, 보통을 벗어난, 초과한'이라는 뜻입니다. 우리는 예수님 안에서 인간의 일반적인 상식을 뛰어넘는 엄청난 창성의 복을 누리게 되는 것입니다(창 24:35, 출 1:7, 12, 사 51:2, 엡 3:20, 빌 4:19).

성벽 재건 외 구약성경에서 언급된 당시의 문

12 모퉁이문 / 슥^Zech 14:10
שַׁעַר הַפִּנָּה / The Corner Gate

느헤미야 3장에는 나오지 않음

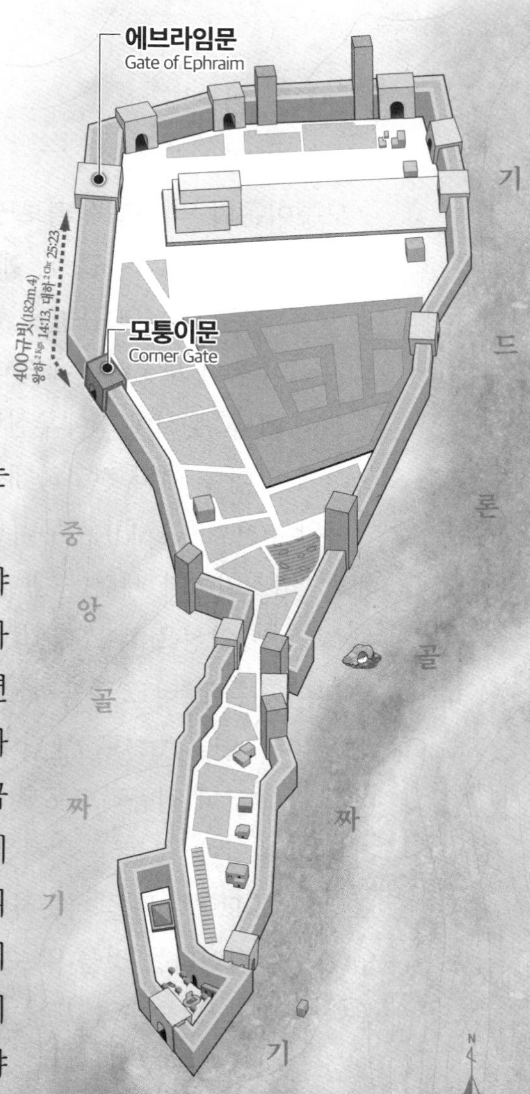

1. 의미
The Meaning

'모퉁이문'은 히브리어 '샤아르 하핀나'(שַׁעַר הַפִּנָּה)로, '그 구석의 문, 그 모퉁이의 문'이라는 뜻입니다. 모퉁이문의 위치는 북쪽 성벽에서 서쪽 성벽으로 꺾이는 넓은 성벽 끝부분으로 여겨집니다.

모퉁이문의 건축 과정은 느헤미야 3장에 기록되어 있지 않습니다. 스가랴는 성전 재건이 시작된 주전 520년부터 주전 480년까지 활동한 선지자인데, 스가랴서에서 모퉁이문을 언급한 것을 볼 때 스가랴의 활동 당시에는 모퉁이문이 존재한 것으로 보입니다. 모퉁이문은 크게 파괴되지 않았기 때문에 느헤미야 3장의 성벽 재건 기사에 나오지 않았을 것입니다. 스가랴

14:10에서 “온 땅이 아라바같이 되되 게바에서 예루살렘 남편 림몬까지 미칠 것이며 예루살렘이 높이 들려 그 본처에 있으리니 베냐민 문에서부터 첫 문 자리와 성 모퉁이문까지 또 하나넬 망대에서부터 왕의 포도주 짜는 곳까지라”라고 말씀하고 있습니다.

2. 건축 과정

The Building Process

모퉁이문의 역사를 살펴보면, 북 이스라엘 왕 요아스가 남 유다 왕 아마샤를 사로잡아갈 때 예루살렘 성벽을 에브라임문에서부터 성 모퉁이문까지 400규빗을 헐었습니다(왕하 14:13, 대하 25:23). 그 후 웃시야왕 때 모퉁이문에 망대를 세워 견고하게 하였습니다. 역대하 26:9에서 “웃시야가 예루살렘에서 성 모퉁이문과 골짜기문과 성 굽이에 망대를 세워 견고하게 하고”라고 말씀하고 있습니다. 히스기야왕(주전 715-686년)은 무너진 성을 복원하였습니다. 역대하 32:5에서 “히스기야가 세력을 내어 퇴락한 성을 중수하되 망대까지 높이 쌓고 또 외성을 쌓고 다윗성의 밀로를 견고케 하고 병기와 방패를 많이 만들고”라고 말씀하고 있습니다. 원문을 보면 ‘중수하되’는 히브리어 ‘바나’(בָּנָה)로, 이 단어는 느헤미야 3장에서 무너진 성벽을 다시 건축할 때 집중적으로 나오는 단어입니다. 또한, ‘퇴락한 성’이라는 표현 앞에 ‘모든’을 뜻하는 히브리어 ‘콜’(כֹּל)이 있습니다. 그러므로 이때 모퉁이문을 비롯하여 예루살렘의 허물어진 성벽이 빠짐없이 중수되었다는 것을 알 수 있습니다. 이처럼 여러 차례 모퉁이문이 헐리고 또 중수되었다는 사실은, 이 문이 전략적으로 매우 중요한 문이었음을 보여줍니다.

3. 구속사적 교훈
The Redemptive-Historical Lesson

모퉁이돌
Corner stone

머릿돌
Chief corner stone

모퉁이문의 '모퉁이'는 히브리어 '핀나'(פִּנָּה)로, 모서리 부분을 가리킵니다. 이 단어가 건물에 사용되면 '모퉁이돌, 기촛돌'을 의미하며, '머리'를 의미하는 히브리어 '로쉬'(רֹאשׁ)와 함께 쓰이면 '머릿돌'(רֹאשׁ פִּנָּה, '로쉬 핀나')을 가리킵니다. 헬라어로 '모퉁이'는 '고니아'(γωνία)로 번역되며, '머리'라는 뜻의 '케팔레'(κεφαλή)와 함께 쓰인 '케팔렌 고니아스'(κεφαλὴν γωνίας)는 '머릿돌'을 가리킵니다. 그밖에 '가장 높은, 맨 끝'이라는 뜻의 '아크론'(ἄκρον)과 합쳐진 '아크로고니아이오스'(ἀκρογωνιαίος)는 '모퉁이돌, 머릿돌' 모두를 가리킵니다.

참고로, '핀나'는 건물에서 가장 큰 무게를 담당하는 곳이자 전쟁 시 가장 위험한 곳이라는 점에서 때로 '우두머리, 통치자'를 의미하기도 합니다(삿 20:2, 삼상 14:38, 사 19:13, 슥 10:4).

모퉁이돌은 벽을 쌓는 기준이자 건물의 시작점이 됩니다. 고대 근동에서 건축자들은 가장 먼저 네모반듯하며 크고 단단한 돌을 다듬어서 건물의 네 모서리에 배치한 다음, 떠낸 돌을 쌓으면서 벽을 만들었습니다. 만약 모퉁이돌이 비스듬히 기울어 있으면 전체 건물의 수평이 맞지 않게 되기 때문에, 건물에서 가장 중요한 기촛돌이 모퉁이돌이었습니다. 건물의 벽을 쌓은 뒤에 아치형으로 입구를 만들 때 아치의 한가운데 가장 위의 돌을 머릿돌이라고 합니다. 머릿돌은 아치 구조에서 가장 많은 하중을 버텨야 하므로, 가장 단단하고 반듯한 돌을 사용하였습니다.

(1) 모퉁이돌과 예수 그리스도

성경에서는 예수님을 자주 '모퉁이돌'에 비유하고 있습니다(시 118:22, 슥 10:4, 마 21:42, 막 12:10, 눅 20:17, 행 4:11, 벧전 2:6-7). 에베소서 2:20에서는 직접적으로 "너희는 사도들과 선지자들의 터 위에 세우심을 입은 자라 그리스도 예수께서 친히 모퉁이돌이 되셨느니라"라고 말씀하고 있습니다.

첫째, 모퉁이돌은 건축자들에게 버림받은 돌입니다.

시편 118:22을 볼 때 다윗은 "건축자의 버린 돌이 집 모퉁이의 머릿돌이 되었나니"라고 노래하였습니다. '건축자의 버린 돌'이란, 삐뚤빼뚤하고 못나 보여서 모퉁이돌이나 머릿돌로 쓰이지 못하고 버려지는 돌입니다. 이 돌은 1차적으로는 사울과 그의 군사들에게 버림을 받은 다윗을 가리키지만, 궁극적으로 종교 지도자들에 의해서 버림받을 예수님을 가리킵니다(사 53:3, 참고-요 8:57). 마태복음 21:42을 볼 때 예수님은 "너희가 성경에 건축자들의 버린 돌이 모퉁이의 머릿돌이 되었나니 이것은 주로 말미암아 된 것이요 우리 눈에 기이하도다 함을 읽어 본 일이 없느냐"라고 하시므로, 다윗이 예언한 메시아가 자신임을 말씀하셨습니다(막 12:10, 눅 20:17, 행 4:11, 벧전 2:7). 여기 '버린'은 헬라어 '아포도키마조'(ἀποδοκιμάζω)로, 이 단어는 예수님이 십자가에서 죽으실 것을 말씀할 때 사용되었습니다. 마가복음 8:31에서 "인자가 많은 고난을 받고 장로들과 대제사장들과 서기관들에게 버린 바 되어 죽임을 당하고 사흘 만에 살아나야 할 것을 비로소 저희에게 가르치시되"라고 말씀하고 있는데, 여기에 '버린 바 되어'도 헬라어 '아포도키마조'입니다.

둘째, 모퉁이돌은 가장 중요한 머릿돌입니다.

모퉁이돌은 건물의 중심이 되며, 가장 큰 하중을 견디는 핵심적인 돌입니다. 시편 118:22에서 '모퉁이의 머릿돌'은 히브리어 '로쉬 핀나'(רֹאשׁ פִּנָּה)로, 아치의 가장 윗부분에 끼우는 머릿돌을 가리킵니다. 칠십인경에서는 이 단어를 '머릿돌'을 가리키는 '케팔렌 고니아스'(κεφαλὴν γωνίας)로 번역하였습니다. 머릿돌은 전체 건물의 무게를 버티며 계속 보존하는 중심축입니다.

예수님께서는 시편 118:22을 그대로 인용하시면서 '머릿돌'이 예수님 자신임을 드러내셨습니다(마 21:42, 막 12:10, 눅 20:17). 예수님만이 교회의 머리이시며, 전 우주와 만물을 지탱하는 머릿돌이십니다(행 4:11, 벧전 2:7). 히브리서 1:3에서는 "이는 하나님의 영광의 광채시요 그 본체의 형상이시라 그의 능력의 말씀으로 만물을 붙드시며 죄를 정결케 하는 일을 하시고 높은 곳에 계신 위엄의 우편에 앉으셨느니라"라고 말씀하고 있습니다. 여기 '붙드시며'는 헬라어 '페로'(φέρω)로, 하나님께서 창조하신 모든 것을 계속 보존하시는 예수님의 말씀의 역사를 가리킵니다.

셋째, 모퉁이돌은 모든 것의 시작이 되는 기촛돌입니다.

모든 건물은 모퉁이돌을 시작으로 두 방향으로 벽을 세워가며 지어집니다. 모퉁이돌은 건물의 시작이 되는 기촛돌입니다. 이사야 28:16에서 "그러므로 주 여호와께서 가라사대 보라 내가 한 돌을 시온에 두어 기초를 삼았노니 곧 시험한 돌이요 귀하고 견고한 기촛돌이라 그것을 믿는 자는 급절하게 되지 아니하리로다"라고 말씀하고 있습니다. 칠십인경에서는 이사야 28:16의 '기촛돌'을 '모퉁이돌, 머릿돌'이라는 뜻의 '아크로고니아이오스'(ἀκρογωνιαίος)로 번역하였습니다. 이 단어는 에베소서 2:20과 베드로전서 2:6에서 사용됩니다.

먼저, 베드로전서 2:6에서는 이사야의 말씀을 직접 인용하면서 "경에 기록하였으되 보라 내가 택한 보배롭고 요긴한 모퉁이돌('아크로고니아이오스')을 시온에 두노니 저를 믿는 자는 부끄러움을 당치 아니하리라 하였으니"라고 말씀하고 있습니다. '모퉁이돌' 앞에 '보배롭고 요긴한'이라는 수식어가 붙었는데, 이는 모퉁이돌이 건축물의 터를 결정하고 벽을 지탱하는 가장 중요하며 귀한 돌이기 때문입니다. 이사야 19:13에서도 소안(하부 애굽의 고대 도시)의 방백들과 놉(애굽의 수도, 멤피스의 다른 이름)의 방백들이 애굽 지파들의 모퉁이돌이라고 하면서 그들의 중요성을 언급하고 있습니다.

또한, 에베소서 2:20에서는 "너희는 사도들과 선지자들의 터 위에 세우심을 입은 자라 그리스도 예수께서 친히 모퉁이돌('아크로고니아이오스')이 되셨느니라"라고 말씀하고 있습니다. 이 말씀은 사도들과 선지자들의 사역으로 말미암아 탄생한 초대교회와 그 성도를 향해 그 근본이자 기초가 예수님이심을 선포하는 것입니다(참고-고전 3:6-7). 예수님은 율법의 기초요 사도의 기초이시며 교회의 기초이십니다.

예수님은 모든 것의 시작이 되시며, 우리의 터가 되십니다. 요한계시록 22:13에서 "나는 알파와 오메가요 처음과 나중이요 시작과 끝이라"라고 말씀하고 있습니다. 그러므로 우리는 모든 것을 시작할 때, 기촛돌이 되시는 예수님께 기도로 맡기고 시작해야 합니다(마 21:22).

모퉁이돌이시자 머릿돌이시며 기촛돌이 되시는 예수님을 영접하는 자가 누릴 축복은 무엇입니까?

첫째, 절대로 망하지 않습니다.

이사야 28:16에서 "그러므로 주 여호와께서 가라사대 보라 내가 한 돌을 시온에 두어 기초를 삼았노니 곧 시험한 돌이요 귀하고 견고한 기촛돌이라 그것을 믿는 자는 급절하게 되지 아니하리로다"라고 말씀하고 있습니다. 여기 '급절하게 되지 아니하리로다'를 표준새번역에서는 '불안하지 않을 것이다', 현대인의성경에서는 '놀라 당황하지 않을 것이다'라고 번역하고 있습니다. 또한, 이 구절을 인용한 베드로전서 2:6에서는 '모퉁이돌을 믿을 때 부끄러움을 당하지 않는다'라고 말씀하고 있습니다. 견고한 모퉁이돌 위에 올려진 건물은 무너짐이 없습니다. 흔들림이 없는 반석 되시는 예수님을 모퉁이돌 삼는 성도에게는 절대로 망함이 없습니다.

둘째, 산 돌의 축복이 있습니다.

베드로전서 2:4-5에서 "사람에게는 버린 바가 되었으나 하나님께는 택하심을 입은 보배로운 산 돌이신 예수에게 나아와 [5]너희도 산 돌같이 신령한 집으로 세워지고 예수 그리스도로 말미암아 하나님이 기쁘게 받으실 신령한 제사를 드릴 거룩한 제사장이 될찌니라"라고 말씀하고 있습니다. 여기 '산 돌'의 '산'은 '살다'(to live)라는 뜻을 가진 헬라어 '자오'(ζαω)의 현재분사형이며, '돌'은 헬라어 '리도스'(λίθος)로, 건축물과 관련해서 사용될 때는 '용도에 적합하게 다듬은 돌'을 의미합니다. '리도스'는 모퉁이돌이나(마 21:42, 44, 눅 20:17-18, 행 4:11) 건축을 위해 사용되는 뜨인 돌(마 24:2, 막 13:1-2, 눅 21:5-6, 행 17:29), 무덤 문을 막기 위해 둥글게 깎아낸 돌(마 27:60, 66, 28:2, 막 15:46, 16:3-4, 눅 24:2, 요 11:38-39, 41) 등을 가리킬 때 사용되었습니다. 산 돌은 울퉁불퉁하거나 매끄러워 건축에 쓸 수 없는 자연석이 아니라, 터를 짓고 성전을 건축할 수 있는 뜨인(떠낸) 돌입니다(참고-단 2:34, 45).

베드로전서 2:4에서 예수님을 가리키는 '산 돌'은 단수로 사용되었지만, 5절에서 성도를 가리키는 '산 돌'은 복수형으로 사용되었습니다. 십자가에서 죽으시고 무덤에 갇히셨지만 3일 만에 부활하신 예수님께서는, 친히 산 돌이 되시어 그 위에 신령한 집인 교회를 건축하시고 그 머리가 되셨습니다. 그리고 예수님을 믿는 우리를 부르셔서 산 돌이 되게 하시며(요 11:25-26, 롬 6:8), 마침내 성령 안에서 하나님의 거하실 처소로 완성해 나가십니다(엡 2:22).

셋째, 보배가 됩니다.

베드로전서 2:7에서 "그러므로 믿는 너희에게는 보배이나 믿지 아니하는 자에게는 건축자들의 버린 그 돌이 모퉁이의 머릿돌이 되고"라고 말씀하고 있습니다. 여기 '보배'는 헬라어 '티메'(τιμή)로 '가치, 값, 영예, 존경'이라는 의미의 최상급입니다. 이 단어 앞에 정관사 '헤'(ἡ)가 더해져서 '최고 중에도 최고의 보물'임을 강조하고 있습니다. 그러나 모퉁이돌을 믿지 않는 사람들에게는 그것이 부딪히는 돌과 거치는 반석이 됩니다. 8절에서 "부딪히는 돌과 거치는 반석이 되었다 하니라 저희가 말씀을 순종치 아니하므로 넘어지나니 이는 저희를 이렇게 정하신 것이라"라고 말씀하고 있습니다. 여기

'부딪히는'은 헬라어 '프로스콤마'(πρόσκομμα)로 '장애물'을 뜻하며, '거치는'은 헬라어 '스칸달론'(σκάνδαλον)으로 '함정, 덫, 올가미'를 뜻합니다. 이는 예수님께서 그를 믿는 자에게는 최고의 보배이지만, 믿지 않는 자에게는 도리어 그들을 넘어뜨리는 올무가 되신다는 것입니다. 예수님께서 사람의 앞에 놓인 생명의 길과 사망의 길의 기준이 되십니다(렘 21:8).

우리는 예수님을 최고의 보배로 영접할 수 있도록 택하심을 받았습니다. 아무 공로 없이 최고의 보배를 선물 받은 우리가 마땅히 해야 할 일이 있다면, 일평생 예수님의 아름다운 덕을 선전하며 사는 것입니다. 베드로전서 2:9에서 "오직 너희는 택하신 족속이요 왕 같은 제사장들이요 거룩한 나라요 그의 소유된 백성이니 이는 너희를 어두운데서 불러내어 그의 기이한 빛에 들어가게 하신 자의 아름다운 덕을 선전하게 하려 하심이라"라고 말씀하고 있습니다.

(2) 모퉁이문의 회복과 종말적인 성취

모퉁이문의 회복은 종말적인 예언들 가운데 나타납니다.

첫째, **예레미야 선지자**(주전 627-580년)**의 예언이 있었습니다.**

언약 백성인 이스라엘 백성은 시대마다 패역과 불순종으로 더 큰 범죄를 일삼고, 마침내 바벨론 포로로 끌려가기에 이르렀습니다. 그러나 하나님께서는 예레미야 선지자에게 '새 언약'을 통하여, 사람의 불완전함을 긍휼히 여기시며 그들을 회개시키고 새롭게 만들어 반드시 구원하실 것을 약속하셨습니다(렘 31:31-34).

새 언약의 내용을 요약하면 다음과 같습니다.

하나님께서 정하신 날이 이르면 체결되는 언약	렘 31:31
하나님의 법을 언약 백성의 속에 두고, 그 마음에 기록하는 언약	렘 31:33上
하나님은 이스라엘의 하나님이 되시고, 이스라엘은 하나님의 백성이 된다는 언약	렘 31:33下
작은 자로부터 큰 자까지 다 하나님을 알게 되는 언약	렘 31:34上
하나님께서 언약 백성의 죄를 사하시고, 다시는 그 죄를 기억하지 않으신다는 언약	렘 31:34下

하나님께서 새 언약을 선포하신 뒤에, 예레미야 31:38을 볼 때 "나 여호와가 말하노라 보라, 날이 이르리니 이 성을 하나넬 망대에서부터 모퉁이문까지 여호와를 위하여 건축할 것이라"라고 말씀하고 있습니다. 하나넬 망대부터 모퉁이문까지의 회복이 새 언약의 성취에 대한 표징이 된다는 것입니다.

하나넬 망대부터 모퉁이문까지의 북서쪽 성벽은 당시에 가장 많은 외침을 받는 지역이었습니다. 북쪽 성벽이 든든히 서게 된다는 것은, 예루살렘성이 완전히 중건되어서 다시는 전쟁이 없는 영원한 평화의 시대가 도래한다는 말씀입니다. 동시대의 사역자였던 이사야, 미가 선지자는 이러한 영원한 평화의 시대를 가리켜 "그가 열방 사이에 판단하시며 많은 백성을 판결하시리니 무리가 그 칼을 쳐서 보습을 만들고 그 창을 쳐서 낫을 만들 것이며 이 나라와 저 나라가 다시는 칼을 들고 서로 치지 아니하며 다시는 전쟁을 연습지 아니하리라"라고 예언하였습니다(사 2:4, 미 4:3). 또한, 이사야 11:6-9에서

"그때에 이리가 어린양과 함께 거하며 표범이 어린 염소와 함께 누우며 송아지와 어린 사자와 살찐 짐승이 함께 있어 어린아이에게 끌리며 7 암소와 곰이 함께 먹으며 그것들의 새끼가 함께 엎드리며 사자가 소처럼 풀을 먹을 것이며 8 젖 먹는 아이가 독사의 구멍에서 장난하며 젖 뗀 어린아이가 독사의 굴에 손을 넣을 것이라 9 나의 거룩한 산 모든 곳에서 해 됨도 없고 상함도 없을 것이니 이는 물이 바다를 덮음같이 여호와를 아는 지식이 세상에 충만할 것임이니라"라고 예언하였습니다. 에스겔 선지자도 화평의 언약이 체결되어서 영원한 평화의 시대가 도래할 것을 예언하였습니다. 에스겔 34:25에서도 "내가 또 그들과 화평의 언약을 세우고 악한 짐승을 그 땅에서 그치게 하리니 그들이 빈 들에 평안히 거하며 수풀 가운데서 잘찌라"라고 말씀하고 있습니다.

새 언약의 성취자는 예수 그리스도이십니다. 예수님께서는 최후의 만찬에서 "이 잔은 내 피로 세우는 새 언약이니 곧 너희를 위하여 붓는 것이라"라고 말씀하셨습니다(눅 22:20). 그리고 십자가에서 피를 흘리심으로 이 새 언약을 성취하셨습니다. 그러나 진정한 하나님과 백성의 관계가 최종적으로 완성되는 것은 주님이 재림하실 때입니다. 요한계시록 21:3에서 "내가 들으니 보좌에서 큰 음성이 나서 가로되 보라 하나님의 장막이 사람들과 함께 있으매 하나님이 저희와 함께 거하시리니 저희는 하나님의 백성이 되고 하나님은 친히 저희와 함께 계셔서"라고 말씀하고 있습니다.

이러한 최종적인 한 날의 도래를 가리켜 예레미야 선지자는 "보라 날이 이르리니"라고 말씀하였습니다(렘 31:31). 그런데 그날은 모퉁이문의 회복과 연결이 됩니다. 예레미야 31:38에서도 "보라 날이 이르리니"라고 말씀하면서 "이 성을 하나넬 망대에서부터 모퉁이 문까지 여호와를 위하여 건축할 것이라"라고 선언하고 있습니다. 그러므로 모퉁이문의 회복은, 다시는 전쟁이 없고 평강의 왕이신 예수님께서 재림하셔서 다스리시는 영원한 평화 시대의 도래를 분명하게 보여주고 있습니다.

둘째, 스가랴 선지자(주전 520-480년)**의 예언이 있었습니다.**

스가랴 선지자 역시 종말적인 '그날'을 예언하였습니다. '그날'은 주님께서 재림하시는 날입니다. 스가랴 14:4-5에서 "그날에 그의 발이 예루살렘 앞 곧 동편 감람산에 서실 것이요 감람산은 그 한가운데가 동서로 갈라져 매우 큰 골짜기가 되어서 산 절반은 북으로, 절반은 남으로 옮기고 [5] 그 산 골짜기는 아셀까지 미칠지라 너희가 그의 산 골짜기로 도망하되 유다 왕 웃시야 때에 지진을 피하여 도망하던 것같이 하리라 나의 하나님 여호와께서 임하실 것이요 모든 거룩한 자가 주와 함께하리라"라고 말씀하고 있습니다.

또한, 그날에 예루살렘에서 생수가 나오며 예루살렘은 높이 들리게 됩니다. 8절에서 "그날에 생수가 예루살렘에서 솟아나서 절반은 동해로, 절반은 서해로 흐를 것이라 여름에도 겨울에도 그러하리라"라고 말씀하고 있습니다. 이는 모든 인간의 소리와 사상은 다 폐하여지고 예루살렘에서 발원하는 하나님의 말씀만이 온 세상에 편만케 되는 날이 도래할 것을 예언한 것입니다.

종말적인 그날에, 온 세상은 다 낮아지고 예루살렘만 높이 들리게 되어 예루살렘 성벽은 동서남북 전체가 높이 올라갈 것입니다. 스가랴 14:10에서 "온 땅이 아라바(평지, 사해보다 낮음)같이 되되 게바에서 예루살렘 남편 림몬까지 미칠 것이며 예루살렘이 높이 들려 그 본처(제자리)에 있으리니 베냐민문에서부터 첫 문 자리와 성 모퉁이문까지 또 하나넬 망대에서부터 왕의 포도주 짜는 곳(남쪽의 왕의 동산 근처)까지라"라고 말씀하고 있습니다. 이 회복의 말씀 속에서도 '성 모퉁이문'이 언급되고 있습니다.

이처럼 생수가 솟아나는 예루살렘은 높아져서 세상에서 가장 높아질 것입니다. 이러한 이상은 이사야 선지자의 예언과 맥을 같이 하고 있습니다. 이사야 2:2-3에서 "말일에 여호와의 전의 산이 모든 산 꼭대기에 굳게 설 것이요 모든 작은 산 위에 뛰어나리니 만방이 그리로 모여들 것이라 [3]많은 백성이 가며 이르기를 오라 우리가 여호와의 산에 오르며 야곱의 하나님의 전에 이르자 그가 그 도로 우리에게 가르치실 것이라 우리가 그 길로 행하리라 하리니 이는 율법이 시온에서부터 나올 것이요 여호와의 말씀이 예루살렘에서부터 나올 것임이니라"라고 말씀하고 있습니다.

스가랴 14:10의 '예루살렘이 높이 들려 그 본처에 있으리니'라는 표현은 오늘날 성도에게 많은 것을 시사하고 있습니다. 여기 '본처'는 히브리어 '타하트'(תַּחַת)로, 본래는 '아랫부분, 바닥'이라는 뜻이지만, 이 본문에서는 '제자리'라는 뜻으로 사용되고 있습니다. 그래서 공동번역과 표준새번역과 현대인의성경에서는 '본처'를 '제자리'라고 번역하고 있으며, 바른성경에서는 '본래의 자리'라고 번역하고 있습니다. 하나님께서는 자기 지위를 지키지 않고 자기 처소를 떠난 천사들을 큰 날의 심판까지 영원한 결박으로 흑암에 가두십니다(유 1:6). 말세를 사는 성도는 재림하시는 주님을 맞이하는 그 날까지 하나님께서 정해주신 사명의 자리를 반드시 지켜야 하겠습니다(딤후 4:7).

결언 | 성벽 재건 공사에 담긴 구속사적 교훈

Concluding Remarks: The Redemptive-Historical Lessons from Rebuilding the City Wall

지금까지 예루살렘 성벽 공사가 12문과 42구역으로 나누어져 진행된 것을 살펴보았습니다. 이제 성벽 재건 공사에 담겨 있는 구속사적 교훈들을 살펴보겠습니다.

1. 열심 있는 사람들의 충성

The Faithfulness of Zealous People

로마서 12:11에서 "부지런하여 게으르지 말고 열심을 품고 주를 섬기라"라고 말씀하고 있습니다. 열심이 있는 사람들은 성벽 공사의 한 곳에서만 일한 것이 아니라 여러 곳에서 일을 하였습니다. 두 개의 구역을 담당하여 건축에 참여한 자들은 아래의 표와 같습니다.

학고스의 손자 우리아의 아들 **므레못**	**어문**으로부터 시작되는 구간의 **제5구역**(느 3:4)
	샘문으로부터 시작되는 구간의 **제27구역**(느 3:21)
드고아 사람들	**어문**으로부터 시작되는 구간의 **제8구역**(느 3:5)
	수문으로부터 시작되는 구간의 **제35구역**(느 3:27)
므세사벨의 손자 베레갸의 아들 **므술람**	**어문**으로부터 시작되는 구간의 **제6구역**(느 3:4)
	동문으로부터 시작되는 구간의 **제40구**역(느 3:30)
향품장사 (셀레먀의 아들) **하나냐**	**옛문**으로부터 시작되는 구간의 **제12구역**(느 3:8下)
	동문으로부터 시작되는 구간의 **제39구역**(느 3:30下) (느 3:30上, 하눈과 함께)

바핫모압의 아들 **핫숩**	**옛문**으로부터 시작되는 구간의 **제16구역** (느 3:11, 말기야와 함께)
	샘문으로부터 시작되는 구간의 **제29구역** (느 3:23, 베냐민과 함께)
살랍의 여섯째 아들 **하눈**	**골짜기문**으로부터 시작되는 구간의 **제18구역** (느 3:13, 사노아 거민과 함께)
	동문으로부터 시작되는 구간의 **제39구역** (느 3:30, 하나냐와 함께)
삽배의 아들 **바룩** (참고-느 10:6-8)	**양문**으로부터 시작되는 구간의 **제1구역** (느 3:1, 대제사장 엘리아십과 함께)
	샘문으로부터 시작되는 구간의 **제26구역**(느 3:20)
제사장들	**양문**으로부터 시작되는 구간의 **제1구역** (느 3:1, 대제사장 엘리아십과 함께)
	마문으로부터 시작되는 구간의 **제36구역**(느 3:28)

한 구역의 성벽 공사를 담당하는 것만 해도 심히 고된 일인데, 이들은 모두 자원하는 심령으로 성벽 공사의 부족한 부분에 달려가 헌신하였습니다. 아마도 이들은 성벽 재건을 방해하는 대적들의 위협을 자기 생명에 대한 위협보다 더 크게 생각하여, 하루라도 성벽 완공이 앞당겨지기를 기도하며 있는 힘을 다해 헌신했을 것입니다.

하나님의 역사는 자원하는 사람들을 통해 성취됩니다. 광야 시대에 장막 성전의 건축에 필요한 재료는 마음이 감동된 자와 자원하는 자들이 가지고 온 예물을 통해 채워졌습니다(출 35:21-29, 36:3-7). 솔로몬 성전의 건축에 필요한 재료 역시 다윗이 자원하는 마음으로 심히 많이 준비하고 힘을 다하여 바친 예물을 통해 채워졌으며(대상 22:14-15, 29:2-3), 다윗의 백성 역시 모두 즐거이 성심으로 바쳤습니다(대상 29:6-9). 다윗은 이것들을 '환난(עֳנִי, '오니' 뜻-전쟁으로 인한 고생) 중에' 예비한 것이라고 고백하였습니다(대상 22:14). 생사를 넘나

드는 위협 속에서 얻은 전리품을 아낌없이 자원하는 심령으로 드리며 힘을 다해 헌신한 것입니다. 초대교회 당시에, 고린도 교회는 환난의 많은 시련 가운데서도 넘치는 기쁨을 가지고 힘에 지나도록 자원하여 사도 바울의 선교 사역을 도왔습니다(고후 8:1-5). 하나님께서는 성도의 자원하는 열심을 기뻐하시며, 그 열심을 구속사를 성취하는 통로로 사용하십니다.

디도서 2:14에서 "그가 우리를 대신하여 자신을 주심은 모든 불법에서 우리를 구속하시고 우리를 깨끗하게 하사 선한 일에 열심하는 친백성이 되게 하려 하심이니라"라고 말씀하고 있습니다. 오늘날 예수님의 보혈로 씻음받은 우리는 자원하는 심령으로 선한 일에 열심하는 성도가 되어야 하고, 언제나 나의 일보다 먼저 하나님의 일을 구해야 합니다(빌 2:21). 그리고 하나님의 뜻대로 하는 근심은, 후회할 것이 없는 구원에 이르게 하는 회개를 이루게 하고, 그 결과로 하나님의 일에 넘치는 열심으로 충성하게 됩니다(고후 7:10-11).

2. 제사장들의 앞장섬

The Priests at the Forefront

백성의 지도자였던 대제사장과 제사장들은 지도자로서 성벽 공사에 앞장을 섰습니다. 느헤미야 3장의 12문과 42구역 성벽 재건 기사는, 양문을 시작으로 시계 반대 방향으로 돌아가고 있습니다. 당시에 양문은 대적의 공격이 많은 북쪽 지역에 있어서 완전히 파괴된 상태였습니다. 그러나 대제사장 엘리아십과 제사장들은 위험을 무릅쓰고 양문과 그 옆의 제1구역 성벽을 가장 먼저 건축하고 성별하였습니다(느 3:1).

제사장들은 양문과 인접한 성벽뿐만 아니라, 마문 위의 제36구역 성벽 공사에도 참여하였습니다. 느헤미야 3:28에서 "마문 위로부터는 제사장들이 각각 자기 집과 마주 대한 부분을 중수하였고"라고 말씀하고 있습니다.

평지에 사는 제사장들은 샘문으로부터 시작되는 구간의 제28구역을 담당하였습니다. 22절에서 "그다음은 평지에 사는 제사장들이 중수하였고"라고 말씀하고 있습니다. 같은 구간의 제26구역을 건축한 바룩도 제사장으로서 참여한 것으로 추정됩니다(느 3:20, 10:6-8).

이스라엘 백성이 가나안에 입성하면서 요단강을 건널 때도 제사장들이 앞장섰습니다. 그때는 주전 1406년 니산(1월) 10일인데, 시기적으로 요단강이 불어 범람하는 때였습니다(참고-대상 12:15, 렘 12:5, 49:19, 50:44). 이에 대해 여호수아 3:13에서는 "요단 물 곧 위에서부터 흘러내리던 물", 15절에서는 "요단이 모맥 거두는 시기에(추수하는 때)는 항상 언덕에 넘치니라"라고 말씀하고 있습니다. 요단 강물이 빠르게 흐르며 가득 차 넘치는 것을 보고 이스라엘 백성은 두려움에 빠질 수밖에 없었습니다. 그러나 이때 하나님께서는 여호수아를 통해 제사장들에게 언약궤를 메고 백성 앞서서 건너라고 말씀하셨습니다(수 3:6). 그리고 제사장들이 하나님의 말씀에 순종하여 앞장서서 넘실거리는 요단강 물을 발바닥으로 밟는 순간, 순식간에 강물이 끊어지고 마른 땅이 되었습니다(수 3:13-17, 4:7, 22-23). 제사장들은 발을 고정한 채로 모든 이스라엘 백성이 요단을 건너기까지 한 발자국도 움직이지 않고 굳게 서 있었고(수 3:17, 4:10), 백성이 다 건넌 후에 백성의 눈 앞에서 제일 마지막으로 요단을 건넜습니다(수 4:11, 16-18). 위험과 두려움이 가득한 곳이라고 할지라도, 하나님 말씀에 순종하여 기꺼이 앞장서서 뛰어드는 제사장들의 헌신을 통해 모든 백성을 약속의 땅으로 이끄시는 하나님의 계획이 성취된 것입니다.

영원한 대제사장이 되시는 예수님께서도 늘 앞장서서 일을 하셨습니다. 누가복음 19:28에서 "예수께서 이 말씀을 하시고 예루살렘을 향하여 앞서서 가시더라"라고 하였고, 요한복음 10:4에서 "자기 양을 다 내어놓은 후에 앞서가면 양들이 그의 음성을 아는 고로 따라오되"라고 말씀하고 있습니다. 히브리서 6:20에서도 "그리로 앞서가신 예수께서 멜기세덱의 반차를 좇아 영원히 대제사장이 되어 우리를 위하여 들어가셨느니라"라고 말씀하고 있습니다. 언제나 앞장서시는 예수님을 따라서, '왕 같은 제사장' 된 성도 역시 하나님의 일에 앞장서서 충성해야 할 것입니다(벧전 2:9, 계 1:6, 5:10, 20:6).

3. 부유층의 참여

The Participation of Wealthy People

(1) 금장색과 향품 장사의 참여

옛문을 지나 제11구역 성벽 공사에는 금장색 웃시엘이, 제12구역 성벽 공사에는 향품 장사 하나냐가 참여하였습니다. 느헤미야 3:8에서 "그다음은 금장색 할해야의 아들 웃시엘 등이 중수하였고 그 다음은 향품 장사 하나냐 등이 중수하되 저희가 예루살렘 넓은 성벽까지 하였고"라고 말씀하고 있습니다. 또한, 함밉갓문 공사에 금장색 말기야가 참여하였습니다. 31절에서 "그다음은 금장색 말기야가 함밉갓문과 마주 대한 부분을 중수하여 느디님 사람과 상고들의 집에서부터 성 모퉁이 누에 이르렀고"라고 말씀하고 있습니다.

성벽 재건에 참여한 금장색 웃시엘과 말기야, 향품 장사 하나냐

같은 사람들은 육신적인 부요와 안락함에 안주하지 않고, 하나님의 주권적인 은혜로 금보다 귀한 믿음과 향품보다 더 향기로운 헌신으로 주의 일에 충성하였습니다.

(2) 금장색과 상고들의 참여

함밉갓문을 지나 성 모퉁이 누에서부터 양문까지 제42구역 성벽 공사에 금장색과 상고들이 참여하였습니다. 느헤미야 3:32에서 "성 모퉁이 누에서 양문까지는 금장색과 상고들이 중수하였느니라"라고 말씀하고 있습니다. 성 모퉁이 누와 양문까지는 가장 파괴가 심하고 중수하기 어려운 부분이었습니다. 당시에 금장색과 상고들은 부유한 계층으로서, 이들은 자신들의 경제적인 여유를 가지고 하나님의 일의 가장 어려운 부분을 담당하였습니다.

성경은 믿는 사람이 돈에 대해서 어떻게 생각해야 하는지를 가르쳐 줍니다. 돈 자체를 사랑하는 것은 일만 악의 뿌리가 되지만(딤전 6:10, 참고-잠 18:11, 전 5:12), 부지런히 일하여 부를 얻는 것은 지혜로운 일입니다(잠 10:4, 15, 13:4). 거부였던 아브라함(창 13:1-2, 6), 이삭(창 26:13), 야곱(창 31:1), 욥(욥 1:1-3, 42:12), 바르실래(삼하 19:32), 아리마대 요셉(마 27:57, 막 15:43, 눅 23:51, 요 19:38), 마가(참고-행 1:13, 딤후 4:11), 자주 장사 루디아(행 16:14, 40) 등은 하나님께서 맡기신 재물을 선용하여 구속사의 전진에 크게 헌신하였습니다. 하나님께서 맡기신 자신의 분깃에 만족하고 감사하며(빌 4:11-13) 그것을 올바르게 사용하는 것이 성도가 가져야 할 재물관입니다. 모든 재물은 하나님의 것입니다(대상 29:11-12, 16, 학 2:8). 그러므로 성도는 '정함이 없는 재물에 소망을 두지 말고 오직 우리에게 모든 것을 후히 주사 누리게 하시는 하나님께 두며' 살아야 합니다(딤전 6:17). 물질의 복을 받은 것은 하나님의 나라 확장을 위하여 쓰라고 주신 것임을 명심해야 합니다. 디모데전서 6:18-19에서 "선한 일을 행하고 선한 사업에 부하고 나눠주기를 좋아하며 동정하는 자가 되게 하라 19 이것이 장래에 자기를 위하여 좋은 터를 쌓아 참된 생명을 취하는 것이니라"라고 말씀하고 있습니다.

4. 권력층의 참여
The Participation of the Officials

(1) 예루살렘 지방 절반을 다스리는 자들의 참여

예루살렘 성벽 재건 공사에 예루살렘 지방의 절반을 다스리는 자들이 참여하였습니다. 느헤미야 3:9에서 "그다음은 예루살렘 지방 절반을 다스리는 자 후르의 아들 르바야가 중수하였고"라고 말씀하고 있는데, 르바야는 옛문의 제13구역 성벽 공사를 담당하였습니다. 12절에서 "그다음은 예루살렘 지방 절반을 다스리는 자 할로헤스의 아들 살룸과 그 딸들이 중수하였고"라고 말씀하고 있는데, 살룸은 옛문의 제17구역 성벽 공사를 담당하였습니다. 이로 보아 예루살렘 지방을 다스리는 지도자들은 모두 성벽 공사에 앞장선 것을 알 수 있습니다.

(2) 벧학게렘 지방을 다스리는 자의 참여

분문의 공사에 벧학게렘 지방을 다스리는 말기야가 참여하였습니다. 느헤미야 3:14에서 "분문은 벧학게렘 지방을 다스리는 레갑의 아들 말기야가 중수하여 문을 세우며 문짝을 달고 자물쇠와 빗장을 갖추었고"라고 말씀하고 있습니다.

(3) 미스바 지방을 다스리는 자의 참여

샘문의 공사에 미스바 지방을 다스리는 살룬이 참여하였습니다. 느헤미야 3:15에서 "샘문은 미스바 지방을 다스리는 골호세의 아들 살룬이 중수하여 문을 세우고 덮으며 문짝을 달며 자물쇠와 빗장을 갖추고 또 왕의 동산 근처 셀라못가의 성벽을 중수하여 다윗성에서 내려오는 층계까지 이르렀고"라고 말씀하고 있습니다. 또 샘문의 공사에 미스바를 다스리는 에셀이 참여하였습니다. 19절에서 "그 다음은 미스바를 다스리는 자 예수아의 아들 에셀이 한 부분을 중수하여 성굽이에 있는 군기고 맞은편까지 이르렀고"라고 말씀하고 있습니다. 이처럼 미스바 지방을 다스리는 지도자인 살룬과 에셀이 성벽 공사에 앞장서서 일을 하여 모범이 되었던 것입니다.

(4) 벧술 지방 절반을 다스리는 자의 참여

샘문의 공사에 벧술 지방 절반을 다스리는 느헤미야가 참여하였습니다. 느헤미야 3:16에서 "그다음은 벧술 지방 절반을 다스리는 자 아스북의 아들 느헤미야가 중수하여 다윗의 묘실과 마주 대한 곳에 이르고 또 파서 만든 못을 지나 용사의 집까지 이르렀고"라고 말씀하고 있습니다.

(5) 그일라 지방 절반을 다스리는 자의 참여

샘문의 공사에 그일라 지방 절반을 다스리는 하사뱌와 바왜가 참여하였습니다. 느헤미야 3:17下-18에서 "그다음은 그일라 지방 절반을 다스리는 자 하사뱌가 그 지방을 대표하여 중수하였고 [18]그다음은 그 형제 그일라 지방 절반을 다스리는 자 헤나닷의 아들 바왜가 중수하였고"라고 말씀하고 있습니다. 이처럼 그일라 지방을 다스리는 지도자인 하사뱌와 바왜도 성벽 공사에 앞장서서 일을 하여서 모범이 되었던 것입니다.

(6) 드고아 귀족의 불참

드고아의 귀족들에게는 어문 공사에 참여하는 기회가 주어졌습니다. 그러나 그들은 그것을 거절하고 참여하지 않았습니다. 그래서 특별히 느헤미야 3:5에서는 "그다음은 드고아 사람들이 중수하였으나 그 귀족들은 그 주의 역사에 담부치 아니하였으며"라고 말씀하고 있습니다.

성도의 재물이 하나님의 일을 위해 선용하도록 맡겨진 것처럼, 성도의 힘과 능력과 권력도 하나님의 일을 위해 선용하도록 주신 것입니다. 하나님께서 요셉이나 다니엘을 높이 올려 총리가 되어 나라를 치리하게 하신 것은(창 41:43, 단 6:2-3) 권력을 이용하여 편하게 살라고 주신 것이 아니라, 하나님의 언약을 이루며 구속사를 전진시키라고 주신 것입니다.

잠언 29:2에서는 "의인이 많아지면 백성이 즐거워하고 악인이 권세를 잡으면 백성이 탄식하느니라"라고 말씀하고 있습니다. 의인의 권세는 성도의 모범이 되며 구속사를 힘차게 진행시키는 수단이 되지만, 악인의 권세는 자신의 탐욕을 채우고 성도를 학대하며 하나님의 구속사를 가로막는 장애물이 됩니다(전 4:1, 렘 17:5). 사도 바울은 권세의 출처가 하나님이시며, 성도는 권세 있는 자를 위해 기도하며 하나님의 질서 안에 살아야 함을 가르쳤습니다(롬 13:1-7, 딤전 2:1-2). 오늘날 성도는 맡겨 주신 권세를 온전히 하나님의 일을 위해 선용하며, 나라와 민족을 위해 기도하되, 나라의 권세가 하나님의 구속사를 성취하는 수단이 될 수 있도록 쉬지 않고 기도해야 합니다.

5. 자기 집 앞의 건축

Building in Front of One's Own House

느헤미야 3장에는 자기 집 앞의 성벽을 건축한 자들의 명단이 기록되어 있습니다. 이들은 강한 책임감을 가지고 자기 집 앞의 성벽 공사에 참여했습니다. 자기 집 앞의 성벽을 건축한 자들은 다음과 같습니다.

여다야는 자기 집과 마주 대한 옛문과 골짜기문 사이 제14구역 성벽을 중수하였습니다(느 3:10). 베냐민과 핫숩은 샘문과 수문 사이 자기 집 맞은편 제29구역 성벽을 중수하였고(느 3:23上), 아사랴도 자기 집에서 가까운 제30구역 성벽을 중수하였습니다(느 3:23下). 예루살렘에 사는 제사장들은 마문과 동문 사이 자기 집 맞은편 제36구역 성벽을 중수하였고(느 3:28), 사독은 그다음 제37구역 성벽을 중수하였습니다(느 3:29). 므술람은 동문과 함밉갓문 사이 자기 침방과 마주 대한 제40구역 성벽을 중수하였습니다(느 3:30下).

자기 집 앞의 성벽을 건축한 자들의 명단을 따로 기록했다는 것은, 반대로 자기 집 앞의 성벽임에도 불구하고 성벽 공사에 참여하지 않은 자들도 많이 있었다는 것입니다. 이들은 자신의 생명과 직결되는 집 앞의 성벽임에도 불구하고 '누군가가 해주겠지'라는 안일한 마음으로 게으름을 피웠던 것입니다. 이들은 맛있는 음식 그릇에 손을 올려놓고도 남이 먹여주기를 기다리며 괴로워하는 게으른 자들이었습니다(잠 19:24, 26:15). 전도서 10:18에서는 "게으른즉 석가래가 퇴락하고 손이 풀어진즉 집이 새느니라"라고 말씀하고 있습니다. 이들은 결국 하나님의 구속사를 이루는 영광스러운 성벽 재건 공사 명단에 그 이름이 기록되지 못하고 말았습니다. 게으른 것은 곧 악한 것입니다. 예수님께서는 한 달란트를 땅에 감춘 자를 향하여 "악하고 게으른 종", "무익한 종"이라고 책망하셨습니다(마 25:24-26, 30).

6. 동시에 건축

Building Simultaneously

일반적으로 도시에 성벽을 둘러 세우는 등의 대공사에는, 기준점을 잡고 한 방향으로 순차적으로 공사를 진행해 나갑니다. 그러나 성벽 재건이 52일이라는 짧은 기간에 42구역으로 나뉘어서 동시에 완성되었다는 것은 매우 놀라운 일입니다. 심지어 예루살렘 성벽 중에는 완전히 무너져서 처음부터 새로 건축해야 하는 구역도 많이 있었습니다.

유다인의 대적 호론 사람 산발랏은 성벽 중건에 대한 소식을 듣고 크게 분노하여 비웃으며 '이 미약한 유다 사람들이 힘도 없이 하루 만에 성벽을 짓겠냐'고 조롱하였습니다(느 4:1-2). 곁에 있던 암몬 사람 도비야는 '유다인들이 쌓은 성벽은 여우가 올라가도 곧 무너질 것'이라고 조롱하였습니다(느 4:3). 일반적으로 성벽을 건축하는 방법과 달리 유다인들이 예루살렘성 전 지역으로 흩어져 건축하는 모습을 보고, 대적들은 예루살렘 성벽의 건축이 제대로 진행될 리가 없다고 확신했던 것입니다.

그러나 성벽 재건은 불과 52일 만에 마쳐졌습니다. 각 구역에 흩어져 공사를 진행하였음에도 불구하고, 서로의 공사가 하나로 완벽하게 이어진 것은 하나님의 선한 손의 도우심이 있었기 때문입니다(느 2:18). 또한, 42구역으로 흩어진 백성 모두가 한마음 한뜻으로 헌신했기 때문에 가능했던 것입니다. 빌립보서 2:2에서는 "마음을 같이하여 같은 사랑을 가지고 뜻을 합하며 한마음을 품어"라고 말씀하고 있습니다. 구속사를 전진시키며 하나님의 일을 완성하는 데 필요한 것은, 성도들이 한마음과 한뜻이 되어 같이 일하는 것입니다.

7. 철저한 무장

Fully Armed

성벽 공사가 진행되는 동안, 대적들은 이스라엘 백성의 성벽 공사를 중단시키기 위해 기습 공격을 감행하려고 하였습니다. 그러나 대적들의 작전을 간파한 느헤미야가 지혜롭게 대처하여, 대적들의 계획은 번번이 실패하였습니다(느 4:15). 느헤미야는 자기 수하의 사람 절반은 완전 무장하여 경비를 서게 하고, 일반 백성도 다 무장하여 한 손으로는 일을 하고 한 손으로는 병기를 잡게 하였습니다. 또한, 느헤미야 곁에 나팔 부는 자를 두어 유사시에 백성에게 신호를 보낼 수 있도록 만전을 기했습니다.

느헤미야 4:16-18 "그때로부터 내 종자의 절반은 역사하고 절반은 갑옷을 입고 창과 방패와 활을 가졌고 민장은 유다 온 족속의 뒤에 있었으며 [17] 성을 건축하는 자와 담부하는 자는 다 각각 한 손으로 일을 하며 한 손에는 병기를 잡았는데 [18] 건축하는 자는 각각 칼을 차고 건축하며 나팔 부는 자는 내 곁에 섰었느니라"

이렇게 철저하고 적극적인 무장으로 대처함으로써, 대적들의 집요한 방해 속에서도 성벽 공사를 무사히 마칠 수 있었습니다.

오늘날도 우리 주변에 하나님 나라 건설을 막으려는 사단의 세력이 우는 사자같이 두루 다니고 있습니다(벧전 5:8). 하나님 나라 건설의 역군인 성도는 언제나 깨어서 영적으로 철저히 무장하고 하나님 나라 건설에 임해야 합니다. 깨어 있는 기도(마 26:41, 막 14:38, 눅 21:36, 엡 6:18, 골 4:2)와 강력한 말씀의 검(히 4:12)으로 무장해야 마귀의 공격을 이겨낼 수 있습니다.

에베소서 6:10-17 “종말로 너희가 주 안에서와 그 힘의 능력으로 강건하여지고 [11] 마귀의 궤계를 능히 대적하기 위하여 하나님의 전신갑주를 입으라 [12] 우리의 씨름은 혈과 육에 대한 것이 아니요 정사와 권세와 이 어두움의 세상 주관자들과 하늘에 있는 악의 영들에게 대함이라 [13] 그러므로 하나님의 전신갑주를 취하라 이는 악한 날에 너희가 능히 대적하고 모든 일을 행한 후에 서기 위함이라 [14] 그런즉 서서 진리로 너희 허리띠를 띠고 의의 흉배를 붙이고 [15] 평안의 복음의 예비한 것으로 신을 신고 [16] 모든 것 위에 믿음의 방패를 가지고 이로써 능히 악한 자의 모든 화전을 소멸하고 [17] 구원의 투구와 성령의 검 곧 하나님의 말씀을 가지라”

데살로니가전서 5:8-10 “우리는 낮에 속하였으니 근신하여 믿음과 사랑의 흉배를 붙이고 구원의 소망의 투구를 쓰자 [9] 하나님이 우리를 세우심은 노하심에 이르게 하심이 아니요 오직 우리 주 예수 그리스도로 말미암아 구원을 얻게 하신 것이라 [10] 예수께서 우리를 위하여 죽으사 우리로 하여금 깨든지 자든지 자기와 함께 살게 하려 하셨느니라”

8. 수고를 기억하시는 하나님, 그리고 성도 간의 협력

God Who Remembers the Labor and the Saints Who Work Together

하나님께서는 성도의 모든 수고를 기억하시고 갚아주시는 분입니다. 느헤미야 3장에는 성벽 공사에 참여한 사람들의 명단이 자세히 기록되어 있습니다. 이는 하나님께서 참여한 사람들의 수고를 일일이 기억하셨음을 보여줍니다. 고린도전서 15:58에서 "그러므로 내 사랑하는 형제들아 견고하며 흔들리지 말며 항상 주의 일에 더욱 힘쓰는 자들이 되라 이는 너희 수고가 주 안에서 헛되지 않은 줄을 앎이니라"라고 말씀하고 있습니다. 여기 '더욱 힘쓰는 자들'은 '(어떤 기준을) 초과하다, 넘치다'라는 뜻의 헬라어 '페릿슈오'(περισσεύω)의 현재 분사 명령형입니다. 사도 바울은 우리에게 하나님의 일을 하되, 넘칠 만큼 하라고 권면하고 있습니다. 참으로 감사한 것은, 수고는 아무리 넘쳐도 헛됨이 없습니다. 넘치는 수고에는 반드시 큰 상이 있다는 것입니다. 데살로니가전서 1:3에서도 "너희의 믿음의 역사와 사랑의 수고와 우리 주 예수 그리스도에 대한 소망의 인내를 우리 하나님 아버지 앞에서 쉬지 않고 기억함이니"라고 말씀하고 있습니다(마 16:27).

주의 일을 하기 위해서는 성도 간에 협력해야 합니다. 성벽 공사 역시, 당시 백성의 협력으로 이루어졌습니다. 협력은 한자로 '화할 협(協), 힘 력(力)'입니다. '화할 협'은 '열 십(十)'에 '힘 력(力)'이 세 번 반복되는 글자로, 전체가 화합하여 하나로 힘을 합치는 것을 의미합니다. 성도끼리 서로 생각이 다르고 가치관이 다르고 개성이 다르다 해도, 십자가 복음의 전파를 위해서는 마음과 뜻을 하나로 모아야 하는 것입니다. 로마서 8:28에서 "우리가 알거니와 하나님을 사랑하는 자 곧 그 뜻대로 부르심을 입은 자들에게는 모든 것이 합력하여 선을 이루느니라"라고 말씀하고 있습니다. 십자가에는 희생과 양보가 넘칩니다. 사도 바울은 그리스도 복음에 합당한 생활을 가리켜 "너희가 일심으로 서서 한뜻으로 복음의 신앙을 위하여 협력하는 것"이라고 표현하였습니다(빌 1:27下).

주전 1446년에 이스라엘 백성이 출애굽한 후에, 12지파가 42번 진을 치면서 모두가 협력하여 마침내 가나안에 입성하였습니다. 그리고 주전 444년에 이스라엘 백성이 성벽을 재건하면서, 12문과 42구역으로 나누어 협력하여 마침내 성벽을 완성하였습니다. 구속사의 완성을 향해 전진하는 성도는, 하나님 나라 확장을 위해, 오직 십자가 신앙으로 화합하고 협력하여 주님의 재림을 준비함으로, 한 사람도 낙오하지 않고 마침내 천국에 입성해야 하겠습니다.

요한계시록 21:12-21을 볼 때 새 예루살렘성에 크고 높은 성곽이 있는데, 진주로 된 열두 문에 이스라엘 열두 지파의 이름이, 각색 보석으로 꾸민 열두 기초석에 열두 사도의 이름이 기록된다고 말씀하고 있습니다. 하나님 나라가 완성되는 그날까지 주의 일에 더욱 힘쓰는 자들이 될 때(고전 15:58), 새 예루살렘성에 우리의 이름이 기록되고 영원히 빛나는 주인공들이 될 것입니다(빌 4:3).

유구한 역사 속에서 세계 최초로 성경적 체계화 정리

42구역으로 나누어 중수(重修)된 12문 예루살렘 성벽(느 3:1-32)

The 12 Gates of the Wall of Jerusalem That Were Repaired in 42 Sections (Neh 3:1-32)

- 건축 혹은 중수한 문
- 건축 혹은 중수에서 제외된 문
- 성벽 재건 외 구약 성경에서 언급된 문

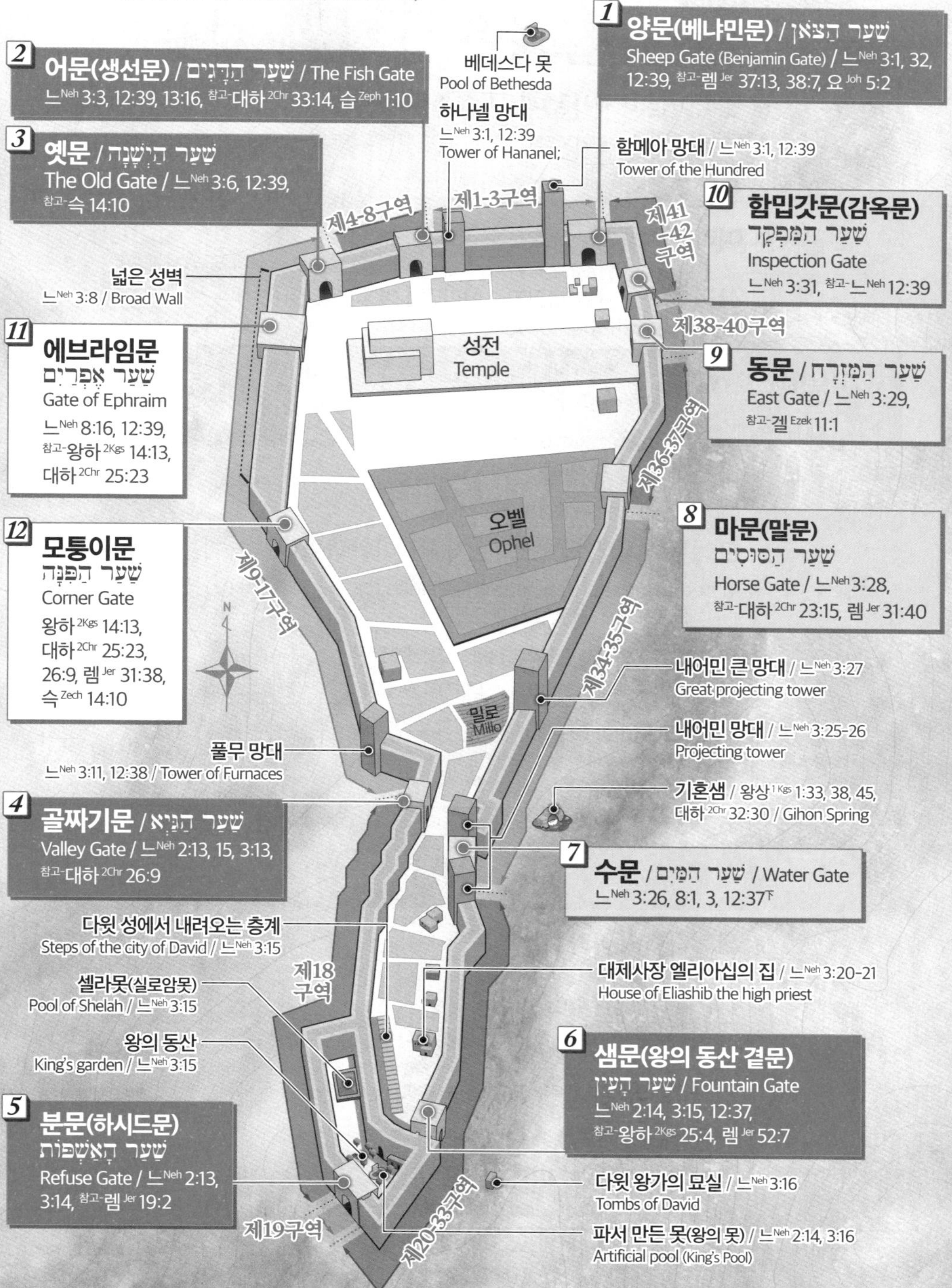

1 양문(베냐민문) / שַׁעַר הַצֹּאן
Sheep Gate (Benjamin Gate) / 느Neh 3:1, 32, 12:39, 참고-렘Jer 37:13, 38:7, 요Joh 5:2

2 어문(생선문) / שַׁעַר הַדָּגִים / The Fish Gate
느Neh 3:3, 12:39, 13:16, 참고-대하2Chr 33:14, 습Zeph 1:10

3 옛문 / שַׁעַר הַיְשָׁנָה
The Old Gate / 느Neh 3:6, 12:39, 참고-슥 14:10

베데스다 못
Pool of Bethesda

하나넬 망대
느Neh 3:1, 12:39
Tower of Hananel;

함메아 망대 / 느Neh 3:1, 12:39
Tower of the Hundred

제1-3구역

제4-8구역

제41-42구역

10 함밉갓문(감옥문)
שַׁעַר הַמִּפְקָד
Inspection Gate
느Neh 3:31, 참고-느Neh 12:39

넓은 성벽
느Neh 3:8 / Broad Wall

11 에브라임문
שַׁעַר אֶפְרַיִם
Gate of Ephraim
느Neh 8:16, 12:39,
참고-왕하2Kgs 14:13,
대하2Chr 25:23

성전
Temple

제38-40구역

9 동문 / שַׁעַר הַמִּזְרָח
East Gate / 느Neh 3:29,
참고-겔Ezek 11:1

제36-37구역

오벨
Ophel

12 모퉁이문
שַׁעַר הַפִּנָּה
Corner Gate
왕하2Kgs 14:13,
대하2Chr 25:23,
26:9, 렘Jer 31:38,
슥Zech 14:10

제9-17구역

N

8 마문(말문)
שַׁעַר הַסּוּסִים
Horse Gate / 느Neh 3:28,
참고-대하2Chr 23:15, 렘Jer 31:40

제34-35구역

내어민 큰 망대 / 느Neh 3:27
Great projecting tower

밀로
Millo

내어민 망대 / 느Neh 3:25-26
Projecting tower

풀무 망대
느Neh 3:11, 12:38 / Tower of Furnaces

기혼샘 / 왕상1Kgs 1:33, 38, 45,
대하2Chr 32:30 / Gihon Spring

4 골짜기문 / שַׁעַר הַגַּיְא
Valley Gate / 느Neh 2:13, 15, 3:13,
참고-대하2Chr 26:9

7 수문 / שַׁעַר הַמַּיִם / Water Gate
느Neh 3:26, 8:1, 3, 12:37下

다윗 성에서 내려오는 층계
Steps of the city of David / 느Neh 3:15

제18구역

대제사장 엘리아십의 집 / 느Neh 3:20-21
House of Eliashib the high priest

셀라못(실로암못)
Pool of Shelah / 느Neh 3:15

왕의 동산
King's garden / 느Neh 3:15

6 샘문(왕의 동산 곁문)
שַׁעַר הָעַיִן / Fountain Gate
느Neh 2:14, 3:15, 12:37,
참고-왕하2Kgs 25:4, 렘Jer 52:7

5 분문(하시드문)
שַׁעַר הָאַשְׁפֹּת
Refuse Gate / 느Neh 2:13,
3:14, 참고-렘Jer 19:2

다윗 왕가의 묘실 / 느Neh 3:16
Tombs of David

제20-33구역

제19구역

파서 만든 못(왕의 못) / 느Neh 2:14, 3:16
Artificial pool (King's Pool)

구역	담당	구역 수
01 양문(베냐민문) / שַׁעַר הַצֹּאן Sheep Gate (Benjamin Gate) / 느[Neh] 3:1, 32, 12:39, 참고-렘[Jer] 37:13, 38:7, 요[John] 5:2		
제1구역 (양문 포함)	**엘리아십(대제사장)과 그 형제 제사장들** Eliashib (the high priest) and his brothers the priests 느[Neh] 3:1	**총 3개 구역** 느[Neh] 3:1-2
제2구역	**여리고 사람들** men of Jericho / 느[Neh] 3:2	
제3구역	**삭굴(여리고인의 지도자, 이므리의 아들)** Zaccur (the leader of men of Jericho, the son of Imri) / 느[Neh] 3:2	
02 어문(생선문) / שַׁעַר הַדָּגִים The Fish Gate / 느[Neh] 3:3, 12:39, 13:16, 참고-대하[2 Chr] 33:14, 습[Zeph] 1:10		
제4구역 (어문 포함)	**하스나아의 자손들** the sons of Hassenaah / 느[Neh] 3:3	**총 5개 구역** 느[Neh] 3:3-5
제5구역	**므레못(제사장, 학고스의 손자 우리아의 아들)** Meremoth the priest (the son of Uriah the son of Hakkoz) 스[Ezra] 8:33, 느[Neh] 3:4, 21, 10:5	
제6구역	**므술람(므세사벨의 손자 베레갸의 아들)** Meshullam (the son of Berechiah the son of Meshezabel) / 느[Neh] 3:4	
제7구역	**사독(바아나의 아들)** Zadok (the son of Baana) / 느[Neh] 3:4	
제8구역	**드고아 사람들** Tekoites / 느[Neh] 3:5	
03 옛문 / שַׁעַר הַיְשָׁנָה The Old Gate / 느[Neh] 3:6, 12:39		
제9구역 (옛문 포함)	**요야다(바세아의 아들)** Joiada (the son of Paseah) / 느[Neh] 3:6 **므술람(브소드야의 아들)** Meshullam (the son of Besodeiah) / 느[Neh] 3:6	**총 9개 구역** 느[Neh] 3:6-12
제10구역	**믈라댜(기브온 사람, 유력한 지도자)** Melatiah / 느[Neh] 3:7 **야돈(메로놋 사람)** Jadon / 느[Neh] 3:7 **기브온 사람들과 미스바 사람들** the men of Gibeon and of Mizpah / 느[Neh] 3:7	

구역	담당자	합계
제11구역	**웃시엘(금장색 할해야의 아들)** Uzziel (the son of Harhaiah of the goldsmiths) / 느Neh 3:8	총 9개 구역 느Neh 3:6-12
제12구역	**하나냐(향품 장사)** Hananiah (perfumer) / 느Neh 3:8	
제13구역	**르바야(예루살렘 지방 절반을 다스리는 자, 후르의 아들)** Rephaiah (the son of Hur) / 느Neh 3:9	
제14구역	**여다야(하루맙의 아들)** Jedaiah (the son of Harumaph) / 느Neh 3:10	
제15구역	**핫두스(하삽느야의 아들)** Hattush (the son of Hashabneiah) / 느Neh 3:10	
제16구역	**말기야(하림의 아들)** Malchijah (the son of Harim) / 느Neh 3:11 **핫숩(바핫모압의 아들)** Hasshub (the son of Pahath-moab) / 느Neh 3:11	
제17구역	**살룸(예루살렘 지방 절반을 다스리는 자, 할로헤스의 아들)과 그 딸들** Shallum (the son of Hallohesh, the official of half the district of Jerusalem) and his daughters / 느Neh 3:12	
11 에브라임문 / שַׁעַר אֶפְרַיִם Gate of Ephraim / 느Neh 8:16, 12:39, 참고-왕하2 Kgs 14:13, 대하2 Chr 25:23		성벽 재건 공사에 포함되지 않음
12 모퉁이문 / שַׁעַר הַפִּנָּה Corner Gate / 왕하2 Kgs 14:13, 대하2 Chr 25:23, 26:9, 렘Jer 31:38, 슥Zech 14:10		
04 골짜기문 / שַׁעַר הַגַּיְא Valley Gate / 느Neh 2:13, 15, 3:13, 참고-대하2 Chr 26:9		총 1개 구역 느Neh 3:13
제18구역 (골짜기문 포함)	**하눈** Hanun / 느Neh 3:13 **사노아 거민** the inhabitants of Zanoah / 느Neh 3:13	
05 분문(하시드문) / שַׁעַר הָאַשְׁפּוֹת Refuse Gate / 느Neh 2:13, 3:14, 참고-렘Jer 19:2		총 1개 구역 느Neh 3:14
제19구역	**말기야(벧학게렘 지방을 다스리는 자, 레갑의 아들)** Malchijah (the son of Rechab, the official of the district of Beth-haccherem) / 느Neh 3:14	

06 샘문(왕의 동산 곁 문) / שַׁעַר הָעַיִן

Fountain Gate / 느Neh 2:14, 3:15, 12:37, 참고-왕하2 Kgs 25:4, 렘Jer 52:7

구역	내용	합계
제20구역	**살룬(미스바 지방을 다스리는 자, 골호세의 아들)** Shallun (the son of Col-hozeh, the official of the district of Mizpah) / 느Neh 3:15	**총 14개 구역** 느Neh 3:15-25
제21구역	**느헤미야(벧술 지방 절반을 다스리는 자, 아스북의 아들)** Nehemiah (the son of Azbuk, official of half the district of Beth-zur) / 느Neh 3:16	
제22구역	**르훔(레위 사람 바니의 아들)** Rehum (the son of Bani the Levite) / 느Neh 3:17	
제23구역	**하사뱌(그일라 지방 절반을 다스리는 자)** Hashabiah (the official of half the district of Keilah) / 느Neh 3:17	
제24구역	**바왜(그일라 지방 절반을 다스리는 자, 헤나닷의 아들)** Bavvai (the son of Henadad, official of the other half of the district of Keilah) / 느Neh 3:18	
제25구역	**에셀(미스바를 다스리는 자, 예수아의 아들)** Ezer (the son of Jeshua, the official of Mizpah) / 느Neh 3:19	
제26구역	**바룩(제사장, 삽배의 아들)** Baruch the priest (the son of Zabbai) / 느Neh 3:20	
제27구역	**므레못(제사장, 학고스의 손자 우리아의 아들)** Meremoth the priest (the son of Uriah the son of Hakkoz) / 느Neh 3:21	
제28구역	**평지에 사는 제사장들** priests, the men of the valley / 느Neh 3:22	
제29구역	**베냐민** Benjamin / 느Neh 3:23 **핫숩** Hasshub / 느Neh 3:23	
제30구역	**아사랴(마아세야의 아들)** Azariah (the son of Maaseiah) / 느Neh 3:23	
제31구역	**빈누이(헤나닷의 아들)** Binnui (the son of Henadad) / 느Neh 3:24	
제32구역	**발랄(우새의 아들)** Palal (the son of Uzai) / 느Neh 3:25	
제33구역	**브다야(바로스의 아들)** Pedaiah (the son of Parosh) / 느Neh 3:25	

07 수문 / שַׁעַר הַמַּיִם Water Gate / 느Neh 3:26, 8:1, 3, 12:37		총 2개 구역 느Neh 3:26-27
제34구역	**느디님 사람들** temple servants / 느Neh 3:26	
제35구역	**드고아 사람들** Tekoites / 느Neh 3:27	
08 마문(말문) / שַׁעַר הַסּוּסִים Horse Gate / 느Neh 3:28, 참고-대하2 Chr 23:15, 렘Jer 31:40		**총 2개 구역** 느Neh 3:28-29上
제36구역	**제사장들** priests / 느Neh 3:28	
제37구역	**사독(임멜의 아들)** Zadok (the son of Immer) / 느Neh 3:29上	
09 동문 / שַׁעַר הַמִּזְרָח East Gate / 느Neh 3:29, 참고-겔Ezek 11:1		**총 3개 구역** 느Neh 3:29下-30
제38구역	**스마야(동문지기, 스가냐의 아들)** Shemaiah (the son of Shecaniah, the keeper of the East Gate) / 느Neh 3:29下	
제39구역	**하나냐(셀레먀의 아들)** Hananiah (the son of Shelemiah) / 느Neh 3:30 **하눈(살랍의 여섯째 아들)** Hanun (the sixth son of Zalaph) / 느Neh 3:30	
제40구역	**므술람(베레갸의 아들)** Meshullam (the son of Berechiah) / 느Neh 3:30	
10 함밉갓문(감옥문) / שַׁעַר הַמִּפְקָד Inspection Gate / 느Neh 3:31, 참고-느Neh 12:39		**총 2개 구역** 느Neh 3:31-32
제41구역	**말기야(금장색)** Malchijah (the goldsmith) / 느Neh 3:31	
제42구역 (양문 전까지)	**금장색과 상고들** the goldsmiths and the merchants / 느Neh 3:32	

느헤미야 6:15-16 "성 역사가 오십이일 만에 엘룰월 이십오일에 끝나매
16 우리 모든 대적과 사면 이방 사람들이 이를 듣고 다 두려워하여 스스로 낙담하였으니
이는 이 역사를 우리 하나님이 이루신 것을 앎이니라"

제 5 장

귀환자들의 성별된 족보 개요

The Overview of the Consecrated Genealogies of the Returnees

귀환자들의 성별된 족보 개요

THE OVERVIEW OF THE CONSECRATED GENEALOGIES OF THE RETURNEES

족보는 조상들의 역사를 압축하여 기록한 것으로, 유다인이나 한국인은 족보를 굉장히 귀하게 여겼습니다. 성경을 볼 때, 타락한 인간을 구속하여 회복시키시는 하나님의 구속사를 족보 속에 기록하고 있습니다. 족보에는 수많은 이름과 인물에 대한 간단한 설명이 기록되어 있고 연대나 인원수 등의 숫자들이 나오는데, 이는 기나긴 구속사의 압축이며 그 속에는 하나님의 신비로운 구속 경륜이 담겨 있습니다.

앞으로 제5·6장에서는 에스라서와 느헤미야서에 기록된 귀환자들의 족보의 개요와 세부적인 내용을 살펴보고자 합니다. 이스라엘 백성이 바벨론 포로에서 귀환한 후 스룹바벨 성전과 예루살렘 성벽이 완공되었는데, 이는 귀환자들이 없었다면 도저히 이루어질 수 없는 일들이었습니다. 하나님께서는 바벨론 포로 귀환자들의 족보를 성별된 족보로 인정하셔서 에스라와 느헤미야를 통해 기록되게 하셨습니다. 느헤미야 7:5에서 "내 하나님이 내 마음을 감동하사 귀인들과 민장과 백성을 모아 그 보계대로 계수하게 하신 고로 내가 처음으로 돌아온 자의 보계를 얻었는데"라고 말씀하고 있습니다.

본장에서는 귀환자들의 성별된 족보를 자세히 살펴보기 전에 에스라서와 느헤미야서에 기록된 족보들의 분류 기준, 귀환자들의 지도자 등에 대하여 먼저 살펴보도록 하겠습니다.

I
에스라, 느헤미야의 족보
THE GENEALOGIES OF EZRA AND NEHEMIAH

성경에는 다양한 족보들이 나옵니다. 창세기는 전체가 열 개의 족보로 이루어져 있습니다(창 2:4, 5:1, 6:9, 10:1, 11:10, 27, 25:12, 19, 36:1, 37:2). 룻기의 족보(룻 4:18-22)는 베레스부터 다윗까지 열 명의 족보를 기록하고 있습니다. 역대기의 족보는 역대상 1장부터 9장까지 기록되어, 아담부터 포로 귀환기까지의 전체 이스라엘 역사를 압축하고 있습니다. 마태복음 1장과 누가복음 3장에는 예수 그리스도의 족보가 기록되어 있습니다.

그리고 바벨론 포로 귀환자들의 족보는 에스라서와 느헤미야서에 집중적으로 기록되어 있습니다. 이제 에스라서와 느헤미야서에 기록된 족보의 특징을 살펴보겠습니다.

1. 에스라·느헤미야의 족보, '야하스'(יַחַשׂ)
The "Yahas"(יַחַשׂ) Genealogies in Ezra and Nehemiah

'족보'를 뜻하는 히브리어는 크게 '톨도트'(תּוֹלְדֹת)와 '야하스'(יַחַשׂ)가 있습니다. '톨도트'는 한글 개역성경에서 '대략, 계보, 사적, 후예, 약전' 등으로 번역되고 있습니다. '톨도트'는 '새끼를 낳다'라는 뜻의 히브리어 '얄라드'(יָלַד)에서 유래하여, '출생'을 뜻하지만(민 1:22, 24), 포괄적인 의미로는 출생한 자들의 전체 생애나 업적을 요약한 것을 가리킵니다. 그래서 '톨도트'는 이름과 관련된 중요한 사건들이 같이 기록되어 있습니다. 창세기에 나오는 열 개의 족보는 모두가 '톨도트'입니다.

'야하스'는 주로 이름만을 기록한 일반적인 족보를 말합니다. 야하스의 기본적인 뜻은 '(사람, 인명을) 명단에 기재하다, 명부에 올리다(enroll)'이며, 구약성경에서 사용된 18회(대상 4:33, 5:1, 7, 17, 7:5, 7, 9, 40, 9:1, 22, 대하 31:16, 19, 스 2:62, 8:1, 3, 느 7:5[2회], 64) 모두 히트파엘(재귀)형으로만 쓰였습니다. 성경에서 '야하스'는 '(족보에) 이름을 기재하다, 올리다'라는 뜻으로 사용되었으므로, 인구 조사를 했을 때 각 지파별로 기록하여 보존하고 있던 족보들에 주로 나타납니다.

역대기의 족보(대상 1-9장)에는 이름이 엄청나게 많이 기록되어 있는데, 역대상 1장에만 190명의 이름이 기록되어 있습니다. 그러므로 역대기의 족보에는 '야하스'가 자주 등장하는 것입니다. 에스라서와 느헤미야서의 족보들 역시 주로 이름만 나열하고 있기 때문에 '야하스'가 사용되고 있습니다.

에스라 2:62 "이 사람들이 **보계**('야하스') 중에서 자기 이름을 찾아도 얻지 못한 고로 저희를 부정하게 여겨 제사장의 직분을 행치 못하게 하고"

에스라 8:1 "아닥사스다왕이 위에 있을 때에 나와 함께 바벨론에서 올라온 족장들과 그들의 **보계**('야하스')가 이러하니라"

에스라 8:3 "스가냐 자손 곧 바로스 자손 중에서는 스가랴니 그와 함께 **족보**('야하스') 에 기록된 남자가 일백오십 명이요"

느헤미야 7:5 "내 하나님이 내 마음을 감동하사 귀인들과 민장과 백성을 모아 그 **보계**('야하스')대로 계수하게 하신 고로 내가 처음으로 돌아온 자의 **보계**('야하스')를 얻었는데 거기 기록한 것을 보면"

느헤미야 7:64 "이 사람들이 **보계**('야하스') 중에서 자기 이름을 찾아도 얻지 못한 고로 저희를 부정하게 여겨 제사장의 직분을 행치 못하게 하고"

'야하스'가 주로 이름만을 기록한 족보라는 점을 고려하여, 본서에서는 에스라서와 느헤미야서에 등장하는 제1차 귀환자 족보(스 2:1-67, 느 7:5-69), 제사장 에스라의 족보(스 7:1-5), 제2차 귀환자 족보(스 8:1-20) 외에 여러 가지 명단들도 족보에 포함시켜 살펴보겠습니다. 일반적으로 명단은 '어떤 일에 관련된 사람들의 이름을 적은 표'입니다. 느헤미야서에는 '성벽 재건 담당자 명단'(느 3:1-32), '율법을 지키기로 언약한 자들의 명단'(느 10:1-27), '예루살렘성 안과 밖에 거주한 사람들의 명단'(느 11:3-36), '제사장과 레위인의 명단'(느 12:1-26) 등이 나오는데, 이것들도 넓은 의미로 볼 때는 '야하스'라는 족보에 포함됩니다.

2. 에스라·느헤미야 족보의 기록 순서
The Sequence of the Genealogical Record in Ezra and Nehemiah

에스라서와 느헤미야서에는 세 차례에 걸친 바벨론 포로 귀환과 관련하여 기록된 족보와 명단이 여러 개 등장합니다. 이 족보와 명단은 대체로 시간 순서대로 기록되었습니다. 그러나 하나님의 구속사적 경륜 가운데 각 사건을 설명하거나 정리하기 위해, 시간 순서와 상관없이 기록된 경우도 있습니다. 에스라서·느헤미야서의 족보와 명단들을 정리하면 다음과 같습니다.

	에스라서	느헤미야서
제1차 바벨론 포로 귀환 주전 537년	· 제1차 바벨론 포로 귀환자 족보(스 2:1-67)	· 제1차 바벨론 포로 귀환자 족보(느 7:5-69) · 대제사장 예수아(여호수아) 당시 제사장과 레위인들 명단(느 12:1-9)
제2차 바벨론 포로 귀환 주전 458년	· 제2차 바벨론 포로 귀환자 족보(스 8:1-20) · 이방 여인을 취한 자들 명단(스 10:18-44)	· 대제사장 요야김 당시 제사장의 족장들 명단(느 12:12-21)
제3차 바벨론 포로 귀환 주전 444년		· 예루살렘 성벽 재건 담당자 명단(느 3:1-32) · 언약에 인친 자 명단(느 10:1-27) · 예루살렘에 거주한 자 명단(느 11:3-24) · 대제사장 예수아(여호수아)부터 얏두아까지의 족보(느 12:10-11) · 대제사장 요야김 이후 제사장과 레위인들 명단(느 12:22-26)

위의 표에서 보듯이, 예루살렘 성벽 재건은 주전 444년 제3차 바벨론 포로 귀환 시에 일어난 사건인데, 제1차(주전 537년)나 제2차(주전 458년) 바벨론 포로 귀환과 관련된 족보나 명단보다 예루살렘 성벽 재건 담당자 명단(느 3:1-32)을 먼저 기록하고 있습니다. 제3차 귀환자로서 느헤미야의 주된 사명은 무너진 성벽을 재건하는 것이었으므로(느 1:1-3, 2:5-8) 성벽 재건에 동참한 자들의 명단을 우선적으로 기록했던 것입니다. 이처럼 느헤미야 족보에는 시간 순서와 상관없이 기록된 부분도 있습니다.

3. 에스라·느헤미야 족보의 차이

The Differences Between the Genealogies of Ezra and Nehemiah

에스라 2장에 기록된 제1차 귀환자들의 족보는 느헤미야 7장에도 기록되어 있는데, 이름이나 인원수에 약간의 차이가 있습니다. 이는 두 족보의 기록된 시기와 계수한 관점과 기록 목적이 다르기 때문입니다.

(1) 기록 시기의 차이

에스라는 제2차 바벨론 포로 귀환의 지도자입니다. 그가 주전 458년 바벨론에서 귀환한 후 제2차 귀환자들의 족보를 정리하기에 앞서, 먼저 주전 537년에 있었던 제1차 바벨론 포로 귀환 당시의 명단을 정리한 것이 에스라 2:1-67에 기록되어 있습니다.

느헤미야는 주전 444년에 이루어진 제3차 바벨론 포로 귀환의 지도자로, 예루살렘 성벽 공사를 마친 후에 제1차 귀환자의 족보를 정리한 것이 느헤미야 7:5-69에 기록되어 있습니다. 그러므로 느헤미야 7장의 제1차 귀환자 족보에는, 자신의 뿌리를 입증하여 족보에 이름이 추가된 경우도 있고, 반대로 어떤 이유들로 인해 이름이 제외되기도 하였습니다. 느헤미야서의 기록이 완성된 것은, 느헤미야가 12년간의 총독 임기를 끝내고 바사로 돌아갔다가 1년 후 주전 432년에 다시 이스라엘로 귀환한 다음이었습니다.

(2) 계수 관점의 차이

에스라와 느헤미야가 계수한 관점이 다른 경우도 있었습니다. 자세한 내용은 제6장에서 다루겠지만, 예를 들어 '아스갓 자손'의 경우를 살펴보겠습니다. 아스갓 자손은 에스라 2:12에 1,222명이 귀환한 것으로 기록되어 있는데, 느헤미야 7:17에는 2,322명이 귀환한 것으로 기록되어 있습니다. 이러한 큰 차이는 아스갓 자손이 이방의 종들을 비롯하여 함께 데리고 온 사람들이 많았기 때문일 것입니다. 에스라는 순수한 아스갓 자손만 기록하였고, 느헤미야는 이후 이스라엘 회중으로 인정받은 자들을 포함한 것으로 보입니다.

(3) 기록 목적의 차이

제2차 바벨론 포로 귀환의 지도자였던 에스라는 그와 함께 귀환하는 이스라엘 백성이 누구인지를 소개하기 위해, 제1차 바벨론 포로 귀환자 족보를 소개하였습니다. 에스라가 기록한 제1차 바벨론 포로 귀환자의 족보는, 하나님께서 약속하신 포로 해방에 대한 말씀의 역사적 성취의 증거이자, 제1차 귀환자들과 제2차 귀환자들을 연결하는 다리 역할을 하고 있습니다.

그런데 제3차 바벨론 포로 귀환의 지도자였던 느헤미야는 성벽 재건을 마친 뒤, 성벽 봉헌과 예루살렘성에 거할 자들을 선정(느 11:1-2)하기에 앞서 제1차 바벨론 포로 귀환자 족보(느 7:5-67)를 소개하고 있습니다. 이는 성전과 성벽이 완성된 예루살렘성이 언약 백성의 구심점이 되기 위해서는, 대적들의 공격에 충분히 대항할 수 있는 성별된 인구(人口)가 필요했기 때문입니다. 느헤미야 7:4에서는 "그 성은 광대하고 거민은 희소하여 가옥을 오히려 건축하지 못하였음이니라"라고 말씀하고 있습니다.

그래서 느헤미야는 에스라 2장의 족보를 바탕으로 주전 458년부터 약 14년 동안 이방 여인과 연혼한 자들이나 족보에서 자신의 소속을 밝히지 못한 자들을 정리하고, 반대로 족보에서 자신의 뿌리를 찾아 직분을 회복한 자들을 포함해서, 제1차 귀환자의 족보를 다시 기록했던 것입니다.

또한, 제2차 바벨론 포로 귀환자들의 족보는 에스라서에는 기록되어 있지만, 느헤미야서에는 기록되어 있지 않습니다. 제2차 바벨론 포로 귀환자의 족보는 에스라 8:1-20에 기록되어 있습니다. 이 족보는 무분별하게 귀환자들의 명단을 기록한 것이 아니라, 제1차 귀환자들의 족보에 기록된 가문을 중심으로 에스라와 함께 귀환에 참여한 자들을 기록하고 있습니다.

4. 에스라·느헤미야 족보에 기록된 제1차 바벨론 포로 귀환자 족보의 비교

Comparing the Genealogies of the First Returnees from Babylon Recorded in Ezra and Nehemiah

에스라 2장과 느헤미야 7장에 기록된 제1차 귀환자들의 족보에서 인원수에 차이가 나는 경우를 정리하면 다음과 같습니다.

구분		에스라 2장	느헤미야 7장
가계별	아라 자손	775명(스 2:5)	652명(느 7:10)
	바핫모압 자손	2,812명(스 2:6)	2,818명(느 7:11)
	삿두 자손	945명(스 2:8)	845명(느 7:13)
	바니(빈누이) 자손	642명(스 2:10)	648명(느 7:15)
	브배(베배) 자손	623명(스 2:11)	628명(느 7:16)
	아스갓 자손	1,222명(스 2:12)	2,322명(느 7:17)
	아도니감 자손	666명(스 2:13)	667명(느 7:18)
	비그왜 자손	2,056명(스 2:14)	2,067명(느 7:19)
	아딘 자손	454명(스 2:15)	655명(느 7:20)
	베새 자손	323명(스 2:17)	324명(느 7:23)
	하숨 자손	223명(스 2:19)	328명(느 7:22)

구분		에스라 2장	느헤미야 7장
지역별 자손	베들레헴 사람	123명(스 2:21)	188명(느 7:26)
	느도바 사람	56명(스 2:22)	
	벧엘과 아이 사람	223명(스 2:28)	123명(느 7:32)
	막비스 자손	156명(스 2:30)	기록없음
	로드와 하딧과 오노 자손	725명(스 2:33)	721명(느 7:37)
	스나아 자손	3,630명(스 2:35)	3,930명(느 7:38)
성전 봉사자별 (직무별) 자손	아삽 자손	128명(스 2:41)	148명(느 7:44)
	문지기 자손들 (살룸, 아델, 달문, 악굽, 하디다, 소배)	139명(스 2:42)	138명(느 7:45)

이러한 각 자손별 인원수를 비교할 때, 가계별 자손이나 지역별 자손은 서로 차이가 많은데 성전 봉사자별 자손은 차이가 적은 것을 발견할 수 있습니다. 특히 제사장 네 개 가문(여다야 자손, 임멜 자손, 바스훌 자손, 하림 자손)의 인원수는 4,289명으로 에스라와 느헤미야의 기록이 정확하게 일치하고 있습니다(스 2:36-39, 느 7:39-42). 이는 성전 봉사자들의 사명이 중요했기 때문에 조금 더 엄격하고 명확한 기준으로 계수되었으며, 그중에서도 가장 중요한 제사장은 그 사명이 더욱 중요했기 때문에 가장 정확하게 계수되었음을 알려줍니다.

에스라 2장과 느헤미야 7장에 계수된 가계별, 지역별, 성전 봉사자별(직무별) 자손의 총 인원수 차이를 계산하면 느헤미야 7장에 기록된 인원이 자그마치 1,281명이나 많습니다. 그러나 기타 귀환자와 계수에 포함되지 않은 인원수를 합산한 회중의 총 인원은 42,360명으로 동일합니다. 이는 느헤미야가 족보를 정리한 목적이 언약 백성의 '성별된 족보'를 기록하는 데 있었음을 보여줍니다. 에스라 2장의 기록과 느헤미야 7장에 기록된 제1차 바벨론 포로 귀환자 명단과 수를 비교해보면 다음과 같습니다.

<table>
<tr><th colspan="3">제1차 바벨론 포로 귀환자 구성</th><th>에스라 2장</th><th>느헤미야 7장</th><th>차이</th></tr>
<tr><td rowspan="13">회중</td><td colspan="2">지도자</td><td>11명</td><td>12명</td><td>+1명</td></tr>
<tr><td colspan="2">가계별 17개 자손</td><td>15,509명</td><td>16,722명</td><td>+1,213명</td></tr>
<tr><td colspan="2">지역별 17개 자손</td><td>8,635명</td><td>8,684명</td><td>+49명</td></tr>
<tr><td rowspan="6">성전 봉사자별 (직무별) 17개 자손</td><td>제사장</td><td>4,289명</td><td>4,289명</td><td></td></tr>
<tr><td>레위인</td><td>74명</td><td>74명</td><td></td></tr>
<tr><td>찬양대</td><td>128명</td><td>148명</td><td>+20명</td></tr>
<tr><td>문지기</td><td>139명</td><td>138명</td><td>-1명</td></tr>
<tr><td>느디님 사람과 솔로몬 신복</td><td>392명</td><td>392명</td><td></td></tr>
<tr><td>계보 없는 제사장</td><td>기록 없음</td><td>기록 없음</td><td></td></tr>
<tr><td colspan="2">기타 귀환자(계보 없는 자)</td><td>652명</td><td>642명</td><td>-10명</td></tr>
<tr><td colspan="2">계수에 포함되지 않은 인원</td><td>12,531명</td><td>11,259명</td><td>-1,272명</td></tr>
<tr><td colspan="2">이스라엘 회중 총인원</td><td>42,360명</td><td>42,360명</td><td>동일</td></tr>
<tr><td colspan="3">노비</td><td>7,337명</td><td>7,337명</td><td></td></tr>
<tr><td colspan="3">노래하는 남녀</td><td>200명</td><td>245명</td><td>+45명</td></tr>
<tr><td colspan="3">제1차 바벨론 포로 귀환자 수</td><td>49,897명</td><td>49,942명</td><td>+45명</td></tr>
</table>

Ⅱ
귀환자들 족보의 분류 기준과 연구 방향
GROUPING CRITERIA AND SURVEY OBJECTIVES IN THE GENEALOGIES OF THE RETURNEES

1. 분류 기준
Grouping Criteria

에스라서와 느헤미야서에 기록된 족보와 명단 가운데 가장 많은 분량이 기록된 것은 제1차 바벨론 포로 귀환자들의 족보입니다. 이 족보의 분류에는 명확한 기준이 필요합니다.

에스라 2장(1-67절)과 느헤미야 7장(5-69절)의 제1차 바벨론 포로 귀환자 족보에서 이스라엘 회중은 '가계별 17개 자손', '지역별 17개 자손', '성전 봉사자별(직무별) 17개 자손'[19]으로 구분할 수 있습니다. 여기 분류의 기준은 에스라 8장에 기록된 제2차 바벨론 포로 귀환자 족보에도 그대로 적용됩니다.

	에스라서	느헤미야서
가계별	스 2:3-19	느 7:8-24
지역별	스 2:20-35	느 7:25-38
성전 봉사자별(직무별)	스 2:36-63	느 7:39-65

(1) 가계별 17개 자손

에스라 2:3-19과 느헤미야 7:8-24에는 가계별로 구분한 17개의 자손이 기록되어 있습니다. 이를 분류하면 다음과 같습니다.

에스라 2:3-19		느헤미야 7:8-24	
1	**바로스 자손** / בְּנֵי פַרְעֹשׁ / 3절	1	**바로스 자손** / בְּנֵי פַרְעֹשׁ / 8절
2	**스바댜 자손** / בְּנֵי שְׁפַטְיָה / 4절	2	**스바댜 자손** / בְּנֵי שְׁפַטְיָה / 9절
3	**아라 자손** / בְּנֵי אָרַח / 5절	3	**아라 자손** / בְּנֵי אָרַח / 10절
4	**바핫모압 자손** / בְּנֵי־פַחַת מוֹאָב / 6절	4	**바핫모압 자손** / בְּנֵי־פַחַת מוֹאָב / 11절
5	**엘람**[가계별] **자손** / בְּנֵי עֵילָם / 7절	5	**엘람**[가계별] **자손** / בְּנֵי עֵילָם / 12절
6	**삿두 자손** / בְּנֵי זַתּוּא / 8절	6	**삿두 자손** / בְּנֵי זַתּוּא / 13절
7	**삭개 자손** / בְּנֵי זַכָּי / 9절	7	**삭개 자손** / בְּנֵי זַכָּי / 14절
8	**바니 자손** / בְּנֵי בָנִי / 10절	8	**빈누이 자손** / בְּנֵי בִנּוּי / 15절
9	**브배 자손** / בְּנֵי בֵבָי / 11절	9	**브배 자손** / בְּנֵי בֵבָי / 16절
10	**아스갓 자손** / בְּנֵי עַזְגָּד / 12절	10	**아스갓 자손** / בְּנֵי עַזְגָּד / 17절
11	**아도니감 자손** / בְּנֵי אֲדֹנִיקָם / 13절	11	**아도니감 자손** / בְּנֵי אֲדֹנִיקָם / 18절
12	**비그왜 자손** / בְּנֵי בִגְוָי / 14절	12	**비그왜 자손** / בְּנֵי בִגְוָי / 19절
13	**아딘 자손** / בְּנֵי עָדִין / 15절	13	**아딘 자손** / בְּנֵי עָדִין / 20절
14	**아델 자손** / בְּנֵי־אָטֵר / 16절	14	**아델 자손** / בְּנֵי־אָטֵר / 21절
15	**베새 자손** / בְּנֵי־בֵצָי / 17절	15	**베새 자손** / בְּנֵי־בֵצָי / 23절
16	**요라 자손** / בְּנֵי יוֹרָה / 18절	16	**하립 자손** / בְּנֵי חָרִיף / 24절
17	**하숨 자손** / בְּנֵי חָשֻׁם / 19절	17	**하숨 자손** / בְּנֵי חָשֻׁם / 22절

여기서 주목할 것은, 에스라 2:20의 '깁발' 자손을 어떻게 볼 것인가 하는 점입니다. 많은 신학자들은 20절의 '깁발'(גִּבָּר, '깁바르')을 가문 이름으로 보고, 가계별 분류에 포함하여 가계별 귀환자 자손을 18개로 분류합니다. 그러나 느헤미야 7:25에서는 이들을 지명인 '기브온'(גִּבְעוֹן) 사람으로 기록하고 있습니다.

에스라 2:20 "깁발(גִּבָּר) 자손이 구십오 명이요"

느헤미야 7:25 "기브온(גִּבְעוֹן) 사람이 구십오 명이요"

두 구절에서 귀환자의 수가 모두 95명으로 기록된 것을 볼 때, 깁발 자손과 기브온 자손은 같은 사람들입니다. 그런데 '기브온'은 지명인 것이 분명하므로(수 10:2), '깁발' 자손을 가계별 분류가 아니라 지역별 분류에 포함시키는 것이 적절합니다. 따라서 가계별로 분류된 자손은 **1바로스, 2스바댜, 3아라, 4바핫모압, 5엘람, 6삿두, 7삭개, 8바니, 9브배, 10아스갓, 11아도니감, 12비그왜, 13아딘, 14아델, 15베새, 16요라, 17하숨**으로 17개입니다.

(2) 지역별 17개 자손

에스라 2:20의 '깁발' 자손을 지역별 분류에 포함시켜도, 에스라 2:20-35에는 지역별로 분류된 자손이 16개, 느헤미야 7:25-38에는 14개로 기록되어 있습니다.

그러나 본서에서는 가계별 자손이나 성전 봉사자별(직무별) 자손이 모두 17개로 분류되는 것에 근거하여, 지역별 자손도 17개로 분류하였습니다.

	에스라 2:20-35		느헤미야 7:25-38
1	**깁발 자손** / בְּנֵי גִבָּר / 20절	1	**기브온 사람** / בְּנֵי גִבְעוֹן / 25절
2	**베들레헴 사람** בְּנֵי בֵּית־לָחֶם / 21절	2	**베들레헴, 느도바 사람** אַנְשֵׁי בֵית־לֶחֶם וּנְטֹפָה / 26절
3	**느도바 사람** / אַנְשֵׁי נְטֹפָה / 22절		
4	**아나돗 사람** / אַנְשֵׁי עֲנָתוֹת / 23절	3	**아나돗 사람** / אַנְשֵׁי עֲנָתוֹת / 27절
5	**아스마웻 자손** / בְּנֵי עַזְמָוֶת / 24절	4	**벧아스마웻 사람** אַנְשֵׁי בֵית־עַזְמָוֶת / 28절
6	**기랴다림, 그비라, 브에롯 자손** בְּנֵי קִרְיַת עָרִים כְּפִירָה וּבְאֵרוֹת 25절	5	**기럇여아림, 그비라, 브에롯 사람** אַנְשֵׁי קִרְיַת יְעָרִים כְּפִירָה וּבְאֵרוֹת 29절
7	**라마, 게바 자손** בְּנֵי הָרָמָה וָגָבַע / 26절	6	**라마, 게바 사람** אַנְשֵׁי הָרָמָה וָגָבַע / 30절
8	**믹마스 사람** / אַנְשֵׁי מִכְמָס / 27절	7	**믹마스 사람** / אַנְשֵׁי מִכְמָס / 31절
9	**벧엘, 아이 사람** אַנְשֵׁי בֵית־אֵל וְהָעָי / 28절	8	**벧엘, 아이 사람** אַנְשֵׁי בֵית־אֵל וְהָעָי / 32절
10	**느보 자손** / בְּנֵי נְבוֹ / 29절	9	**느보 사람** / אַנְשֵׁי נְבוֹ / 33절
11	**막비스 자손** / בְּנֵי מַגְבִּישׁ / 30절		
12	**엘람**[지역별] **자손** בְּנֵי עֵילָם אַחֵר / 31절	10	**엘람**[지역별] **자손** בְּנֵי עֵילָם אַחֵר / 34절
13	**하림 자손** / בְּנֵי חָרִם / 32절	11	**하림 자손** / בְּנֵי חָרִם / 35절
14	**로드, 하딧, 오노 자손** בְּנֵי־לֹד חָדִיד וְאוֹנוֹ / 33절	12	**로드, 하딧, 오노 자손** בְּנֵי־לֹד חָדִיד וְאוֹנוֹ / 37절
15	**여리고 자손** / בְּנֵי יְרֵחוֹ / 34절	13	**여리고 자손** / בְּנֵי יְרֵחוֹ / 36절
16	**스나아 자손** / בְּנֵי סְנָאָה / 35절	14	**스나아 자손** / בְּנֵי סְנָאָה / 38절

정리한 방식은 다음과 같습니다. 베들레헴 자손과 느도바 자손은 느헤미야 7장의 견해대로 한 자손으로 취급하였습니다(느 7:26). 그러나 기랴다림(기럇여아림)과 그비라와 브에롯은 각각 구분하여 세 지역으로 분류하였습니다. 그 이유는 이들의 귀환자 수가 총 743명으로, 한 지역의 인원으로 보기에는 많고(스 2:25, 느 7:29), 세 지역이 별개의 장소이기 때문입니다. 한편 벧엘과 아이(창 12:8, 13:3, 수 7:2, 8:9, 12, 17, 12:9, 스 2:28, 느 7:32)나 로드와 하딧과 오노(스 2:33, 느 7:37, 11:34-35)는 바로 인접한 장소로, 성경에서 보통 한 장소로 취급되기 때문에 같은 지역으로 분류하였습니다. 또한, 라마와 게바도 한 지역으로 분류하였는데(스 2:26, 느 7:30), 북 이스라엘 왕 바아사가 라마에 성곽을 건축하였다가(왕상 15:17) 남 유다 왕 아사가 라마 성을 허물고 그 자재를 가져다가 '게바 성'을 쌓은 역사성을 고려한 것입니다(왕상 15:18-22).

본서의 독자적인 방식에 따라, 에스라 2장을 기준으로 분류한 지역별 17개 자손은 다음과 같습니다.

1. **깁발** / גִּבָּר
2. **베들레헴, 느도바** / בֵּית־לֶחֶם וּנְטֹפָה
3. **아나돗** / עֲנָתוֹת
4. **아스마웻** / עַזְמָוֶת
5. **기랴다림** / קִרְיַת עָרִים
6. **그비라** / כְּפִירָה
7. **브에롯** / בְּאֵרוֹת
8. **라마, 게바** / רָמָה וָגָבַע
9. **믹마스** / מִכְמָס
10. **벧엘, 아이** / בֵּית־אֵל וְהָעָי
11. **느보** / נְבוֹ
12. **막비스** / מַגְבִּישׁ
13. **엘람** / עֵילָם אַחֵר
14. **하림** / חָרִם
15. **로드, 하딧, 오노** / לֹד חָדִיד וְאוֹנוֹ
16. **여리고** / יְרֵחוֹ
17. **스나아** / סְנָאָה

(3) 성전 봉사자별(직무별) 17개 자손

에스라 2:36-63과 느헤미야 7:39-65에는 성전 봉사자별(직무별) 귀환자 17개 자손이 기록되어 있습니다. 이 17개 자손은 다시 ① 제사장 ② 레위인 ③ 성전에서 수종드는 자들 ④ 계보가 없는 제사장 가문, 이렇게 넷으로 분류됩니다.

		에스라 2:36-63		느헤미야 7:39-65
제사장 가문 4개 자손	1	**여다야 자손** / בְּנֵי יְדַעְיָה / 36절	1	**여다야 자손** / בְּנֵי יְדַעְיָה / 39절
	2	**임멜 자손** / בְּנֵי אִמֵּר / 37절	2	**임멜 자손** / בְּנֵי אִמֵּר / 40절
	3	**바스훌 자손** / בְּנֵי פַשְׁחוּר / 38절	3	**바스훌 자손** / בְּנֵי פַשְׁחוּר / 41절
	4	**하림 자손** / בְּנֵי חָרִם / 39절	4	**하림 자손** / בְּנֵי חָרִם / 42절
레위인 가문 8개 자손	5	**호다위야 자손** / בְּנֵי הוֹדַוְיָה / 40절	5	**호드야 자손** / בְּנֵי הוֹדְוָה / 43절
	6	**아삽 자손** / בְּנֵי אָסָף / 41절	6	**아삽 자손** / בְּנֵי אָסָף / 44절
	7	**살룸 자손** / בְּנֵי־שַׁלּוּם / 42절	7	**살룸 자손** / בְּנֵי־שַׁלּוּם / 45절
	8	**아델 자손** / בְּנֵי־אָטֵר / 42절	8	**아델 자손** / בְּנֵי־אָטֵר / 45절
	9	**달문 자손** / בְּנֵי־טַלְמוֹן / 42절	9	**달문 자손** / בְּנֵי־טַלְמוֹן / 45절
	10	**악굽 자손** / בְּנֵי־עַקּוּב / 42절	10	**악굽 자손** / בְּנֵי־עַקּוּב / 45절
	11	**하디다 자손** / בְּנֵי חֲטִיטָא / 42절	11	**하디다 자손** / בְּנֵי חֲטִיטָא / 45절
	12	**소배 자손** / בְּנֵי שֹׁבָי / 42절	12	**소배 자손** / בְּנֵי שֹׁבָי / 45절
수종자 가문 (이방인) 2개 자손	13	**느디님 사람 자손** / נְתִינִים 43-54, 58절	13	**느디님 사람 자손** / נְתִינִים 46-56, 60절
	14	**솔로몬 신복 자손** בְּנֵי עַבְדֵי שְׁלֹמֹה / 55-58절	14	**솔로몬 신복 자손** בְּנֵי עַבְדֵי שְׁלֹמֹה / 57-60절
계보가 없는 제사장 가문 3개 자손	15	**하바야 자손** בְּנֵי חֳבַיָּה / 61-63절	15	**호바야 자손** בְּנֵי חֳבַיָּה / 63-65절
	16	**학고스 자손** / בְּנֵי הַקּוֹץ / 61-63절	16	**학고스 자손** / בְּנֵי הַקּוֹץ / 63-65절
	17	**바르실래 자손** / בְּנֵי בַרְזִלַּי 61-63절	17	**바르실래 자손** / בְּנֵי בַרְזִלַּי 63-65절

2. 연구 방향
Survey Objectives

이스라엘 백성은 바벨론 포로에서 총 3차에 걸쳐 귀환하였습니다. 제1차 귀환은 주전 537년, 제2차 귀환은 주전 458년, 제3차 귀환은 주전 444년입니다. 제1차 귀환자는 49,897명이지만, 제2차 귀환자는 1,775명이고, 제3차 귀환자는 느헤미야 한 명만 이름이 기록되어 있습니다. 따라서 귀환자의 성별된 족보는 주로 제1차 귀환자를 중심으로 기록이 되었으며, 본서에서도 이 기준을 따르고 있습니다. 그래서 다음 장에서 '귀환자들의 성별된 족보'를 연구함에 있어서도 제1차, 제2차, 제3차로 구분하여 다루되, 주로 제1차 귀환자 족보를 중심으로 살펴보겠습니다.

(1) 가계별로 분류된 17개 자손

먼저 가계 이름의 원어적 의미를 알아보겠습니다. 이들의 이름에는 바벨론 포로로 끌려온 조상들의 형편과 자식들에 대한 기대, 그들의 신앙이 함축적으로 담겨 있습니다.

이어서 귀환자 수를 제1차와 제2차를 비교하여 살펴보는데, 제1차 귀환자에 대한 기록이 에스라서와 느헤미야서가 다른 경우에는 서로 비교할 수 있도록 표기하였습니다.

다음으로 제1차 가계별 귀환자 가운데, 제2차 귀환 후에 밝혀진 이방 여자와 결혼한 자들의 명단에 이름이 있는 경우에는 그 인원수를 명시하였습니다.

그리고 성벽 재건 및 언약 갱신과의 관계를 설명하겠습니다. 주전 444년 제3차로 바벨론 포로에서 귀환하여 예루살렘 성벽 공사를 시작한 지 52일 만인 6월 25일에 성벽이 완성되었습니다(느

6:15). 한 달이 지난 7월 24일에 언약을 갱신하고(느 9:1), 인을 친 자들의 명단이 기록되었습니다(느 10:1-27). 이 명단을 근거로 제1차 바벨론 포로 귀환자들의 족보 가운데 언약 갱신에 참여한 자들을 별도로 표시하였습니다.

마지막으로 가계별로 분류된 17개 자손의 족보에 담겨 있는 구속사적 교훈을 살펴보겠습니다.

(2) 지역별로 분류된 17개 자손

가계별로 분류된 17개 자손과 같이, 먼저 지역명의 원어적인 뜻을 알아보고 다음으로 귀환자 수를 살펴보겠습니다. 이어서 이들이 성벽 재건 공사에 참여하거나 언약을 갱신하며 인을 친 자들의 명단에 기록되었는지를 살펴보겠습니다. 마지막으로 지역별로 분류된 17개 자손의 족보에 담겨 있는 구속사적 교훈을 살펴보겠습니다.

(3) 성전 봉사자별(직무별)로 분류된 17개 자손

가계별로 분류된 17개 자손과 같이, 먼저 이름의 원어적인 뜻을 알아보고 다음으로 귀환자 수를 살펴보겠습니다. 성전 봉사자별로 분류된 17개 자손 가운데 제사장 자손의 경우는 다윗이 분류한 제사장 24반열(대상 24:3-18) 중 몇 번째 반열에 속하였는지를 표기하였습니다.

이어서 레위인의 8개 자손(호다위야 자손, 아삽 자손, 살룸 자손, 아델 자손, 달문 자손, 악굽 자손, 하디다 자손, 소배 자손)과 수종자(이방인) 가문의 2개 자손(느디님 사람 자손, 솔로몬 신복 자손), 계보가 없는 제사장 가문의 3개 자손(하바야 자손, 학고스 자손, 바르실래 자손)에 대해서 성경에서 그들과 관련하여 특별히 언급하고 있는 내용들을 살펴보겠습니다.

마지막으로 성전 봉사자별로 분류된 17개 자손의 족보에 담겨 있는 구속사적 교훈을 살펴보겠습니다.

(4) 기타 귀환자 자손

기타 귀환자 자손들은 가계별, 지역별, 성전 봉사자별 분류에는 들지 않았지만, 함께 귀환한 사람들입니다. 이들의 이름의 원어적인 뜻을 알아보고 다음으로 귀환자 수를 살펴보겠습니다. 이어서 이들의 특징과 구속사적 교훈을 살펴보겠습니다.

(5) 제2차 · 제3차 귀환자 족보

제2차 귀환자 족보는, 제2차 바벨론 포로 귀환의 개요를 먼저 살펴보고 기록된 귀환자의 수를 살펴보겠습니다. 마지막으로 제2차 귀환자 족보의 특징과 구속사적 교훈을 살펴보도록 하겠습니다.

또한, 제3차 귀환자 족보 역시 제3차 바벨론 포로 귀환의 개요를 먼저 살펴보겠습니다. 이어서 느헤미야 10:1-27에 기록된 언약에 인친 자들의 명단을 제사장(느 10:1-8), 레위인(느 10:9-13), 백성의 두목들(느 10:14-27)로 나누어 설명하도록 하겠습니다.

다음으로 느헤미야 11:3-24에 기록된 예루살렘에 거한 자의 명단을 살펴보겠습니다. 이 명단은 다시 유다 지파 베레스 자손 468명(느 11:4-6), 베냐민 자손 928명(느 11:7-9), 제사장 1,192명(느 11:10-14), 레위인 284명(느 11:15-18), 문지기 172명과 기타 사람들(느 11:19-21), 노래하는 자들과 브다히야(느 11:22-24)로 구분하여 설명하도록 하겠습니다.

III
바벨론 포로 귀환의 지도자들과 족보
THE LEADERS IN THE GENEALOGIES OF THE RETURNEES FROM THE BABYLONIAN EXILE

1. 제1차 바벨론 포로 귀환의 지도자
The Leaders of the First Return from the Babylonian Exile

제1차 바벨론 포로 귀환자 족보는, 귀환한 이스라엘 회중을 소개하기에 앞서, 먼저 지도자들의 이름을 기록하고 있습니다.

(1) 전체 지도자 수의 차이

제1차 바벨론 포로 귀환의 지도자들을 에스라 2:2에서는 11명, 느헤미야 7:7에서는 12명으로 소개하고 있습니다. 두 구절을 비교하면 몇 가지 특징들이 발견됩니다.

에스라 2:1-2 "옛적에 바벨론 왕 느부갓네살에게 사로잡혀 바벨론으로 갔던 자의 자손 중에서 놓임을 받고 예루살렘과 유다 도로 돌아와 각기 본성에 이른 자 [2]곧 ① **스룹바벨**과 ② **예수아**와 ③ **느헤미야**와 ④ **스라야**와 ⑤ **르엘라야**와 ⑥ **모르드개**와 ⑦ **빌산**과 ⑧ **미스발**과 ⑨ **비그왜**와 ⑩ **르훔**과 ⑪ **바아나** 등과 함께 나온 이스라엘 백성의 명수가 이러하니"

느헤미야 7:6-7 "옛적에 바벨론 왕 느부갓네살에게 사로잡혀 갔던 자 중에서 놓임을 받고 예루살렘과 유다로 돌아와 각기 본성에 이른 자 곧

[7] ① **스룹바벨**과 ② **예수아**와 ③ **느헤미야**와 ④ **아사랴**와 ⑤ **라아마**와 ⑥ **나하마니**와 ⑦ **모르드개**와 ⑧ **빌산**과 ⑨ **미스베렛**과 ⑩ **비그왜**와 ⑪ **느훔**과 ⑫ **바아나** 등과 함께 나온 이스라엘 백성의 명수가 이러하니라"

	에스라	느헤미야
1	**스룹바벨** / זְרֻבָּבֶל 바벨론 출생, 바벨론의 후손	**스룹바벨** / זְרֻבָּבֶל 바벨론 출생, 바벨론의 후손
2	**예수아** / יֵשׁוּעַ 여호와는 구원이시다	**예수아** / יֵשׁוּעַ 여호와는 구원이시다
3	**느헤미야** / נְחֶמְיָה 여호와께서 위로하신다	**느헤미야** / נְחֶמְיָה 여호와께서 위로하신다
4	**스라야** / שְׂרָיָה 여호와께서 주장하신다	**아사랴** / עֲזַרְיָה 여호와께서 도우셨다
5	**르엘라야** / רְעֵלָיָה 여호와께서 호통치신다	**라아마** / רַעַמְיָה 여호와께서 흔드셨다
6		**나하마니** / נַחֲמָנִי / 자비로운
7	**모르드개*** / מָרְדֳּכַי 작은 사람, 마르둑(군신)의 숭배자	**모르드개** / מָרְדֳּכַי 작은 사람, 마르둑(군신)의 숭배자
8	**빌산** / בִּלְשָׁן 말 잘하는 자, 그들의 주인	**빌산** / בִּלְשָׁן 말 잘 하는 자, 그들의 주인
9	**미스발** / מִסְפָּר 문서(쓰여진 것)	**미스베렛** / מִסְפֶּרֶת 문서(쓰여진 것)
10	**비그왜** / בִּגְוַי / 행복한	**비그왜** / בִּגְוַי / 행복한
11	**르훔** / רְחוּם / 긍휼히 여김	**느훔** / נְחוּם / 위안
12	**바아나** / בַּעֲנָה / 고난으로부터	**바아나** / בַּעֲנָה / 고난으로부터

* 제1차 바벨론 포로 귀환자 명단의 모르드개는, 에스더서의 모르드개와는 동명이인이며, 느헤미야는 제3차 바벨론 포로 귀환의 지도자인 느헤미야와 동명이인이다.

단어 형태나 번역에 약간의 차이는 있지만, 에스라 2장의 지도자 11명과 느헤미야 7장의 나하마니를 제외한 지도자 11명은 동일한 사람입니다. 느헤미야 7장에서 나하마니를 추가함으로 이스라엘 열두 지파와 같이 12명으로 정리되었습니다.

(2) 지도자들 중 이름이 다른 세 경우

에스라 2:2과 느헤미야 7:7에 나오는 지도자들을 비교해 보면 이름이 다른 경우가 세 번 나옵니다.

먼저 '스라야'와 '아사랴'는 같은 사람입니다. 위의 표에서 각 이름들의 배열을 볼 때, '스라야'와 '아사랴'는 같은 사람으로 볼 수 있습니다. '스라야'는 히브리어 '세라야'(שְׂרָיָה)로 '여호와께서 주장하신다'라는 뜻이며, '아사랴'는 히브리어 '아자르야'(עֲזַרְיָה)로 '여호와께서 도우셨다'라는 뜻입니다.

다음으로 '르엘라야'와 '라아먀'도 같은 사람으로 보입니다. '르엘라야'는 히브리어 '레엘라야'(רְעֵלָיָה)로 '여호와께서 호통치신다'라는 뜻이며, '라아먀'는 히브리어 '라암야'(רַעַמְיָה)로 '여호와께서 흔드셨다'라는 뜻입니다. 의미상으로도 두 이름은 서로 통하고 있습니다.

마지막으로 '미스발'과 '미스베렛'도 같은 사람입니다. '미스발'은 히브리어 '미스파르'(מִסְפָּר)로 '문서(쓰여진 것)'라는 뜻이며, '미스베렛'은 히브리어 '미스페레트'(מִסְפֶּרֶת)로 '미스파르'의 변형된 형태입니다.

(3) 느헤미야서에만 나오는 인물

느헤미야서에만 나오는 인물은 '나하마니'입니다. 나하마니는 느헤미야 7:7에서 6번째로 나오는 인물이며, 히브리어 '나하마니'(נַחֲמָנִי)는 '자비로운'이라는 뜻입니다. 에스라서는 주전 458년 제2차 귀환 후에 기록되었습니다. 한편 느헤미야서는 주전 432년에 있었던 느헤미야의 재(再)개혁의 역사(느 13장)까지 기록되어 있습니다. 느헤미야는 주전 444년 귀환하여 12년간의 총독 임기(주전 444-433년)를 마치고 바사로 돌아갔다가 1년 후 주전 432년에 다시 예루살렘으로 돌아와서 느헤미야서를 기록하였습니다. 그러므로 에스라서보다는 느헤미야서가 나중에 기록된 것입니다. 에스라서가 기록된 후에 '나하마니'가 지도자의 명단에 추가되어야 한다는 것이 밝혀지면서, 느헤미야서를 기록할 때 그의 이름이 추가된 것입니다.

참고로, 제1차 귀환의 지도자 명단에 나오는 '느헤미야'(스 2:2, 느 7:7)는, 제3차 귀환의 지도자로 아닥사스다왕의 술 맡은 관원이며 느헤미야서의 저자인 느헤미야(느 1:1, 2:1)와는 다른 사람입니다.

(4) 지도자들 중 가장 먼저 기록된 스룹바벨

제1차 바벨론 포로 귀환의 최고 지도자는 '스룹바벨'이었습니다. 에스라 2:2의 '스룹바벨과'를 원문으로 보면 '임 제루바벨'(עִם־זְרֻבָּבֶל)로 '스룹바벨과 함께'라는 뜻입니다. 이는 스룹바벨이 가장 대표되는 지도자이며, 다른 사람들이 스룹바벨과 함께 왔다는 뜻입니다.

주전 537년에 바벨론 포로에서 귀환하여 성전 건축에 가장 앞장선 사람은 스룹바벨이었습니다. 에스라 3:8을 볼 때 성전 건축의 시작에 대해 "예루살렘 하나님의 전에 이른 지 이년 이월에 스알디엘의 아들 스룹바벨과 요사닥의 아들 예수아와 다른 형제 제사장들과 레위 사람들과 무릇 사로잡혔다가 예루살렘에 돌아온 자들이 역사를 시작하고 이십 세 이상의 레위 사람들을 세워 여호와의 전 역사를 감독하게 하매"라고 말씀하고 있습니다. 여기서도 스룹바벨의 이름이 가장 먼저 기록된 것을 볼 때, 그가 주전 536년에 시작된 성전 건축에 가장 앞장섰음을 알 수 있습니다.

그 후 대적들의 방해로 성전 건축이 중단되었다가 주전 520년에 재개되었습니다. 이때 재개에 가장 앞장선 사람도 스룹바벨이었습니다. 에스라 5:2에서 "이에 스알디엘의 아들 스룹바벨과 요사닥의 아들 예수아가 일어나 예루살렘 하나님의 전 건축하기를 시작하매 하나님의 선지자들이 함께하여 돕더니"라고 말씀하고 있으며, 학개 1:14에서 "여호와께서 스알디엘의 아들 유다 총독 스룹바벨의 마음과 여호사닥의 아들 대제사장 여호수아의 마음과 남은바 모든 백성의 마음을 흥분시키시매 그들이 와서 만군의 여호와 그들의 하나님의 전 역사를 하였으니"라고 말씀하고 있습니다. 에스라 5:2과 학개 1:14은 둘 다 성전 건축이 중단된 지 16년 후인 주전 520년에 성전 건축을 재개할 때 선포된 말씀인데, 역시 스룹바벨의 이름이 제일 먼저 등장합니다. 이처럼 참된 지도자는 시간이 지나도 변함없이 하나님의 일에 앞장서는 사람입니다.

하나님께서는 변함없이 충성했던 스룹바벨을 가리켜 "내 종 스룹바벨"이라 하셨고, 스룹바벨로 하나님의 인(도장)을 삼겠다고 말씀하셨습니다. 학개 2:23에서 "나 만군의 여호와가 말하노라 스알디엘의 아들 내 종 스룹바벨아 나 여호와가 말하노라 그날에 내가 너를 취하고 너로 인을 삼으리니 이는 내가 너를 택하였음이니라 만군의 여호와의 말이니라"라고 말씀하고 있습니다. '인'(印)은 히브리어 '호탐'(חוֹתָם)으로 '인장 반지'를 의미합니다. 이는 하나님의 결재를 대신하는 자로 삼겠다는 말씀입니다. 예수님께서도 자신을 "

아버지 하나님의 인치신 자"라고 소개하시면서, 예수님 자신이 영생하도록 있는 양식을 주시는 분이라고 증거하셨습니다. 요한복음 6:27에서 "썩는 양식을 위하여 일하지 말고 영생하도록 있는 양식을 위하여 하라 이 양식은 인자가 너희에게 주리니 인자는 아버지 하나님의 인치신 자니라"라고 말씀하고 있습니다(계 7:3-4, 9:4, 14:1).

2. 제2·3차 바벨론 포로 귀환의 지도자들

The Leaders in the Second and Third Returns from the Babylonian Exile

(1) 제2차 귀환의 지도자 - 에스라

주전 458년에 있었던 제2차 바벨론 포로 귀환의 지도자는 에스라입니다. '에스라'는 히브리어 '에즈라'(עֶזְרָא)로 그 이름의 뜻은 '여호와께서 도우신다'라는 뜻입니다. 에스라는 대제사장 아론의 후손으로 제사장이었습니다(스 7:1-6, 참고-대상 6:3-15, 49-53). 에스라는 바사 왕 아닥사스다 1세(주전 464-423년)가 즉위한 해인 주전 464년부터 활동한 것으로 보입니다. 에스라 7:1에서 "이 일 후 바사 왕 아닥사스다가 위에 있을 때에 에스라라 하는 자가 있으니라 저는 스라야의 아들이요 아사랴의 손자요 힐기야의 증손이요"라고 말씀하고 있습니다.

에스라는 비록 바벨론에서 태어났지만, 하나님의 말씀에 능통한 학사였습니다. 6절에서 "이 에스라가 바벨론에서 올라왔으니 저는 이스라엘 하나님 여호와께서 주신바 모세의 율법에 익숙한 학사로서 그 하나님 여호와의 도우심을 입으므로 왕에게 구하는 것은 다 받는 자더니"라고 말씀하고 있으며, 10절에서는 "에스라가 여호와의 율법을 연구하여 준행하며 율례와 규례를 이스라엘에게 가르치기로 결심하였었더라"라고 말씀하고 있습니다.

에스라는 바벨론 포로에서 귀환한 후에, 제1차 귀환자 족보와 제2차 귀환자 족보를 기록하였습니다. 또한, 제1차 귀환자의 자손들이 이방 여자와 결혼을 하고 자식까지 낳은 사실을 알고 10월 1일부터 1월 1일까지 약 3개월 동안 이방 여자와 결혼한 자들을 조사하여 그 명단을 낱낱이 공개하고 그들이 취한 이방인 아내와 자식들을 쫓아내도록 하였습니다(스 9:1-2, 10:1-44).

(2) 제3차 귀환의 지도자 - 느헤미야

주전 444년에 이루어진 제3차 바벨론 포로 귀환의 지도자는 느헤미야입니다. '느헤미야'는 히브리어 '네헴야'(נְחֶמְיָה)로 '여호와께서 위로하신다'라는 뜻입니다. 느헤미야는 예루살렘성이 훼파되고 성문들이 불에 타버린 상황에서(느 1:3) 예루살렘으로 귀환하여 성벽을 재건하고, 개혁 조치를 함으로 귀환자들에게 위로와 새로운 소망을 심어준 지도자입니다.

느헤미야는 제3차로 귀환한 후, 성벽 공사를 시작하여 52일 만인 6월 25일에 완공하였습니다. 느헤미야 6:15에서 "성 역사가 오십이일 만에 엘룰월 이십오일에 끝나매"라고 말씀하고 있습니다. 느헤미야는 성벽 재건에 참여한 자들의 명단을 기록하였습니다(느 3:1-32).

이어서 느헤미야 7:5-67을 볼 때 제1차 바벨론 포로 귀환자들의 명단을 기록하고 있습니다. 느헤미야는 성벽이 완성된 후, 각 지역에 흩어져 살고 있는 귀환자들을 예루살렘성 안으로 이주시키기 위해(느 11:1-3), 에스라가 작성한 명단을 근거로 제1차 바벨론 포로 귀환자들의 명단을 다시 정리하여 기록했던 것입니다.

느헤미야는 성벽 재건 공사가 끝난 지 한 달이 지난 7월 24일에 언약을 갱신하고(느 9:1), 언약에 인을 친 자들의 명단을 기록하였습니다(느 10:1-27). 그리고 예루살렘에 정착한 사람들과 예루살렘 외곽에 거주하는 사람들의 명단을 기록하였습니다(느 11:1-36). 마지막으로 제사장들과 레위인들의 명단을 기록하였습니다(느 12:1-26). 이는 성전 제사 제도를 회복하고, 성벽 봉헌식을 준비하기 위한 것이었습니다.

이제 제6장에서는 귀환자들의 성별된 족보를 제1차 바벨론 포로 귀환자들의 족보와 제2차 바벨론 포로 귀환자들의 족보와 제3차 바벨론 포로 귀환자들의 족보로 나누어 자세히 살펴보도록 하겠습니다.

귀환자들의 성별된 족보

The Consecrated Genealogies of the Returnees

귀환자들의 성별된 족보
THE CONSECRATED GENEALOGIES OF THE RETURNEES

바벨론 포로로 끌려간 이스라엘 백성은 세 차례에 걸쳐 귀환하였습니다. 제1차 귀환 후 주전 516년에 스룹바벨 성전이 완공되었고, 제2차 귀환 후에는 학사 에스라를 통해 이방 족속과의 통혼을 단호하게 정리하면서 철저한 개혁 운동을 진행하였습니다. 그리고 제3차 귀환 후에 예루살렘 성벽을 재건하고 언약을 갱신함으로 하나님께서 통치하시는 언약 신앙 국가의 기틀이 마련되었습니다.

이 모든 역사의 배경에는 믿음으로 자신들의 힘과 정성과 물질을 다하여 충성한 하나님의 백성이 있었습니다. 에스라 2장과 8장, 느헤미야 7장에는 바벨론 포로 귀환자들의 족보가 자세히 기록되어 있습니다. 특히 제1차로 바벨론 포로에서 귀환한 총 49,897명에 대하여, 성경은 가계별 귀환자 17개 자손, 지역별 귀환자 17개 자손, 성전 봉사자별(직무별) 귀환자 17개 자손으로 구분하여 자세히 기록하고 있습니다. 이들은 '그 마음이 하나님께 감동을 받고 올라가서 예루살렘 여호와의 전을 건축하고자 했던 자들'로(스 1:5), 느헤미야 7:5에서는 이 족보를 '하나님이 감동하사 계수하게 하신 고로 얻은 처음으로 돌아온 자의 보계(족보)'라고 말씀하고 있습니다.

제1차 귀환자들의 족보는 한 번 기록된 것으로 끝나지 않고, 제2·3차 바벨론 포로 귀환 시에도 계속 그 명단을 정리하면서 예루살렘의 성벽 재건 및 언약 갱신과 함께 철저히 성별된 족보로 완성되었습니다.

I
제1차 바벨론 포로 귀환자들의 족보

THE GENEALOGY OF THE FIRST RETURNEES FROM THE BABYLONIAN EXILE

1. 가계별로 분류된 17개 자손

The Seventeen Descendants Grouped by Family

1	바로스 자손	בְּנֵי פַרְעֹשׁ / the sons of Parosh / 벼룩 스 2:3, 느 7:8

(1) 가계 이름의 원어적 의미

'바로스'는 히브리어 '파르오쉬'(פַּרְעֹשׁ)로 '벼룩, 도망치는'이라는 뜻입니다. '벼룩'은 비천한 자를 가리키는 표현으로, 다윗은 사울왕에게 쫓기는 자신의 신세를 벼룩으로 표현하였습니다(삼상 24:14, 26:20). 바로스의 부모가 자식의 이름을 '벼룩'이라고 지은 것을 볼 때, 포로 생활이 얼마나 어려웠는지를 짐작케 합니다. 바로스 자손은 자신을 벼룩같이 철저히 낮은 존재로 고백하며, 예루살렘 귀환을 뜨겁게 사모하는 가운데 귀환자들을 통한 구속 운동에 적극적으로 참여한 큰 가문이 되었습니다(롬 12:16, 벧전 5:6).

(2) 귀환자의 수 비교

주전 537년 **제1차 바벨론 포로 귀환자**	주전 458년 **제2차 바벨론 포로 귀환자**
2,172명(스 2:3, 느 7:8)	150명(스 8:3)

바로스 자손의 제1차 바벨론 포로 귀환자는 2,172명으로, 전체 귀환자 49,897명 중 4.35%이며, 바핫모압 자손 가운데 귀환한 2,812명(스 2:6) 다음으로 많은 수입니다. 이는 바로스 자손이 하나님의 성전을 짓고자 하는 열망이 다른 어떤 자손보다 강하였음을 보여줍니다.

바로스 자손 가운데 제2차로 바벨론 포로에서 귀환한 자들은 150명이며, 전체 귀환자 1,775명 중 약 8.45%입니다.

(3) 제2차 귀환 후 공개된 이방 여자와 결혼한 자들

주전 458년 에스라의 개혁 조치를 통해 이방 여자와 결혼한 자 명단이 공개되었습니다. 대제사장 집안이 5명(스 10:18), 제사장 집안이 13명(스 10:20-22), 레위인이 10명(스 10:23-24), 평민이 86명(스 10:25-43)으로, 총 114명이었습니다. 그런데 그중에서 바로스 자손은 7명이었습니다. 에스라 10:25에서 "이스라엘 중에는 바로스 자손 중 라먀와 잇시야와 말기야와 미야민과 엘르아살과 말기야와 브나야요"라고 말씀하고 있습니다.

(4) 제3차 귀환 후 성벽 공사와 언약 갱신 참여 여부

예루살렘 성벽 재건 당시 바로스 자손의 브다야는 샘문으로부터 시작되는 구간의 제33구역을 중수하였습니다(느 3:15-25). 느헤미야 3:25 하반절에서 "그다음은 바로스의 아들 브다야가 중수하였고"라고 말씀하고 있는데, 여기 '아들'은 히브리어 '벤'(בֵּן)으로, '자손'이라는 뜻입니다. 즉, 바로스 가문의 브다야가 중수 작업에 참여한 것입니다.

바로스 자손은 성벽이 재건된 후 갱신된 언약에 인을 칠 때도 적극적으로 참여했는데, 백성의 두목 중 인친 가문 명단에 첫 번째로 기록되었습니다(느 10:14).

2 스바댜 자손

בְּנֵי שְׁפַטְיָה / the sons of Shephatiah
하나님께서 심판하셨다 / 스 2:4, 느 7:9

(1) 가계 이름의 원어적 의미

'스바댜'는 히브리어 '쉐파트야'(שְׁפַטְיָה)로 '하나님께서 심판하셨다'라는 뜻입니다. 아마도 스바댜의 부모는 하나님께서 자신들을 심판하심으로 바벨론으로 끌려오게 되었음을 깨닫고, 아들의 이름을 지었을 것입니다.

(2) 귀환자의 수 비교

주전 537년 **제1차 바벨론 포로 귀환자**	주전 458년 **제2차 바벨론 포로 귀환자**
372명(스 2:4, 느 7:9)	80명(스 8:8)

스바댜 자손의 제1차 바벨론 포로 귀환자는 372명입니다.

스바댜 자손 가운데 제2차로 바벨론 포로에서 귀환한 자들은 80명입니다. 에스라 8:8에서 "스바댜 자손 중에서는 미가엘의 아들 스바댜니 그와 함께한 남자가 팔십 명이요"라고 말씀하고 있습니다. 참고로, 스바댜 자손 중 미가엘의 아들 '스바댜'는 히브리어 '제바드야'(זְבַדְיָה)로 '여호와의 선물'이라는 뜻이며, 가문명의 '스바댜'(שְׁפַטְיָה, '쉐파트야')와는 다른 단어입니다.

(3) 제2차 귀환 후 공개된 이방 여자와 결혼한 자들

스바댜 자손 중 이방 여자와 결혼한 자 명단에 기록된 자는 없습니다. 참고로, 에스라 10:20의 임멜 자손의 '스바댜'는 히브리어 '제바드야'(זְבַדְיָה)이며, 스바댜 자손과는 관련이 없습니다.

(4) 제3차 귀환 후 성벽 공사와 언약 갱신 참여 여부

스바댜 자손 중 성벽 공사와 갱신된 언약에 인친 자 명단에 기록된 자는 없습니다.

3	아라 자손	בְּנֵי אָרַח / the sons of Arah 여행자 / 스 2:5, 느 7:10

(1) 가계 이름의 원어적 의미

'아라'는 히브리어 '아라흐'(אָרַח)로 '여행자'라는 뜻입니다. 아라의 부모는 세상에 사는 모든 사람이 이 땅에 잠시 머물렀다가 떠나는 여행자나 나그네 같은 존재임을 깨닫고 아들의 이름을 지었을 것입니다(대상 29:15, 벧전 2:11).

(2) 귀환자의 수 비교

주전 537년 **제1차 바벨론 포로 귀환자**	주전 458년 **제2차 바벨론 포로 귀환자**
775명(스 2:5) / 652명(느 7:10)	없음

에스라 2:5에 기록된 아라 자손의 제1차 바벨론 포로 귀환자는 775명입니다. 그런데 느헤미야 7:10에서는 "아라 자손이 육백오십이 명이요"라고 말씀하고 있습니다. 에스라와 느헤미야의 기록 사이에 123명이 차이나는 것은, 에스라는 순수한 혈통의 아라 자손 외에 그들과 관계된 자들까지 기록하였고, 느헤미야는 순수한 혈통의 아라 자손만 기록한 것으로 보입니다.

아라 자손 가운데 제2차로 바벨론 포로에서 귀환한 자들에 대한 기록은 없습니다.

(3) 제2차 귀환 후 공개된 이방 여자와 결혼한 자들

아라 자손 중 이방 여자와 결혼한 자 명단에 기록된 자는 없습니다. 그러나 아라의 아들(자손)인 스가냐는 예루살렘 성벽 재건 공사를 방해했던 이스라엘의 대적 암몬 사람 도비야(느 2:10, 19)를 사위로 삼았습니다. 느헤미야 6:18 상반절에서 "도비야는 아라의 아들 스가냐의 사위가 되었고"라고 말씀하고 있습니다.

(4) 제3차 귀환 후 성벽 공사와 언약 갱신 참여 여부

아라 자손 중 성벽 공사와 갱신된 언약에 인친 자 명단에 기록된 자는 없습니다.

아라 자손이 제1차 바벨론 포로 귀환 시 775명이나 귀환하였지만, 훗날 그의 후손은 하나님을 대적하는 암몬 사람 도비야를 사위로 삼았고 언약 갱신에도 참여하지 않았습니다. 이는 그 신앙의 전수가 제대로 이루어지지 않았음을 보여줍니다.

4 바핫모압 자손

בְּנֵי־פַחַת מוֹאָב
the sons of Pahath-moab
모압의 통치자 (관리자) / 스 2:6, 느 7:11

(1) 가계 이름의 원어적 의미

'바핫모압'은 히브리어 '파하트 모아브'(פַּחַת מוֹאָב)로 '모압의 통치자(관리자)'라는 뜻입니다. 이 집안이 과거에 모압 지역의 관리자였을 것으로 보입니다. 이 집안에 '예수아' 계파와 '요압' 계파가 있었습니다. '예수아'는 히브리어 '예슈아'(יֵשׁוּעַ)로 '여호와는 나의 구원이시다'라는 뜻이며, '요압'은 히브리어 '요아브'(יוֹאָב)로 '여호와는 나의 아버지이시다'라는 뜻입니다. 이로 보아 바핫모압의 자손은 하나님을 경외하는 사람들이었을 것입니다.

(2) 귀환자의 수 비교

주전 537년 제1차 바벨론 포로 귀환자	주전 458년 제2차 바벨론 포로 귀환자
2,812명(스 2:6) / 2,818명(느 7:11)	200명(스 8:4)

에스라 2:6에 기록된 바핫모압 자손의 제1차 바벨론 포로 귀환자는 2,812명입니다. 그런데 느헤미야 7:11에서는 "바핫모압 자손 곧 예수아와 요압 자손이 이천팔백십팔 명이요"라고 말씀하고 있습니다. 이는 제3차 바벨론 포로 귀환 전후에 바핫모압 자손 6명이 족보

를 회복하여 추가된 것으로 보입니다. 에스라의 족보를 기준으로 볼 때, 제1차 바벨론 포로 귀환자 49,897명 중 2,812명은 5.64%이며, 가계별 귀환자 가문 가운데 가장 많은 인원입니다.

바핫모압 자손 가운데 제2차로 바벨론 포로에서 귀환한 자들은 200명이었습니다. 에스라 8:4에서 "바핫모압 자손 중에서는 스라히야의 아들 엘여호에내니 그와 함께한 남자가 이백 명이요"라고 말씀하고 있습니다. 이는 제2차 바벨론 포로 귀환자 1,775명 중 11.27%이며, 세 번째로 많이 귀환한 가문입니다. 참고로, 제2차 바벨론 포로 귀환자 중 스가냐 자손이 300명으로 제일 많고(스 8:5), 요압 자손이 218명으로 두 번째로 많았습니다(스 8:9). 여기 요압 자손은 바핫모압 자손의 두 계파 중 하나였던 요압 자손이 더욱 창성하여 독립된 자손으로 계수된 것으로 보입니다.

(3) 제2차 귀환 후 공개된 이방 여자와 결혼한 자들

바핫모압 자손 중 이방 여자와 결혼한 자 명단에 기록된 자는 8명이었습니다. 에스라 10:30에서 "바핫모압 자손 중 앗나와 글랄과 브나야와 마아세야와 맛다냐와 브살렐과 빈누이와 므낫세요"라고 말씀하고 있습니다.

(4) 제3차 귀환 후 성벽 공사와 언약 갱신 참여 여부

성벽 재건 당시 바핫모압 자손의 핫숩은 옛문으로부터 시작되는 구간의 제16구역을 중수하였습니다. 느헤미야 3:11에서 "바핫모압의 아들 핫숩이 한 부분과 풀무 망대를 중수하였고"라고 말씀하고 있습니다.

그리고 갱신된 언약에 인친 자 명단에 바핫모압 자손의 대표가 나옵니다. 느헤미야 10:14에서 "또 백성의 두목들 곧 바로스, 바핫 모압, 엘람, 삿두, 바니"라고 말씀하고 있습니다.

5 엘람가계별 자손

בְּנֵי עֵילָם / the sons of Elam
높은 곳 / 스 2:7, 느 7:12

(1) 가계 이름의 원어적 의미

히브리어 '엘람'(עֵילָם)은 '오르다, 올라가다, 높여지다' 등의 의미를 가진 '알라'(עָלָה)에서 유래하였으며, '높은 곳'이라는 뜻입니다. 바벨론에 포로로 끌려가 있는 이스라엘 백성에게 높은 곳은 하나님의 성전이 있는 시온산입니다. 예레미야 31:12에서 "시온의 높은 곳"이라고 말씀하고 있으며, 이사야 40:9에서는 시온을 "높은 산"이라고 말씀하고 있습니다(시 48:2, 78:68-69). 엘람의 부모는 시온산이 있는 예루살렘으로 다시 돌아갈 날을 소망하면서 아들의 이름을 지었을 것입니다. 참고로, 에스라 2:31과 느헤미야 7:34에 나오는 '다른 엘람 자손'은 지역별로 구분된 자손으로, 가계별로 구분된 엘람 자손과는 다른 자손입니다.

(2) 귀환자의 수 비교

주전 537년 **제1차 바벨론 포로 귀환자**	주전 458년 **제2차 바벨론 포로 귀환자**
1,254명(스 2:7, 느 7:12)	70명(스 8:7)

엘람 자손의 제1차 바벨론 포로 귀환자는 1,254명이며, 제2차

바벨론 포로 귀환자는 70명이었습니다. 에스라 8:7에서 "엘람 자손 중에서는 아달리야의 아들 여사야니 그와 함께한 남자가 칠십 명이요"라고 말씀하고 있습니다.

(3) 제2차 귀환 후 공개된 이방 여자와 결혼한 자들

엘람 자손 중 이방 여자와 결혼한 자 명단에 기록된 자는 6명이었습니다. 에스라 10:26에서 "엘람 자손 중 맛다냐와 스가랴와 여히엘과 압디와 여레못과 엘리야요"라고 말씀하고 있습니다.

(4) 제3차 귀환 후 성벽 공사와 언약 갱신 참여 여부

엘람 자손 중 성벽 공사에 참여한 자들의 명단에 기록된 자는 없지만, 갱신된 언약에 인친 자 명단에 엘람 자손의 대표가 나옵니다. 느헤미야 10:14에서 "또 백성의 두목들 곧 바로스, 바핫모압, 엘람, 삿두, 바니"라고 말씀하고 있습니다.

6 삿두 자손

בְּנֵי זַתּוּא / the sons of Zattu
빛남, 밝음 / 스 2:8, 느 7:13

(1) 가계 이름의 원어적 의미

'삿두'는 히브리어 '자투'(זַתּוּא)로 '빛남, 밝음'이라는 뜻입니다. 삿두의 부모는 자신들이 바벨론에 포로로 끌려와 있는 어두운 상황 속에서도 자식에게는 밝고 빛나는 삶이 회복되기를 소망하면서 이름을 지었을 것입니다.

(2) 귀환자의 수 비교

주전 537년 **제1차 바벨론 포로 귀환자**	주전 458년 **제2차 바벨론 포로 귀환자**
945명(스 2:8) / 845명(느 7:13)	없음

에스라 2:8에 기록된 삿두 자손의 제1차 바벨론 포로 귀환자는 945명입니다. 그러나 느헤미야 7:13에서는 "삿두 자손이 팔백사십오 명이요"라고 말씀하고 있습니다. 에스라는 삿두 자손과 관계된 자까지 포괄적으로 기록하였고, 느헤미야는 순수한 삿두 자손만 기록한 것으로 보입니다.[20)]

삿두 자손 가운데 제2차로 바벨론 포로에서 귀환한 자들에 대한 기록은 없습니다.

(3) 제2차 귀환 후 공개된 이방 여자와 결혼한 자들

삿두 자손 중 이방 여자와 결혼한 자 명단에 기록된 자는 6명이었습니다. 에스라 10:27에서 "삿두 자손 중 엘료에내와 엘리아십과 맛다냐와 여레못과 사밧과 아시사요"라고 말씀하고 있습니다.

(4) 제3차 귀환 후 성벽 공사와 언약 갱신 참여 여부

삿두 자손 중 성벽 공사에 참여한 자들의 명단에 기록된 자는 없지만, 갱신된 언약에 인친 자 명단에 삿두 자손의 대표가 나옵니다. 느헤미야 10:14에서 "또 백성의 두목들 곧 바로스, 바핫모압, 엘람, 삿두, 바니"라고 말씀하고 있습니다.

7 삭개 자손

בְּנֵי זַכָּי / the sons of Zaccai
순결한 / 스 2:9, 느 7:14

(1) 가계 이름의 원어적 의미

'삭개'는 히브리어 '자카이'(זַכָּי)로 '순결한'이라는 뜻입니다. 이방 바벨론에서 신실하게 신앙을 지키며 순결한 삶을 사는 것은 쉽지 않았을 것입니다. 그러나 삭개의 부모는 자식이 '순결한' 하나님의 백성이 되기를 소망하며 이름을 지은 것으로 보입니다. 참고로, '삭개'라는 이름은 신약에서 '삭개오'(Ζακχαῖος, '작카이오스')로 음역되었습니다(눅 19:1-10).

(2) 귀환자의 수 비교

주전 537년 제1차 바벨론 포로 귀환자	주전 458년 제2차 바벨론 포로 귀환자
760명(스 2:9, 느 7:14)	없음

삭개 자손의 제1차 바벨론 포로 귀환자는 760명이며, 제2차 귀환자들에 대한 기록은 없습니다.

(3) 제2차 귀환 후 공개된 이방 여자와 결혼한 자들

삭개 자손 중 이방 여자와 결혼한 자 명단에 기록된 자는 없습니다.

(4) 제3차 귀환 후 성벽 공사와 언약 갱신 참여 여부

삭개 자손 중 성벽 공사와 갱신된 언약에 인친 자 명단에 기록된 자는 없습니다.

8 바니 자손

בְּנֵי בָנִי / the sons of Bani
세워진 / 스 2:10, 느 7:15

(1) 가계 이름의 원어적 의미

'바니'(בָּנִי)는 히브리어로 '세워진'이라는 뜻입니다. 느헤미야 7:15에서는 '바니'를 '빈누이'(בִּנּוּי)로 기록하고 있는데, '빈누이'도 '세워진'이라는 뜻입니다.

(2) 귀환자의 수 비교

주전 537년 **제1차 바벨론 포로 귀환자**	주전 458년 **제2차 바벨론 포로 귀환자**
642명(스 2:10) / 648명(느 7:15)	없음

에스라 2:10에 기록된 바니 자손의 제1차 바벨론 포로 귀환자는 642명입니다. 그런데 느헤미야 7:15에서는 "빈누이 자손이 육백사십팔 명이요"라고 말씀하고 있습니다. 이는 제3차 바벨론 포로 귀환 전후에 바니 자손 중 6명이 족보를 회복하여 추가된 것으로 보입니다.

바니 자손 가운데 제2차로 바벨론 포로에서 귀환한 자들에 대한 기록은 없습니다.

(3) 제2차 귀환 후 공개된 이방 여자와 결혼한 자들

바니 자손은 에스라 10:29과 34-42절에 두 군데 나옵니다. 에스라 10:29에서 바니 자손 중 이방 여자와 결혼한 자는 6명이며, 34-42절에서 바니 자손 중 이방 여자와 결혼한 자는 27명입니다.

제1차로 바벨론에서 귀환한 가계별 자손 중에서 이방 여자와 결혼한 자들의 수가 바로스 자손 7명(스 10:25), 엘람 자손 6명(스 10:26), 삿두 자손 6명(스 10:27), 베배 자손 4명(스 10:28), 바핫모압 자손이 8명(스 10:30), 하숨 자손 7명(스 10:33)임을 고려할 때, 가계별 자손 중 하나인 바니 자손은 이방 여자와 결혼한 자가 6명인 29절의 바니 자손으로 보는 것이 적절합니다. 이방 여자와 결혼한 자가 27명인 34-42절의 바니 자손은 아마도 같은 이름의 다른 자손일 것입니다.

(4) 제3차 귀환 후 성벽 공사와 언약 갱신 참여 여부

바니 자손 중 성벽 공사에 참여한 자들의 명단에 기록된 자는 없지만, 갱신된 언약에 인친 자 명단에 바니 자손의 대표가 나옵니다. 느헤미야 10:14에서 "또 백성의 두목들 곧 바로스, 바핫모압, 엘람, 삿두, 바니"라고 말씀하고 있습니다.

이외에 에스라·느헤미야 족보에 여러 명의 '바니'가 등장합니다 (스 10:38, 느 3:17, 8:7, 9:4-5, 10:13, 11:22).

9	브배 자손	בְּנֵי בֵבָי / the sons of Bebai 아버지와 같은, 아버지다운 / 스 2:11, 느 7:16

(1) 가계 이름의 원어적 의미

'브배'는 히브리어 '베바이'(בֵּבָי)로 '아버지와 같은, 아버지다운'이라는 뜻입니다. 브배의 부모는 아버지의 신앙을 닮은 아들이 되기를 바라는 마음으로 이름을 지은 것으로 보입니다.

(2) 귀환자의 수 비교

주전 537년 **제1차 바벨론 포로 귀환자**	주전 458년 **제2차 바벨론 포로 귀환자**
623명(스 2:11) / 628명(느 7:16)	28명(스 8:11)

에스라 2:11에 기록된 브배 자손의 제1차 바벨론 포로 귀환자는 623명입니다. 그런데 느헤미야 7:16에서는 "브배 자손이 육백이십팔 명이요"라고 말씀하고 있습니다. 이는 제3차 바벨론 포로 귀환 전후에 브배 자손 중 5명이 족보를 회복하여 추가된 것으로 보입니다.

브배 자손 가운데 제2차로 바벨론 포로에서 귀환한 자들은 28명이었습니다. 에스라 8:11에서 "베배 자손 중에서는 베배의 아들 스가랴니 그와 함께한 남자가 이십팔 명이요"라고 말씀하고 있습니다. 여기의 '베배'는 히브리어로 에스라 2:11의 '브배'와 같은 단어입니다.

(3) 제2차 귀환 후 공개된 이방 여자와 결혼한 자들

브배 자손 중 이방 여자와 결혼한 자 명단에 기록된 자는 4명이었습니다. 에스라 10:28에서 "베배 자손 중 여호하난과 하나냐와 삽배와 아들래요"라고 말씀하고 있습니다.

(4) 제3차 귀환 후 성벽 공사와 언약 갱신 참여 여부

브배 자손 중 성벽 공사에 참여한 자들의 명단에 기록된 자는 없지만, 갱신된 언약에 인친 자 명단에 브배(베배) 자손의 대표가 나옵니다. 느헤미야 10:15에서 "분니, 아스갓, 베배"라고 말씀하고 있습니다.

10 아스갓 자손

בְּנֵי עַזְגָּד / the sons of Azgad
군대는 강하다 / 스 2:12, 느 7:17

(1) 가계 이름의 원어적 의미

에스라 2:12의 '아스갓'은 히브리어 '아즈가드'(עַזְגָּד)로 '군대는 강하다'라는 뜻입니다. 아스갓의 부모는 아들이 하나님의 강한 군사로 쓰임받기를 바라며 이름을 지었을 것입니다. 하나님께서는 애굽을 떠나 광야를 통과하여 가나안을 향하는 이스라엘 백성을 '하나님의 군대'라고 부르셨습니다(출 6:26, 12:41). 광야 교회를 살아가는 성도 또한 하나님의 강한 군대가 되어야 합니다(행 7:38, 엡 6:10-17, 딤후 2:3).

(2) 귀환자의 수 비교

주전 537년 제1차 바벨론 포로 귀환자	주전 458년 제2차 바벨론 포로 귀환자
1,222명(스 2:12) / 2,322명(느 7:17)	110명(스 8:12)

에스라 2:12에 기록된 아스갓 자손의 제1차 바벨론 포로 귀환자는 1,222명입니다. 그런데 느헤미야 7:17에서는 "아스갓 자손이 이천삼백이십이 명이요"라고 말씀하고 있습니다. 제1차로 바벨론에서 귀환한 아스갓 자손에 대한 에스라와 느헤미야의 기록에 1,100명이나 차이가 나는 것은, 아스갓 자손 가운데 이방인 출신의 종들을 비롯하여 함께 데리고 온 사람이 많았기 때문일 것입니다. 에스라는 그중에 순수한 아스갓 자손40만 기록하였고, 느헤미야는 이후 이스라엘 회중으로 인정받은 자들을 포함한 것으로 보입니다(참고-신 23:8). 아스갓 자손은 이름의 뜻대로 강한 군대로서 많은 이

방 사람을 이끌고 왔습니다.

아스갓 자손 가운데 제2차로 바벨론 포로에서 귀환한 자들은 110명이었습니다. 에스라 8:12에서 "아스갓 자손 중에서는 학가단의 아들 요하난이니 그와 함께한 남자가 일백십 명이요"라고 말씀하고 있습니다.

(3) 제2차 귀환 후 공개된 이방 여자와 결혼한 자들

아스갓 자손 중 이방 여자와 결혼한 자 명단에 기록된 자는 없습니다.

(4) 제3차 귀환 후 성벽 공사와 언약 갱신 참여 여부

아스갓 자손 중 성벽 공사자 명단에 기록된 자는 없지만, 갱신된 언약에 인친 자 명단에 아스갓 자손의 대표가 나옵니다. 느헤미야 10:15에서 "분니, 아스갓, 베배"라고 말씀하고 있습니다.

11 아도니감 자손

בְּנֵי אֲדֹנִיקָם / the sons of Adonikam
나의 주인이 일어나셨다 / 스 2:13, 느 7:18

(1) 가계 이름의 원어적 의미

'아도니감'은 히브리어 '아도니캄'(אֲדֹנִיקָם)으로 '나의 주인이 일어나셨다'라는 뜻입니다. 이는 하나님께서 우리 삶의 주인이시라는 고백이며, 바벨론에 포로로 끌려와 고통당하는 이스라엘 백성을 회복시키시기 위하여 하나님께서 일어나시기를 소망하는 이름입니다.

(2) 귀환자의 수 비교

주전 537년 제1차 바벨론 포로 귀환자	주전 458년 제2차 바벨론 포로 귀환자
666명(스 2:13) / 667명(느 7:18)	60명(스 8:13)

에스라 2:13에 기록된 아도니감 자손의 제1차 바벨론 포로 귀환자는 666명입니다. 그런데 느헤미야 7:18에서는 "아도니감 자손이 육백륙십칠 명이요"라고 말씀하고 있습니다. 이는 제3차 바벨론 포로 귀환 전후에 아도니감 자손 중 한 사람이 족보를 회복하여 추가된 것으로 보입니다.

아도니감 자손 가운데 바벨론에서 제2차로 귀환한 자들은 60명이었습니다. 에스라 8:13에서 "아도니감 자손 중에 나중된 자의 이름은 엘리벨렛과 여우엘과 스마야니 그와 함께한 남자가 육십 명이요"라고 말씀하고 있습니다.

(3) 제2차 귀환 후 공개된 이방 여자와 결혼한 자들

아도니감 자손 중 이방 여자와 결혼한 자 명단에 기록된 자는 없습니다.

(4) 제3차 귀환 후 성벽 공사와 언약 갱신 참여 여부

아도니감 자손 중 성벽 공사에 참여한 자들의 명단에 기록된 자는 없지만, 갱신된 언약에 인친 자 명단에 아도니감 자손의 대표가 나옵니다. 느헤미야 10:16에서 "아도니야, 비그왜, 아딘"이라고 말씀하고 있습니다. 여기 '아도니야'(אֲדֹנִיָּה)는 '나의 주인은 여호와이시다'라는 뜻으로 '아도니감'과 같은 사람으로 보아야 합니다. 이는 '아도니감'과 '아도니야' 이름의 뜻이 매우 유사하며, 느헤미야

10:16에 "아도니야, 비그왜, 아딘"의 순서와 에스라 2:13-15에 '아도니감, 비그왜, 아딘'의 순서가 일치하기 때문입니다.

12 비그왜 자손

בְּנֵי בִגְוַי / the sons of Bigvai
행복, 행운 / 스 2:14, 느 7:19

(1) 가계 이름의 원어적 의미

'비그왜'는 히브리어 '비그바이'(בִּגְוַי)로 '행복, 행운'이라는 뜻입니다. 우리의 행복은 오직 구원을 주시는 하나님께로부터 옵니다. 신명기 33:29에서 "이스라엘이여 너는 행복자로다 여호와의 구원을 너같이 얻은 백성이 누구뇨 그는 너를 돕는 방패시요 너의 영광의 칼이시로다 네 대적이 네게 복종하리니 네가 그들의 높은 곳을 밟으리로다"라고 말씀하고 있습니다. 우리는 이 행복을 소유하기 위하여 하나님의 말씀에 순종하면서 살아야 합니다(신 10:13).

(2) 귀환자의 수 비교

주전 537년 **제1차 바벨론 포로 귀환자**	주전 458년 **제2차 바벨론 포로 귀환자**
2,056명(스 2:14) / 2,067명(느 7:19)	70명(스 8:14)

에스라 2:14에 기록된 비그왜 자손의 제1차 바벨론 포로 귀환자는 2,056명입니다. 그런데 느헤미야 7:19에서는 "비그왜 자손이 이천육십칠 명이요"라고 말씀하고 있습니다. 이는 제3차 바벨론 포로 귀환 전후에 비그왜 자손 11명이 족보를 회복하여 추가된 것으로

보입니다. 비그왜 자손의 귀환자 수는 에스라 2장의 족보를 기준할 때, 전체 귀환자 49,897명의 4.12%에 해당하며 바핫모압 자손(2,812명), 바로스 자손(2,172명) 다음으로 많은 수입니다.

비그왜 자손 가운데 바벨론에서 제2차로 귀환한 자들은 70명이었습니다. 에스라 8:14에서 "비그왜 자손 중에서는 우대와 사붓이니 그와 함께한 남자가 칠십 명이었느니라"라고 말씀하고 있습니다.

(3) 제2차 귀환 후 공개된 이방 여자와 결혼한 자들

비그왜 자손 중에 이방 여자와 결혼한 자 명단에 기록된 자는 없습니다.

(4) 제3차 바벨론 포로 귀환 후 언약 갱신과의 관계

비그왜 자손 중 성벽 공사에 참여한 자들의 명단에 기록된 자는 없지만, 갱신된 언약에 인친 자 명단에 비그왜 자손의 대표가 나옵니다. 느헤미야 10:16에서 "아도니야, 비그왜, 아딘"이라고 말씀하고 있습니다.

13 아딘 자손

בְּנֵי עָדִין / the sons of Adin
진미(珍味) / 스 2:15, 느 7:20

(1) 가계 이름의 원어적 의미

에스라 2:15의 '아딘'(עָדִין)은 히브리어로 '진미'라는 뜻입니다. 이 이름에서 바벨론 포로로 끌려와 있는 이스라엘 백성의 애환(哀歡)을 엿볼 수 있습니다. 바벨론에서 얼마나 고생을 많이 하고 제대로 먹지 못했으면 아들을 낳고 이름을 '진미(매우 맛이 좋은 음식)'라고 지었겠습니까? 자식만큼은 고생하지 않고 맛있는 음식을 먹으면서 행복하게 살기를 소망하는 부모의 안타까운 마음이 담겨 있는 듯합니다.

(2) 귀환자의 수 비교

주전 537년 **제1차 바벨론 포로 귀환자**	주전 458년 **제2차 바벨론 포로 귀환자**
454명(스 2:15) / 655명(느 7:20)	50명(스 8:6)

에스라 2:15에 기록된 아딘 자손의 제1차 바벨론 포로 귀환자는 454명입니다. 그런데 느헤미야 7:20에서는 "아딘 자손이 육백오십오 명이요"라고 말씀하고 있습니다. 이는 제3차 바벨론 포로 귀환 전후에 아딘 자손으로 판명된 201명이 추가되었기 때문일 것입니다.

아딘 자손 가운데 바벨론에서 제2차로 귀환한 자들은 50명이었습니다. 에스라 8:6에서 "아딘 자손 중에서는 요나단의 아들 에벳이니 그와 함께한 남자가 오십 명이요"라고 말씀하고 있습니다.

(3) 제2차 귀환 후 공개된 이방 여자와 결혼한 자들

아딘 자손 중 이방 여자와 결혼한 자 명단에 기록된 자는 없습니다.

(4) 제3차 귀환 후 성벽 공사와 언약 갱신 참여 여부

아딘 자손 중 성벽 공사에 참여한 자들의 명단에 기록된 자는 없지만, 갱신된 언약에 인친 자 명단에 아딘 자손의 대표가 나옵니다. 느헤미야 10:16에서 "아도니야, 비그왜, 아딘"이라고 말씀하고 있습니다.

14 아델 자손

בְּנֵי אָטֵר / the sons of Adel
귀머거리의, 말 못하는, 묶인 사람 / 스 2:16, 느 7:21

(1) 가계 이름의 원어적 의미

'아델'은 히브리어 '아테르'(אָטֵר)로 '귀머거리의, 말 못하는, 묶인 사람'이라는 뜻입니다. 이 이름 속에는 부모의 비통한 심정이 들어 있습니다. 바벨론에 포로로 끌려와 있는 이스라엘 백성은 아무 말도 하지 못하고, 아무것도 듣지 못하는 사람처럼 살아야 했습니다. 에스라 2:16과 느헤미야 7:21에 "아델 자손 곧 히스기야 자손"이라고 말씀하고 있는데, '히스기야'는 히브리어 '히즈키야'(חִזְקִיָּה)로 '여호와께서는 강하시다'라는 뜻입니다. 아델 자손은 비록 비참한 상황 속에서 살았지만 하나님의 강하심을 의지하면서 살았던 것입니다.

(2) 귀환자의 수 비교

주전 537년 제1차 바벨론 포로 귀환자	주전 458년 제2차 바벨론 포로 귀환자
98명(스 2:16, 느 7:21)	없음

에스라 2:16에 기록된 아델 자손의 제1차 바벨론 포로 귀환자는 98명으로, 이는 모든 가계별 가문 가운데 가장 적은 수로, 전체 귀환자 49,897명 중 단 0.2%밖에 되지 않습니다.

아델 자손 가운데 바벨론에서 제2차로 귀환한 자들에 대한 기록은 없습니다.

(3) 제2차 귀환 후 공개된 이방 여자와 결혼한 자들

아델 자손 중 이방 여자와 결혼한 자 명단에 기록된 자는 없습니다.

(4) 제3차 귀환 후 성벽 공사와 언약 갱신 참여 여부

아델 자손 중 성벽 공사에 참여한 자들의 명단에 기록된 자는 없지만, 갱신된 언약에 인친 자 명단에 아델 자손의 대표가 나옵니다(느 10:17). 아델 자손은 제1차 바벨론 포로 귀환 때는 겨우 98명만 참여했던 미약한 가문이었지만, 여호와의 강하심을 의지함으로 언약에 인친 자 명단에 당당히 오를 수 있었습니다(참고- 고전 1:26-29, 고후 12:10).

15	베새 자손	בְּנֵי בֵצָי / the sons of Bezai 정복자 / 스 2:17, 느 7:23

(1) 가게 이름의 원어적 의미

'베새'는 히브리어 '베차이'(בֵּצָי)로 '정복자'라는 뜻입니다. 당시 이스라엘은 바벨론에게 정복당해 있었습니다. 그러나 하나님께서 세상을 정복하시고 그들을 해방시켜 고향으로 돌아가게 해주실 것을 소망하였을 것입니다. 예수님은 모든 악의 세력을 완전히 심판하시는 영원한 정복자이십니다. 로마서 16:20에서 "평강의 하나님께서 속히 사단을 너희 발 아래서 상하게 하시리라 우리 주 예수의 은혜가 너희에게 있을찌어다"라고 말씀하고 있으며, 고린도전서 15:25에서 "저가 모든 원수를 그 발아래 둘 때까지 불가불 왕 노릇 하시리니"라고 말씀하고 있습니다(고전 15:27, 엡 1:22, 히 2:8).

(2) 귀환자의 수 비교

주전 537년 제1차 바벨론 포로 귀환자	주전 458년 제2차 바벨론 포로 귀환자
323명(스 2:17) / 324명(느 7:23)	없음

에스라 2:17에 기록된 베새 자손의 제1차 바벨론 포로 귀환자는 323명입니다. 그런데 느헤미야 7:23에서는 "베새 자손이 삼백이십사 명이요"라고 말씀하고 있습니다. 이는 제3차 바벨론 포로 귀환 전후에 베새 자손 중 한 사람이 족보를 회복하여 추가된 것으로 보입니다.

베새 자손 가운데 제2차로 바벨론 포로에서 귀환한 자들에 대한 기록은 없습니다.

(3) 제2차 귀환 후 공개된 이방 여자와 결혼한 자들

베새 자손 중 이방 여자와 결혼한 자 명단에 기록된 자는 없습니다.

(4) 제3차 귀환 후 성벽 공사와 언약 갱신 참여 여부

베새 자손 중 성벽 공사에 참여한 자들의 명단에 기록된 자는 없지만, 갱신된 언약에 인친 자 명단에 베새 자손의 대표가 나옵니다. 느헤미야 10:18에서 "호디야, 하숨, 베새"라고 말씀하고 있습니다.

16 요라 자손

בְּנֵי יוֹרָה / the sons of Jorah
가을비, 비 오는 / 스 2:18, 느 7:24

(1) 가계 이름의 원어적 의미

'요라'(יוֹרָה)는 '던지다, 쏘다, 가르치다, 비를 내리다'라는 뜻의 히브리어 '야라'(יָרָה)에서 유래하여 '가을비, 비 오는'이라는 뜻입니다(참고-호 6:3, 10:12). 그런데 느헤미야 7:24에서는 요라 자손이 '하립 자손'으로 기록되어 있습니다. '하립'(חָרִיף)은 '가을'이라는 뜻으로, 두 이름의 뜻이 유사한 것을 볼 때 요라 자손과 하립 자손은 같은 자손으로 보아야 합니다. 두 자손의 귀환자 수 역시 112명으로 동일합니다.

(2) 귀환자의 수 비교

주전 537년 **제1차 바벨론 포로 귀환자**	주전 458년 **제2차 바벨론 포로 귀환자**
112명(스 2:18, 느 7:24)	없음

에스라 2:18에 기록된 요라 자손의 제1차 바벨론 포로 귀환자는 112명입니다. 그런데 느헤미야 7:24에서는 "하립(요라) 자손이 일백십이 명이요"라고 말씀하고 있습니다. 이는 모든 가계별 자손 가운데 아델 자손에 이어 두 번째로 적은 수로, 전체 귀환자 49,897명 중 0.22%에 불과합니다.

요라 자손 가운데 제2차로 바벨론 포로에서 귀환한 자들에 대한 기록은 없습니다.

(3) 제2차 귀환 후 공개된 이방 여자와 결혼한 자들

요라 자손 중 이방 여자와 결혼한 자 명단에 기록된 자는 없습니다.

(4) 제3차 귀환 후 성벽 공사와 언약 갱신 참여 여부

요라 자손 중 성벽 공사에 참여한 자들의 명단에 기록된 자는 없지만, 갱신된 언약에 인친 자 명단에 하립(요라) 자손의 대표가 나옵니다. 느헤미야 10:19에서 “하립, 아나돗, 노배”라고 말씀하고 있습니다. 하립(요라) 자손은 제1차 바벨론 포로 귀환 때는 겨우 112명밖에 참여하지 않았던 미약한 가문이었으나 적은 힘에도 불구하고 끝까지 사명의 자리를 지킴으로, 언약에 인친 자 명단에 기록되는 열매를 맺을 수 있었습니다.

17 하숨 자손

בְּנֵי חָשֻׁם / the sons of Hashum
부유한 / 스 2:19, 느 7:22

(1) 가계 이름의 원어적 의미

‘하숨’은 히브리어 ‘하슘’(חָשֻׁם)으로 ‘부유한’이라는 뜻입니다. 하숨의 부모는 바벨론의 가난한 생활 속에서 아들이 부유한 삶을 살기를 소망하면서 이름을 지었을 것입니다. 성도의 부유함은 하나님께서 주시는 복을 받을 때 가능합니다. 잠언 10:22에서 “여호와께서 복을 주시므로 사람으로 부하게 하시고 근심을 겸하여 주지 아니하시느니라”라고 말씀하고 있습니다(참고-창 24:1, 35). 예수님께서는 우리의 부유함을 위해 스스로 가난한 자리까지 내려오셨습니다. 고린도후서 8:9에서 “우리 주 예수 그리스도의 은혜를 너희가 알거니와 부요하신 자로서 너희를 위하여 가난하게 되심은 그의 가난함을 인하여 너희로 부요케 하려 하심이니라”라고 말씀하고 있습니다.

(2) 귀환자의 수 비교

주전 537년 제1차 바벨론 포로 귀환자	주전 458년 제2차 바벨론 포로 귀환자
223명(스 2:19) / 328명(느 7:22)	없음

에스라 2:19에 기록된 하숨 자손의 제1차 바벨론 포로 귀환자는 223명입니다. 그런데 느헤미야 7:22에서는 "하숨 자손이 삼백이십팔 명이요"라고 말씀하고 있습니다. 이는 제3차 바벨론 포로 귀환 전후에 하숨 자손으로 판명된 105명이 추가되었기 때문일 것입니다.

하숨 자손 가운데 제2차로 바벨론 포로에서 귀환한 자들에 대한 기록은 없습니다.

(3) 제2차 귀환 후 공개된 이방 여자와 결혼한 자들

하숨 자손 중 이방 여자와 결혼한 자 명단에 기록된 자는 7명이었습니다. 에스라 10:33에서 "하숨 자손 중 맛드내와 맛닷다와 사밧과 엘리벨렛과 여레매와 므낫세와 시므이요"라고 말씀하고 있습니다.

(4) 제3차 귀환 후 성벽 공사와 언약 갱신 참여 여부

하숨 자손 중 성벽 공사에 참여한 자들의 명단에 기록된 자는 없지만, 갱신된 언약에 인친 자 명단에 하숨 자손의 대표가 나옵니다. 느헤미야 10:18에서 "호디야, 하숨, 베새"라고 말씀하고 있습니다.

소결론 가계별 17개 자손의 **구속사적 교훈**

가계별 17개 자손은, 제1차 바벨론 포로 귀환자 수와 제2차 바벨론 포로 귀환자 수, 이방인 아내를 추방한 자들의 명단에 기록된 수, 성벽 재건 공사 참여 여부, 그리고 갱신된 언약에 인칠 때 참여 여부에 따라서 우측의 표와 같이 정리할 수 있습니다.

여기에 나타난 구속사적 교훈을 살펴보면 다음과 같습니다.

첫째, 제1차 귀환에 참여한 가계별 17개 자손 중 제2차 귀환에는 아홉 자손이 참여하였고, 그 중 두 자손만이 성벽 재건에 참여하였습니다.

제2차 귀환에 참여한 아홉 자손은 먼저 귀환한 조상들의 신앙의 결단을 본받았지만, 귀환하지 않은 여덟 자손은 그렇지 못했습니다. 그런데 주전 458년 제2차로 귀환한 아홉 자손 중에도 바로스와 바핫모압 자손 외에는 주전 444년의 성벽 재건에 참여하지 않았습니다. 이는 제2차 귀환자들의 가문이라 할지라도 시간이 지날수록 신앙이 점점 나태해졌다는 것을 보여줍니다.

잠언 19:15에서 "게으름이 사람으로 깊이 잠들게 하나니 해태*한 사람은 주릴 것이니라"라고 말씀하고 있습니다. 게으름과 나태가 사람을 깊이 잠들게 하듯이, 신앙적으로 나태한 가문들은 점점 영적으로 잠이 들어 하나님의 구속 역사에서 쓰임받지 못하고 말았습니다. 오늘날 성도는 게으르지 않고, 부지런함과 오래 참음으로 하나님의 약속들을 기업으로 받는 구속사의 주역으로 쓰임받아야 합

*해태(懈怠): 행동이 느리고 움직이거나 일하기를 싫어함.

가계별 17개 자손	제1차 바벨론 포로 귀환(주전 537년)		제2차 바벨론 포로 귀환(주전 458년)		제3차 바벨론 포로 귀환(주전 444년)	
	에스라 2장	느헤미야 7장	에스라 8장	이방인 아내 추방 (에스라 10장)	성벽 재건 공사 참여	갱신된 언약에 인을 침
1 바로스	2,172명		150명	7명	느 3:25下	느 10:14
2 스바댜	372명		80명			
3 아라	775명	652명				
4 바핫모압	2,812명	2,818명	200명	8명	느 3:11	느 10:14
5 엘람	1,254명		70명	6명		느 10:14
6 삿두	945명	845명		6명		느 10:14
7 삭개	760명					
8 바니(빈누이)	642명	648명		6명		느 10:14
9 브배(베배)	623명	628명	28명	4명		느 10:15
10 아스갓	1,222명	2,322명	110명			느 10:15
11 아도니감 (아도니야)	666명	667명	60명			느 10:16
12 비그왜	2,056명	2,067명	70명			느 10:16
13 아딘	454명	655명	50명			느 10:16
14 아델	98명					느 10:17
15 베새	323명	324명				느 10:18
16 요라(하립)	112명					느 10:19
17 하숨	223명	328명		7명		느 10:18
합계	15,509명	16,722명	818명	44명	2개 가문	14개 가문

니다(히 6:11-12).

둘째, 제1차, 제2차 귀환자 가문임에도 불구하고, 제2차 귀환 후 조사 결과 이방인 여자를 아내로 취하는 죄를 범한 가문이 있었습니다.

바로스, 바핫모압, 엘람, 삿두, 바니, 브배, 하숨 자손은 이방 여인을 아내로 취했습니다. 그러나 그들은 에스라의 개혁 조치에 회개하여 이방인 아내와 이혼하고 그 자녀까지 다 내쫓았습니다(스 10:2-3). 에스라 10:44에서 "이상은 모두 이방 여인을 취한 자라 그 중에 자녀를 낳은 여인도 있었더라"라고 말씀하고 있습니다(스 10:19). 에스라서의 마지막 단락은 결국 이방인 아내와 그 자녀들을 내보내는 말씀으로 끝나고 있습니다.

에스라의 단호한 명령은 과거에 하나님께서 아브라함에게 '계집 종과 그 아들을 내어 쫓으라' 명령하신 것을 떠오르게 합니다. 창세기 21:10에서 "이 여종과 그 아들을 내어 쫓으라 이 종의 아들은 내 아들 이삭과 함께 기업을 얻지 못하리라"라고 말씀하고 있습니다. 사도 바울은 이 말씀을 초대교회에 적용하여, 초대교회 성도들을 마치 사라를 통해 낳은 이삭으로, 율법 아래 있는 유대인들을 마치 여종 하갈을 통해 낳은 이스마엘로 말씀하였습니다(갈 4:22-28). 그리고 "그러나 성경이 무엇을 말하느뇨 계집 종과 그 아들을 내어 쫓으라 계집 종의 아들이 자유하는 여자의 아들로 더불어 유업을 얻지 못하리라 하였느니라 [31] 그런즉 형제들아 우리는 계집 종의 자녀가 아니요 자유하는 여자의 자녀니라"라고 하였습니다(갈 4:30-31).

이는 예수 그리스도를 믿지 않고 율법을 지킴으로만 구원을 얻는다고 주장하는 자들은 결국 하나님의 기업을 받을 수 없다는 엄

중한 선포입니다. 어느 시대에나 새 예루살렘성에 들어갈 수 없는 영적인 계집 종과 그 아들은 과감히 쫓아내야 하는 것입니다.

셋째, 제1차 귀환자 가문의 대부분이 제3차 귀환 후 갱신된 언약에 인을 쳤습니다.

바로스와 바핫모압 자손을 제외하고는 대부분의 가문들이 성벽 재건 공사에 참여하지 않았습니다. 그러나 성벽 재건을 6월 25일에 마친 후 7월 24일에 언약을 갱신할 때에는 스바댜, 아라, 삭개 가문을 제외한 나머지 가문이 모두 참여하여 인을 쳤습니다. 아마도 성벽 공사에 참여하지 않은 자들은 대적들의 극심한 방해로 불가능할 것이라고 생각했던 성벽이 완성되는 것을 보고 크게 놀랐을 것입니다. 그리고 학사 에스라가 7월 1일에 율법책의 말씀을 낭독하며 그 백성으로 깨닫게 하자, 크게 울며 철저히 회개하고 절기를 지켰을 것입니다(느 8:1-12). 그 결과 대부분의 가문이 언약 갱신에 참여하게 되었습니다.

회개만이 사는 길입니다. 회개에는 합당한 열매가 있어야 합니다(마 3:8, 눅 3:8, 행 26:20). 에스겔 18:30-31에서 "나 주 여호와가 말하노라 이스라엘 족속아 내가 너희 각 사람의 행한 대로 국문할찌라 너희는 돌이켜 회개하고 모든 죄에서 떠날찌어다 그리한즉 죄악이 너희를 패망케 아니하리라 [31] 너희는 범한 모든 죄악을 버리고 마음과 영을 새롭게 할찌어다 이스라엘 족속아 너희가 어찌하여 죽고자 하느냐"라고 말씀하고 있습니다. 회개에 합당한 열매를 맺고 모든 죄를 떠나 새로운 사람이 되어, 성령으로 인치심을 받아 구속의 날까지 성령을 근심시키지 말고(고후 1:22, 엡 1:13, 4:30, 계 7:3) 같은 죄를 반복하지 않는 성도가 되시기 바랍니다.

2. 지역별로 분류된 17개 자손
The Seventeen Descendants Grouped by Region

1	깁발 자손(기브온 사람)	בְּנֵי גִבָּר / the sons of Gibbar 용사 / 스 2:20, 느 7:25

기브온은 예루살렘 북서쪽 8km 지점에 위치한 성읍입니다. 에스라 2:20의 '깁발'은 히브리어 '깁바르'(גִּבָּר)로 '용사'라는 뜻이며, 느헤미야 7:25의 '기브온'(גִּבְעוֹן)은 '언덕, 높은 곳'이라는 뜻입니다. 깁발 자손(기브온 사람)은 제1차 귀환 시 95명이 귀환하였습니다.

주전 444년의 제3차 바벨론 포로 귀환 후, 이들은 옛문으로부터 시작되는 구간의 제10구역 성벽 공사에 참여하였습니다. 느헤미야 3:7에서 "그다음은 기브온 사람 믈라댜와 메로놋 사람 야돈이 강 서편 총독의 관할에 속한 기브온 사람들과 미스바 사람들로 더불어 중수하였고"라고 말씀하고 있습니다.

2	베들레헴 자손 느도바 사람	בְּנֵי בֵית־לָחֶם / the men of Bethlehem / 떡집 אַנְשֵׁי נְטֹפָה / the men of Netophah / 떨어짐, 물방울 스 2:21-22, 느 7:26

베들레헴은 예루살렘 남서쪽 8km 지점에 위치한 마을이며, 느도바는 베들레헴에서 남동쪽 5.6km 지점의 마을입니다. '베들레헴'은 히브리어 '베이트 레헴'(בֵּית לֶחֶם)으로 '떡집'이라는 뜻이며, '느도바'는 히브리어 '네토파'(נְטֹפָה)로 '떨어짐, 물방울'이라는 뜻입니다. 에스라 2:21-22에서는 바벨론 포로에서 제1차로 귀환한 베들레헴

사람을 123명, 느도바 사람을 56명으로 기록하여, 총 179명이 귀환한 것으로 말씀하고 있습니다. 그런데 느헤미야 7:26에서는 베들레헴 사람과 느도바 사람을 합쳐서 총 188명이 귀환하였다고 말씀하고 있습니다. 아마도 제3차 바벨론 포로 귀환 전후에 베들레헴 사람과 느도바 사람 중 9명이 족보를 회복하여 추가된 것으로 보입니다.

제3차 귀환 후 베들레헴 사람이나 느도바 사람이 성벽 공사에 참여하였다거나, 언약을 갱신하며 인을 칠 때 참여했다는 기록은 없습니다.

3 아나돗 사람

אַנְשֵׁי עֲנָתוֹת / the men of Anathoth / 응답
스 2:23, 느 7:27

아나돗은 예루살렘 북동쪽 4km 지점에 위치한 성읍이며, 히브리어로는 '아나토트'(עֲנָתוֹת)로 '응답'이라는 뜻입니다. 아나돗 사람은 제1차 바벨론 포로 귀환 시 128명이 귀환하였습니다(스 2:23, 느 7:27).

참고로, 아나돗은 가나안 정복 시 베냐민 지파의 기업 중에서 레위인에게 준 성읍입니다(수 21:18). 다윗 때 사독과 함께 대제사장직을 역임했던 아비아달의 고향이며(왕상 2:26), 힐기야의 아들 예레미야 선지자의 고향입니다(렘 1:1, 11:21, 29:27). 예루살렘이 멸망하기 1년 전인 주전 587년, 하나님께서는 시위대 뜰에 갇혀있던 예레미야에게 숙부 살룸의 아들, 하나멜이 밭을 팔러 올 것을 예고하시며 그 밭을 사라고 명령하셨습니다(렘 32:1-7). 예루살렘이 포위당한 상황에서 하나멜은 인간적인 꾀를 내어 자신의 밭을 팔았지만, 하나님께서는 이스라엘 백성이 예루살렘으로 반드시 귀환할 것을 약속

하는 표징으로 예레미야에게 아나돗의 밭을 사라고 하신 것입니다(렘 32:43-44). 예레미야는 이 말씀에 순종하여 은 17세겔을 정가하여 밭을 구매하였고, 매매 증서를 토기에 담아 보존하였습니다(렘 32:8-15). 훗날 바벨론에서 제1차로 귀환한 후손들은 아나돗에 돌아온 후 예레미야의 매매 증서를 보고 하나님의 말씀이 하나도 빠짐없이 성취되었음을 목격했을 것입니다.

비록 제3차 귀환 후 아나돗 사람이 성벽 공사에 참여했다는 기록은 없지만, 언약을 갱신하고 인친 자 명단에 기록되어 있습니다(느 10:19). 아나돗 사람들은 불가능하리라 생각했던 아나돗 땅의 회복이나 성벽의 재건을 보면서 철저히 회개하고 마침내 언약에 인치는 자리에 동참한 것입니다.

4 아스마웻 자손 (벧아스마웻 사람)

בְּנֵי עַזְמָוֶת / the sons of Azmaveth
죽음의 힘, 죽음에 강함 / 스 2:24, 느 7:28

아스마웻은 예루살렘 북동쪽 8km 지점에 위치한 성읍입니다. '아스마웻'은 히브리어 '아즈마베트'(עַזְמָוֶת)로 '죽음의 힘, 죽음에 강함'이라는 뜻입니다. 느헤미야 7:28에는 앞에 '집'을 의미하는 히브리어 '베이트'(בֵּית)를 추가해서 '벧아스마웻'(בֵּית־עַזְמָוֶת)이라고 기록하였습니다. 아스마웻 자손은 제1차 귀환 시 42명이 귀환하였습니다(스 2:24, 느 7:28).

아스마웻 자손은 제3차 귀환 후 재건된 예루살렘 성벽 낙성식에 참여하였습니다. 느헤미야 12:29에서 "또 벧길갈과 게바와 아스마웻 들에서 모여 왔으니 이 노래하는 자들은 자기를 위하여 예루살렘 사방에 동네를 세웠음이라"라고 말씀하고 있습니다.

5 기랴다림 자손 (기랴여아림 사람)

בְּנֵי קִרְיַת עָרִים
the sons of Kiriath-arim / 숲의 성읍
스 2:25, 느 7:29

기랴다림은 예루살렘 북서쪽 약 13km 지점에 위치한 성읍입니다. 에스라 2:25의 '기랴다림'은 히브리어 '키르야트 아림'(קִרְיַת עָרִים)으로 '숲의 성읍'이라는 뜻이며, 느헤미야 7:29의 '기랴여아림'은 히브리어 '키르야트 예아림'(קִרְיַת יְעָרִים)으로 동일한 뜻입니다. 기랴다림 자손은 제1차 귀환 시 그비라 자손과 브에롯 자손을 합하여 743명이 귀환하였습니다(스 2:25, 느 7:29). 본서에서는 세 자손의 귀환자 수 743명이 다른 지역별 자손보다 상대적으로 많은 점과 세 성읍이 서로 멀리 떨어져 있음을 감안하여, 각각 분리하여 개별적인 지역별 자손으로 취급하였습니다.

제3차 귀환 후 기랴다림 자손(기랴여아림 사람)이 성벽 공사에 참여했다거나 언약을 갱신하며 인을 칠 때 참여했다는 기록은 없습니다.

6 그비라 자손

בְּנֵי כְּפִירָה / the sons of Chephirah / 마을
스 2:25, 느 7:29

그비라는 예루살렘 북서쪽 약 15km 지점에 위치한 성읍이며, 히브리어 '케피라'(כְּפִירָה)로 '마을'이라는 뜻입니다. 그비라 자손은

제1차 바벨론 포로 귀환 시 기랴다림 자손과 브에롯 자손을 합하여 743명이 귀환하였습니다(스 2:25, 느 7:29).

제3차 귀환 후 그비라 자손이 성벽 재건에 참여하였다거나 언약을 갱신하며 인을 칠 때 참여했다는 기록은 없습니다.

7 브에롯 자손

בְּנֵי בְאֵרוֹת / the sons of Beeroth / 우물들
스 2:25, 느 7:29

브에롯은 예루살렘 북쪽 약 15km 지점에 위치한 성읍이며, 히브리어로는 '베에로트'(בְּאֵרוֹת)로 '우물들'이라는 뜻입니다. 브에롯은 베냐민 지파와 에브라임의 경계 지역이 되었습니다(수 18:25). 브에롯 자손은 제1차 바벨론 포로 귀환 시 기랴다림 자손과 그비라 자손을 합하여 743명이 귀환하였습니다(스 2:25, 느 7:29).

제3차 귀환 후 브에롯 자손이 성벽 공사에 참여하였다거나 언약을 갱신하며 인을 칠 때 참여했다는 기록은 없습니다.

8 라마와 게바 자손

בְּנֵי הָרָמָה וָגָבַע / the sons of Ramah and Geba
'라마'(רָמָה): 높은 산, 구릉 / '게바'(גֶּבַע): 낮은 산, 구릉
스 2:26, 느 7:30

라마는 예루살렘에서 북쪽으로 9km 지점에 위치한 성읍이며, 히브리어로는 '라마'(רָמָה)로 '높은 산, 구릉'이라는 뜻입니다. 히브리어 '게바'(גֶּבַע)는 '낮은 산, 구릉'이라는 뜻이며, 라마 인근의 마을입

니다. 라마와 게바는 라마의 성곽을 허물고 게바로 옮겨서 쌓을 만큼 가까운 곳에 위치하였습니다(왕상 15:17-22). 라마와 게바 자손은 제1차 바벨론 포로 귀환 시 621명이 귀환하였습니다(스 2:26, 느 7:30).

제3차 귀환 후 라마와 게바 자손은 재건된 예루살렘 성벽 낙성식에 참여하였습니다. 느헤미야 12:29에서 "또 벧길갈과 게바와 아스마웻 들에서 모여 왔으니 이 노래하는 자들은 자기를 위하여 예루살렘 사방에 동네를 세웠음이라"라고 말씀하고 있습니다.

9 믹마스 사람

אַנְשֵׁי מִכְמָס / the men of Michmas
감추어진 곳 / 스 2:27, 느 7:31

믹마스는 예루살렘 북동쪽 13km 지점에 위치한 성읍이며, 히브리어로는 '미크마스'(מִכְמָס)로 '감추어진 곳'이라는 뜻입니다. 믹마스 자손은 제1차 바벨론 포로 귀환 시 122명이 귀환하였습니다(스 2:27, 느 7:31).

제3차 귀환 후 믹마스 자손이 성벽 공사에 참여하였다거나 언약을 갱신하며 인을 칠 때 참여했다는 기록은 없습니다.

성벽 낙성식을 준비하며 느헤미야가 귀환자들의 거주지를 재배치 할 때 믹마스는 베냐민 자손의 거주지로 기록되어 있습니다. 느헤미야 11:31에서 "또 베냐민 자손은 게바에서부터 믹마스와 아야와 벧엘과 그 촌에 거하며"라고 말씀하고 있습니다.

10 벧엘과 아이 사람

אַנְשֵׁי בֵית־אֵל וְהָעָי / the men of Bethel and Ai
'베트엘'(בֵּית־אֵל): 하나님의 집 / '아이'(עַי): 폐허
스 2:28, 느 7:32

벧엘은 예루살렘 북쪽 19km 지점에 위치한 성읍이며, 히브리어로는 '베트엘'(בֵּית־אֵל)로 '하나님의 집'이라는 뜻입니다. 아이는 벧엘의 동쪽 인근 성읍이며, 히브리어 '아이'(עַי)는 '폐허'라는 뜻입니다. 벧엘과 아이는 바로 인접한 장소로 한 장소로 취급됩니다(창 12:8, 13:3, 수 7:2, 8:9, 12, 17, 12:9). 에스라 2:28에서는 제1차로 바벨론 포로에서 귀환한 벧엘과 아이 사람을 223명으로, 느헤미야 7:32에서는 123명으로 말씀하고 있습니다. 아마도 족보에서 자신을 증명하지 못한 사람 100명을 제외했거나, 아니면 두 족보 중 하나가 사본으로 전수되는 과정 가운데 히브리어 '메아'(מֵאָה, 숫자 100)와 '마타임'(מָאתַיִם, 숫자 200)을 혼동하여 잘못 필사되어 전해진 것으로 보입니다.

제3차 귀환 후 벧엘과 아이 사람이 성벽 공사에 참여하였다거나 언약을 갱신하며 인을 칠 때 참여했다는 기록은 없습니다.

성벽 낙성식을 준비하며 느헤미야가 귀환자들의 거주지를 재배치 할 때, 벧엘과 아이는 베냐민 자손의 거주지로 기록되어 있습니다. 느헤미야 11:31에서 "또 베냐민 자손은 게바에서부터 믹마스와 아야와 벧엘과 그 촌에 거하며"라고 말씀하고 있는데, 여기 '아야'가 '아이'를 가리킵니다.

11 느보 자손

בְּנֵי נְבוֹ / the sons of Nebo / 예언자
스 2:29, 느 7:33

느보는 예루살렘 남서쪽 약 24km 지점에 위치한 성읍이며, 히브리어로는 '네보'(נְבוֹ)로 '예언자'라는 뜻입니다. 느보 자손은 제1차 바벨론 포로 귀환 시 52명이 귀환하였습니다(스 2:29, 느 7:33).

제3차 귀환 후 느보 자손이 성벽 공사에 참여하였다거나 언약을 갱신하며 인을 칠 때 참여했다는 기록은 없습니다.

12 막비스 자손

בְּנֵי מַגְבִּישׁ / the sons of Magbish / 강한 자
스 2:30

막비스는 히브리어 '마그비쉬'(מַגְבִּישׁ)로 '강한 자'라는 뜻이며, 정확한 위치는 알 수 없습니다. 에스라 2:30에서는 제1차로 바벨론 포로에서 귀환한 막비스 자손을 156명으로 기록하고 있습니다. 그리고 느헤미야 7장 귀환자 족보에는 기록되어 있지 않은데, 막비스의 지명도 성경에 단 한 번밖에 기록되지 않은 것을 볼 때 막비스 자손의 활동이 매우 미약하였던 것으로 보입니다.

제3차 귀환 후 막비스 자손이 성벽 공사에 참여하였다거나 언약을 갱신하며 인을 칠 때 참여했다는 기록은 없습니다.

13 다른 엘람 자손

בְּנֵי עֵילָם אַחֵר
the sons of the other Elam / 높은 곳
스 2:31, 느 7:34

여기 엘람 자손은 '다른'이라는 뜻의 히브리어 '아헤르'(אַחֵר)가 함께 쓰여 '다른 엘람 자손'을 의미합니다. 여기 '아헤르'는 에스라 2:7에 나오는 가계별 17개 자손 가운데 5번째 '엘람 자손'과 구별하기 위한 것입니다. 엘람은 예루살렘 남서쪽 약 40km 지점에 위치한 성읍이며, 히브리어 '엘람'(עֵילָם)은 '높은 곳'이라는 뜻입니다. 다른 엘람 자손은 제1차 바벨론 포로 귀환 시 1,254명이 귀환하였습니다(스 2:31, 느 7:34).

제3차 귀환 후 다른 엘람 자손이 성벽 공사에 참여하였다거나 언약을 갱신하며 인을 칠 때 참여했다는 기록은 없습니다. 느헤미야 10:14에서 인친 자 명단에 포함된 '엘람'은 지역별 엘람이 아니라, 가계별 자손의 5번째 엘람 자손을 가리킵니다.

14 하림 자손

בְּנֵי חָרִם / the sons of Harim / 봉헌된
스 2:32, 느 7:35

하림은 예루살렘 남서쪽 약 35km 지점에 위치한 성읍이며, 히브리어 '하림'(חָרִם)은 '봉헌된'이라는 뜻입니다. 하림 자손은 제1차 바벨론 포로 귀환 시 320명이 귀환하였습니다(스 2:32, 느 7:35).

제2차 바벨론 포로 귀환 후, 주전 458년에 에스라가 조사한 이방 여자와 결혼한 명단에는 하림 자손 중에 여덟 명의 이름이 기록되어

있습니다. 에스라 10:31-32에서 "하림 자손 중 엘리에셀과 잇시야와 말기야와 스마야와 시므온과 32 베냐민과 말룩과 스마랴요"라고 말씀하고 있습니다. 하림 자손은 에스라의 권면을 듣고 이방 여자를 취한 것에 대해 회개하고 이방인 아내와 그 자녀들을 내쫓았습니다.

제3차 귀환 후 하림 자손은 성벽 공사 가운데 옛문으로부터 시작되는 구간의 제16구역 공사에 참여하였으며(느 3:11), 언약을 갱신하고 인친 자 명단에도 기록되어 있습니다(느 10:27).

15 로드와 하딧과 오노 자손

בְּנֵי־לֹד חָדִיד וְאוֹנוֹ / the sons of Lod, Hadid, and Ono / '로드'(לֹד): 산고, 진통 '하디드'(חָדִיד): 날카로운 / '오노'(אוֹנוֹ): 강한
스 2:33, 느 7:37

로드, 하딧, 오노는 예루살렘 북서쪽 약 40km 지역에 서로 인접해 있는 장소로, 성경에서도 한 장소로 취급됩니다. 히브리어 '로드'(לֹד)는 '산고, 진통'이라는 뜻이고, '하딧'은 히브리어 '하디드'(חָדִיד)로 '날카로운'이라는 뜻이며, 히브리어 '오노'(אוֹנוֹ)는 '강한'이라는 뜻입니다. 에스라 2:33에서는 제1차로 바벨론 포로에서 귀환한 로드와 하딧과 오노 자손을 725명으로, 느헤미야 7:37에서는 721명으로 기록하고 있습니다. 이 차이는 아마도 족보에서 자신의 계보를 찾지 못한 자들이 후에 제외된 것으로 보입니다.

제3차 귀환 후 로드와 하딧과 오노 자손이 성벽 공사에 참여하였다거나 언약을 갱신하며 인을 칠 때 참여했다는 기록은 없습니다.

성벽 낙성식을 준비하며 느헤미야가 귀환자들의 거주지를 재배치 할 때, 로드, 하딧, 오노는 베냐민 자손의 거주지로 기록되어 있

습니다(느 11:34-35).

16 여리고 자손

בְּנֵי יְרֵחוֹ / the sons of Jericho / 향기의 장소
스 2:34, 느 7:36

여리고는 예루살렘 북동쪽 약 27km 지점에 위치한 성읍이며, 히브리어로는 '예리호'(יְרֵחוֹ)로 '향기의 장소'라는 뜻입니다. 여리고 자손은 제1차 바벨론 포로 귀환 시 345명이 귀환하였습니다.

제3차 귀환 후 여리고 자손은 성벽 공사 가운데 양문으로부터 시작되는 구간의 제2구역 성벽 공사에 참여하였습니다. 느헤미야 3:2에서 "그다음은 여리고 사람들이 건축하였고 또 그다음은 이므리의 아들 삭굴이 건축하였으며"라고 말씀하고 있습니다.

17 스나아 자손

בְּנֵי סְנָאָה
the sons of Senaah / 가시가 많은, 증오
스 2:35, 느 7:38

스나아는 예루살렘 북동쪽 약 35km 지점에 위치한 성읍이며, 히브리어 '세나아'(סְנָאָה)로 '가시가 많은, 증오'라는 뜻입니다. 에스라 2:35에서는 바벨론에서 제1차로 귀환한 스나아 자손을 3,630명으로, 느헤미야 7:38에서는 3,930명으로 기록하고 있습니다. 아마도 이 차이는 족보에서 자신의 계보를 찾아 증명한 자들이 후에 회복된 것으로 보입니다.

에스라·느헤미야서 외에 스나아라는 지역을 전혀 찾을 수 없는 것을 볼 때, 스나아는 큰 성읍은 아닐 뿐더러 특별한 사건조차 없었던 지역입니다. 그러나 스나아 자손의 귀환자 수는 다른 지역별 귀환자 자손들보다 압도적으로 많은 3,630명(느 7:38-3,930명)이며, 지역별 자손 분류에서 마지막 17번째로 기록되어 있습니다. 이는 가계나 거주지가 불분명한 소외된 사람들을 하나로 묶어서 마지막으로 명단에 넣은 것으로 보입니다. 이들은 사회적, 경제적으로 어려운 환경 속에서 서로를 의지하면서 무리를 지어 살다가 제1차 귀환에 참여하였을 것입니다.

제3차 귀환 후 스나아 자손은 성벽 공사 가운데 어문 공사에 참여하였습니다. 느헤미야 3:3에서 "어문은 하스나아의 자손들이 건축하여 그 들보를 얹고 문짝을 달고 자물쇠와 빗장을 갖추었고"라고 말씀하고 있습니다. 여기 '하스나아'는 히브리어 '하세나아'(הַסְּנָאָה)로 '세나아'에 히브리어 정관사 '하'(הַ)가 붙은 형태입니다.

지역별 17개 자손의 정착지

The Settlements of the Seventeen Descendants Grouped by Region

스Ezra 2:20-35, 느Neh 7:25-38

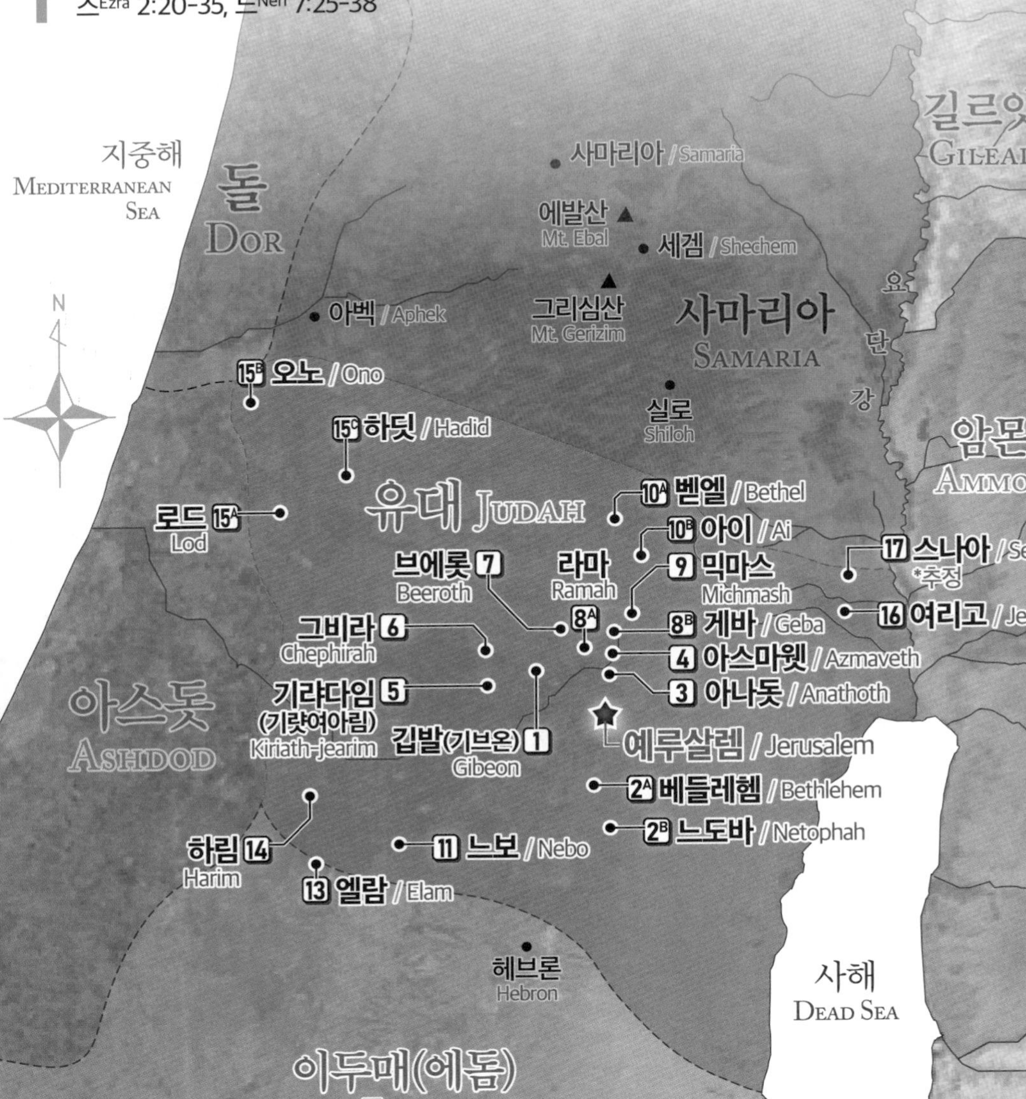

※ 지역별 귀환자 명단에 12번째로 기록된 '막비스'는 구약성경에 단 한 번 등장하는 곳으로(스 2:30), 정확한 위치를 알 수 없다.

<table>
<tr><th rowspan="2">지역별 17개 자손</th><th colspan="2">제1차 바벨론 포로 귀환(주전 537년)</th><th colspan="3">제3차 바벨론 포로 귀환(주전 444년)</th></tr>
<tr><th>에스라 2장</th><th>느헤미야 7장</th><th>성벽 재건 공사 참여</th><th>성벽 낙성식 참여</th><th>갱신된 언약에 인을 침</th></tr>
<tr><td>1 길발 자손(기브온 사람)</td><td colspan="2">95명</td><td>느 3:7</td><td></td><td></td></tr>
<tr><td>2 베들레헴과 느도바 사람</td><td>179명</td><td>188명</td><td></td><td></td><td></td></tr>
<tr><td>3 아나돗 사람</td><td colspan="2">128명</td><td></td><td></td><td>느 10:19</td></tr>
<tr><td>4 아스마웻 자손(벧아스마웻 사람)</td><td colspan="2">42명</td><td></td><td>느 12:29</td><td></td></tr>
<tr><td>5 기랴다림 자손(기랏여아림 사람)</td><td colspan="2" rowspan="3">743명</td><td></td><td></td><td></td></tr>
<tr><td>6 그비라 자손(그비라 사람)</td><td></td><td></td><td></td></tr>
<tr><td>7 브에롯 자손(브에롯 사람)</td><td></td><td></td><td></td></tr>
<tr><td>8 라마와 게바 자손</td><td colspan="2">621명</td><td></td><td>느 12:29</td><td></td></tr>
<tr><td>9 믹마스 사람</td><td colspan="2">122명</td><td></td><td></td><td></td></tr>
<tr><td>10 벧엘과 아이 사람</td><td>223명</td><td>123명</td><td></td><td></td><td></td></tr>
<tr><td>11 느보 자손(느보 사람)</td><td colspan="2">52명</td><td></td><td></td><td></td></tr>
<tr><td>12 막비스 자손</td><td>156명</td><td>기록없음</td><td></td><td></td><td></td></tr>
<tr><td>13 다른 엘람 자손</td><td colspan="2">1,254명</td><td></td><td></td><td></td></tr>
<tr><td>14 하림 자손</td><td colspan="2">320명</td><td>느 3:11</td><td></td><td>느 10:27</td></tr>
<tr><td>15 로드, 하딧, 오노 자손</td><td>725명</td><td>721명</td><td></td><td></td><td></td></tr>
<tr><td>16 여리고 자손</td><td colspan="2">345명</td><td>느 3:2</td><td></td><td></td></tr>
<tr><td>17 스나아 자손</td><td>3,630명</td><td>3,930명</td><td>느 3:3</td><td></td><td></td></tr>
<tr><td>합계</td><td>8,635명</td><td>8,684명</td><td>4개 가문</td><td>2개 가문</td><td>2개 가문</td></tr>
</table>

소결론 지역별 17개 자손의 구속사적 교훈

첫째, 지역별 귀환자들은 신앙을 제대로 전수하지 못했습니다.

지역별 귀환자 17개 자손 대부분은 성벽 재건, 언약 갱신식, 성벽 낙성식에 참여하지 않았습니다. 이는 지역별 귀환자 대부분이 신앙 전수가 제대로 이루어지지 않았다는 것을 알려줍니다. 가계별 귀환자 17개 자손에 비해 소속감이 떨어지고 신앙적으로 통일되지 못했던 것입니다.

하나님께서는 부모의 신앙을 자손들에게 전수할 것을 명령하셨습니다. 요엘 1:3에서 "너희는 이 일을 너희 자녀에게 고하고 너희 자녀는 자기 자녀에게 고하고 그 자녀는 후시대에 고할 것이니라"라고 말씀하고 있습니다. 하나님께서 이스라엘과 체결하신 언약의 핵심 내용은 '자손 대대로 신앙이 전수되어야 한다는 것'입니다. 이사야 59:21에서 "여호와께서 또 가라사대 내가 그들과 세운 나의 언약이 이러하니 곧 네 위에 있는 나의 신과 네 입에 둔 나의 말이 이제부터 영영토록 네 입에서와 네 후손의 입에서와 네 후손의 후손의 입에서 떠나지 아니하리라 하시니라 여호와의 말씀이니라"라고 말씀하고 있습니다.

둘째, 지역별 귀환자 중 가장 많이 귀환한 자손은 스나아 자손입니다.

지역별 귀환자가 에스라서 기준으로 총 8,635명인데 그중 스나아 자손 3,630명(스 2:35)은 약 42%에 달하는 엄청난 숫자입니다. '스나아'는 '가시가 많은'이라는 뜻입니다. 아담이 타락하여 에덴동산에서 쫓겨난 이후 인생들은 가시가 많은 삶을 살아야 했습니다. 창세기 3:18에서 "땅이 네게 가시덤불과 엉겅퀴를 낼 것이라 너의 먹을 것은 밭의 채소인즉"이라고 말씀하고 있습니다. 스나아 자손은 바벨론에서 포로 생활을 하면서 가시가 많은 삶을 살았지만 하나님을 향한 신앙을 끝까지 저버리지 않고 예루살렘을 마음에 두고 살았기에 다시 귀환할 수 있었습니다(렘 51:50). 예수님께서는 타락한 인생들의 각종 가시를 대신 다 가져가셨습니다. 예수님께서 머리에 가시 면류관을 쓰신 것은 우리의 가시를 가져가셨음을 보여줍니다(사 53:5, 겔 28:24, 요 19:2).

셋째, 지역별 귀환자 중 대부분은 베냐민 지파 지역의 자손들이었습니다.

· **깁발 자손(기브온 사람)**이 95명 귀환하였는데(스 2:20, 느 7:25), 기브온 지역은 베냐민 지파가 분배받은 지역이었습니다(수 18:21, 25).

· **아나돗 사람**이 128명 귀환하였는데(스 2:23, 느 7:27), 아나돗 지역은 베냐민 지파가 분배받은 지역이었습니다(수 21:17-18).

· **아스마웻 자손(벧아스마웻 사람)**이 42명 귀환하였는데(스 2:24, 느 7:28), 아스마웻 지역은 예루살렘 근처로 베냐민 지파에게 분배된 땅이었습니다(참고-느 12:29).

· **그비라 자손**이 기랴다림(기럇여아림)자손과 **브에롯 자손**과 합하여 743명 귀환하였는데(스 2:25, 느 7:29), 그비라와 브에롯 지역은 베냐민 지파가 분배받은 지역이었습니다(수 18:25-26).

· **라마와 게바 자손**이 합쳐서 621명 귀환하였는데(스 2:26, 느 7:30), 라마와 게바 지역은 베냐민 지파가 분배받은 지역이었습니다

(수 18:21, 24-25).

- **믹마스 사람**이 122명 귀환하였는데(스 2:27, 느 7:31), 믹마스는 게바와 가까운 지역으로 베냐민 지파가 분배받은 지역이었습니다(참고-느 11:31).
- **벧엘과 아이 사람**이 223명 귀환하였는데(스 2:28, 느 7:32-123명), 벧엘은 베냐민 지파가 분배받은 지역이었습니다(수 18:21-22, 참고-느 11:31).
- **여리고 자손**이 345명 귀환하였는데(스 2:34, 느 7:36), 여리고는 베냐민 지파가 분배받은 지역이었습니다(수 18:21).

이상에서 보듯이 지역별 귀환자 대부분은 베냐민 지파 출신들이었습니다. 베냐민 지파는 사사 시대에 레위 사람의 첩을 욕보인 사건(삿 19장)으로 이스라엘 전체 총회와 전쟁을 하면서 600명밖에 남지 않게 되었습니다(삿 20:47). 그러나 왕정 시대와 바벨론 포로 시대를 지난 뒤, 제1차로 귀환할 때 베냐민 지파가 가장 많은 인원이 참여하였습니다. 이스라엘의 역사를 보면, 통일 이스라엘 왕국이 분열될 때에 열 지파가 북 이스라엘 왕국으로 뭉쳤지만, 베냐민 지파만은 다윗 언약이 있는 유다 지파 편에 섰습니다(왕상 12:21). 베냐민 지파는 과거에 가장 작은 지파였지만 자신들의 잘못을 회개하고 다시 하나님의 언약 편에 굳게 섰기 때문에 바벨론 포로 생활 가운데 가장 강한 지파로 거듭난 것입니다(참고-고전 1:27-29, 고후 12:10). 마지막 때에도 하나님의 은혜로 의롭게 되어 하나님의 영광을 나타낼 자들이 비록 작지만 천을 이루고 마침내 강국을 이루게 됩니다(사 60:21-22).

넷째, 지역별 귀환자 중 베냐민 지파는 다른 지역까지 진출하였습니다.

원래 베냐민 지파가 가나안에서 분배받은 지역은 예루살렘 북쪽 지역으로, 유다 자손과 요셉 자손의 중간 지역입니다(수 18:11-28). 그런데 성벽 낙성식을 마친 후 느헤미야가 귀환자들의 거주지를 재배치 할 때, 느헤미야는 베냐민의 분깃 이외의 지역까지 베냐민 자손을 배치했습니다. 느헤미야 11:31-35에서는 "또 베냐민 자손은 게바에서부터 믹마스와 아야와 벧엘과 그 촌에 거하며 [32] 아나돗과 놉과 아나냐와 [33] 하솔과 라마와 깃다임과 [34] 하딧과 스보임과 느발랏과 [35] 로드와 오노와 공장 골짜기에 거하였으며"라고 말씀하고 있습니다. 여기 35절의 로드는 욥바의 동남쪽 17km에 위치하며, 오노는 로드의 서북쪽에 9km에 위치하고, 34절의 하딧은 오노의 동남쪽 11km에 위치합니다. 로드와 오노와 하딧은 모두 지중해에서 가까운 곳에 위치한 성읍들입니다.

이렇듯 세 차례에 걸친 바벨론 포로 귀환을 지나고 성벽 재건과 낙성식을 마친 후, 베냐민 지파는 마침내 지중해 근처까지 진출했습니다. 이는 베냐민 지파의 귀환자 수가 많았을 뿐만 아니라, 하나님께서 아브라함과 약속하신 가나안 땅을 회복하려는 열정과 개척 정신이 강하였음을 보여줍니다. 참고로 예루살렘성에 거한 베냐민 지파의 수(928명)도 유다 지파(468명)의 두 배나 되었습니다(느 11:6-8).

다섯째, 베냐민 자손의 거주 지역에 레위 사람들이 함께하였습니다.

느헤미야 11:36에서 "유다에 있던 레위 사람의 어떤 반열은 베냐민과 합하였느니라"라고 말씀하고 있습니다. 흩어진 베냐민 자손의 성읍에도 레위인들이 따라간 것인데, 이는 하나님의 명령에 따른 것입니다. 여호수아 21장을 보면 하나님께서는 가나안 땅을 각 지파에게 분배할 때, 전국의 48개 성읍에 레위 지파가 흩어져 살게 하셨습니다. 하나님께서는 이들로 하여금 제사를 인도하고 율례와 법도를 가르치며 신앙 공동체를 유지하도록 지도하게 하셨습니다. 이 말씀에 따라 베냐민 자손의 거주지를 재배치할 때에도 레위인들을 함께하게 했던 것입니다. 이는 세 차례에 걸친 바벨론 포로 귀환을 지나며 이스라엘 공동체가 하나님 중심, 예배 중심의 정체성을 회복하였음을 보여줍니다.

3. 성전 봉사자별(직무별)로 분류된 17개 자손

The Seventeen Descendants Grouped by Temple Service (Duty)

에스라 2:36-63과 느헤미야 7:39-65에는 제1차 바벨론 포로 귀환자들 중 성전 봉사자별(직무별)로 분류된 17개 자손이 그들의 인원수와 함께 기록되어 있습니다. 이 17개 자손을 분류하면 다음과 같습니다.

제사장 가문	여다야 자손, 임멜 자손, 바스훌 자손, 하림 자손	4개 자손
레위인 가문	호다위야(호드야) 자손, 아삽 자손, 살룸 자손, 아델 자손, 달문 자손, 악굽 자손, 하디다 자손, 소배 자손	8개 자손
수종자 가문 (이방인)	느디님 사람 자손, 솔로몬 신복 자손	2개 자손
계보 없는 제사장 가문	하바야(호바야) 자손, 학고스 자손, 바르실래 자손	3개 자손

1 제사장 가문 여다야 자손

בְּנֵי יְדַעְיָה / the sons of Jedaiah
여호와께서 알고 계신다 / 스 2:36, 느 7:39

여다야 자손은 성전 봉사자별로 볼 때 첫 번째 자손이며, 제사장 가문입니다. '여다야'는 히브리어 '예다에야'(יְדַעְיָה)로 '여호와께서 알고 계신다'라는 뜻입니다. 제1차로 바벨론 포로에서 귀환한 여다야 자손의 수는 973명입니다.

여다야 반열은 다윗이 세운 제사장 24반열 중 2번째 반열이었습니다. 역대상 24:7에서 "첫째로 제비 뽑힌 자는 여호야립이요 둘째는 여다야요"라고 말씀하고 있습니다. 에스라 2:36, 느헤미야 7:39

에서 여다야 자손을 '예수아의 집'이라고 한 것은 이들이 당시 대제사장 여호수아의 가문임을 가리킵니다.

2 제사장 가문 임멜 자손

בְּנֵי אִמֵּר / the sons of Immer
그가 말했다 / 스 2:37, 느 7:40

임멜 자손은 성전 봉사자별로 볼 때 두 번째 자손이며, 제사장 가문입니다. '임멜'은 히브리어 '임메르'(אִמֵּר)로 '그가 말했다'라는 뜻입니다. 제1차로 바벨론 포로에서 귀환한 임멜 자손의 수는 1,052명입니다.

임멜 자손 중 두 명은 이방 여자와 결혼했다가 에스라의 개혁 조치에 순종하여 이방인 아내를 내보냈습니다. 에스라 10:20에서 "또 임멜 자손 중에는 하나니와 스바댜요"라고 말씀하고 있습니다.

임멜 반열은 다윗이 세운 제사장 24반열 중 16번째 반열이었습니다. 역대상 24:14에서 "열다섯째는 빌가요 열여섯째는 임멜이요"라고 말씀하고 있습니다.

3 제사장 가문 바스훌 자손

בְּנֵי פַשְׁחוּר / the sons of Pashhur
자유, 해방 / 스 2:38, 느 7:41

바스훌 자손은 성전 봉사자별로 볼 때 세 번째 자손이며, 제사장 가문입니다. '바스훌'은 히브리어 '파쉬후르'(פַּשְׁחוּר)로 '자유, 해방'이라는 뜻입니다. 제1차로 바벨론 포로에서 귀환한 바스훌 자손의 수는 1,247명입니다.

바스훌 자손 중 여섯 명은 이방 여자와 결혼했다가 에스라의 개혁 조치에 순종하여 이방인 아내를 내보냈습니다. 에스라 10:22에서 "바스훌 자손 중에는 엘료에내와 마아세야와 이스마엘과 느다넬과 요사밧과 엘라사였더라"라고 말씀하고 있습니다.

바스훌 자손은 다윗이 세운 제사장 24반열 중 5번째 반열이었던 말기야 반열의 후손으로 보입니다(대상 24:9).[21] 역대상 9:12, 느헤미야 11:12에서는 바스훌을 말기야의 아들이라고 말씀하고 있습니다.

역대상 9:12 "또 아다야니 저는 여로함의 아들이요 바스훌의 손자요 말기야의 증손이며"

느헤미야 11:12 "또 아다야니 저는 여로함의 아들이요 블라야의 손자요 암시의 증손이요 스가랴의 현손이요 바스훌의 오대손이요 말기야의 육대손이며"

바스훌 자손과 말기야 자손은 제1차로 귀환한 제사장들의 명단(느 12:1-7)이나, 요야김 당시 제사장들의 명단(느 12:12-21)에는 기록되어 있지 않지만, 제3차 귀환 시 언약에 인친 자손의 명단에 두 가문이 모두 기록되어 있습니다(느 10:3). 바스훌 자손은 말기야 자손에서 독립하여 일가를 이루어, 제1차 바벨론 포로 귀환 시 믿음으로 귀환에 참여했고(스 2:38, 느 7:41), 마침내 언약에 인친 제사장 가문에 이름이 기록되면서 재정비된 제사장 24반열에 포함되었습니다. 또한, 말기야 자손은 제1·2차 바벨론 포로 귀환 후 제사장들의 명단에서는 찾아볼 수 없지만, 마침내 제3차 바벨론 포로 귀환 후 언약에 인친 제사장 가문에 이름이 기록되면서 재정비된 제사장 24반열에 포함되었습니다.

4 제사장 가문 하림 자손

בְּנֵי חָרִם / the sons of Harim
봉헌된, 헌납된 / 스 2:39, 느 7:42

하림 자손은 성전 봉사자별로 볼 때 네 번째 자손이며, 제사장 가문입니다. '하림'은 히브리어 '하림'(חָרִם)으로 '봉헌된, 헌납된'이라는 뜻입니다. 제1차로 바벨론 포로에서 귀환한 하림 자손의 수는 1,017명입니다.

하림 자손 중 다섯 명은 이방 여자와 결혼했다가 에스라의 개혁 조치에 순종하여 이방인 아내를 내보냈습니다. 에스라 10:21에서 "하림 자손 중에는 마아세야와 엘리야와 스마야와 여히엘과 웃시야요"라고 말씀하고 있습니다.

하림 반열은 다윗이 세운 제사장 24반열 중에 3번째 반열이었습니다. 역대상 24:8에서 "셋째는 하림이요 넷째는 스오림이요"라고 말씀하고 있습니다.

느헤미야 10:27에서 언약에 인친 자로 기록된 하림은 백성의 두목들 가문 이름으로, 성전 봉사자 하림 자손과는 다른 이름입니다.

5 레위인 가문 호다위야(호드야) 자손

בְּנֵי הוֹדַוְיָה
the sons of Hodaviah(Hodevah)
여호와의 위엄 / 스 2:40, 느 7:43

호다위야 자손은 성전 봉사자별로 볼 때 다섯 번째 자손이며, 레위인 가문입니다. '호다위야'는 히브리어 '호다브야'(הוֹדַוְיָה)로 '여호와의 위엄'이라는 뜻입니다. 느헤미야 7:43에서는 '호드야'로 기록되어 있는데, 히브리어로는 '호데바'(הוֹדְוָה)이며 그 뜻은 같습니다. 제1차 바벨론 포로에서 귀환한 호다위야 자손의 수는 74명입니다. 에스라 2:40에서 "레위 사람은 호다위야 자손 곧 예수아와 갓미엘 자손이 칠십사 명이요", 느헤미야 7:43에서 "레위 사람들은 호드야 자손 곧 예수아와 갓미엘 자손이 칠십사 명이요"라고 말씀하고 있습니다. 여기 '호다위야 자손'에는 '예수아 자손'과 '갓미엘 자손'이 있었는데, 이들은 바벨론에서 제1차로 귀환하여 성전을 건축할 때 감독의 일을 담당하였습니다. 에스라 3:9에서 "이에 예수아와 그 아들들과 그 형제들과 갓미엘과 그 아들들과 유다 자손과 헤나닷 자손과 그 형제 레위 사람들이 일제히 일어나 하나님의 전 공장(工匠)을 감독하니라"라고 말씀하고 있습니다.

제3차 귀환 후에 예루살렘 성벽 재건을 마치고, 하나님께 부르짖어 기도하던 사람 중에도 예수아와 갓미엘이 있었습니다(느 9:4). 그러나 제1차 귀환이 주전 537년이고 제3차 귀환이 주전 444년으로, 둘 사이에 약 93년의 간격이 있음을 고려할 때, 제3차 귀환 시 성벽 재건 후 기도했던 예수아와 갓미엘이 제1차로 귀환한 예수아와 갓미엘과 같은 인물이라고 보기는 어렵습니다.

6 레위인(찬양대) 가문 아삽 자손

בְּנֵי אָסָף / the sons of Asaph
모으는 자 / 스 2:41, 느 7:44

아삽 자손은 성전 봉사자별로 볼 때 여섯 번째 자손이며, 레위인 중 찬양대 가문이었습니다. '아삽'은 히브리어 '아사프'(אָסָף)로 '모으는 자'라는 뜻입니다. 에스라 2:41에서는 제1차로 바벨론 포로에서 귀환한 아삽 자손의 수를 128명으로, 느헤미야 7:44에서는 148

명으로 기록하고 있습니다. 이는 제3차 바벨론 포로 귀환 전후에 20명이 족보를 회복하여 추가된 것으로 보입니다.

아삽 자손의 조상인 아삽은 다윗과 솔로몬의 시대에 찬양대의 지도자였습니다. 역대상 25:1에서 "다윗이 군대 장관들로 더불어 아삽과 헤만과 여두둔의 자손 중에서 구별하여 섬기게 하되 수금과 비파와 제금을 잡아 신령한 노래를 하게 하였으니 그 직무대로 일하는 자의 수효가 이러하니라"라고 말씀하고 있습니다(대상 15:19, 16:37). 아삽이 지은 시가 성경에 총 12편이 기록되어 있습니다(시 50, 73-83편).

7-12

레위인(문지기) 가문

살룸, 아델, 달문, 악굽, 하디다, 소배 자손

בְּנֵי הַשֹּׁעֲרִים / The sons of the gatekeepers / 스 2:42, 느 7:45

'샬룸'(שַׁלּוּם): 보상, 평화 / '아테르'(אָטֵר): 닫은, 묶은
'탈몬'(טַלְמוֹן): 압제자 / '악쿠브'(עַקּוּב): 교활한
'하티타'(חֲטִיטָא): 탐험하는 / '쇼바이'(שֹׁבָי): 영광스러운

살룸, 아델, 달문, 악굽, 하디다, 소배 자손은 성전 봉사자별로 볼 때 일곱 번째부터 열두 번째 자손입니다. 이들은 레위인 중 문지기 가문으로, 한 구절에 함께 기록되어 있습니다.

'살룸'은 히브리어 '샬룸'(שַׁלּוּם)으로 '보상, 평화'라는 뜻입니다. 예레미야 시대의 성전 문지기 이름으로 '살룸'이 등장합니다(렘 35:4). 또한, 역대상 9:17-19에는 동문(왕의 문 동편)을 담당하는 문지기의 두목 이름이 '살룸'이었다고 말씀하고 있습니다.

'아델'은 히브리어 '아테르'(אָטֵר)로 '닫은, 묶은'이라는 뜻이며, 가계별 분류에 기록된 열네 번째 아델 자손(스 2:16, 느 7:21)과는 다

른 자손입니다.

'달문'은 히브리어 '탈몬'(טַלְמוֹן)으로 '압제자'라는 뜻이며, '악굽'은 히브리어 '악쿠브'(עַקּוּב)로 '교활한'이라는 뜻입니다(대상 9:17, 느 11:19). 달문과 악굽은 성전 문 안의 곳간을 파수하였습니다. 느헤미야 12:25에서 "맛다냐와 박부갸와 오바댜와 므술람과 달몬과 악굽은 다 문지기로서 반차대로 문 안의 곳간을 파수하였나니"라고 말씀하고 있습니다.

'하디다'는 히브리어 '하티타'(חֲטִיטָא)로 '탐험하는'이라는 뜻이며, '소배'는 히브리어 '쇼바이'(שֹׁבָי)로 '영광스러운'이라는 뜻입니다.

에스라 2:42에서는 '살룸, 아델, 달문, 악굽, 하디다, 소배' 자손을 모두 합쳐 139명으로, 느헤미야 7:45에서는 138명으로 말씀하고 있습니다. 이 차이는 아마도 족보에서 자신의 계보를 찾지 못한 자가 후에 제외된 것으로 보입니다. 이방 여자와 결혼했다가, 에스라의 개혁 조치에 순종하여 이방인 아내를 내보낸 자들의 명단 중에 '살룸, 델렘, 우리'라는 이름의 문지기가 있었습니다(스 10:24).

13 수종자 가문 느디님 사람 자손

נְתִינִים / Nethinims(temple servants)
허락된 자, 봉사자
스 2:43-54, 느 7:46-56

느디님 사람 자손은 성전 봉사자별로 볼 때 열세 번째 자손이며, 수종자 가문입니다. '느디님'은 히브리어 '나틴'(נָתִין)으로 '허락된 자, 봉사자'라는 뜻입니다. 제1차로 바벨론 포로에서 귀환한 느디님 사람 자손의 수는 솔로몬 신복 자손들과 합하여 총 392명입니다(스 2:58, 느 7:60).

느디님 사람 자손의 명단은 에스라 2:43-54에서는 총 35개 자손으로, 느헤미야 7:46-56에서는 3개 자손을 제외하고 32개 자손으로 기록되어 있습니다.

	1	2	3	4	5	6	7
에스라	시하	하수바	답바옷	게로스	시아하	바돈	르바나
느헤미야	시하	하수바	답바옷	게로스	시아	바돈	르바나
	8	9	10	11	12	13	14
에스라	하가바	악굽	하갑	사믈래	하난	깃델	가할
느헤미야	하가바	-	-	살매	하난	깃델	가할
	15	16	17	18	19	20	21
에스라	르아야	르신	느고다	갓삼	웃사	바세아	베새
느헤미야	르아야	르신	느고다	갓삼	웃사	바세아	베새
	22	23	24	25	26	27	28
에스라	아스나	므우님	느부심	박북	하그바	할훌	바슬룻
느헤미야	-	므우님	느비스심	박북	하그바	할훌	바슬릿
	29	30	31	32	33	34	35
에스라	므히다	하르사	바르고스	시스라	데마	느시야	하디바
느헤미야	므히다	하르사	바르고스	시스라	데마	느시야	하디바

느디님 사람들은 레위인을 도와 제사에 필요한 나무를 쪼개거나 물두멍에 담을 물을 길어오는 등, 성전에서 막일이나 허드렛일을 담당하는 자들이었습니다. 이들은 가나안의 기브온 족속이나 미디안 족속 등 이방인 가운데 여러 가지 이유로 이스라엘에 편입되어 살게 된 사람들이었습니다. 여호수아 9:27에서 "그날에 여호수아가 그들(기브온 족속)로 여호와의 택하신 곳에서 회중을 위하며 여호와의 단을 위하여 나무 패며 물 긷는 자를 삼았더니 오늘까지 이르니라"라고 말씀하고 있습니다. 또한, 민수기 31:47에서 미디안 족속을 포로로 잡은 다음에 "이스라엘 자손의 그 절반에서 모세가 사람이나 짐승의 오십분지 일을 취하여 여호와의 장막을 맡은 레위인에게

주었으니 여호와께서 모세에게 명하심과 같았더라"라고 말씀하고 있습니다. 이를 우리말성경에서는 "이스라엘 자손의 몫인 절반에서 모세는 여호와께서 자기에게 명하신 대로 사람과 가축의 50분의 1을 거두어 여호와의 성막에서 직분을 행하고 있는 레위 사람들에게 주었습니다"라고 번역하고 있습니다.

14 수종자 가문 솔로몬 신복 자손

בְּנֵי עַבְדֵי שְׁלֹמֹה
the sons of Solomon's servants
솔로몬의 종들 / 스 2:55-58, 느 7:57-60

솔로몬 신복의 자손은 성전 봉사자별로 볼 때 열네 번째 자손이며, 수종자 가문입니다. '솔로몬 신복'은 히브리어 '아브데 셸로모'(עַבְדֵי שְׁלֹמֹה)로 '솔로몬의 종들'이라는 뜻입니다. 이들은 솔로몬에 의해 종이 된 사람들의 자손으로 바벨론에 이스라엘 백성과 같이 끌려갔고, 귀환 시 같이 돌아오게 된 사람들을 가리킵니다.

제1차로 바벨론 포로에서 귀환한 솔로몬 신복 자손의 수는 느디님 사람 자손들과 합하여 총 392명입니다. 솔로몬 신복 자손의 명단은 에스라 2:55-57, 느헤미야 7:57-59 사이에 약간의 발음 차이는 있지만, 총 10개 자손으로 기록하고 있습니다.

	1	2	3	4	5
에스라	소대	하소베렛	브루다	야알라	다르곤
느헤미야	소대	소베렛	브리다	야알라	다르곤
	6	7	8	9	10
에스라	깃델	스바댜	하딜	보게렛하스바임	아미
느헤미야	깃델	스바댜	핫딜	보게렛하스바임	아몬

15 계보 없는 제사장 가문 하바야(호바야) 자손

בְּנֵי חֳבַיָּה / the sons of Habaiah
여호와께서 숨기셨다
스 2:61-63, 느 7:63-65

하바야 자손은 성전 봉사자별로 볼 때 열다섯 번째 자손으로, 계보가 없는 제사장 가문입니다. '하바야'는 히브리어 '하바야'(חֳבַיָּה)로 '여호와께서 숨기셨다'라는 뜻입니다. 한글 개역성경의 느헤미야 7:63에서는 '호바야'로 기록되어 있지만, 히브리어로는 '하바야'로 같은 이름입니다. 제1차로 바벨론 포로 귀환에 참여한 성전 봉사자별(직무별) 자손 중 계보가 없는 제사장 가문은, 가문의 이름만 기록되고 귀환자의 수는 기록되지 않았습니다.

하바야 자손은 제사장 가문이었음에도 불구하고, 자신의 계보를 증명할 수 없어서 학고스 자손과 바르실래 자손과 함께 제사장의 직무를 수행할 수 없었습니다. 에스라 2:62에서 "이 사람들이 보계 중에서 자기 이름을 찾아도 얻지 못한 고로 저희를 부정하게 여겨 제사장의 직분을 행치 못하게 하고"라고 말씀하고 있습니다(느 7:64). 이를 공동번역에서는 "호적부를 아무리 뒤져보아도 이 사람들의 이름이 나타나지 않아 이 사람들은 부정한 사람으로 인정받아 사제직에서 제외될 수밖에 없었다"라고 번역하고 있습니다.

63절에서 "방백이 저희에게 명하여 우림과 둠밈을 가진 제사장이 일어나기 전에는 지성물을 먹지 말라 하였느니라"라고 말씀하고 있습니다. 우림과 둠밈은 하나님의 뜻을 묻는 도구이므로, 하나님의 뜻이 정확하게 밝혀지기 전까지는 제사장 일을 하지 못하도록 한 것입니다.

오늘날 왕 같은 제사장이 된 성도에게도 제사장이라는 증거가 있어야 합니다. 우리의 증거는 예수 그리스도의 십자가 피입니다. 요한계시록 5:9-10에서 "일찍 죽임을 당하사 각 족속과 방언과 백성과 나라 가운데서 사람들을 피로 사서 하나님께 드리시고 [10]저희로 우리 하나님 앞에서 나라와 제사장을 삼으셨으니 저희가 땅에서 왕노릇하리로다"라고 말씀하고 있습니다. 성도는 믿음으로 십자가의 피를 항상 마음 속에 간직하고 살아야 합니다(참고- 갈 6:17).

16 계보 없는 제사장 가문 학고스 자손

בְּנֵי הַקּוֹץ / the sons of Hakkoz / 그 가시
스 2:61-63, 느 7:63-65

학고스 자손은 성전 봉사자별로 볼 때 열여섯 번째 자손으로, 계보가 없는 제사장 가문입니다. '학고스'는 히브리어 '하코츠'(הַקּוֹץ)로 '그 가시'라는 뜻입니다. 학고스 자손도 하바야 자손, 바르실래 자손과 마찬가지로 가문의 이름만 기록되고 귀환자의 수는 기록되지 않았습니다.

학고스 반열은 다윗이 세운 제사장 24반열 중에 7번째 반열이었습니다(대상 24:10). 그러나 제1차 바벨론 포로 귀환 후 학고스 제사장 가문의 후손들은 자신들이 옛날 학고스 반열에 속한 제사장임을 증명하지 못하였습니다(스 2:62, 느 7:64). 그런데 어느 정도 시간이 지나서 학고스 자손은 자신들이 제사장 '학고스'의 자손임을 밝힘으로 제사장의 반열에 공식적으로 들어가서 봉사할 수 있게 되었습니다. 그래서 주전 458년에 이루어진 제2차 바벨론 포로 귀환 시 학고스의 아들인 우리아가 제사장으로 소개되고 있습니다. 에스라 8:33을 보면 예루살렘에 도착한 지 "제 사일에 우리 하나님의 전에

서 은과 금과 기명을 달아서 제사장 우리아의 아들 므레못의 손에 붙이니 비느하스의 아들 엘르아살과 레위 사람 예수아의 아들 요사밧과 빈누이의 아들 노아댜가 함께 있어"라고 말씀하고 있습니다. 여기에 나오는 제사장 우리아는 바로 학고스의 자손입니다.

제3차 귀환 후 성벽 재건 당시, 우리아의 아들 므레못은 어문으로부터 시작되는 제5구역 공사를 담당하였고(느 3:4), 샘문으로부터 시작되는 제27구역 공사도 담당하였다고 말씀하고 있습니다(느 3:21). 비록 학고스 자손은 처음에는 자신들이 제사장 가문임을 밝히지 못함으로 제사장의 직분을 감당하지 못했지만, 후에 제사장 가문임이 밝혀져 더욱 크게 쓰임받게 되었습니다. 우리도 십자가 보혈의 은혜로 참된 제사장이 되어 점점 하나님께 더욱 크게 쓰임받는 자가 되어야 합니다.

17 계보 없는 제사장 가문 바르실래 자손

בְּנֵי בַרְזִלַּי / the sons of Barzillai / 강한 쇠
스 2:61-63, 느 7:63-65

바르실래 자손은 성전 봉사자별로 볼 때 열일곱 번째 자손으로, 계보가 없는 제사장 가문입니다. '바르실래'는 히브리어 '바르질라이'(בַּרְזִלַּי)로 '강한 쇠'라는 뜻입니다. 바르실래 자손도 하바야 자손, 학고스 자손과 마찬가지로 가문의 이름만 기록되고 귀환자의 수는 기록되지 않았습니다.

제사장 바르실래는 다윗을 도왔던 길르앗 사람 '바르실래'의 딸 중에 하나와 결혼하고 자기 이름도 바르실래로 바꾸었습니다. 에스라 2:61에서 "바르실래는 길르앗 사람 바르실래의 딸 중에 하나로

아내를 삼고 바르실래의 이름으로 이름한 자라"라고 말씀하고 있습니다(느 7:63). 역사적으로 볼 때, 바르실래는 다윗왕 때에 살았던 사람입니다. 다윗이 압살롬의 반역으로 신발도 신지 못하고 왕궁에서 도망칠 때, 바르실래가 다윗과 그와 함께한 자들에게 침상과 대야와 질그릇과 음식들을 제공하였습니다(삼하 17:27-29). 또한, 압살롬의 반란이 실패로 돌아가고 다윗이 환궁할 때도 요단강을 잘 건널 수 있도록 도와주었습니다(삼하 19:31-32). 다윗은 바르실래에게 왕궁에서 같이 살자고 제의하였으나, 바르실래는 이를 정중히 거절하고 아들인 김함을 다윗에게 부탁하였습니다. 사무엘하 19:37에서 "청컨대 종을 돌려보내옵소서 내가 내 본성 부모의 묘 곁에서 죽으려 하나이다 그러나 왕의 종 김함이 여기 있사오니 청컨대 저로 내 주 왕과 함께 건너가게 하옵시고 왕의 처분대로 저에게 베푸소서"라고 말씀하고 있습니다.

다윗은 바르실래의 뜨거운 충성을 잊지 못하여 죽기 전에 유언을 하면서 솔로몬에게 바르실래의 아들들을 부탁하였습니다. 열왕기상 2:7에서 "마땅히 길르앗 바실래의 아들들에게 은총을 베풀어 저희로 네 상에서 먹는 자 중에 참예하게 하라 내가 네 형 압살롬의 낯을 피하여 도망할 때에 저희가 내게 나아왔었느니라"라고 말씀하고 있습니다. 이렇게 다윗왕과 솔로몬왕 시대에 '바르실래'는 굉장히 유명한 이름이었습니다. 이에 제사장 바르실래는 당시 바르실래의 딸과 결혼하고 자기 이름을 장인의 이름과 같이 바꾸었고, '바르실래' 제사장 가문이 시작되었던 것입니다.

그러나 세월이 흐르면서 그의 자손들은 제사장 직분을 귀히 여기지 않으므로 자신들이 바르실래 제사장 가문임을 증명하지 못하여 계보 없는 제사장 가문이 되고 말았습니다.

소결론 성전 봉사자별(직무별) 17개 자손의 구속사적 교훈

첫째, 레위 가문의 귀환자가 제사장 가문의 귀환자에 비해 상대적으로 적었습니다.

에스라서 기준으로 성전 봉사자별(직무별) 귀환자 수를 정리하면 아래와 같습니다. 성전 봉사자별(직무별) 17개 자손 중 제사장 가문의 귀환자는 총 4,289명으로, 제1차 바벨론 포로 귀환자의 전체 회중의 합계 42,360명(스 2:64, 느 7:66)의 10%가 넘었습니다.

구분	자손	인원	합계
제사장 가문	**여다야 자손**(스 2:36, 느 7:39)	973명	합계 4,289명
	임멜 자손(스 2:37, 느 7:40)	1,052명	
	바스훌 자손(스 2:38, 느 7:41)	1,247명	
	하림 자손(스 2:39, 느 7:42)	1,017명	
레위인 가문	**호다위야(호드야) 자손**(스 2:40, 느 7:43)	74명	합계 341명
	아삽 자손(스 2:41, 느 7:44)	128명	
	문지기 자손(살룸, 아델, 달문, 악굽, 하디다, 소배 - 스 2:42, 느 7:45)	139명	
수종자 가문 (이방인)	**느디님 사람 자손**(스 2:43-54, 58, 느 7:46-56, 60)	392명	
	솔로몬 신복 자손(스 2:55-58, 느 7:57-60)		
계보 없는 제사장 가문	**하바야(호바야) 자손과 학고스 자손과 바르실래 자손**(스 2:61-63, 느 7:63-65)	귀환자의 수는 기록되지 않음	

그런데 레위인 가문의 귀환자 수는 총 341명이었습니다. 본래 제사장들의 수보다 레위인들의 수가 훨씬 많았는데 바벨론 포로 귀환 때는 그 반대가 되었습니다. 이는 포로 생활을 하는 동안 제사장 가문은 신앙이 잘 전수되었는데 상대적으로 레위인 가문은 신앙이 잘 전수되지 않았다는 것을 보여줍니다.

레위인 중에서도 문지기 가문에서는 신앙 전수가 비교적 잘 이루어져서 6개 자손(살룸, 아델, 달문, 악굽, 하디다, 소배)이 귀환하였습니다. 그러나 일반 레위인(호다위야 자손)과 찬양대(아삽 자손) 가문은 신앙 전수가 제대로 이루어지지 않아, 겨우 1개 자손씩만 귀환하였습니다. 오늘날 각 성도의 가정에서도 신앙 전수가 잘 이루어져야 하겠습니다(창 18:19, 신 32:46, 시 78:5-8).

둘째, 레위인 가문의 귀환자가 수종자 가문의 귀환자에 비해 상대적으로 적었습니다.

레위인 가문의 귀환자 수는 총 341명이었으며(스 2:40-42, 느 7:43-45에는 360명), 수종자(이방인들) 가문의 귀환자 수는 총 392명이었습니다. 에스라 2:58에서 "모든 느디님 사람과 솔로몬의 신복의 자손이 삼백구십이 명이었더라"라고 말씀하고 있습니다(느 7:60). 예루살렘에 귀환하여 성전을 재건하고 제사를 회복하기 위해서는 당연히 레위인 가문이 많이 귀환해야 함에도 불구하고 수종자(이방인) 가문이 더 많이 귀환하였다는 것은 시사하는 바가 큽니다. 먼저된 자가 나중되고 나중된 자가 먼저된 것입니다(마 20:16). 이는 훗날 복음이 유대인들에게 먼저 전해졌는데 그들이 거절함으로 복음이 이방인에게 넘어가서 수많은 이방 사람이 복음을 받아들이게 될 것을 보여주는 듯합니다. 사도행전 13:46에서 "바울과 바나바가 담대히 말하여 가로되 하나님의 말씀을 마땅히 먼저 너희에게 전할 것이로되 너희가 버리고 영생 얻음에 합당치 않은 자로 자처하기로 우리가 이방인에게로 향하노라"라고 말씀하고 있습니다.

수종자 가문, 곧 느디님 사람 자손과 솔로몬 신복 자손은 본래 성전에서 허드렛일을 담당하였는데, 그 일을 경시하지 않고 성전에서 일하는 복이 얼마나 큰 것인지 자손들에게 철저하게 가르치며 신앙을 전수하였습니다. 시편 84:10에서 "주의 궁정에서 한 날이 다른 곳에서 천 날보다 나은즉 악인의 장막에 거함보다 내 하나님 문지기로 있는 것이 좋사오니"라고 말씀하고 있습니다. 오늘날 예수 그리스도의 몸 된 교회에서 봉사하고 헌신하는 것 자체가 큰 복입니다(고전 15:58).

셋째, 성전 봉사자별(직무별) 귀환자 가문 중에서 임멜 가문은 회복의 복을 받았습니다.

예레미야서에는 남 유다의 멸망 직전에 활동했던 '바스훌'이라는 이름의 제사장이 두 명 기록되어 있습니다. 예레미야 20:1에는 '제사장 임멜의 자손 바스훌'이 등장하고, 예레미야 21:1, 38:1에는 '말기야의 자손 바스훌'이 등장합니다. 이 중 말기야 반열에 속해있던 바스훌의 자손은 후에 말기야 반열에서 독립되어 제1차 바벨론 포로 귀환 시 1,247명이 귀환하여, 성전 봉사자별(직무별) 분류에 세 번째로 기록되었습니다.

한편 예레미야 20:1에 나오는 임멜 가문의 바스훌은 대제사장 다음의 자리에 있었습니다. 1절에서 "제사장 임멜의 아들 바스훌은 여호와의 집 유사장이라 그가 예레미야의 이 일 예언함을 들은지라"라고 말씀하고 있습니다. 여기 유사장은 성전의 총감독으로, 대제사장 다음의 부제사장 격의 위치입니다.

그런데 바스훌은 하나님의 선지자 예레미야를 때리고 가두는 죄를 지었습니다. 예레미야 20:2에서 "이에 바스훌이 선지자 예레미야를 때리고 여호와의 집 베냐민의 윗문에 있는 착고에 채웠더니"라고 말씀하고 있습니다. 다음날 바스훌이 예레미야를 착고에서 놓아주자 예레미야는 바스훌의 이름을 '마골밋사빕'이라고 불렀습니다(렘 20:3).

'마골밋사빕'은 히브리어 '마고르 밋사비브'(מָגוֹר מִסָּבִיב)로 '사방에서 오는 두려움'이라는 뜻입니다. 이는 바스훌이 하나님을 두려워하지 않고 사람을 두려워해서 예레미야 선지자를 가두었음을 나타냅니다. 그러나 마태복음 10:28에서는 "몸은 죽여도 영혼은 능히 죽이지 못하는 자들을 두려워하지 말고 오직 몸과 영혼을 능히 지옥에 멸하시는 자를 두려워하라"라고 말씀하고 있습니다.

또한, '마골밋사빕'이라는 이름은 앞으로 바스훌을 비롯한 이스라엘 백성이 두려움에 사로잡혀서 바벨론에 끌려갈 것을 나타냅니다. 예레미야 20:4에서 "대저 여호와께서 이같이 말씀하시되 보라 내가 너로 너와 네 모든 친구에게 두려움이 되게 하리니 그들이 그 원수의 칼에 엎드러질 것이요 네 눈은 그것을 볼 것이며 내가 온 유다를 바벨론 왕의 손에 붙이리니 그가 그들을 사로잡아 바벨론으로 옮겨 칼로 죽이리라"라고 말씀하고 있습니다. 6절에서도 "바스훌아 너와 네 집에 거하는 모든 자가 포로 되어 옮기우리니 네가 바벨론에 이르러 거기서 죽어 거기 묻힐 것이라 너와 네가 거짓 예언을 하여 들린 네 모든 친구도 일반이리라 하셨느니라"라고 말씀하고 있습니다. 임멜 가문의 바스훌은 한때 유사장이라는 중요한 직책을 맡아 존경을 받던 자였지만, 하나님의 말씀을 전하는 선지자를 핍박함으로 비참한 멸망의 자리로 떨어지고 만 것입니다.

그러나 바벨론에 포로로 끌려간 후에 임멜의 자손들은 신앙이 회복되었습니다. 그 자손들은 하나님의 선지자를 핍박했던 조상을 두었음에도 불구하고, 포로 귀환 후에 제사장의 반열에 들어가는 하나님의 놀라운 사랑, 용서, 회복의 축복을 받았습니다. 임멜 자손은 제1차 바벨론 포로 귀환에도 적극적으로 참여하여 1,052명이 귀환하였으며(스 2:37, 느 7:40), 제3차 귀환 후 성벽 재건 시에 임멜 자손의 사독은 마문으로부터 시작되는 제37구역 공사를 맡아 헌신하였습니다(느 3:29). 또한, 성벽 재건을 마친 후, 임멜 자손 아맛새는 예루살렘에 거하며 제사장으로 헌신하였습니다(느 11:13). 하나님께서는 하나님의 선지자를 핍박하고 말씀에 도전했던 가문이라 할지라도, 진심으로 회개하고 돌아올 때 다시 회복시켜 주셨던 것입니다. 예수님의 십자가 대속의 피는 아무리 큰 죄가 있다 할지라도 회개하면 온전히 사하시고 회복시켜 주시는 무한한 능력이 있습니다(사 43:25, 렘 31:34, 롬 3:23-24, 엡 1:7, 히 8:12, 10:17, 19).

4. 기타 귀환자 자손

The Other Descendants Among the Returnees

계수된 기타 귀환자 자손 **들라야 자손** **도비야 자손** **느고다 자손**	**בְּנֵי־דְלָיָה בְנֵי־טוֹבִיָּה בְּנֵי נְקוֹדָא** the sons of Delaiah, the sons of Tobiah, the sons of Nekoda / 스 2:59-60, 느 7:61-62 '델라야'(דְּלָיָה): 여호와께서 구원하셨다 '토비야'(טוֹבִיָּה): 여호와께서 선하시다 '네코다'(נְקוֹדָא): 구별된, 표시된

기타 귀환자 자손들은, 가계별, 지역별, 성전 봉사자별(직무별) 어디에도 들지 않았지만 제1차 귀환 시 같이 돌아온 사람들로, 들라야 자손, 도비야 자손, 느고다 자손입니다. 에스라 2:60에서 "저희는 들라야 자손과 도비야 자손과 느고다 자손이라 도합이 육백오십이 명이요"라고 말씀하고 있습니다. 참고로 여기 '도비야'는 예루살렘 성벽 공사를 집요하게 방해했던 암몬 사람 도비야와는 다른 사람입니다.

(1) 이름의 원어적 의미와 귀환자의 수

'들라야'는 히브리어 '델라야'(דְּלָיָה)로 '여호와께서 구원하셨다'라는 뜻이며, '도비야'는 히브리어 '토비야'(טוֹבִיָּה)로 '여호와께서 선하시다'라는 뜻이며, '느고다'는 히브리어 '네코다'(נְקוֹדָא)로 '구별된, 표시된'이라는 뜻입니다. 제1차 바벨론 포로에서 귀환한 들라야 자손과 도비야 자손과 느고다 자손의 총 인원을 에스라 2:60에서는 652명으로, 느헤미야 7:62에서는 642명으로 기록하고 있습니다.

(2) 기타 귀환자 자손의 특징

기타 세 자손들은 바벨론 각 도시에서 예루살렘으로 돌아온 자들입니다. 에스라 2:59에서 "델멜라와 델하르사와 그룹과 앗단과 임멜에서 올라온 자가 있으나 그 종족과 보계가 이스라엘에 속하였는지는 증거할 수 없으니"라고 말씀하고 있습니다. 여기 나오는 델멜라와 델하르사와 그룹과 앗단과 임멜은 바벨론 각 도시의 이름으로, 이들은 분명 바벨론에서 살다가 제1차 귀환 시 예루살렘으로 올라온 사람들입니다.

그러나 기타 세 자손들은 자신들과 조상들이 이스라엘에 속하였는지를 증명할 수 없었습니다. 이들의 이름의 뜻('들라야': 여호와께서 구원하셨다, '도비야': 여호와께서 선하시다, '느고다': 구별된)을 볼 때 조상들이 하나님을 믿는 사람들인 것으로 보이지만, 후손들이 그것을 증명하지 못하여 정식 족보에는 들어가지 못하고 이스라엘 백성에서 제외되었습니다. 이 사람들이 바벨론을 떠나서 예루살렘까지 온 것을 볼 때 자기들 나름대로 신앙이 있었지만, 자신들의 족보를 증명하지 못함으로 이방 사람 취급을 받았던 것입니다. 이는 자신의 신앙적 뿌리를 찾는 것이 얼마나 중요한 문제인지를 알려줍니다.

마지막 때를 살아가는 성도들도, 예수 그리스도께서 우리 안에 계신 것을 날마다 확증할 수 있어야 합니다(고후 13:5).

소결론 기타 귀환자 자손의 구속사적 교훈

에스라 2:59에서 "델멜라와 델하르사와 그룹과 앗단과 임멜에서 올라온 자가 있으나 그 종족과 보계가 이스라엘에 속하였는지는 증거할 수 없으니"라고 말씀하고 있습니다. 이 말씀을 볼 때 당시 귀환자들은 종족과 보계가 이스라엘에 속하였는지를 증명해야 했습니다.

첫째, '종족'을 밝히는 것은 조상들의 가문이 어디에 속하였는지를 점검하는 것입니다.

'종족'은 히브리어 '베트 아보탐'(בֵּית־אֲבוֹתָם)으로 '조상들의 집, 가문'이라는 뜻입니다. 그러므로 기타 귀환자 자손은 그들의 조상들이 아브라함의 가문(이스라엘의 가문)에 속하였는지를 증명하지 못했던 것입니다. 오늘날의 성도 역시 자신들이 영적으로 '아브라함의 가문'임을 증명해야 합니다.

성도가 영적으로 아브라함의 가문이 되려면 그리스도께 속한 자가 되어야 합니다. 갈라디아서 3:7에서 "그런즉 믿음으로 말미암은 자들은 아브라함의 아들인 줄 알찌어다"라고 하였고, 29절에서 "너희가 그리스도께 속한 자면 곧 아브라함의 자손이요 약속대로 유업을 이을 자니라"라고 말씀하고 있습니다.

'그리스도께 속한'은 헬라어 '크리스투'(Χριστοῦ)로 '그리스도의 것'이라는 뜻입니다. 성도가 그리스도께 속하였다는 것은 성도의 개인적인 몸만 그리스도께 속하였다는 뜻이 아닙니다. 성도의 모든 물질을 비롯하여 성도가 가지고 있는 모든 것이 그리스도의 것이라는 뜻입니다. 우리가 영적으로 아브라함의 가문이 되려면, 우리가 가진 모든 것이 내 것이 아니라 예수 그리스도의 것임을 고백해야 합니다(대상 29:11, 16, 학 2:8).

둘째, '보계'를 밝히는 것은 '씨'가 이스라엘에 속하였는지를 점검하는 것입니다.

'보계'는 히브리어 '자르암'(זַרְעָם)으로 '그들의 씨'라는 뜻입니다. 기타 귀환자 자손들은 '그들의 씨'가 이스라엘에 속하였는지를 증명해야 했습니다. 이는 자신들이 혈통적으로 이스라엘 자손임을 증명하는 것입니다. 그러나 이들은 자신들의 '씨'의 정통성을 증명하지 못했습니다. 오늘날 성도는 표면적인 유대인의 씨가 아니라 이면적인 유대인의 씨입니다. 로마서 2:28-29에서 "대저 표면적 유대인이 유대인이 아니요 표면적 육신의 할례가 할례가 아니라 29 오직 이면적 유대인이 유대인이며"라고 말씀하고 있습니다.

예수님만이 참 씨이기 때문에, 성도가 예수님 안에 들어갈 때 영적으로 이스라엘의 보계에 들어가는 것입니다(요 1:12). 갈라디아서 3:16에서 "이 약속들은 아브라함과 그 자손에게 말씀하신 것인데 여럿을 가리켜 그 자손들이라 하지 아니하시고 오직 하나를 가리켜 네 자손이라 하셨으니 곧 그리스도라"라고 하였고, 19절에서도 예수님은 구약에서 "약속하신 자손"이라고 말씀하고 있습니다. 성도는, 혈통적으로는 이스라엘의 씨가 아니지만 예수님을 믿을 때 영적으로 언약의 씨(후손)가 되는 것입니다. 오늘날에도 참된 씨가 되시는 예수님(눅 8:11, 요일 3:9)을 믿는 성도는 예수 그리스도께 속한 '종족'이요, 예수 그리스도의 '보계'에 속한 자입니다.

II
제2차 바벨론 포로 귀환자들의 족보
THE GENEALOGY OF THE SECOND RETURNEES FROM THE BABYLONIAN EXILE

1. 개요
Overview

제2차 바벨론 포로 귀환이 이루어진 때는 주전 458년으로, 제1차 귀환(주전 537년)으로부터 약 79년, 스룹바벨 성전 완공(주전 516년)으로부터는 약 58년이 지난 때였습니다. 제2차 귀환 시 바사 왕은 아닥사스다 1세(주전 464-423년)로, 그 직전에 통치했던 아하수에로 왕(주전 486-465/464년) 때 일어난 '에스더 사건'은 제2차 귀환의 계기가 되었습니다.[22] 주전 474년경 바사의 대신 하만은 제국의 127개 도에 흩어져 있는 유다인들을 12월(아달) 13일에 몰살하려는 악한 음모를 계획했습니다(에 3:7-15). 그러나 오히려 하만이 처형되고(에 7:9-10) 유다인들을 죽이려 한 자들이 모두 죽임을 당하였습니다. 유다인들은 자신들이 구원받은 것을 기념하여 매년 12월 14-15일을 부림절로 지키게 되었습니다(에 9:1-32).

제2차 바벨론 포로 귀환의 지도자는 에스라입니다. 에스라는 아닥사스다왕 제7년 1월 1일에 바벨론에서 길을 떠났고 하나님의 선한 손의 도우심을 받아 5월 1일에 예루살렘에 도착하였습니다.

에스라 7:7-9 "아닥사스다왕 칠년에 이스라엘 자손과 제사장들과 레위 사람들과 노래하는 자들과 문지기들과 느디님 사람들 중에 몇 사람이 예루살렘으로 올라올 때에 [8] 이 에스라가 올라왔으니 왕의 칠년 오월이라 [9] 정월 초하루에 바벨론에서 길을 떠났고 하나님의 선한 손의 도우심을 입어 오월 초하루에 예루살렘에 이르니라"

제2차 귀환의 가장 큰 목적은 언약 공동체의 온전한 신앙 회복에 있었습니다. 주전 516년에 성전이 완공되었지만 하나님께 드리는 제사와 말씀 중심의 신앙 교육이 제대로 이루어지지 않고 있었습니다. 더구나 많은 지도자가 이방 여인과 통혼을 하면서 세속화되어 갔습니다. 에스라는 이러한 문제들을 해결하고 언약 신앙의 온전한 회복을 위해서 지도자들과 백성과 함께 귀환했던 것입니다.

에스라는 귀환 시에 아닥사스다왕으로부터 '율법을 가르치고 하나님의 명령을 준행하게 하라'는 명령을 받았습니다. 에스라 7:25-26에서 "에스라여 너는 네 손에 있는 네 하나님의 지혜를 따라 네 하나님의 율법을 아는 자로 유사와 재판관을 삼아 강 서편 모든 백성을 재판하게 하고 그 알지 못하는 자는 너희가 가르치라 [26] 무릇 네 하나님의 명령과 왕의 명령을 준행치 아니하는 자는 속히 그 죄를 정하여 혹 죽이거나 정배(定配)[추방]하거나 가산을 적몰(籍沒)[몰수]하거나 옥에 가둘찌니라 하였더라"라고 말씀하고 있습니다. 에스라는 예루살렘에 가서 율법을 가르치기로 결심했습니다. 10절에서 "에스라가 여호와의 율법을 연구하여 준행하며 율례와 규례를 이스라엘에게 가르치기로 결심하였었더라"라고 말씀하고 있습니다.

에스라는 귀환 후에 이스라엘의 지도자들이 앞장서서 이방 여자와 혼인한 사실을 알고, 그 죄를 걸머지고 자복하고 회개하며 기도했습니다. 이때 많은 백성이 심히 통곡하고 이방인 아내와 그 자녀들을 쫓아내기로 결단했습니다(스 9:1-15, 10:1-14). 그리고 10월 1일부터 석 달 동안 대제사장과 제사장과 레위인과 노래하는 자를 비롯하여 백성 중에 이방 여인을 취한 자들을 조사하여 그 명단을 빠짐없이 공개했습니다(스 10:16-44). 대제사장 집안 중 5명(스 10:18), 제사장 집안 중 13명(스 10:20-22), 레위인 중 10명(스 10:23-24), 평민 중 86명(스 10:25-43)으로 총 114명이 있었습니다. 제1차 귀환자 가운데 제사장의 비율은 약 10%였는데, 이방 여자와 통혼한 자 가운데 제사장의 비율은 약 16%나 되었습니다. 안타깝게도 지도자들이 죄짓는 일에 앞장섰던 것입니다. 에스라 10:44을 볼 때 "이상은 모두 이방 여인을 취한 자라 그중에 자녀를 낳은 여인도 있었더라"라고 말씀하고 있습니다. 하나님께서 이방인 아내가 낳은 소생들까지 내쫓게 하심으로, 언약 신앙 공동체의 성결과 회복을 이루게 하셨던 것입니다.

2. 귀환자의 수
The Number of the Returnees

제2차 귀환자는 총 1,775명(스 8:1-20)으로, 제1차 귀환자의 수 49,897명에 비해서 너무나 적은 인원입니다. 특히 성전에서 직무를 담당해야 할 레위인조차도, 대표자 세레뱌와 하사뱌와 그들과 함께한 38명만이 귀환하였습니다(스 8:18-19).

에스라 8장에 기록된 족보에서 귀환자의 수를 계산할 때 유의

할 것은 에스라 8:18-19의 해석입니다. 18절에서 "우리 하나님의 선한 손의 도우심을 입고 저희가 이스라엘의 손자 레위의 아들 말리의 자손 중에서 한 명철한 사람을 데려오고 또 세레뱌와 그 아들들과 형제 십팔 명과"라고 말씀하고 있습니다. 여기 '한 명철한 사람'의 이름이 나오지 않고 바로 이어서 '세레뱌'가 나오는 것으로 보아, 문맥상 '한 명철한 사람'은 '세레뱌'를 가리키는 것으로 보아야 합니다.

'세레뱌'는 히브리어 '쉐레브야'(שֵׁרֵבְיָה)로 '여호와께서 열(熱)을 가져오셨다'라는 뜻입니다. 하나님께서 우리의 마음을 뜨겁게 하시면 영적인 세계를 깨닫게 되고, 명철한 사람이 됩니다(참고-눅 24:32). 세레뱌는 귀환 후에 에스라 옆에서 백성으로 하여금 하나님의 말씀을 깨닫게 하였습니다. 느헤미야 8:7에서 "예수아와 바니와 세레뱌와 야민과 악굽과 사브대와 호디야와 마아세야와 그리다와 아사랴와 요사밧과 하난과 블라야와 레위 사람들이 다 그 처소에 섰는 백성에게 율법을 깨닫게 하는데"라고 말씀하고 있는데, 여기 '세레뱌'의 이름이 등장합니다.

또한, 에스라 8:19에서 "하사뱌와 므라리 자손 중 여사야와 그 형제와 저의 아들들 이십 명을 데려오고"라고 말씀하고 있는데, 원문은 '…와 함께'라는 의미를 가진 '에트'(אֵת)를 각각 '하사뱌'와 '므라리 자손 중 여사야와 그의 형제(들)와 저의 아들들 이십 명'에 두 번 사용하고 있습니다. 즉, 이 문장은 '하사뱌'라는 개인과 '여사야와 그 형제들과 아들들을 포함한 이십 명'이 돌아왔다는 말씀입니다.

에스라 8:1-20을 각 대표자와 그들과 함께한 자들로 구분하여 정리하면 다음 표와 같습니다.

제2차 바벨론 포로 귀환자(스 8:1-20)

The Second Returnees from the Babylonian Exile (Ezra 8:1-20)

자손	대표자			함께한 자들	
총 지도자	에스라(1절)	1명	21명		
비느하스 자손	게르솜(2절)	1명			
이다말 자손	다니엘(2절)	1명			
다윗 자손	핫두스(2절)	1명			
스가냐(바로스) 자손	스가랴(3절)	1명		150명	1,496명
바핫모압 자손	스라히야의 아들 엘여호에내(4절)	1명		200명	
스가냐 자손	야하시엘의 아들(5절)	1명		300명	
아딘 자손	요나단의 아들 에벳(6절)	1명		50명	
엘람 자손	아달리야의 아들 여사야(7절)	1명		70명	
스바댜 자손	미가엘의 아들 스바댜(8절)	1명		80명	
요압 자손	여히엘의 아들 오바댜(9절)	1명		218명	
슬로밋 자손	요시뱌의 아들(10절)	1명		160명	
베배 자손	베배의 아들 스가랴(11절)	1명		28명	
아스갓 자손	학가단의 아들 요하난(12절)	1명		110명	
아도니감 자손	엘리벨렛, 여우엘, 스마야(13절)	3명		60명	
비그왜 자손	우대와 사붓(14절)	2명		70명	
레위인	명철한 세레뱌(18절)	1명		18명	38명
	하사뱌(19절)	1명		20명	
수종자들	느디님 사람(20절)	-		220명	
		총 1,775명			

3. 제2차 바벨론 포로 귀환자 족보의 특징

The Characteristics of the Genealogy of the Second Returnees from the Babylonian Exile

(1) 제1차 귀환자에 비하여 그 수가 훨씬 적었습니다.

제1차로 귀환한 사람은 총 49,897명(회중 42,360명, 노비 7,337명, 노래하는 자 200명)이었습니다(스 2:64-65). 그러나 제2차 귀환자는 1,775명(스 8:1-20)으로 훨씬 적었는데, 제1차 귀환자 수의 3.6% 정도밖에 되지 않았습니다.

귀환자 가문	제1차 귀환 (주전 537년)	제2차 귀환 (주전 458년)	합계
1. 스가냐(바로스) 자손	2,172명	150명	2,322명
2. 바핫모압 자손	2,812명	200명	3,012명
3. 스가냐 자손		300명	300명
4. 아딘 자손	454명	50명	504명
5. 엘람 자손	1,254명	70명	1,324명
6. 스바댜 자손	372명	80명	452명
7. 요압 자손		218명	218명
8. 슬로밋 자손		160명	160명
9. 베배 자손	623명	28명	651명
10. 아스갓 자손	1,222명	110명	1,332명
11. 아도니감 자손	666명	60명	726명
12. 비그왜 자손	2,056명	70명	2,126명

※ 귀환자의 대표자는 제외하고 귀환한 자손의 수로 비교함. 귀환자 수는 에스라 기준.

이렇게 수가 적은 것은, 제3차 바벨론 포로로 끌려간 주전 586년으로부터 128년이 지났고, 제1차 귀환이 있었던 주전 537년으로부터 79년이 지났기 때문에, 대부분의 사람들이 바벨론에서 태어나 고향에 대한 기억이 거의 없었으며, 하나님의 백성으로서 반드시 예루살렘으로 돌아가야 한다는 간절함이나 언약 성취를 사모하는 신앙이 사라져가고 있었기 때문입니다.

그런데 제2차 귀환자 가계별 12개 자손(스 8:3-14) 가운데, 9개 자손이 제1차 귀환자와 겹칩니다. 이는 제1차 귀환으로부터 79년이 지났어도 신앙이 전수되는 집안이 있었으며, 이들을 중심으로 제2차 귀환이 이루어졌음을 알려줍니다.

(2) 처음 귀환자를 모을 때 레위 자손이 한 명도 없었습니다.

에스라는 귀환에 앞서, 귀환하겠다고 자원하는 사람들을 아하와 강 가에 모으고 3일 동안 머무르면서 떠날 준비를 하였습니다. 그때 중대한 문제점이 발견되었는데, 귀환자들 가운데 레위 자손이 한 명도 없었다는 것입니다. 에스라 8:15에서 "내가 무리를 아하와로 흐르는 강 가에 모으고 거기서 삼 일 동안 장막에 유하며 백성과 제사장들을 살핀즉 그중에 레위 자손이 하나도 없는지라"라고 말씀하고 있습니다.

바벨론에 포로로 끌려갔던 레위 자손들은 그곳에서 하나님께 드리는 제사가 행해지지 못함으로 대부분 다른 일을 하고 있었으며, 고향으로 돌아가서 굳이 힘들게 궂은 일을 담당하는 것이 꺼려졌기 때문에 자원하는 사람들이 없었던 것입니다. 제1차 귀환 때도 4,289명의 제사장들이 돌아왔는데, 레위 자손의 귀환자는 상대적으로 적은 수인 341명(스 2:40-42, 느 7:43-45: 360명)에 불과하였습니다. 그런데 제2차 귀환을 준비하는 자들 중에는 레위 자손이 아예 한 사람도 없었던 것입니다.

이에 에스라는 족장들 9명(엘리에셀, 아리엘, 스마야, 엘라단, 야립, 엘라단, 나단, 스가랴, 므술람)과 명철한 사람 2명(요야립, 엘라단)을 불러서 가시뱌 지방의 족장인 잇도에게 보내어, 성전에서 수종들 레위인들을 모으게 했습니다(스 8:16-17). 그 결과 총 38명의 레위인들이 모집되었습니다. 에스라 8:18-19에서 "우리 하나님의 선한 손의 도우심을 입고 저희가 이스라엘의 손자 레위의 아들 말리의 자손 중에서 한 명철한 사람을 데려오고 또 세레뱌와 그 아들들과 형제 십팔 명과 [19] 하사뱌와 므라리 자손 중 여사야와 그 형제와 저의 아들들 이십 명을 데려오고"라고 말씀하고 있습니다. 이를 우리말성경에서는 "하나님의 은혜로운 손길이 우리 위에 있었기 때문에 그들은 이스라엘의 손자이자 레위의 아들인 말리의 자손 가운데 통찰력 있는 사람 세레뱌와 그 아들과 형제 18명을 우리에게 데려왔습니다. [19] 하사뱌와 므라리 자손 가운데 여사야와 그 형제와 조카 20명(을 데려오고)"이라고 번역하고 있습니다.

세월이 지날수록 바벨론 현지에 오랫동안 정착하여 생활해 온 사람들이 머나먼 길을 떠나서 예루살렘으로 돌아오기는 매우 어려웠던 것입니다. 마지막 때도 세상 바벨론에 취하여 살아가는 사람은(참고-계 14:8) 하나님의 거룩한 성 새 예루살렘으로 귀환하기가 어려워지는 것입니다. 날마다 '내 백성아 바벨론에서 나와 그의 죄에 참예하지 말고 그의 받을 재앙을 받지 말라'(계 18:4)라고 하시는 하늘의 음성을 듣고 순종하는 성도들이 되시기를 바랍니다.

(3) 말씀에 익숙하고 능통한 에스라가 지도자가 되었습니다.

제2차 귀환자들은 모두가 바벨론에서 태어난 사람들이었습니다. 이들이 자기가 태어난 삶의 터전을 버리고 예루살렘으로 가는 것은 강한 신앙적 결단 없이는 불가능에 가까운 일이었습니다. 이들은 신앙이 매우 투철한 사람들이었던 것입니다. 이들에게는 '에스라'라는 위대한 지도자가 있었습니다.

첫째, 에스라는 말씀에 익숙했습니다.

에스라 7:6에서 "이 에스라가 바벨론에서 올라왔으니 저는 이스라엘 하나님 여호와께서 주신바 모세의 율법에 익숙한 학사로서 그 하나님 여호와의 도우심을 입으므로 왕에게 구하는 것은 다 받는 자더니"라고 말씀하고 있습니다. 여기 '익숙한'은 히브리어 '마히르'(מָהִיר)로 '숙련된, 능통한'이라는 뜻입니다. 에스라는 하나님의 말씀에 능통한 자였습니다.

또한, 에스라 7:12에서는 "하나님의 율법에 완전한 학사 겸 제사장 에스라"라고 말씀하고 있습니다. 그는 마치 '걸어다니는 성경(walking Bible)'같은 존재였습니다. 여기 '완전한'을 표준새번역에서는 '통달한'으로 번역하고 있습니다. '통달(通達)'은 어떤 일에 대하여 '익히 알고 있어 막힘이 없는'이라는 뜻입니다. 한마디로 에스라는 하나님의 말씀에 정통하여 막힘이 없었던 것입니다.

둘째, 에스라는 말씀을 가르치는 학사였습니다.

에스라에 대해 "율법에 익숙한 학사"(스 7:6), "율례의 학사인 학사 겸 제사장 에스라"(스 7:11), "율법에 완전한 학사 겸 제사장 에스라"(스 7:12), "율법의 학사 겸 제사장 에스라"(스 7:21)라고 말씀하고 있습니다. '학사'는 '기록하다'라는 뜻을 가진 히브리어 '사파르'(סָפַר)의 분사형이 명사처럼 쓰인 '소페르'(סֹפֵר)입니다. 학사는 본래 율법을 필사하는 일을 하였으나 바벨론 포로기를 거치면서 그 역할이 확대되어, 하나님의 말씀을 해석하고 가르치는 자가 되었습니다.

에스라 7:10에서 "에스라가 여호와의 율법을 연구하여 준행하며 율례와 규례를 이스라엘에게 가르치기로 결심하였었더라"라고 말씀하고 있습니다. 이렇게 말씀을 연구하고 잘 가르치는 지도자가 있을 때, 신앙이 후대에 잘 전수되는 것입니다. 바벨론에서 태어난 2세들이 예루살렘으로 귀환할 수 있었던 배경에는 하나님의 말씀을 잘 가르치는 학사 에스라가 있었습니다. 오늘날도 에스라처럼 오직 성경, 오직 말씀으로 충만한 참된 지도자가 그 어느 때보다 필요합니다.

III
제3차 바벨론 포로 귀환자들의 족보
THE GENEALOGY OF THE THIRD RETURNEES FROM THE BABYLONIAN EXILE

1. 개요
Overview

제1차 바벨론 포로 귀환은 주전 537년에 이루어졌습니다. 귀환한 자들은 주전 536년에 성전 건축을 시작하였으나, 대적들의 방해로 약 16년 동안 건축이 중단되었다가 주전 520년에 재개하여 마침내 주전 516년에 스룹바벨 성전을 완공하였습니다.

제2차 바벨론 포로 귀환은 주전 458년에 이루어졌습니다. 이때 에스라를 지도자로 하여 총 1,775명이 귀환하였습니다. 에스라는 성전을 중심으로 언약 공동체의 신앙 회복을 위해 하나님의 말씀을 가르치고(스 7:10), 이방인 아내와 그 자녀들을 내어 쫓는 종교개혁을 진행하였습니다(스 10:10-11).

제3차 바벨론 포로 귀환은 주전 444년에 이루어졌습니다. 제3차 귀환의 지도자는 느헤미야였습니다. 그는 아닥사스다왕의 술 맡은 자로서(느 2:1), 유다 총독으로 임명되어 예루살렘 성벽을 재건하였습니다. 그리고 성벽 공사에 참여한 자들의 명단을 기록하였습니다(느 3:1-32).

성벽 재건 공사 참여자의 명단 외에도 제3차 귀환 후의 개혁 조치와 관련하여 느헤미야서에 기록된 명단이 몇 가지 있습니다.

첫째, **언약에 인을 친 자들의 명단입니다.**

이 명단은 느헤미야 10:1-27에 기록되어 있습니다. 느헤미야는 성벽 공사가 끝나고 한 달이 지난 7월 24일에 언약을 갱신하고(느 9:1), 거기에 인을 치고 인친 자들의 명단을 기록하였던 것입니다. 이 명단은 언약에 인친 제사장들의 명단(느 10:1-8)과 언약에 인친 레위인들의 명단(느 10:9-13)과 언약에 인친 백성의 두목들의 명단(느 10:14-27)으로 구분할 수 있습니다.

둘째, **예루살렘에 거주한 자들의 명단입니다.**

이 명단은 느헤미야 11:3-24에 기록되어 있습니다. 느헤미야는 성벽을 완공한 후, 예루살렘성 안에 거주할 자손들의 명단과 그 수를 기록하였습니다. 이 명단은 유다 지파 베레스 자손 468명(느 11:4-6)과 베냐민 자손 928명(느 11:7-9)과 제사장 1,192명(느 11:10-14)과 레위인 284명(느 11:15-18), 문지기 172명과 기타 사람들(느 11:19-21), 노래하는 자들과 브다히야(느 11:22-24)로 구분할 수 있습니다.

셋째, **예루살렘 외곽의 주요 거주지 명단입니다.**

이 명단은 느헤미야 11:25-36에 기록되어 있습니다. 25절에서는 예루살렘 밖의 '향리와 들'에 대해 설명하고 있는데, '향리'는 히브리어 '하하체림'(הַחֲצֵרִים)으로 정관사 '하'(הַ)와 '마을, 거주지'라는 뜻의 '하체르'(חָצֵר)의 복수형이 사용되었습니다. 예루살렘과 같이 성벽으로 둘러싸인 주요 도시를 가리킬 때는 '이르'(עִיר)라는 단어를 사용하지만, 성벽 없이 '이르'를 중심으로 생활하는 인근의 거주지를 가리킬 때에는 '하체르'의 복수형을 사용합니다. 또한, 느헤미야 11:25의 '들'은 히브리어 '사데'(שָׂדֶה)로, '목초지, 경작지, (들짐승이 나오는) 야외'라는 의미이며 목축업을 하는 곳이나 도시에서 관리하는 멀리 떨어진 농경지 등을 가리킵니다.

이 명단은 유다 자손들이 거주한 남쪽 지역(느 11:25-30), 베냐민 자손들이 거주한 북쪽 지역(느 11:31-36)으로 구분할 수 있습니다.

넷째, **제사장들과 레위인들의 명단입니다.**

이 명단은 느헤미야 12:1-26에 기록되어 있습니다. 성벽 낙성식을 앞두고 마지막으로 한 일은 제사장과 레위인들의 명단을 조사한 것입니다. 느헤미야는 여기에 제1차 바벨론 포로 귀환 당시부터 자신의 시대까지의 제사장들과 레위인들의 명단을 기록하였습니다. 이 명단은 제1차로 귀환한 제사장들의 명단(느 12:1-7), 레위인들의 명단(느 12:8-9), 대제사장 예수아(여호수아)부터 얏두아까지의 족보(느 12:10-11), 대제사장 요야김 시대 제사장 족장들의 명단(느 12:12-21), 대제사장 요야김 다음 시대 레위 사람의 어른들의 명단(느 12:22-26)으로 구분할 수 있습니다.

2. 언약에 인을 친 자들의 명단(느 10:1-27)

The List of People Who Sealed the Covenant (Neh 10:1-27)

(1) 언약에 인을 친 제사장들(느 10:1-8)

주전 444년 제3차 바벨론 포로 귀환으로 성벽이 재건된 후, 갱신된 언약에 인을 친 자들의 명단에서 가장 먼저 등장하는 인물은 느헤미야와 시드기야입니다(느 10:1). 당시 총독이었던 느헤미야와 그와 함께 나오는 시드기야는 정치적인 지도자입니다.

이어서 느헤미야 10:2-8에 언약에 인친 21명의 명단이 나옵니다(느 10:8下, "이는 다 제사장이요"). 이 명단을 느헤미야 12:1-7에 나오는 제1차로 귀환한 제사장들의 명단과 비교하면 다음과 같습니다.

	느헤미야 12:1-7 제1차 바벨론 포로 귀환 후 제사장 명단		느헤미야 10:2-8 제3차 바벨론 포로 귀환 후 인을 친 제사장 명단
1	**스라야** / שְׂרָיָה / Seraiah / 1절	1	**스라야** / שְׂרָיָה / Seraiah / 2절
2	**예레미야** / יִרְמְיָה / Jeremiah / 1절	2	**아사랴** / עֲזַרְיָה / Azariah / 2절
3	**에스라** / עֶזְרָא / Ezra / 1절	3	**예레미야** / יִרְמְיָה / Jeremiah / 2절
4	**아마랴** / אֲמַרְיָה / Amariah / 2절	4	**바스훌** / פַּשְׁחוּר / Pashhur / 3절
5	**말룩** / מַלּוּךְ / Malluch / 2절	5	**아마랴** / אֲמַרְיָה / Amariah / 3절
6	**핫두스** / חַטּוּשׁ / Hattush / 2절	6	**말기야** / מַלְכִּיָּה / Malchijah / 3절
7	**스가냐** / שְׁכַנְיָה / Shecaniah / 3절	7	**핫두스** / חַטּוּשׁ / Hattush / 4절
8	**르훔** / רְחֻם / Rehum / 3절	8	**스바냐** / שְׁבַנְיָה / Shebaniah / 4절
9	**므레못** / מְרֵמֹת / Meremoth / 3절	9	**말룩** / מַלּוּךְ / Malluch / 4절
10	**잇도** / עִדּוֹא / Iddo / 4절	10	**하림** / חָרִם / Harim / 5절
11	**긴느도이** / גִּנְּתוֹי / Ginnethoi / 4절	11	**므레못** / מְרֵמוֹת / Meremoth / 5절
12	**아비야** / אֲבִיָּה / Abijah / 4절	12	**오바댜** / עֹבַדְיָה / Obadiah / 5절
13	**미야민** / מִיָּמִין / Mijamin / 5절	13	**다니엘** / דָּנִיֵּאל / Daniel / 6절
14	**마아댜** / מַעַדְיָה / Maadiah / 5절	14	**긴느돈** / גִּנְּתוֹן / Ginnethon / 6절
15	**빌가** / בִּלְגָּה / Bilgah / 5절	15	**바룩** / בָּרוּךְ / Baruch / 6절
16	**스마야** / שְׁמַעְיָה / Shemaiah / 6절	16	**므술람** / מְשֻׁלָּם / Meshullam / 7절
17	**요야립** / יוֹיָרִיב / Joiarib / 6절	17	**아비야** / אֲבִיָּה / Abijah / 7절
18	**여다야** / יְדַעְיָה / Jedaiah / 6절	18	**미야민** / מִיָּמִן / Mijamin / 7절
19	**살루** / סַלּוּ / Sallu / 7절	19	**마아시야** / מַעַזְיָה / Maaziah / 8절
20	**아목** / עָמוֹק / Amok / 7절	20	**빌개** / בִּלְגַּי / Bilgai / 8절
21	**힐기야** / חִלְקִיָּה / Hilkiah / 7절	21	**스마야** / שְׁמַעְיָה / Shemaiah / 8절
22	**여다야** / יְדַעְיָה / Jedaiah / 7절		

① 이름이 일치하는 경우 - **아홉 가문**

느헤미야 12:1-7 제1차 바벨론 포로 귀환 후 제사장 명단		느헤미야 10:2-8 제3차 바벨론 포로 귀환 후 인을 친 제사장 명단	
1	**스라야** / שְׂרָיָה / Seraiah / 1절	1	**스라야** / שְׂרָיָה / Seraiah / 2절
2	**예레미야** / יִרְמְיָה / Jeremiah / 1절	3	**예레미야** / יִרְמְיָה / Jeremiah / 2절
4	**아마랴** / אֲמַרְיָה / Amariah / 2절	5	**아마랴** / אֲמַרְיָה / Amariah / 3절
5	**말룩** / מַלּוּךְ / Malluch / 2절	9	**말룩** / מַלּוּךְ / Malluch / 4절
6	**핫두스** / חַטּוּשׁ / Hattush / 2절	7	**핫두스** / חַטּוּשׁ / Hattush / 4절
9	**므레못** / מְרֵמֹת / Meremoth / 3절	11	**므레못** / מְרֵמֹת / Meremoth / 5절
12	**아비야** / אֲבִיָּה / Abijah / 4절	17	**아비야** / אֲבִיָּה / Abijah / 7절
13	**미야민** / מִיָּמִין / Mijamin / 5절	18	**미야민** / מִיָּמִין / Mijamin / 7절
16	**스마야** / שְׁמַעְיָה / Shemaiah / 6절	21	**스마야** / שְׁמַעְיָה / Shemaiah / 8절

느헤미야 12:1-7의 제사장 명단은 주전 537년 제1차 바벨론 포로 귀환 당시의 제사장들로, 이때는 귀환 후 제1대 대제사장 여호수아가 활동할 때였습니다. 느헤미야 12:1에서 "스알디엘의 아들 스룹바벨과 및 예수아(여호수아)를 좇아 돌아온 제사장과 레위 사람은 이러하니라"라고 말씀하고 있습니다. 여호수아는 스룹바벨과 함께 제1차 귀환의 지도자로 예루살렘에 귀환하여 주전 516년에 성전 건축을 마친 후, 주전 515년부터 정식으로 대제사장 활동을 시작하여 주전 490년에 마쳤습니다.

따라서 주전 444년 제3차 귀환 후 성벽 재건을 마치고 언약에 인친 제사장들과는 시간적으로 큰 간격이 있습니다. 그런데 두 명단에 동일한 이름이 나오는 것은, 이 이름들이 제사장 개인의 이름이 아니라 다윗이 세운 24반열로 구성된 제사장 가문의 이름이기 때문입니다.

② 이름이 비슷한 경우 - 네 가문

느헤미야 12:1-7 제1차 바벨론 포로 귀환 후 제사장 명단		느헤미야 10:2-8 제3차 바벨론 포로 귀환 후 인을 친 제사장 명단	
7	**스가냐** / שְׁכַנְיָה / Shecaniah / 3절	8	**스바냐** / שְׁבַנְיָה / Shebaniah / 4절
11	**긴느도이** / גִּנְּתוֹי / Ginnethoi / 4절	14	**긴느돈** / גִּנְּתוֹן / Ginnethon / 6절
14	**마아댜** / מַעַדְיָה / Maadiah / 5절	19	**마아시야** / מַעַזְיָה / Maaziah / 8절
15	**빌가** / בִּלְגָּה / Bilgah / 5절	20	**빌개** / בִּלְגַּי / Bilgai / 8절

느헤미야 10:4의 '스바냐'는 히브리어 '쉐반야'(שְׁבַנְיָה)로 '여호와께서 자라게 하신다'라는 뜻입니다. 느헤미야 12:3의 '스가냐'는 히브리어 '쉐칸야'(שְׁכַנְיָה)로 '여호와께서 거하신다'라는 뜻입니다.

'스바냐'와 '스가냐'는 같은 가문으로 알려져 있습니다.[23] 제1차 귀환 후 제2대 대제사장 요야김(느 12:10, 주전 490-470년) 때 제사장의 족장 된 자들의 명단(느 12:12-21)에도 '스바냐'가 나옵니다(느 12:14).

느헤미야 10:6의 '긴느돈'은 히브리어 '긴네톤'(גִּנְּתוֹן)으로 '정원사'라는 뜻입니다. 느헤미야 12:4의 '긴느도이' 역시 히브리어 기본형은 '긴네톤'(גִּנְּתוֹן)으로 같은 단어입니다. 12-21절에 나오는 제1차 귀환 후 제2대 대제사장 요야김 때 제사장의 족장 된 자들의 명단에도 '긴느돈'이 나옵니다(느 12:16).

느헤미야 10:8의 '마아시야'는 히브리어 '마아즈야'(מַעַזְיָה)로 '여호와의 구원, 여호와의 보호'라는 뜻이며, 느헤미야 12:5의 '마아댜'는 히브리어 '마아드야'(מַעַדְיָה)로 '여호와의 장식품'이라는 뜻입니다. 제1차 귀환 후 제2대 대제사장 요야김 때 제사장의 족장 된 자들의 명단에는 '모아댜'가 나옵니다(느 12:17). '모아댜'는 히브리어 '모아드야'(מוֹעַדְיָה)로 '여호와의 회중'이라는 뜻이며, '마아드야'와 자음의 형태는 같습니다.

느헤미야 10:8의 '빌개'는 히브리어 '빌가이'(בִּלְגַּי)로 '나의 즐거움'이라는 뜻이며, 느헤미야 12:5의 '빌가'(בִּלְגָּה)는 '즐거움'이라는 뜻입니다. 제1차 귀환 후 제2대 대제사장 요야김 때 제사장의 족장 된 자들의 명단에도 '빌가'가 나옵니다(느 12:18).

③ 이름이 전혀 다르지만 관련이 있는 경우 - 세 가문

느헤미야 12:1-7 제1차 바벨론 포로 귀환 후 제사장 명단		느헤미야 10:2-8 제3차 바벨론 포로 귀환 후 인을 친 제사장 명단	
3	**에스라** / עֶזְרָא / Ezra / 1절	2	**아사랴** / עֲזַרְיָה / Azariah / 2절
8	**르훔** / רְחֻם / Rehum / 3절	10	**하림** / חָרִם / Harim / 5절
10	**잇도** / עִדּוֹא / Iddo/ 4절		?

느헤미야 10:2의 '아사랴'는 히브리어 '아자르야'(עֲזַרְיָה)로 '여호와께서 도우신다'라는 뜻이며, 느헤미야 12:1의 '에스라'는 히브리어 '에즈라'(עֶזְרָה)로 '여호와께서 도우신다'라는 뜻입니다. 두 단어의 뜻이 같은 것을 볼 때, '아사랴'와 '에스라'는 같은 가문입니다. 제1차 귀환 후 제2대 대제사장 요야김 때 제사장의 족장 된 자들의 명단에도 '에스라'가 나옵니다(느 12:13).

느헤미야 10:5의 '하림'(חָרִים)은 '헌신된'이라는 뜻입니다. 느헤미야 12:3의 '르훔'은 히브리어 '레훔'(רְחוּם)으로 '자비로운'이라는 뜻입니다. '하림'(느 10:5)과 '르훔'(느 12:3)은 같은 가문으로 알려져 있습니다.[24] 제1차 귀환 후 제2대 대제사장 요야김 때 제사장의 족장 된 자들의 명단에서도 '하림'이 나옵니다(느 12:15).

이상에서 살펴본 인을 친 제사장 21명(느 10:2-8) 중에서 다루지 않은 6명(바스훌, 말기야, 오바댜, 다니엘, 바룩, 므술람) 중 1명은, 느헤미야

12:4의 '잇도'(עִדּוֹא, 뜻 그의 증거)와 관련이 있는 것으로 보입니다. 그 이유를 살펴보면 다음과 같습니다.

느헤미야 12:1-7에 나오는 22명의 제사장의 명단은 크게 16명과 6명으로 나눌 수 있습니다. 1-6절 상반절까지 16명의 이름이 기록되어 있고, 6절 하반절부터 7절에 17번째 이름인 '요야립' 앞에 히브리어 접속사 '베'(וְ)가 추가되어서, '요야립'부터 6명을 구분하여 기록하고 있습니다(450쪽 참조).

יְדַעְיָה	וְיוֹיָרִיב	שְׁמַעְיָה
예다에야	베요야리브	셰마에야

앞에 기록된 16명은 느헤미야 10장의 인친 제사장들의 명단과 일치하고, 요야립부터 6명은 인친 제사장들의 명단과 상관없기 때문일 것입니다. 따라서 느헤미야 10장의 인친 제사장들의 명단과 일치하는 느헤미야 12:1-6의 16명의 명단에 잇도가 있는 것으로 보아, '잇도'(느 12:4)도 인친 제사장들의 명단에 들어간다고 보아야 합니다.

느헤미야 10:2-8의 인친 제사장들의 명단에는 '잇도'라는 이름이 나오지 않습니다. 그러나 느헤미야 10장과 12장의 두 제사장 명단을 비교하면 비슷한 이름의 동일한 가문인 경우가 4번, 전혀 다른 이름의 동일한 가문인 경우가 2번 있습니다. 따라서 잇도 가문 역시 다른 이름의 동일한 가문인 경우에 해당합니다.

느헤미야 10:2-8에 기록된 21명의 제사장들 가운데, 느헤미야 12:1-7에 기록된 22명의 제사장 명단과 전혀 관련이 없어 보이는 이름은, '바스훌, 말기야, 오바댜, 다니엘, 바룩, 므술람'입니다. 아마도 '잇도'는 이 6명 중의 한 사람과 관련이 있을 것입니다.

이상에서 살펴보았듯이, 느헤미야 10:2-8의 제3차 귀환 후 인친 제사장들의 명단 중에서 6명(바스훌, 말기야, 오바댜, 므술람, 다니엘, 바룩)을 제외하고 15명은 느헤미야 12:1-7에 나오는 제1차로 귀환한 제사장들의 명단과 같거나 유사합니다. 이는 제1차로 귀환한 제사장들의 집안은 성벽이 완성되기까지 약 93년이 지났지만 대부분 신앙을 잘 지키고 전수하여 그 후손들이 갱신된 언약에 인을 치도록 인도하였음을 보여줍니다.

참고로, 느헤미야 10:2-8의 인친 제사장들의 명단과 느헤미야 12:1-7의 대제사장 여호수아 당시 제사장들의 명단과 12-21절의 대제사장 요야김 때 제사장들의 명단에서, 같은 가문 이름으로 추정되는 부분을 정리하면 다음과 같습니다.

느헤미야 12:1-7	느헤미야 12:12-21	느헤미야 10:2-8
포로 귀환 후 1대 대제사장 **여호수아** 주전 515-490년	포로 귀환 후 2대 대제사장 **요야김** 주전 490-470년	포로 귀환 후 3대 대제사장 **엘리아십** 주전 470-433년
에스라 / עֶזְרָא / Ezra 자비로운 / 1절	**에스라** / עֶזְרָא / Ezra 자비로운 / 13절	**아사랴** / עֲזַרְיָה / Azariah 여호와께서 도우신다 / 2절
스가냐 / שְׁכַנְיָה / Shecaniah 여호와께서 거하신다 / 3절	**스바냐** / שְׁבַנְיָה / Shebaniah 여호와께서 자라게 하신다 / 14절	**스바냐** / שְׁבַנְיָה / Shebaniah 여호와께서 자라게 하신다 / 4절
르훔 / רְחֻם / Rehum 자비로운 / 3절	**하림** / חָרִם / Harim 헌신된 / 15절	**하림** / חָרִם / Harim 헌신된 / 5절
긴느도이 / גִּנְּתוֹי / Ginnethoi 정원사 / 4절	**긴느돈** / גִּנְּתוֹן / Ginnethon 정원사 / 16절	**긴느돈** / גִּנְּתוֹן / Ginnethon 정원사 / 6절
마아댜 / מַעַדְיָה / Maadiah 여호와의 장식품 / 5절	**모아댜** / מוֹעַדְיָה / Moadiah 여호와의 회중 / 17절	**마아시야** / מַעַזְיָה / Maaziah 여호와의 구원, 여호와의 보호 / 8절
빌가 / בִּלְגָּה / Bilgah 즐거움 / 5절	**빌가** / בִּלְגָּה / Bilgah 즐거움 / 18절	**빌개** / בִּלְגַּי / Bilgai 나의 즐거움 / 8절

(2) 언약에 인을 친 레위인들(느 10:9-13)

언약에 인을 친 레위인들의 명단을 정리하면 다음과 같습니다.

느헤미야 10:9	아사냐의 아들 ① **예수아**, 헤나닷의 자손 중 ② **빈누이**, ③ **갓미엘**
10	그 형제 ④ **스바냐**, ⑤ **호디야**, ⑥ **그리다**, ⑦ **블라야**, ⑧ **하난**
11	⑨ **미가**, ⑩ **르홉**, ⑪ **하사뱌**
12	⑫ **삭굴**, ⑬ **세레뱌**, ⑭ **스바냐**
13	⑮ **호디야**, ⑯ **바니**, ⑰ **브니누**

(3) 언약에 인을 친 백성의 두목들(느 10:14-27)

언약에 인을 친 백성의 두목들의 명단을 정리하면 다음과 같습니다.

느헤미야 10:14	① **바로스**, ② **바핫모압**, ③ **엘람**, ④ **삿두**, ⑤ **바니**
15	⑥ **분니**, ⑦ **아스갓**, ⑧ **베배**
16	⑨ **아도니야**, ⑩ **비그왜**, ⑪ **아딘**
17	⑫ **아델**, ⑬ **히스기야**, ⑭ **앗술**
18	⑮ **호디야**, ⑯ **하숨**, ⑰ **베새**
19	⑱ **하립**, ⑲ **아나돗**, ⑳ **노배**
20	㉑ **막비아스**, ㉒ **므술람**, ㉓ **헤실**
21	㉔ **므세사벨**, ㉕ **사독**, ㉖ **얏두아**
22	㉗ **블라댜**, ㉘ **하난**, ㉙ **아나야**
23	㉚ **호세아**, ㉛ **하나냐**, ㉜ **핫숩**
24	㉝ **할르헤스**, ㉞ **빌하**, ㉟ **소벡**
25	㊱ **르훔**, ㊲ **하삽나**, ㊳ **마아세야**
26	㊴ **아히야**, ㊵ **하난**, ㊶ **아난**
27	㊷ **말룩**, ㊸ **하림**, ㊹ **바아나**

갱신된 언약에 인을 친 백성의 두목들의 44개 가문들 가운데 총 14개의 가문(아래 표 참조)은 제1차로 바벨론 포로에서 귀환한 가문이었습니다. 이들은 인을 친 전체 가문의 약 30%에 해당됩니다. 이 들 가문은 주전 537년 제1차로 귀환한 후 성벽이 재건된 주전 444년까지 약 93년간 많은 환난과 역경 가운데서도 마침내 언약에 인을 치는 데 참여하게 되었습니다.

이러한 집안들이 앞장을 섰기에 언약을 갱신하고 인을 치는 일이 가능했습니다. 그래서 느헤미야 10:14의 인을 친 가문의 명단 가운데 '바로스, 바핫모압, 엘람, 삿두, 바니'는 모두 제1차 귀환에 참여한 가문으로, 백성의 두목들의 명단(느 10:14-27)의 앞부분에 다 배치되어 있습니다. 제1차로 바벨론 포로에서 귀환한 가문 가운데 갱신된 언약에 인치는 데도 참여한 가문의 명단은 다음과 같습니다.

		제1차 바벨론 포로 귀환자 명단	제3차 귀환 후 언약에 인친 가문
1	**바로스**	스 2:3, 느 7:8	느 10:14
2	**바핫모압**	스 2:6, 느 7:11	느 10:14
3	**엘람**	스 2:7, 느 7:12	느 10:14
4	**삿두**	스 2:8, 느 7:13	느 10:14
5	**바니**	스 2:10, 느 7:15-'빈누이'	느 10:14
6	**브배**	스 2:11, 느 7:16	느 10:15-'베배'
7	**아스갓**	스 2:12, 느 7:17	느 10:15
8	**아도니감**	스 2:13, 느 7:18	느 10:16-'아도니야'
9	**비그왜**	스 2:14, 느 7:19	느 10:16
10	**아딘**	스 2:15, 느 7:20	느 10:16
11	**아델**	스 2:16, 느 7:21	느 10:17
12	**베새**	스 2:17, 느 7:23	느 10:18
13	**요라**	스 2:18, 느 7:24-'하립'	느 10:19-'하립'
14	**하숨**	스 2:19, 느 7:22	느 10:18

3. 예루살렘에 거주한 자들의 명단(느 11:3-24)

The List of the Inhabitants of Jerusalem (Neh 11:3-24)

느헤미야 11:1-2에서 "백성의 두목들은 예루살렘에 머물렀고 그 남은 백성은 제비 뽑아 십분의 일은 거룩한 성 예루살렘에 와서 거하게 하고 그 구분은 다른 성읍에 거하게 하였으며 [2] 무릇 예루살렘에 거하기를 자원하는 자는 백성들이 위하여 복을 빌었느니라"라고 말씀하고 있습니다. 원문을 보면 느헤미야 11:1은 10장과 와우계속법으로 연결되어 있습니다. 즉, 6월 25일에 예루살렘 성벽 재건을 마치고(느 3-6장), 7월에 모여 하나님의 말씀을 듣고 초막절을 지키며 회개하고 백성의 대표가 갱신된 언약에 인을 치고 회중이 신앙생활의 변혁을 결심한 뒤(느 7-9장), 그 결과 예루살렘에 거주한 자들의 명단을 발표한 것입니다. 이 명단은 역대상 9장의 족보에도 기록되어 있는데, 기록 배경과 목적에 따라 명단이나 인원의 차이가 있습니다.

예루살렘 거주자들은 정치, 사회, 경제적인 이유가 아니라, 철저하게 구속사와 언약적 관점에서 선별되었습니다. 이는 예루살렘을 가리켜 '거룩한 성'이라고 표현하는데, 다른 곳은 '다른 성읍'이라고 표현한 것을 통해서도 잘 나타납니다. 느헤미야 11:1에서 '거룩한 성'은 '거룩'이라는 뜻의 '코데쉬'(קֹדֶשׁ)에 정관사 '하'(הַ)를 함께 사용하여, 다른 성읍과 완전히 구별된 하나뿐인 성읍임을 강조하는 표현입니다. '거룩한 성' 예루살렘에 거하겠다고 자원하는 자들을 향해서 나머지 백성이 복을 빌었습니다. 제비뽑기한 자와 자원하여 예루살렘에 거주하게 된 자들은 다음과 같습니다.

(1) 유다 지파 베레스 자손 468명(느 11:4-6)

느헤미야 11:4-6에는 예루살렘에 거주하게 된 유다 자손의 가문들이 기록되어 있습니다. 유다 자손 중에 베레스 자손인 아다야(느 11:4)와 마아세야(느 11:5)가 있었고, 베레스 자손의 합계는 468명이었습니다(느 11:6, 참고-대상 9:4-6: 베레스·실로·세라 자손 총 690명).

(2) 베냐민 자손 928명(느 11:7-9)

느헤미야 11:7-9에는 예루살렘에 거주하게 된 베냐민 자손의 가문들이 기록되어 있습니다. 베냐민 자손 중에 살루(느 11:7, 참고-대상 9:7)와 갑배와 살래(느 11:8)가 있었고, 베냐민 자손의 합계는 928명이었습니다(느 11:8, 참고-대상 9:7-9: 960명). 요엘은 이들의 감독이 되었으며 유다는 버금(מִשְׁנֶה, '미쉬네' 뜻-두 번째)이 되었습니다(느 11:9).

(3) 제사장 1,192명(느 11:10-14)

느헤미야 11:10-14에는 예루살렘에 거주하게 된 제사장 자손의 가문들이 기록되어 있습니다. 먼저 10절에서 제사장 중에 '요야립('여호야립'의 단축형)의 아들(자손) 여다야와 야긴'이 기록되어 있는데, 역대상 9:10에서는 여다야와 여호야립 사이에 '자손'(בֵּן, '벤')을 빼고 여다야, 여호야립, 야긴의 세 사람으로 말씀하고 있습니다. 이 세 이름은 모두 다윗 때 조직된 제사장 24반열 가문의 이름입니다(대상 24:7, 17).

뒤이어 느헤미야 11:11에서 대제사장 가문의 계보를 소개하고 있습니다. 이 계보는 역대상 9:10-11에도 거의 동일하게 기록되어 있으며, 역대상 6:3-15에 기록된 아론부터 제3차 바벨론 포로로 끌려간 여호사닥까지의 족보와도 거의 일치합니다.

느헤미야 11:11	역대상 9:10-11	역대상 6:11-14	비고
아히둡	**아히둡**	17대 대제사장 **아히둡**	대제사장 여호야다와 동일인물 (왕하 11:4-21, 12:2-15, 대하 23:1-21, 24:2-14)[24]
므라욧	**므라욧**		여호야다의 아들 스가랴와 동일인물(대하 24:20-25).[25]
사독	**사독**	18대 대제사장 **사독**(12절)	
므술람	**므술람**	19대 대제사장 **살룸**(12절)	
힐기야	**힐기야**	20대 대제사장 **힐기야**(13절)	요시야 왕 때의 대제사장 (왕하 22:3-10, 대하 34:8-18)
	아사랴	21대 대제사장 **아사랴**(13절)	
스라야		22대 대제사장 **스라야**(14절)	시드기야 왕 때의 대제사장 (왕하 25:18-21, 렘 52:24-27)

특별히 느헤미야 11:11과 역대상 9:11에 모두 '하나님의 전을 맡은 자'라는 표현이 기록되어 있습니다. 한글 개역성경은 '하나님의 전을 맡은 자'라는 표현이 '스라야'(아사랴)를 수식하는 것으로 번역하였는데, 원문에는 '아히둡'을 수식하고 있습니다. 여기 '맡은 자'는 '지도자, 통치자'라는 뜻의 히브리어 '나기드'(נָגִיד)의 연계형으로, 대제사장을 말합니다. 따라서 느헤미야 11:11-12 상반절의 내용은 어떤 개인과 형제들에 대한 것이 아니라, 대제사장의 가문이 총 822명이었음을 말하는 것으로 보입니다(대상 9:12-13, 다른 가문을 합쳐 1,760명).

제사장 자손의 가문들 중 스라야 가문에 이어 아다야 가문이 있었고, 그 형제의 족장(우두머리) 된 자는 도합 242명이었습니다(느 11:12下-13上). 아다야 가문에 이어서 아맛새 가문이 있었고(느 11:13),

그 형제의 큰 용사는 도합 128명이었으며, 하그돌림의 아들 삽디엘이 그 감독이 되었습니다(느 11:14).

(4) 레위인 284명(느 11:15-18)

느헤미야 11:15-18에는 예루살렘에 거주하게 된 레위 사람의 가문들이 기록되어 있습니다. 레위 사람 중 므라리 자손 스마야 가문(느 11:15, 참고-대상 9:14), 삽브대와 요사밧 가문이 있었습니다. 삽브대와 요사밧은 하나님의 전 바깥 일을 맡았습니다(느 11:16). 또 아삽 자손 맛다냐 가문이 있었는데, 맛다냐는 '기도할 때에 감사하는 말씀을 인도하는 어른'이 되었고, 박부갸는 버금이 되었습니다(느 11:17, 참고-대상 9:15). 17절의 '감사하는 말씀'은 '발사하다, 던지다'라는 뜻을 가진 히브리어 '야다'(יָדָה)의 히필(사역)형으로, 죄나 근심의 짐을 던져버리고 하나님 앞에 감사하는 찬양을 의미합니다. 맛다냐와 박부갸는 회중 기도 시에 찬양을 인도하는 사람들이었습니다. 또한, 여두둔 자손 압다(오바댜) 가문이 있었으며(느 11:17, 참고-대상 9:16), 예루살렘에 거하는 레위 사람의 도합이 284명이었습니다.

(5) 문지기들 172명과 기타 사람들(느 11:19-21)

느헤미야 11:19-21에는 예루살렘에 거주하게 된 문지기 가문들과 기타 사람들이 기록되어 있습니다. 한글 개역성경은 19절의 '쇼에르'(שׁוֹעֵר)를 '성 문지기'라고 번역하였는데, 에스라 2:42에 이들이 제1차 귀환에 참여한 성전 문지기 가문으로 기록된 것을 볼 때, 이는 '성전 문지기'를 가리킵니다.[25] 문지기 가문 중에 악굽과 달몬과 그 형제가 172명이었습니다. 이어 나머지 이스라엘 백성과 제사장과 레위 사람은 유다 모든 성읍에 흩어져서 각각 자기 기업에 거하였다고 말씀하고 있으며(느 11:20), 느디님 사람들은 오벨(예루살렘 동남부의 구릉지대)에 거하였으며 시하와 기스바가 그 두목이 되었다고 말씀하고 있습니다(느 11:21).

참고로, 역대상 9:17-22에서는 문지기 두목 살룸을 포함한 고라의 자손들, 므셸레먀 계열의 첫째 반열인 스가랴 가문(대상 26:1-2)을 포함하여 문지기 가문을 212명으로 기록하고 있습니다(대상 9:22).

(6) 노래하는 자들의 가문과 브다히야 가문(느 11:22-24)

느헤미야 11:22-24에는 예루살렘에 거주하게 된 노래하는 자들의 가문과 브다히야에 대하여 기록되어 있습니다. 노래하는 자들의 가문 중에 아삽 자손이 있는데(느 11:22), 아삽 자손인 웃시는 예루살렘에 거하는 레위 사람들의 감독이 되어 하나님의 전 일을 맡아서 다스렸습니다. 22절에서 웃시가 '예루살렘에 거하는 레위 사람의 감독'이 되었다는 표현을 볼 때 그는 노래하는 레위 사람들이나 문지기들이나 일반적인 성전의 일을 담당하는 자들을 총괄하여 다스리는 책임자였습니다. 그는 왕의 명령대로 노래하는 자에게 날마다 양식을 정하여 주었습니다(느 11:23). 여기 '왕'은 히브리어 '하멜레크'(הַמֶּלֶךְ)로, 정관사 '하'(הַ)가 더해져 당시 바사의 왕이였던 아닥사스다를 가리킵니다.

예루살렘 거주자들의 명단 마지막에 브다히야가 있는데, 느헤미야 11:24에서 "유다의 아들 세라의 자손 곧 므세사벨의 아들 브다히야는 왕의 수하에서 백성의 일을 다스렸느니라"라고 말씀하고 있습니다. 여기 '수하에서'는 히브리어 '레야드'(לְיַד)로 비유적으로 '…에 속한, …을 대표하는'이라는 뜻이며, 원문에는 '다스렸느니라'에 해당하는 단어가 없습니다. 따라서 브다히야는 거주자들을 다스린 것이 아니라, 왕에게 속하여 왕을 대표하는 자로서 왕과 포로 귀환민들 사이의 중재의 일을 하였던 것입니다.

지금까지 살펴보았듯이, 예루살렘에 거주한 자들의 명단(느 11:3-24)은 그 가계의 시작점이나 성전 봉사의 반열까지 상세하게 조사하여 기록되었습니다. 이는 거룩한 성(느 11:1) 예루살렘에 거주하는 자에게 성별된 족보가 요구됨을 보여줍니다.

4. 예루살렘 밖에 거주한 자들의 명단(느 11:25-36)

The List of the Inhabitants Outside of Jerusalem (Neh 11:25-36)

예루살렘에 거주한 자 외에 나머지는 예루살렘 바깥 주변에 거하게 하였습니다. 예루살렘을 기준으로 남쪽에는 유다 자손이, 북쪽에는 베냐민 자손이 거주하였는데, 이는 여호수아가 가나안을 정복한 뒤에 두 지파에게 나누어 준 기업과 일치합니다. 또한, 유다 지파의 거주지의 이름들은 예수아, 므고나를 제외하고 여호수아 15장에 기록된 가나안 정복 후 기업을 분배할 때의 지명을 모두 그대로 사용하면서, 이스라엘 백성의 귀환이 제2의 가나안 정복이라는 구속사적 의미를 강조하고 있습니다.

(1) 예루살렘 남쪽 지역에 거주한 유다 자손들(느 11:25-30)

유다 자손들은 브엘세바와 힌놈의 골짜기까지 예루살렘 남쪽 지역에 정착하였습니다. 느헤미야 11:30 하반절에서는 "저희는 브엘세바에서부터 힌놈의 골짜기까지 장막을 쳤으며"라고 말씀하고 있습니다. 여기 '브엘세바'는 약속의 땅 최남단을 가리키는 성읍이며

(삿 20:1, 삼상 3:20, 삼하 3:10, 17:11, 24:2, 7, 15, 왕상 4:25, 대하 30:5), '힌놈의 골짜기'는 유다 자손과 베냐민 자손의 땅의 경계선이 되는 예루살렘 남쪽의 골짜기입니다(수 15:8, 18:16). 유다 자손들의 거주지는 다음과 같습니다.

1	**기랏 아바 (기랏 아르바) 와 그 촌** 느 11:25	여호수아 15:13, 54에 동일하게 기록되어 있으며, 본래 아낙 사람의 땅이었지만 유다 지파 갈렙이 정복하였다(수 14:13-15, 삿 1:10). 이곳은 아브라함의 소유매장지로 구한 막벨라 밭 굴이 있는 헤브론(창 23:15-20)으로, 후에 레위인의 성읍이자 도피성이 되었으며(수 20:7, 21:11), 다윗이 도피 생활을 마치고 유다의 왕이 된 곳이다(삼하 2:1, 11, 5:5, 대상 3:4).
2	**디본과 그 촌** / 느 11:25	여호수아 15:22에는 유다 지파의 기업인 '디모나'로 기록되어 있다. 모압에 있는 '디본'과는 다른 곳이며, 에돔과의 경계를 이룬다.
3	**여갑스엘과 그 동네** 느 11:25	여호수아 15:21에는 유다 지파의 기업인 '갑스엘'로 기록되어 있다. '갑스엘'(קַבְצְאֵל)은 '하나님이 모으신다'라는 뜻이며, '여갑스엘'(יְקַבְצְאֵל)은 '여호와'의 축약형 '야'(יָהּ)가 추가되어 '여호와 하나님이 모으신다'라는 뜻이다.
4	**예수아** 느 11:26	브엘세바 근처의 성읍으로 추정되나, 정확한 위치는 알 수 없다.
5	**몰라다** 느 11:26	여호수아 15:26에 동일하게 기록되어 있으며, 훗날 시므온 지파가 유다 지파의 기업 중에 제비뽑아 얻은 기업이다(수 19:1-2, 대상 4:28).
6	**벧벨렛** 느 11:26	여호수아 15:27에 동일하게 기록되어 있다. '집'이라는 뜻의 '바이트'(בַּיִת)와 '피난하다, 도망가다'라는 뜻의 '팔라트'(פָּלַט)가 합쳐져 '피난하는 집'이라는 뜻이다.
7	**하살수알** 느 11:27	여호수아 15:28에 동일하게 기록되어 있으며, 훗날 시므온 지파가 유다 지파의 기업 중에 제비뽑아 얻은 기업이다(수 19:3, 대상 4:28).
8	**브엘세바와 그 촌** 느 11:27	여호수아 15:28에 동일하게 기록되어 있으며, 훗날 시므온 지파가 유다 지파의 기업 중에 제비뽑아 얻은 기업이다(수 19:2, 대상 4:28). 아브라함과 이삭이 우물에 대한 계약을 맺은 장소이다(창 21:31-33, 26:23-33).

9	**시글락** 느 11:28	여호수아 15:31에 동일하게 기록되어 있으며, 훗날 시므온 지파가 유다 지파의 기업 중에 제비뽑아 얻은 기업이다(수 19:5). 후에 블레셋에게 빼앗겼으나, 블레셋의 가드 왕 아기스가 도피 중인 다윗에게 근거지로 넘겨주었다(삼상 27:6).
10	**므고나와 그 촌** 느 11:28	시글락 근처의 성읍으로 추정되나, 정확한 위치는 알 수 없다.
11	**에느림몬** 느 11:29	히브리어 '에인 림몬'(עֵין רִמּוֹן)으로, 여호수아 15:32에는 '아인'(עַיִן)과 '림몬'(רִמּוֹן)의 두 지역으로 분리해서 기록되어 있다. 왕정 시대를 지나며 한 성읍으로 합쳐진 것으로 보인다.
12	**소라** 느 11:29	유다의 경계 안에 있는 단 지파의 성읍으로(수 15:33, 19:41), 본래 단 지파의 거주지였지만(수 19:41, 삿 18:2, 8, 11, 참고-삿 13:2, 16:31), 왕정 시대에는 유다의 성읍이 되었다(대하 11:10).
13	**야르뭇** 느 11:29	여호수아 15:35에 동일하게 기록되어 있으며, 가나안 정복 전쟁 시 여호수아를 대적한 아모리 족속의 다섯 연합군 중 한 족속의 땅이었다(수 10:1-5).
14	**사노아** 느 11:30	여호수아 15:34에 동일하게 기록되어 있으며, 예루살렘 성벽 재건 공사 당시, 사노아 자손들은 하눈과 함께 골짜기문을 맡아서 중수하였다(느 3:13).
15	**아둘람과 그 동네** 느 11:30	여호수아 15:35에 동일하게 기록되어 있으며, 다윗이 사울을 피해 네 번째로 도피한 장소로, 다윗 주변에 사람들이 모이기 시작한 곳이다(삼상 22:1).
16	**라기스와 그 들** 느 11:30	여호수아 15:39에 동일하게 기록되어 있으며, 가나안 정복 전쟁 시 여호수아를 대적한 아모리 족속의 다섯 연합군 중 한 족속의 땅이었다(수 10:1-5). 북 이스라엘 요아스와의 전쟁에서 패한 남 유다 아마샤왕이 라기스로 도망갔다가, 거기서 죽임을 당했다(왕하 14:19, 대하 25:27). 히스기야왕 때 예루살렘을 침공한 앗수르군의 주둔지였다(왕하 18:14, 17, 19:8, 대하 32:9, 사 36:2, 37:8).
17	**아세가와 그 촌** 느 11:30	여호수아 15:35에 동일하게 기록되어 있으며, 라기스와 더불어 남 유다 멸망 시 마지막까지 남아있던 견고한 성읍이다(렘 34:7).

(2) 예루살렘 북쪽 지역에 거주한 베냐민 자손들(느 11:31-36)

베냐민 자손들은 예루살렘 북쪽 지역에 정착하였는데, 대체로 가나안 정복 후 베냐민 지파가 분배받은 지역으로, '유다 자손과 요셉 자손의 중간'(수 18:11) 지역에 해당됩니다. 느헤미야 11:31-35에서 "또 베냐민 자손은 게바에서부터 믹마스와 아야와 벧엘과 그 촌에 거하며 [32] 아나돗과 놉과 아나냐와 [33] 하솔과 라마와 깃다임과 [34] 하딧과 스보임과 느발랏과 [35] 로드와 오노와 공장 골짜기에 거하였으며"라고 말씀하고 있습니다. 하딧, 로드, 오노는 지중해에서 가까운 곳으로, 바벨론 포로에서 귀환한 베냐민 자손들이 지중해 근처까지 진출한 것을 알 수 있습니다. 베냐민 자손들의 거주지로 기록된 장소는 다음과 같습니다.

1	게바 느 11:31	여호수아 18:24에 동일하게 기록되어 있다. 베냐민 지파의 기업 중 제사장 아론의 자손에게 준 성읍이었다(수 21:17).
2	믹마스 느 11:31	게바와 가까운 곳으로, 사울과 요나단이 블레셋과 전투를 벌인 곳이다(삼상 13:1-14:15).
3	아야 / 느 11:31	벧엘과 인접한 '아이'를 가리킨다(스 2:28, 느 7:32).
4	벧엘과 그 촌 느 11:31	벧엘과 주변 마을들을 말하며, 여호수아 18:22에 벧엘이 동일하게 기록되어 있다.
5	아나돗 느 11:32	베냐민 지파의 기업 중 제사장 아론의 자손에게 준 성읍이었으며(수 21:18), 예레미야 선지자의 고향이다(렘 1:1).
6	놉 느 11:32	실로에 있던 성막이 옮겨진 곳으로(참고-삼상 21:1, 6, 22:11), '제사장들의 성읍'으로 불렸다(삼상 22:19).
7	아나냐 느 11:32	예루살렘 근처 베다니로 추정되며, '아나냐의 집'이라는 뜻의 '벧아나냐'가 후에 '베다니'로 불리게 된 것으로 보기도 한다(마 26:6).
8	하솔 느 11:33	가나안 왕 야빈이 거하던 갈릴리 지역의 하솔(수 11:1, 12:19, 삿 4:2, 왕상 9:15, 왕하 15:29)과는 다른 곳이다. 벧엘 북쪽 8km 지점에 위치한 에브라임 지파 지역 '바알하솔'로 추정된다(삼하 13:23).

9	라마 느 11:33	여호수아 18:25에 동일하게 기록되어 있다. 사무엘의 고향으로(삼상 7:17), 사울이 다윗을 죽이려 할 때 다윗이 도피하여 사무엘을 찾아간 곳이다(삼상 19:18).
10	깃다임 느 11:33	베냐민 지파의 브에롯 사람들이 도망하여 거주하기 시작한 곳으로(삼하 4:3), '깃다임'(גִּתַּיִם)은 '포도주 짜는 두 개의 틀'이라는 뜻이다.
11	하딧 / 느 11:34	오노 동남쪽 11km 지점에 위치한 곳이다(스 2:33, 느 7:37).
12	스보임 느 11:34	샤론 평야에 위치한 곳으로 보이나, 정확한 장소를 추정하기는 어렵다. 사해 바다 동편의 스보임(창 10:19, 14:2, 8, 신 29:23, 호 11:8)이나 여리고 인근 스보임 골짜기(삼상 13:18)와는 다른 곳이다.
13	느발랏 느 11:34	지중해 연안의 샤론 평지 남단, 로드 동쪽 6km 지점에 위치한 곳으로 추정된다.
14	로드 느 11:35	오노와 함께 베냐민 자손이 세운 성읍으로, 역대상 8:12에 '오노와 롯'이라고 기록되어 있다(스 2:33, 느 7:37).
15	오노 느 11:35	로드와 함께 베냐민 자손이 세운 성읍으로(대상 8:12), 산발랏이 느헤미야를 유인하여 죽이려 한 곳이다(느 6:2).
16	공장 골짜기[26)] 느 11:35	공장 골짜기는 로드와 오노 사이에 있는 넓은 골짜기로, 블레셋 시절부터 철공업이 발달한 곳이며(삼상 13:19-20), 대장장이들이 많이 거주하던 곳이다. '공장'은 히브리어 '하라쉼'(חֲרָשִׁים)으로 '기술공들, 장인들'을 가리킨다(대상 4:14下).

느헤미야 11장의 마지막 절인 36절은 "유다에 있던 레위 사람의 어떤 반열은 베냐민과 합하였느니라"라고 말씀하고 있습니다. 이는 레위 지파가 예루살렘에만 살지 않고 예루살렘 외의 지역에도 살았다는 것을 보여주며, 나아가 유다 지파 지역에만 살지 않고 다른 지파 지역에도 살았다는 것을 보여줍니다. 이는 옛날 여호수아 시대에 이스라엘 백성이 가나안 땅 각 지역을 분배받아 거주할 때 레위인들이 전국의 48개 성읍에 흩어져 신앙을 지도했던(수 21:1-42) 언약 공동체의 모습이, 비록 완전한 형태는 아니지만 어느 정도 회복되었음을 나타내는 것입니다.

예루살렘 밖에 거주한 유다 자손들과 베냐민 자손들(느 11:25-36)

The Sons of Judah and the Sons of Benjamin Who Lived Outside of Jerusalem (Neh 11:25-36)

5. 제사장들과 레위인들의 명단(느 12:1-26)
The List of the Priests and the Levites (Neh 12:1-26)

성벽 낙성식을 앞두고 마지막으로 기록된 명단은 제사장과 레위인들의 명단입니다. 이 명단은 3차에 걸친 바벨론 포로 귀환을 통하여 성전과 신앙, 그리고 성벽까지 모두 회복된 후에, 하나님 앞에 온전한 예배를 드리기 위해 작성된 것입니다. 그래서 이 명단은 제1차 귀환부터 제3차 귀환까지의 제사장 및 레위인 명단을 일목요연하게 정리하여 성별하고 있습니다.

(1) 제1차로 귀환한 제사장들의 명단(느 12:1-7)

느헤미야 12:1-7에는 바벨론 포로에서 제1차로 귀환한 제사장들의 명단이 기록되어 있습니다.

느헤미야 12:1-7 "스알디엘의 아들 스룹바벨과 및 예수아를 좇아 돌아온 제사장과 레위 사람은 이러하니라 제사장은 ① **스라야**와 ② **예레미야**와 ③ **에스라**와 [2]④ **아마랴**와 ⑤ **말룩**과 ⑥ **핫두스**와 [3]⑦ **스가냐**와 ⑧ **르훔**과 ⑨ **므레못**과 [4]⑩ **잇도**와 ⑪ **긴느도이**와 ⑫ **아비야**와 [5]⑬ **미야민**과 ⑭ **마아댜**와 ⑮ **빌가**와 [6]⑯ **스마야**와 ⑰ **요야립**과 ⑱ **여다야**와 [7]⑲ **살루**와 ⑳ **아목**과 ㉑ **힐기야**와 ㉒ **여다야**니 이상은 예수아 때에 제사장과 그 형제의 어른이었느니라"

(2) 제1차로 귀환한 레위인들의 명단(느 12:8-9)

느헤미야 12:8-9에는 바벨론 포로에서 제1차로 귀환한 레위인들의 명단이 기록되어 있습니다.

느헤미야 12:8-9 "레위 사람은 ① **예수아**와 ② **빈누이**와 ③ **갓미엘**과 ④ **세레뱌**와 ⑤ **유다**와 ⑥ **맛다냐**니 이 맛다냐는 그 형제와 함께 찬송하는 일을 맡았고 [9] 또 그 형제 ⑦ **박부갸**와 ⑧ **운노**는 직무를 따라 저의 맞은 편에 있으며"

(3) 대제사장 예수아부터 얏두아까지의 족보(느 12:10-11)

느헤미야 12:10-11에는 바벨론 포로에서 제1차로 귀환한 대제사장 예수아부터 얏두아까지의 족보가 기록되어 있습니다. 참고로, 얏두아는 바사의 마지막 왕이었던 다리오 3세(주전 336/335-331년)와 헬라의 알렉산더 대왕(주전 336-323년) 시대에 활동했던 구약성경에 기록된 마지막 대제사장입니다.

느헤미야 12:10-11 "예수아는 요야김을 낳았고 요야김은 엘리아십을 낳았고 엘리아십은 요야다를 낳았고 [11] 요야다는 요나단을 낳았고 요나단은 얏두아를 낳았느니라"

스룹바벨 성전 시대의 대제사장들인 이들의 행적에 대해서는 「구속사 시리즈」 제6권 <맹세 언약의 영원한 대제사장>의 263-275쪽에 자세히 기록되어 있습니다. 느헤미야 12:11의 '요나단'이 22절에는 '요하난'으로 기록되어 있습니다.

느헤미야 12:10				느헤미야 12:11	
24대 대제사장 제1차 귀환 후 1대	25대 대제사장 제1차 귀환 후 2대	26대 대제사장 제1차 귀환 후 3대	27대 대제사장	28대 대제사장	29대 대제사장
예수아 **(여호수아)** יְהוֹשׁוּעַ	**요야김** יוֹיָקִים	**엘리아십** אֶלְיָשִׁיב	**요야다** יוֹיָדָע	**요나단** **(요하난)** יוֹחָנָן	**얏두아** יַדּוּעַ
주전 515-490년	주전 490-470년	주전 470-433년	주전 433-410년	주전 410-371년	주전 371-320년

(4) 제1차 바벨론 포로 귀환 후 2대 대제사장 요야김 시대 제사장의 족장들의 명단(느 12:12-21)

느헤미야 12:12-21에는 대제사장 요야김 시대 제사장의 족장들의 명단이 기록되어 있습니다. 이 명단의 서두인 12절에서는 "요야김 때에 제사장의 족장된 자는 스라야 족속에는 므라야요 예레미야 족속에는 하나냐요"라고 말씀하고 있습니다. 이 명단의 대부분은 느헤미야 12:1-7에 기록된 제1차로 귀환한 제사장들의 후손입니다. 12-21절의 히브리어 문장의 형식을 볼 때, 족속의 이름 앞에는 전치사 '레'(לְ)가 붙어 있습니다. 한글 개역성경은 17절 하반절을 "미냐민 곧 모아댜 족속"이라고 번역하여, 미냐민과 모아댜가 같은 족속인 듯 보이지만, 원문에는 미냐민과 모아댜 앞에 둘 다 전치사 '레'(לְ)가 붙어 있기 때문에, 서로 다른 족속으로 보아야 합니다. 이렇게 해석할 때 4-5절의 명단과 16-18절의 명단이 일치하게 됩니다.

느헤미야 12:4-5 "잇도와 긴느도이와 아비야와 [5] 미야민과 마아댜와 빌가와"

느헤미야 12:16-18 "잇도 족속에는 스가랴요 긴느돈 족속에는 므술람이요 [17] 아비야 족속에는 시그리요 미냐민 곧 모아댜 족속에는 빌대요 [18] 빌가 족속에는 삼무아요 스마야 족속에는 여호나단이요"

느헤미야 12:4-5 포로 귀환 후 1대 대제사장 여호수아 (주전 515-490년)	**잇도**	**긴느도이**	**아비야**	**미야민**	**마아댜**	**빌가**
느헤미야 12:16-18 포로 귀환 후 2대 대제사장 요야김 (주전 490-470년)	**잇도** 족속 스가랴	**긴느돈** 족속 므술람	**아비야** 족속 시그리	**미냐민 곧 모아댜** 족속 빌대		**빌가** 족속 삼무아

	느헤미야 12:1-7 제1차 바벨론 포로 귀환 후 1대 대제사장 여호수아 (주전 515-490년)
1	**스라야** / שְׂרָיָה / Seraiah / 1절
2	**예레미야** / יִרְמְיָה / Jeremiah / 1절
3	**에스라** / עֶזְרָא / Ezra / 1절
4	**아마랴** / אֲמַרְיָה / Amariah / 2절
5	**말룩** / מַלּוּךְ / Malluch / 2절
6	**핫두스** / חַטּוּשׁ / Hattush / 2절
7	**스가냐** / שְׁכַנְיָה / Shecaniah / 3절
8	**르훔** / רְחֻם / Rehum / 3절
9	**므레못** / מְרֵמֹת / Meremoth / 3절
10	**잇도** / עִדּוֹא / Iddo/ 4절
11	**긴느도이** / גִּנְּתוֹי / Ginnethoi / 4절
12	**아비야** / אֲבִיָּה / Abijah / 4절
13	**미야민** / מִיָּמִין / Mijamin / 5절
14	**마아댜** / מַעַדְיָה / Maadiah / 5절
15	**빌가** / בִּלְגָּה / Bilgah / 5절
16	**스마야** / שְׁמַעְיָה / Shemaiah / 6절
17	**요야립** / יוֹיָרִיב / Joiarib / 6절
18	**여다야** / יְדַעְיָה / Jedaiah / 6절
19	**살루** / סַלּוּ / Sallu / 7절
20	**아목** / עָמוֹק / Amok / 7절
21	**힐기야** / חִלְקִיָּה / Hilkiah / 7절
22	**여다야** / יְדַעְיָה / Jedaiah / 7절

	느헤미야 12:12-21 제1차 바벨론 포로 귀환 후 2대 대제사장 요야김 (주전 490-470년)
1	**스라야 족속**의 므라야 / 12절
2	**예레미야 족속**의 하나냐 / 12절
3	**에스라 족속**의 므술람 / 13절
4	**아마랴 족속**의 여호하난 / 13절
5	**말루기 족속**의 요나단 / 14절
6	**스바냐 족속**의 요셉 / 14절
7	**하림 족속**의 아드나 / 15절
8	**므라욧 족속**의 헬개 / 15절
9	**잇도 족속**의 스가랴 / 16절
10	**긴느돈 족속**의 므술람 / 16절
11	**아비야 족속**의 시그리 / 17절
12	**미냐민 족속** / 17절
13	**모아댜 족속**의 빌대 / 17절
14	**빌가 족속**의 삼무아 / 18절
15	**스마야 족속**의 여호나단 / 18절
16	**요야립 족속**의 맛드내 / 19절
17	**여다야 족속**의 웃시 / 19절
18	**살래 족속**의 갈래 / 20절
19	**아목 족속**의 에벨 / 20절
20	**힐기야 족속**의 하사뱌 / 21절
21	**여다야 족속**의 느다넬 / 21절

(5) 제1차 바벨론 포로 귀환 후 2대 대제사장 요야김 다음 시대 레위 사람의 족장들의 명단(느 12:22-26)

느헤미야 12:22-26에는 대제사장 요야김 다음 시대 레위 사람의 어른들의 명단이 기록되어 있습니다. 여기 '엘리아십-요야다-요하난-얏두아'는 '요야김' 후에 이어지는 대제사장의 족보입니다.

느헤미야 12:22-23 "**엘리아십**과 **요야다**와 **요하난**과 **얏두아** 때에 레위 사람의 족장이 모두 책에 기록되었고 바사 왕 다리오 때에 제사장도 책에 기록되었고 [23] 레위 자손의 족장들은 엘리아십의 아들 **요하난** 때까지 역대지략에 기록되었으며"

25대 대제사장	26대 대제사장	27대 대제사장	28대 대제사장	29대 대제사장
요야김 יוֹיָקִים	엘리아십 אֶלְיָשִׁיב	요야다 יוֹיָדָע	요나단(요하난) יוֹחָנָן	얏두아 יַדּוּעַ
주전 490-470년	주전 470-433년	주전 433-410년	주전 410-371년	주전 371-320년

요야김(주전 490-470년) 이후 레위 사람 족장들 명단	
느헤미야 12:24	**하사뱌, 세레뱌, 갓미엘의 아들 예수아** "저희가 그 형제의 맞은편에 있어 하나님의 사람 다윗의 명한 대로 반차를 따라 주를 찬양하며 감사하고"
느헤미야 12:25	**맛다냐, 박부갸, 오바댜, 므술람, 달몬, 악굽** "다 문지기로서 반차대로 문 안의 곳간을 파수하였나니"

느헤미야 12:26에서는 "이상 모든 사람은 요사닥의 손자 예수아의 아들 요야김과 방백 느헤미야와 제사장 겸 서기관 에스라 때에 있었느니라"라고 제사장과 레위인들의 족보를 정리하고 있습니다. 그리고 27절부터 주전 444년 예루살렘 성벽 낙성식에 대한 말씀으로 이어집니다. 그런데 느헤미야 12장에는 느헤미야보다 한참 후

대 인물의 이름들도 기록되어 있습니다(느헤미야 12:11의 '얏두아'는 주전 371-320년에 대제사장을 역임한 자). 얏두아와 그의 아버지 요나단(주전 410-371년에 대제사장을 역임한 자)은 외세의 지배를 받기 전 스룹바벨 성전의 마지막 대제사장들입니다. 이들은 느헤미야 사후에 활동했던 인물들로 악한 대제사장들이었으며, 훗날 후손들에게 교훈하시려는 하나님의 섭리 가운데 추가로 기록되었을 것입니다. 이들의 악한 행적의 자세한 내용은 「구속사 시리즈」 제6권 <맹세 언약의 영원한 대제사장> 272-275쪽을 보시기 바랍니다.

느헤미야 12장의 서론인 1절에는 "스알디엘의 아들 스룹바벨과 및 예수아를 좇아 돌아온 제사장과 레위 사람은 이러하니라"라고 말씀하고 있는데, 여기 '좇아'는 히브리어 '임'(עִם)으로 '함께'라는 뜻입니다. 그러므로 제사장들은 지도자 스룹바벨과 대제사장 예수아를 맹목적으로 좇아온 자들이 아니라 이들과 함께 일하는 동역자들인 것입니다(빌 4:3).

또 '돌아온'은 히브리어 '알라'(עָלָה)로 '올라가다'라는 뜻입니다. 이는 제사장과 레위인들의 귀환이 단순히 고향으로 돌아온 것 이상의 의미가 있음을 알려줍니다. 영적으로 예루살렘은 세상에서 가장 높은 곳입니다. 세상에서 가장 높으신 하나님께서 거기 계시기 때문입니다. 이사야 33:5에서 "여호와께서는 지존하시니 이는 높은 데 거하심이요 공평과 의로 시온에 충만케 하심이라"라고 말씀하고 있습니다. 그러므로 제사장과 레위인은 세상에서 가장 높은 곳에서 가장 앞장서서 일하는 구속사의 선봉인 것입니다.

6. 구속사적 교훈
The Redemptive-Historical Lesson

애굽에서 종 노릇 하던 이스라엘 백성이 출애굽하여 광야 40년간 연단을 받고 주전 1406년 가나안에 입성하였습니다. 가나안 정복 전쟁을 거쳐 주전 1390년에 땅의 분배가 이루어짐으로 언약 신앙 국가의 기초가 마련되었습니다. 마찬가지로 바벨론 포로에서 귀환한 백성이 성전과 성벽을 재건하고 땅의 분배까지 마침으로, 이제 새로운 언약 신앙 국가의 기초가 마련되었습니다.

또한, 바벨론에서 귀환한 지도자들은 제사장들과 레위인들의 명단을 파악하여 제사 제도를 회복하였습니다. 제1차 바벨론 포로 귀환 후 제1대 대제사장 여호수아 때는 제사장의 어른들 22명의 이름이 기록되었으며(느 12:1-7), 그 아들 대제사장 요야김 때는 21명의 제사장의 족장들의 이름이 기록되었으며(느 12:12-21), 그 아들 대제사장 엘리아십 때는 성벽 재건 후 언약에 인을 친 21명의 제사장들의 이름이 기록되었습니다(느 10:2-8). 이렇게 제사장의 어른들의 이름이 각각 기록된 것은, 비록 완전한 형태를 갖추지는 못했지만, 다윗이 세운 제사장 24반열을 회복하려는 노력이 지속되었음을 나타냅니다.

그 후 시간이 흐름에 따라 24반열이 회복되었기에 요세푸스는 다윗 시대의 반열 명칭과 순서가 신약 시대까지 그대로 유지되었음을 언급하였던 것입니다(*Ant.* 7.14.7). 이러한 24반열의 정비는 예수님께서 이 땅에 오시는 하나님의 구속 경륜을 이루는 데 반드시 필요한 일이었습니다. 예수님 앞에서 길을 예비했던 세례 요한(눅 1:17, 76-77)의 아버지 사가랴는 '아비야 반열'(눅 1:5)로, 그 반열의 차례대로 제사장의 직무를 행하였으며(눅 1:8), 누가복음 1:9을 볼 때

"제사장의 전례를 따라 제비를 뽑아 주의 성소에 들어가 분향"하였다고 말씀하고 있습니다. 사가랴는 제사장의 직무를 행하다가 주의 사자로부터 세례 요한이 태어날 것이라는 말씀을 들었습니다(눅 1:11-13). 실로 제사장 24반열의 회복은 구속사적으로 예수님께서 오시는 길을 예비하는 것과 깊은 관련이 있었던 것입니다.

바벨론 포로에서 귀환한 이스라엘 백성은 스룹바벨 성전을 완성하고 성벽까지 재건했지만, 그들 주위의 대적들의 언약 신앙 국가를 무너뜨리려는 위협은 여전히 도사리고 있었습니다. 그래서 느헤미야는 예루살렘에 거하는 사람들을 가리켜 '용사'(느 11:6), '큰 용사'(느 11:14)라고 부름으로써, 이들에게 언약 신앙 국가를 지키는 파수꾼의 사명이 있음을 강조하였습니다. 오늘날 성도는 십자가 군병으로서 신령한 언약 공동체인 교회를 지키는 파수꾼의 사명이 있습니다(시 130:6, 사 62:6, 렘 6:17, 31:6). 에스겔 3:17에서 "인자야 내가 너를 이스라엘 족속의 파숫군으로 세웠으니 너는 내 입의 말을 듣고 나를 대신하여 그들을 깨우치라"라고 말씀하고 있습니다. 파수꾼의 사명은, 구속사가 완성되는 재림의 그날까지 쉬지 않고 감당해야 할 성도의 가장 위대한 직무입니다.

결언 | 귀환자 족보의 구속 경륜

Concluding Remarks: The Redemptive Administration in the Genealogies of the Returnees

첫째, 귀환자가 많지 않음을 알려줍니다.

주전 586년 바벨론의 침공으로 예루살렘 성읍과 성전은 완전히 파괴되었고, 빈천한 국민을 제외한 대부분의 백성이 사로잡혀 갔습니다. 열왕기하 25:11-12에서 "성 중에 남아있는 백성과 바벨론 왕에게 항복한 자와 무리의 남은 자는 시위대 장관 느부사라단이 다 사로잡아 가고 [12] 빈천한 국민을 그 땅에 남겨두어 포도원을 다스리는 자와 농부가 되게 하였더라"라고 말씀하고 있습니다(렘 52:15-16).

그러나 주전 537년 제1차로 바벨론에서 귀환한 백성은 49,897명이었습니다(스 2:1-65, 느 7:5-67). 주전 458년 제2차로 바벨론에서 귀환한 백성은 1,775명이었습니다(스 8:1-20). 주전 444년 제3차로 바벨론에서 귀환한 백성 중 이름이 기록된 사람은 느헤미야 한 사람이었습니다(느 2:1-20). 백성의 대부분이 바벨론에 포로로 끌려갔지만 실제로 귀환한 사람은 아주 적었습니다.

이스라엘 백성이 바벨론에 포로로 끌려갔듯이, 타락한 인생들은 큰 성 바벨론에서 영적인 포로가 되어 죄에 붙잡혀 살아가고 있습니다. 하나님께서는 이 큰 성 바벨론에서 탈출하라고 명령하십니다. 요한계시록 18:2을 볼 때 "무너졌도다 무너졌도다 큰 성 바벨론이여 귀신의 처소와 각종 더러운 영의 모이는 곳과 각종 더럽고 가증한 새의 모이는 곳이 되었도다"라고 말씀하면서, "내 백성아, 거기서 나와 그의 죄에 참예하지 말고 그의 받을 재앙들을 받지 말라"라고 명령하고 있습니다(계 18:4).

구약 시대에 바벨론에서 귀환한 자가 많지 않은 것은 마지막 때 큰 성 바벨론에서 천국으로 귀환하는 자도 많지 않을 것을 예표합니다(신 4:27, 사 10:20-22, 24:13). 이사야 선지자는 하나님의 심판 가운데 남은 자가 많지 않을 것을 예언하면서 "그러나 오히려 주울 것이 남으리니 감람나무를 흔들 때에 가장 높은 가지 꼭대기에 실과 이삼 개가 남음 같겠고 무성한 나무의 가장 먼 가지에 사오 개가 남음 같으리라 이스라엘의 하나님 여호와의 말씀이니라"라고 말씀하였습니다(사 17:6).

로마서 9:27에서도 "또 이사야가 이스라엘에 관하여 외치되 이스라엘 뭇 자손의 수가 비록 바다의 모래 같을찌라도 남은 자만 구원을 얻으리니"라고 말씀하고 있습니다(롬 11:5).

둘째, 귀환자들 후손 가운데 성벽 재건에 참여한 자들은 신앙 전수가 잘 된 가문입니다.

주전 537년 제1차로 바벨론 포로에서 귀환한 후 주전 444년 제3차로 귀환할 때까지 약 93년이 흘렀습니다. 이렇게 시간이 흐르면서 제1차로 귀환한 자들과 그 후손들의 신앙은 점점 나태해졌습니다. 심지어 제사장과 레위인들이 이방 여자를 아내로 취하여 자식을 낳기까지 하였습니다. 이방 여인과 통혼한 자들을 조사하였더니, 대제사장 집안 중 5명(스 10:18), 제사장 집안 중 13명(스 10:20-22), 레위인 중 10명(스 10:23-24)이나 될 정도였습니다.

주전 537년 제1차로 귀환한 가계별 17개 자손 가운데 주전 444년 성벽 재건에 참여한 자손은 바로스 자손과 바핫모압 자손 둘뿐이었습니다. 바로스의 아들 브다야가 샘문의 마지막 부분을 중수했고(느 3:25下), 바핫모압의 아들 핫숩이 옛문의 한 부분과 풀무 망대를 중수했습니다(느 3:11).

또한, 제1차로 귀환한 지역별 17개 자손 가운데 주전 444년 성벽 재건에 참여한 자손은 깁발 자손(기브온 사람)과 하림 자손과 여리고 자손과 스나아 자손, 총 4개 자손뿐이었습니다. 기브온 사람 믈라댜와 하림의 아들 말기야는 옛문 공사에 참여했고(느 3:7, 11) 여리고 사람들은 양문 공사에 참여했고(느 3:2), 하스나아 자손은 어문 공사에 참여했습니다(느 3:3).

이처럼 가계별 자손과 지역별 자손을 합쳐서 34개 자손 가운데 겨우 6개 자손만이 성벽 재건 공사에 참여했습니다. 이는 약 93년의 시간이 흐르면서 후손들에게 신앙 전수가 제대로 이루어지지 않았다는 것을 알려주고 있습니다. 마귀가 권세를 잡고 있는(엡 2:2) 타락한 세상에서 후손들에게 신앙을 전수하는 것은 점점 어려운 일이 되어가고 있습니다. 천국으로 귀환하는 그날이 가까워질수록 우리는 후손들에게 신앙을 전수하는 일에 더욱 전심전력해야 할 것입니다.

셋째, 천국으로 돌아가는 마지막 귀환이 가까울수록 필요한 것은 계속적인 회개와 개혁입니다.

주전 444년 성벽 재건을 완성한 후 귀환자들은 언약을 갱신하고 인을 쳤습니다. 느헤미야 9:38에서 "우리가 이 모든 일을 인하여 이제 견고한 언약을 세워 기록하고 우리의 방백들과 레위 사람들과 제사장들이 다 인을 치나이다"라고 말씀하고 있습니다. 이 언약 갱신과 인침은, 성벽을 완공하고 이제 하나님 앞에서 새로운 삶을 시작하겠다는 거족적인 회개 운동의 절정이었습니다. 이때 가계별 17개 자손 가운데 14개 자손이 참여하였습니다.

이들은 바로스(스 2:3, 느 7:8, 10:14), 바핫모압(스 2:6, 느 7:11, 10:14), 엘람(스 2:7, 느 7:12, 10:14), 삿두(스 2:8, 느 7:13, 느 10:14), 바니(스 2:10,

느 7:15 빈누이, 10:14), 브배(스 2:11, 느 7:16, 10:15 베배), 아스갓(스 2:12, 느 7:17, 10:15), 아도니감(스 2:13, 느 7:18, 10:16 아도니야), 비그왜(스 2:14, 느 7:19, 10:16), 아딘(스 2:15, 느 7:20, 10:16), 아델(스 2:16, 느 7:21, 10:17), 베새(스 2:17, 느 7:23, 10:18), 요라(스 2:18, 느 7:24, 느 10:19 하립), 하숨(스 2:19, 느 7:22, 10:18)입니다.

성벽을 재건할 때는 바로스 자손과 바핫모압 자손만이 참여하였지만, 성벽 재건 후에 언약을 갱신하고 인을 칠 때는 이들 외에 12개 자손이 회개하고 추가로 동참했던 것입니다. 이들의 회개는 우리도 진정한 귀환자가 되기 위해 철저한 회개가 필요함을 교훈합니다. 비록 하나님의 말씀을 떠나서 살았다 할지라도 하나님께서 회개의 기회를 주실 때 놓치지 않고 회개하기만 하면(참고-히 12:17) 용서해주시고 은혜를 베풀어 주셔서 하나님께서 인정하시는 귀환자 족보에 들어갈 수 있게 되는 것입니다. 고린도후서 6:1-2에서 "우리가 하나님과 함께 일하는 자로서 너희를 권하노니 하나님의 은혜를 헛되이 받지 말라 [2] 가라사대 내가 은혜 베풀 때에 너를 듣고 구원의 날에 너를 도왔다 하셨으니 보라 지금은 은혜받을 만한 때요 보라 지금은 구원의 날이로다"라고 말씀하고 있습니다(사 49:8).

종말에도 참으로 회개한 자만이 새 예루살렘성에 들어갈 수 있습니다. 요한계시록 22:14에서 "그 두루마기를 빠는 자들은 복이 있으니 이는 저희가 생명나무에 나아가며 문들을 통하여 성에 들어갈 권세를 얻으려 함이로다"라고 말씀하고 있습니다. 여기 '빠는'은 '씻다'라는 뜻을 가진 헬라어 '플뤼노'(πλύνω)의 현재분사형인 '플뤼논테스'(πλύνοντες)입니다. 이는 새 예루살렘성에 들어갈 때까지 계속 회개해야 함을 나타냅니다. 우리가 예수님의 십자가 피로 죄 씻음을 받았지만(계 7:13-14), 새 예루살렘성에 들어가기까지 말씀과 기도로 거룩해지고(딤전 4:5), 때를 따라 부어주시는 은혜를 붙들고 계속적인 회개로 점점 성화 되어가야 합니다. 그러한 자들이 최종적인 언약 갱신과 인침을 통하여 새 예루살렘성의 진정한 귀환자가 될 것입니다(계 7:2-4, 9:4-5, 14:1).

느헤미야는 모든 성벽 재건과 귀환자 족보의 기록과 일련의 개혁 조치를 마무리하면서 마지막 기도를 하나님께 올리고 있습니다. 그의 마지막 기도는 "내 하나님이여 나를 기억하사 복을 주옵소서"(זָכְרָה־לִּי אֱלֹהַי לְטוֹבָה, '자케라 리 엘로하이 레토바')입니다(느 13:31). 이 부분을 원문의 뜻을 살려 번역하면 '내 하나님이여 선을 위하여 나를 기억하여 주옵소서'입니다. 느헤미야는 자신을 기억해 달라고 기도하고 있습니다. 이는 지금까지 오직 하나님의 선을 위해 개혁 운동에 매진했던 자신을 기억해 주실 뿐만 아니라 앞으로도 기억해 주시기를 간구한 것입니다.

모든 개혁은 하나님의 도우심으로 진행되었습니다. 그러나 이 개혁은 아직 완성된 개혁이 아닙니다. 인간의 뿌리 깊은 죄악성과 연약함은 끊임없이 죄를 범하게 할 것입니다. 그러므로 개혁은 끊임없이 계속 진행되어야 하며, 온전한 개혁은 오직 하나님의 도우심으로만 가능합니다. 느헤미야의 마지막 기도는 예수 그리스도를 대망하게 합니다. 예수님만이 인간의 뿌리 깊은 죄악성과 연약함을 해결해주시고, 완전한 개혁을 이루어, 영원한 하나님의 나라로 귀환시켜 주실 수 있기 때문입니다.

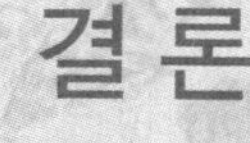

결 론

교회를 통한 신앙 전수

The Transmission of Faith Through the Church

교회를 통한 신앙 전수
THE TRANSMISSION OF FAITH THROUGH THE CHURCH

다리오왕 통치 제6년(주전 516년) 아달(12월) 3일에 스룹바벨 성전이 완성되었습니다(스 6:15). 그로부터 약 496년이 지나서 주전 20년부터 헤롯왕이 스룹바벨 성전을 확대 및 재건축하기 시작하였는데, 이 성전을 헤롯 성전이라고 부릅니다. 헤롯 성전은 하나님께서 명하시거나 원하셔서 지은 성전이 아닙니다. 헤롯왕은 유대인의 환심을 사서 자신의 권력을 유지하려는 인간적인 욕심을 가지고 흰 대리석과 황금으로 성전을 재건축하였습니다.

이 헤롯 성전은 예수님의 공생애 시대에 존재했던 성전입니다. 요한복음 2:19을 볼 때 예수님께서는 "너희가 이 성전을 헐라 내가 사흘 동안에 일으키리라"라고 말씀하셨습니다. 그때 유대인들은 "이 성전은 사십육 년 동안에 지었거늘 네가 삼 일 동안에 일으키겠느뇨"라고 물었습니다(요 2:20). 여기 나오는 '이 성전'이 바로 헤롯 성전입니다. 이 헤롯 성전은 주전 20년부터 예수님께서 공생애를 시작하시던 주후 26년까지 46년 동안 지어지고 있었던 것입니다. 그 후 헤롯 성전은 주후 63년에 겨우 완성이 되었지만, 7년 후인 주후 70년에 로마의 디도 장군에 의해서 파괴되고 말았습니다.

예수님께서는 헤롯 성전을 가리켜 "강도의 굴혈(窟穴)"이라고 서슴없이 말씀하셨습니다(마 21:13, 막 11:17, 눅 19:46, 참고-렘 7:11). 강도의 굴혈은 보통 광야의 암벽에 있는 것으로, 약탈자 혹은 열혈당원 등의 피난처가 되는 곳이었는데(시 10:9), 성전이 그러한 곳이 되어버렸다는 것입니다.

예수님께서 십자가에 달리시기 닷새 전, 제자들이 헤롯 성전의 위용을 예수님 앞에 자랑했을 때, 예수님께서는 단호하게 "돌 하나도 돌 위에 남지 않고 다 무너뜨리우리라"라고 예언하셨습니다(마 24:1-2, 막 13:1-2, 참고-눅 19:42-44, 21:5-6). 이 예언은 주후 70년 로마의 디도 장군의 공격으로 성전이 완전히 훼파되고 불타버릴 때, 밀랍을 사용하여 벽면에 입혔던 금들이 녹아내리며 돌 틈에 들어가자, 로마 군인들이 그 금을 빼내기 위해 돌들을 하나씩 다 뜯어냄으로, 그대로 성취되었습니다. 헤롯 성전의 파괴와 함께 성전을 통한 하나님의 구속사는 교회를 통한 구속사로 본격적으로 전환되기 시작하였습니다.

하나님께서는 예수님께서 십자가에서 죽으시고 부활하신 후 오순절에 성령이 강림하게 하시고(행 2:1-4), 그 후에 교회를 세우셨습니다. 그리하여 신약 시대에 하나님의 구속사는 교회를 중심으로 진행되었던 것입니다.

1. 교회를 통해 나타나는 구속 역사
The Work of Redemption Manifested Through the Church

교회는 창세 전부터 하나님의 작정 속에 있었습니다. 그 작정은 영원 전부터 예수 그리스도 안에서 택하신 자들을 구원하고자 하시는 하나님의 구속 계획입니다(엡 1:4-5, 11, 3:9-11, 딤후 1:9). 하나님께서는 미리 작정하신 구속 경륜대로 한 치의 오차 없이 구속사를 진행해 오시고, 때가 되어 교회를 세우셨습니다. 그러므로 교회를 통한 구속 경륜은, 그 누구도 방해할 수 없고(욥 23:13-14, 사 46:10), 역사의 종말까지 중단 없이 지속되어 반드시 완성되고야 말 것입니다.

그렇다면 하나님께서는 교회를 통하여 어떠한 구속 역사를 나타내십니까?

(1) 장막 터를 넓히시는 역사

이사야 54:1에서 바벨론 포로로 끌려간 이스라엘 백성의 수치스러운 상태를 '잉태치 못하며 생산치 못한 너, 구로(아이를 해산하는 수고)치 못한 너, 홀로 된 여인'으로 표현하고 있습니다. 그러나 하나님께서는 이사야 선지자를 통하여 홀로 된 여인의 자식이 남편 있는 자의 자식보다 많을 것이며, 장막 터가 넓어지고 좌우로 퍼져 자손들이 열방을 얻게 될 것이라고 말씀하시며 이스라엘의 해방과 회복을 약속하셨습니다(사 54:1下-3).

이는 일차적으로 바벨론에 포로로 끌려간 이스라엘을 해방시키고 회복시키실 것에 대한 약속이지만, 나아가 신약 시대에 타락한 세상인 영적 바벨론(계 14:8, 18:2-4)에서도 하나님의 교회들이 크게 부흥할 것을 예언한 것입니다. 7절에서 "내가 잠시 너를 버렸으나 큰 긍휼로 너를 모을 것이요"라고 말씀하고 있는데, 여기 '너를 모을 것이요'는 히브리어 '아캅베체크'(אֲקַבְּצֵךְ)로 '끌어모으다, 집합하다, 소집하다'라는 뜻을 가진 '카바츠'(קָבַץ)의 피엘(강조) 미완료형이 쓰였습니다. '카바츠'는 하나님께서 자기 백성을 불러 모으시겠다는 약속을 말씀할 때 사용된 단어로(신 30:3-5), 하나님께서 자기 백성을 반드시 계속 불러 모으시겠다는 선언입니다. 이사야 60:3-4에서는 "열방은 네 빛으로, 열왕은 비취는 네 광명으로 나아오리라
4 네 눈을 들어 사면을 보라 무리가 다 모여 네게로 오느니라 네 아

들들은 원방에서 오겠고 네 딸들은 안기워 올 것이라"라고 말씀하고 있습니다.

그러므로 하나님의 교회의 지경은 계속 확장될 것입니다. 이사야 54:2에서 "네 장막터를 넓히며 네 처소의 휘장을 아끼지 말고 널리 펴되 너의 줄을 길게 하며 너의 말뚝을 견고히 할찌어다"라고 말씀하고 있습니다. 이는 일차적으로 바벨론 포로에서 돌아온 이스라엘 백성의 거주지가 넓어질 것에 대한 말씀이지만, 나아가 신약 시대 교회의 부흥을 약속하시는 말씀입니다. 여기 '장막'으로 번역된 히브리어 '오헬'(אֹהֶל)과 '처소'로 번역된 '미쉬칸'(מִשְׁכָּן)은 백성의 처소와 천막을 가리키기도 하지만, 광야에서 하나님께 예배드리기 위해 세워진 '성막'을 가리킬 때도 사용된 단어입니다(출 39:32-33, 40, 40:2, 6, 22, 24, 29, 34-35, 민 9:15, 대상 17:5, 시 78:60). '휘장'으로 번역된 '예리아'(יְרִיעָה)는 성막의 지붕을 덮는 '앙장'(출 26:1-13, 36:8-19, 민 4:25, 렘 10:20)을 가리킬 때도 사용되었습니다. 따라서 이 말씀은 이스라엘 백성의 거주지가 넓어지는 것을 넘어, 궁극적으로 하나님의 교회가 확장되는 역사를 나타냅니다. 죄로 인해 수치를 당하던 언약 백성(사 54:4)이 예수 그리스도의 십자가를 통해 죄로부터 해방을 받아 교회로 모이게 되고, 하나님께서는 구속 운동을 진행시키시기 위해 하나님의 교회를 크게 확장해 나가시는 것입니다.

실제로 예수님이 부활·승천하신 후에 교회를 통한 말씀 운동은 나날이 흥왕하였고, 교회는 비약적으로 확장되었습니다. 사도행전 6:7에서 "하나님의 말씀이 점점 왕성하여 예루살렘에 있는 제자의 수가 더 심히 많아지고 허다한 제사장의 무리도 이 도에 복종하니라"라고 하였고, 사도행전 12:24에서 "하나님의 말씀은 흥왕하여 더하더라", 사도행전 19:20에서 "이와 같이 주의 말씀이 힘이 있어

흥왕하여 세력을 얻으니라"라고 말씀하고 있습니다. 이 확장의 역사는 '물이 바다를 덮음같이' 전 세계적으로 반드시 이루어질 것입니다(사 11:9, 합 2:14).

(2) 영화롭게 하시는 역사

이사야 60장은 열방이 예루살렘으로 모여드는 역사가 있을 것을 예언하는데, 7절에서 "게달(이스마엘의 둘째 아들: 창 25:13)의 양 무리는 다 네게로 모여지고 느바욧(이스마엘의 큰 아들: 창 25:13)의 수양은 네게 공급되고 내 단에 올라 기꺼이 받음이 되리니 내가 내 영광의 집을 영화롭게 하리라"라고 말씀하고 있습니다. 여기 '내 영광의 집'은 바로 '교회'를 나타내는 표현입니다. 교회는 하나님의 영광이 임재하는 곳인데, 하나님께서 교회를 더욱 영화롭게 하신다고 약속하신 것입니다. 여기 '영화롭게 하리라'는 '찬란하게 빛을 발하다'라는 뜻의 히브리어 '파아르'(פָּאַר)가 피엘(강조) 미완료형으로 쓰여, 그 빛이 아주 강력하고 찬란하게 지속적으로 발할 것을 나타내고 있습니다. 하나님께서는 이 세상의 그 어떤 단체나 기관이 아닌 교회를 통해 가장 찬란한 영광을 받으십니다.

이사야 60:13에서는 교회를 '내 거룩한 곳, 나의 발 둘 곳'이라고 표현하면서 그곳을 "아름답게 할 것이며… 영화롭게 할 것이라"라고 말씀하고 있습니다.

하나님께서 어떻게 교회를 영화롭게 하십니까?

이사야 60:8에서 "저 구름같이, 비둘기가 그 보금자리로 날아오는 것같이 날아오는 자들이 누구뇨"라고 말씀하고 있습니다. 이는 신약 시대에 수많은 이방인들이 참된 안식처를 찾아 교회로 몰려들 것을 예언한 것입니다. 이사야 60:9에서는 "섬들이 나를 앙망하고 다시스의 배들이 먼저 이르되"라고 말씀하고 있습니다. 여기 '섬들'은 세계 모든 열방과 민족을 대표하고(사 40:15, 42:4, 51:5), '다시스'는 오늘날의 스페인을 가리키는데, 당시 사람들에게 스페인은 '세계의 끝'으로 알려져 있었습니다. 이는 땅 끝에 있는 자들까지도 하나님 앞에 나아올 것이라는 예언입니다(행 1:8). 이러한 말씀이 이사야서에는 반복적으로 등장합니다.

이사야 5:26 "기를 세우시고 먼 나라들을 불러 **땅 끝**에서부터 오게 하실 것이라 보라 그들이 빨리 달려 올 것이로되"

이사야 24:16上 "**땅 끝**에서부터 노래하는 소리가 우리에게 들리기를 의로우신 자에게 영광을 돌리세 하도다"

이사야 41:5 "섬들이 보고 두려워하며 **땅 끝**이 무서워 떨며 함께 모여 와서"

이사야 41:9 "내가 **땅 끝**에서부터 너를 붙들며 **땅 모퉁이**에서부터 너를 부르고 네게 이르기를 너는 나의 종이라 내가 너를 택하고 싫어 버리지 아니하였다 하였노라"

이사야 42:10 "항해하는 자와 바다 가운데 만물과 섬들과 그 거민들아 여호와께 새 노래로 노래하며 **땅 끝**에서부터 찬송하라"

이사야 45:22 "**땅 끝**의 모든 백성아 나를 앙망하라 그리하면 구원을 얻으리라 나는 하나님이라 다른 이가 없음이니라"

이사야 49:6 "그가 가라사대 네가 나의 종이 되어 야곱의 지파들을 일으키며 이스라엘 중에 보전된 자를 돌아오게 할 것은 오히려 경한 일이라 내가 또 너로 이방의 빛을 삼아 나의 구원을 베풀어서 **땅 끝**까지 이르게 하리라"

이사야 52:10 "여호와께서 열방의 목전에서 그 거룩한 팔을 나타내셨으므로 모든 **땅 끝**까지도 우리 하나님의 구원을 보았도다"

이사야 62:11 "여호와께서 **땅 끝**까지 반포하시되 너희는 딸 시온에게 이르라 보라 네 구원이 임하느니라 보라 상급이 그에게 있고 보응이 그 앞에 있느니라 하셨느니라"

교회는 오직 예수 그리스도의 십자가 복음을 통해 수많은 영혼이 몰려옴으로 영화롭게 됩니다. 그 역사를 위해 교회는 복음 전파에 최선을 다하여 하나님의 찬란한 영광의 빛을 발해야 합니다(사 60:1-3, 마 28:19-20, 행 1:8). 마태복음 24:14에서도 "이 천국 복음이 모든 민족에게 증거되기 위하여 온 세상에 전파되리니 그제야 끝이 오리라"라고 말씀하고 있습니다.

이 모든 역사를 이루시는 분은 하나님이시며 우리는 하나님의 선한 도구로 사용될 뿐입니다. 그러므로 항상 겸손하게 모든 영광을 하나님께만 돌려야 합니다. 이사야 66:18에서 "때가 이르면 열방과 열족을 모으리니 그들이 와서 나의 영광을 볼 것이며"라고 말씀하고 있으며, 이사야 60:22에서 "그 작은 자가 천을 이루겠고 그 약한 자가 강국을 이룰 것이라 때가 되면 나 여호와가 속히 이루리라"라고 말씀하고 있습니다. 하나님의 말씀은 반드시 성취됩니다(사 55:11, 마 24:35). 하나님께서 교회의 부흥과 교회가 영화롭게 되는 역사를 말씀하셨기 때문에, 사단의 그 어떤 방해와 공격에도 불구하고 반드시 말씀하신 그대로 구속 운동이 이루어질 것입니다. 마태복음 16:18에서 "또 내가 네게 이르노니 너는 베드로라 내가 이 반석 위에 내 교회를 세우리니 음부의 권세가 이기지 못하리라"라고 말씀하고 있습니다.

(3) 하나님의 각종 지혜를 알리시는 역사

교회는 예수 그리스도를 통한 하나님의 구속 계획을 만물 가운데 충만히 드러내는 통로입니다. 에베소서 3:8-9을 볼 때 사도 바울은 '하나님께서 지극히 작은 자신을 사도로 삼으신 것은 측량할 수 없는 그리스도의 풍성을 이방인에게 전하고, 영원 전부터 하나님 속에 감취었던 비밀의 경륜을 드러내기 위함'이라고 고백하였습니다. 그리고 비밀의 경륜이 드러나는 것에 대해 "이는 이제 교회로 말미암아 하늘에서 정사와 권세들에게 하나님의 각종 지혜를 알게 하려 하심이니 [11] 곧 영원부터 우리 주 그리스도 예수 안에서 예정하신 뜻대로 하신 것이라"라고 말씀하였습니다(엡 3:10-11).

여기 '각종'은 헬라어 '폴뤼포이킬로스'(πολυποίκιλος)로, '매우 다채로운, 매우 다양한, 무궁무진한'이라는 뜻입니다. 베드로전서 4:10에서는 이 단어를 사용하여 '하나님의 각양 은혜'라고 말씀하고 있습니다. 이는 하나님의 지혜가 사람이 생각할 수 없을 만큼 풍성하고도 다채롭다는 사실을 나타냅니다(롬 11:33, 골 2:2-3). 그러므로 '각종 지혜'는 '영원부터 만물을 창조하신 하나님 속에 감취었던 비밀의 경륜'(엡 3:9)을 깨닫게 하는 지혜입니다.

또한, 에베소서 3:10에서 '정사와 권세들'은 영적 존재인 천사들을 가리키는 표현입니다(참고-엡 1:21, 롬 8:38). '정사'는 헬라어 '아르케'(ἀρχή)로, '시작, 처음, 원인'이라는 뜻인데, 영적 존재로서 첫째가는 존재를 의미합니다. 또한, '권세들'은 헬라어 '엑수시아'(ἐξουσία)로 '권위, 능력, 권력'이라는 뜻으로, '권세 있는 자'를 의미합니다. 그러나 이렇게 뛰어나고 권위있는 영적인 존재들조차도 하나님의 비밀의 경륜, 곧 그리스도인의 구원에 대한 예언과 그 성취에 대해서 살펴보기를 간절히 원하는 것입니다(벧전 1:12).

에베소서 3:10의 '교회로 말미암아'는 '디아 테스 에클레시아스'(διὰ τῆς ἐκκλησίας)로 '교회를 통하여'라는 뜻입니다. 예수 그리스도의 십자가를 통하여 죄인을 구원하시는 비밀의 경륜은 교회를 매개로 하여 영적 세계에까지 전 우주적으로 선포됩니다. 유대인과 이방인을 망라한 모든 사람과 하늘에 있는 천사에게까지 비밀의 경륜을 알게 하시는 것입니다. 그러므로 교회는 우주적인 선교의 모체이며, 하나님의 무궁무진한 지혜와 비밀의 구속 경륜(엡 1:9, 3:3, 9)을 온 우주 열방에 알게 하는 중대한 사명을 가지고 있습니다.

사도 바울은 처음에 이러한 하나님의 구속 섭리를 깨닫지 못하고, 살기등등하여 교회를 핍박하며 위협하였고 예수 믿는 성도를 죽이는 데 앞장섰던 훼방자요, 폭행자였습니다(행 8:3, 9:1, 13, 21, 22:4, 19-20, 26:10-11, 고전 15:9, 갈 1:13, 빌 3:6, 딤전 1:13). 그러나 하나님의 구속 섭리를 깨달은 후, 사도 바울은 그리스도의 남은 고난을 주의 몸 된 교회를 위하여 자기 육체에 채우는 그리스도의 일꾼이 된 것입니다(고전 4:1, 골 1:24-25).

2. 교회의 본질

The True Nature of the Church

중단 없는 구속 운동을 위하여 하나님께서 사용하시는 교회의 본질은 무엇입니까?

(1) 하나님께서 자기 피로 사신 교회

바울은 제3차 전도 여행 중 예루살렘으로 갔다가 로마까지 가기를 결심하고(행 19:21-22), 3년간 눈물로 하나님의 말씀을 가르치며 훈계했던 에베소 교회의 장로들을 밀레도로 불렀습니다(행 20:17, 참고-행 19:8-10, 20:31). 사도 바울은 이제 예루살렘으로 가면 결박과 환난이 기다리고 있으므로 다시는 에베소 교인들을 볼 수 없다는 성령의 증거를 받고, 장로들을 통해 사랑하는 에베소 교회 성도들에게 고별사를 남기면서 교회의 본질이 무엇인지를 말씀하고 그에 걸맞는 삶을 살기를 눈물로 권면하였습니다(행 20:17-38). 사도 바울은 교회의 본질에 대하여 "하나님이 자기 피로 사신 교회를 치게 하셨느니라"라고 말씀하고 있습니다(행 20:28).

① 하나님께서 사신 교회

하나님께서 교회를 사셨기에 교회의 주인은 하나님이십니다. 원문으로 보면 '그 하나님의 교회'(τὴν ἐκκλησίαν τοῦ θεοῦ, '텐 에클레시안 투 데우')라고 강조하여, 교회가 하나님의 소유임을 정확하게 밝히고 있습니다. 십자가에서 피 흘려 교회를 사신 분은 예수 그리스도이신데, 여기서 교회를 사신 분이 '하나님'이라고 말씀하고 있는 것은 예수 그리스도께서 바로 신성을 가진 하나님이심을 나타냅니다(골 2:9). 로마서 9:5 하반절에는 예수 그리스도를 "만물 위에 계셔 세세에 찬양을 받으실 하나님"이라고 말씀하고 있으며, 디도서 2:13에는 "우리의 크신 하나님 구주"라고 말씀하고 있습니다.

또한, 사도행전 20:28에서 '사신'은, '만나다, 얻다, 소유하다'라는 뜻의 헬라어 '페리포이에오'(περιποιέω)의 중간태(middle voice)가 사용되어 하나님께서 관심을 가지고 적극적으로 자신을 위하여 교회를 사셨다는 뜻입니다.

② 피로 사신 교회

교회의 근본 토대는 예수 그리스도의 피입니다. 성경을 볼 때 피는 곧 생명과 같습니다. 레위기 17:11 상반절에서 "육체의 생명은 피에 있음이라"라고 말씀하고 있으며, 14절에서는 "모든 생물은 그 피가 생명과 일체라… 모든 육체의 생명은 그 피인즉"이라고 말씀하고 있습니다. 예수님께서 자기의 피로 교회를 사셨다는 것은, 십자가에서 자기의 생명을 값으로 주고 교회를 사셨음을 말씀한 것입니다(고전 6:19-20).

예수님의 피는 '언약의 피', '영원한 언약의 피'입니다(마 26:28, 막 14:24, 히 9:19-20, 10:29, 13:20). 예수님께서 피를 다 쏟으시며 십자가 상에서 한마디 한마디 선포하신 일곱 말씀은, 영원 불멸의 피의 설교이며, 실로 위대한 희생의 절정이요, 영원한 언약의 결정체였습니다(마 27:46, 눅 23:34, 43, 46, 요 19:26, 28, 30). 그러므로 십자가 피로 세우신 영원한 언약의 말씀에 뿌리를 깊이 내린 교회만이 '자기 피로 사신 교회'라 불리기에 합당합니다.

하나님의 구속 운동은 예수님의 피로 사신 교회를 통해 이 세상에 나타났습니다. 따라서 사단의 어떠한 방해나 인간의 불신이 있다해도 역사의 종말까지 중단 없이 진행되어 마침내 반드시 성취되고 말 것입니다.

③ 양무리를 치게 하신 교회

사도행전 20:28 하반절에서 "교회를 치게 하셨느니라"라고 말씀하고 있는데, 여기 '치게 하셨느니라'는 일반적으로 목자가 단순히 양 떼에게 풀을 먹이는 것을 의미하는 헬라어 '보스코'(βόσκω, 요 21:15, 17)가 아니라 '포이마이노'(ποιμαίνω)입니다. '포이마이노'는

'보스코'보다는 더 적극적인 의미로, 목자로서 양들의 모든 것을 보살피고 돌보는 사명을 가리키며 성경에서 '치다'(눅 17:7, 요 21:16, 벧전 5:2), '기르다'(고전 9:7, 유 1:12), '다스리다'(계 2:27, 12:5, 19:15) 등으로 번역하고 있습니다. 그러므로 교회의 감독자들은 주님께서 맡겨주신 양 떼가 항상 부족함이 없도록 푸른 초장과 쉴 만한 물가로 인도하여 영혼을 소생시키고, 지팡이와 막대기로 안위하고 기름으로 발라주며, 모든 면에서 양 떼와 함께해야 합니다(시 23편).

참 목자는 양들을 위해 목숨을 버립니다(요 10:11, 15, 17-18, 참고-삼상 17:34-37). 예수님만이 우리를 푸른 초장과 쉴 만한 물가로 인도하시고 지팡이와 막대기로 지켜주시기 때문에, 진정한 '포이마이노'를 실천하신 참 목자장이요 영혼의 참 감독자이십니다. 성령께서 우리를 교회의 지도자로 삼으신 것을 늘 기억하며, 예수님의 마음을 품고 양 떼를 친다면, "목자장이 나타나실 때에 시들지 아니하는 영광의 면류관을 얻으리라"라는 말씀(벧전 5:4)의 응답자가 될 것입니다.

(2) 예수 그리스도를 중심한 교회

① 교회의 머리는 오직 예수 그리스도입니다.

성경은 예수 그리스도와 교회의 관계를 사람의 머리와 몸에 비유하여 말씀하고 있습니다(고전 11:3, 엡 1:22-23, 4:12-16, 5:23, 골 1:18, 2:19). 머리의 명령에 따라 모든 지체가 움직이듯이, 교회는 예수 그리스도를 머리(최고 통치자)로 모시고, 그 명령에 절대복종하는 특수한 기관입니다. 주님 외에 어떠한 다른 권위도 있어서는 안 되는 것입니다.

교회의 사명은 하나님의 말씀을 선포하는 데 있습니다. 교회는 '진리의 기둥과 터'입니다(딤전 3:15). 교회가 말씀 선포에 벙어리가 되면 그 존재 목적을 잃어버린 것입니다(사 56:10, 겔 33:2-6). 교회는 진리의 말씀을 전파하는 데 최선을 다할 때 그 존재 목적을 다하는 것입니다(요 10:41). 예수님은 기사와 이적을 행하는 것보다 말씀 선포를 최우선으로 하셨습니다(마 11:1). 병자를 고치시고, 귀신을 내어 쫓는 이적을 행하시기 전에도 언제나 먼저 말씀을 증거하셨습니다(막 1:38-39, 2:2-5).

교회의 머리 되시는 예수님께서 사역하실 때 가장 중요하게 여기신 것이 말씀의 선포라면, 그 지체된 교회의 가장 중요한 사명 역시 정확하게 말씀을 선포하는 것입니다. 태초의 말씀(요 1:1)이신 예수 그리스도를 머리로 모신 교회만이, 말씀 선포의 사명을 능히 감당하는 구속 운동의 주역이 될 것입니다.

② 교회는 예수 그리스도의 몸입니다.

에베소서 1:23에서 "교회는 그의 몸이니"라고 말씀하였으며, 골로새서 1:24에서는 "그의 몸 된 교회"라고 말씀하였습니다(엡 5:23, 골 1:18). 그리스도의 몸 된 교회는, 머리 되시는 예수 그리스도의 명령에 의해 움직여지는 존재이자, 동시에 예수 그리스도와 연결된 존귀한 존재임을 나타냅니다. 몸에는 여러 지체가 있듯이, 우주적인 교회는 수많은 성도로 이루어진 신앙 공동체입니다(고전 12:27).

예수 그리스도의 몸 된 교회의 각 지체들은 어떻게 살아야 합니까?

첫째, 각 지체마다 고유한 기능을 감당해야 합니다.

우리 몸에 있는 눈, 코, 입, 손, 발 등 다양한 지체들이 각각 고유한 기능을 가지고 있듯이, 교회는 고유한 역할을 하는 다양한 성도로 이루어져 있습니다.

고린도전서 12:14-19 "몸은 한 지체뿐 아니요 여럿이니 [15] 만일 발이 이르되 나는 손이 아니니 몸에 붙지 아니하였다 할찌라도 이로 인하여 몸에 붙지 아니한 것이 아니요 [16] 또 귀가 이르되 나는 눈이 아니니 몸에 붙지 아니하였다 할찌라도 이로 인하여 몸에 붙지 아니한 것이 아니니 [17] 만일 온 몸이 눈이면 듣는 곳은 어디며 온 몸이 듣는 곳이면 냄새 맡는 곳은 어디뇨 [18] 그러나 이제 하나님이 그 원하시는 대로 지체를 각각 몸에 두셨으니 [19] 만일 다 한 지체뿐이면 몸은 어디뇨"

각 지체들은 자신의 고유한 역할에 최선을 다해야 합니다. '은사는 여러 가지'이며, '직임은 여러 가지'이며, '역사는 여러 가지'입니다(고전 12:4-6, 8-12). '각 지체의 분량'이 있으며(엡 4:16), 모든 지체가 같은 직분을 가진 것이 아닙니다(롬 12:4). 그러나 이 모든 것은 하나님께서 원하시는 대로 주신 것입니다(고전 12:11, 18). 따라서 아무리 뛰어난 재능을 가졌더라도 그것은 결코 자랑할 일이 아니라 하나님께 감사할 일이며, 모든 지체는 오직 교회의 머리 되시는 예수님께서 원하시는 대로 움직여야 합니다.

둘째, 각 지체들은 서로 존귀히 여기고 협력해야 합니다.

고린도전서 12:24-25에서 "오직 하나님이 몸을 고르게 하여 부족한 지체에게 존귀를 더하사 [25] 몸 가운데서 분쟁이 없고 오직 여러 지체가 서로 같이하여 돌아보게 하셨으니"라고 말씀하고 있습니다. 여기 '돌아보게 하셨으니'는 '근심하다, 걱정하다, 돌보다, 서로 이익이 되게 하다'라는 뜻의 헬라어 '메림나오'(μεριμνάω)가 가정법 현재 능동태로 쓰여, '서로 돌보아야만 한다'(should have the same care)는 뜻입니다.

그러므로 각 지체들은 서로 돌아보면서 자기 혼자서는 존재할 수 없는 공동 운명체임을 깨닫고, 다른 지체들을 무시하지 말고 존귀하게 여기며 협력해야 합니다(고전 12:21-25). 고린도전서 12:26에서 "만일 한 지체가 고통을 받으면 모든 지체도 함께 고통을 받고 한 지체가 영광을 얻으면 모든 지체도 함께 즐거워하나니"라고 말씀하고 있습니다. 에베소서 4:16에서 "각 지체의 분량대로"라고 말씀하고 있습니다. 여기 '분량대로'는 헬라어 '엔 메트로'(ἐν μέτρῳ)이며, '최선을 다함으로'라는 뜻입니다. 그러므로 각 지체들은 서로 존귀하게 여기며 힘을 다해 서로를 도와야 합니다(빌 2:2-4).

셋째, 각 지체들은 예수 그리스도 안에서 자라가야 합니다.

하나님께서는 각 지체들이 정체되어 있지 않고 자라기를 원하십니다. 자라는 것은 성장과 발전을 의미합니다. 에베소서 4:15에서 "오직 사랑 안에서 참된 것을 하여 범사에 그에게까지 자랄찌라 그는 머리니 곧 그리스도라"라고 말씀하고 있습니다. 교회는 영적 성장을 통해 진정한 부흥과 발전이 이루어집니다.

각 지체들이 자랄 수 있는 비결은 무엇입니까? 먼저 예수 그리스도와 연결되어 그의 도움을 받아야 합니다. 예수 그리스도와 떨어진 지체, 예수 그리스도의 도움을 받지 않는 지체는 결코 자랄 수 없습니다. 16절에서 "그에게서 온몸이 각 마디를 통하여 도움을 입음으로 연락하고 상합하여 각 지체의 분량대로 역사하여 그 몸을 자라게 하며 사랑 안에서 스스로 세우느니라"라고 말씀하고 있습니다. 또한, 요한복음 15:5에서 "나는 포도나무요 너희는 가지니 저가 내 안에, 내가 저 안에 있으면 이 사람은 과실을 많이 맺나니 나를 떠나서는 너희가 아무것도 할 수 없음이라"라고 말씀하고 있습니다. 예수 그리스도와 연결된 지체들은, 하나님의 아들을 믿는 것과 아는 것이 하나가 되어 온전한 사람을 이루어 그리스도의 장성한 분량이 충만한 데까지 이르게 됩니다(엡 4:13).

예수 그리스도를 믿음으로 예수님과 연결되고, 예수님을 점점 깊이 알아감으로 예수 그리스도의 장성한 분량까지 자라서 하나님께서 기뻐하시는 온전한 사람이 되는 것입니다. 장성한 사람은 많은 연단을 통해 선악을 분별하여, 선으로 악을 이기는 '신령한 자'입니다(롬 12:21, 고전 3:1, 14:20, 히 5:14, 6:2下). 온전한 사람을 이루기 위해서는 반드시 하나님의 말씀이 필요합니다. 하나님의 말씀은 교훈과 책망과 바르게 함과 의로 교육하기에 유익하므로 각 지체들을 온전한 사람으로 자라게 합니다(딤후 3:16-17).

넷째, 각 지체들은 하나가 되어야 합니다.

몸에 여러 지체들이 있지만 각 지체들은 하나로 통일을 이루어야 합니다. 고린도전서 12:12에서 "몸은 하나인데 많은 지체가 있고 몸의 지체가 많으나 한 몸임과 같이 그리스도도 그러하니라"라고 말씀하고 있으며, 20절에서 "이제 지체는 많으나 몸은 하나라"라고 말씀하고 있습니다.

에베소서 4:4-6에서도 "몸이 하나이요 성령이 하나이니 이와 같이 너희가 부르심의 한 소망 안에서 부르심을 입었느니라 [5] 주도 하나이요 믿음도 하나이요 세례도 하나이요 [6] 하나님도 하나이시니 곧 만유의 아버지시라 만유 위에 계시고 만유를 통일하시고 만유 가운데 계시도다"라고 말씀하고 있습니다(고전 12:6, 11). 각 지체들은 오직 예수님에 의해서 움직이고 예수님만을 바라볼 때, 그 안에서 하나가 될 수 있습니다(롬 15:5-7).

교회에서 파를 나누고 당을 지으며 분열을 조장한다면 교회의 하나됨을 파괴하는 큰 죄가 됩니다(갈 5:15, 20-21). 고린도전서 1:10-13에서 "형제들아 내가 우리 주 예수 그리스도의 이름으로 너희를 권하노니 다 같은 말을 하고 너희 가운데 분쟁이 없이 같은 마음과 같은 뜻으로 온전히 합하라 [11] … 너희에게 대한 말이 내게 들리니 너희 가운데 분쟁이 있다는 것이라 [12] 이는 다름 아니라 너희가 각각 이르되 나는 바울에게, 나는 아볼로에게, 나는 게바에게, 나는 그리스도에게 속한 자라 하는 것이니 [13] 그리스도께서 어찌 나뉘었느뇨"라고 말씀하고 있습니다. 예수 그리스도 안에는 절대로 분쟁이 있을 수 없습니다(마 12:25-26).

③ 교회의 터는 오직 예수 그리스도입니다.

고린도전서 3:11에서 "이 터는 곧 예수 그리스도라"라고 말씀합니다(사 28:16). '터'는 건축물을 버티게 하는 밑바닥, 사물의 토대, 일이 이루어지는 밑자리(기반)를 뜻하며, 근본(根本)이라고도 합니다. 헬라어로는 '데멜리오스'(θεμέλιος)로 '밑에 둔 것, 기초'라는 뜻입니다.

성경은 교회를 가리켜 '하나님의 집'(고전 3:9, 딤전 3:15), '큰 집'(딤후 2:20), '신령한 집'(벧전 2:5), '기도하는 집'(눅 19:46), '진리의 기둥과 터'(딤전 3:15)라고 말씀하고 있습니다. 기초가 든든하면 건물 전체가 튼튼하지만, 기초가 부실하면 건물 전체가 흔들리고 무너져 아무것도 할 수 없게 됩니다(시 11:3).

하나님의 말씀, 곧 반석 위에 세워지지 않은 교회는 비가 내리고 창수가 나고 바람이 불 때 산산이 부서지고 무너지고 휩쓸려 떠내려 가고 맙니다(마 7:24-27). 그러나 산 돌이신 예수님을 터로 삼는 교회는(고전 3:11, 벧전 2:5), 견고하며(딤후 2:19, 벧전 5:10), 어떤 위협에도 요동하지 않고 절대로 무너지지 않습니다. 음부의 권세가 아무리 강하다 할지라도 반석 위에 세워진 교회를 무너뜨릴 수는 없습니다(마 16:18).

또한, 예수님을 터로 삼는 성도는, 사랑 가운데서 뿌리가 박히고 터가 강하게 굳어져 흔들리지 않습니다(엡 3:17). 예수 그리스도께서 '영원한 기초'(잠 10:25)가 되시기 때문입니다. 이사야 28:16에서 "주 여호와께서 가라사대 보라 내가 한 돌을 시온에 두어 기초를 삼았노니 곧 시험한 돌이요 귀하고 견고한 기초돌이라 그것을 믿는 자는 급절하게 되지 아니하리로다"라고 말씀하고 있습니다. 시온의 기촛돌이신 예수 그리스도를 터로 삼는 교회와 성도만이 영원히 흔들리지 않는 사명자로 하나님께 쓰임받게 될 것입니다(계 21:14, 19).

④ 교회의 모퉁이돌은 오직 예수 그리스도입니다.

성경은 교회를 하나의 거대한 건축물에 비유하여 말씀하시면서 건물의 모퉁이돌(corner stone)이 예수 그리스도라고 말씀하고 있습니다(시 118:22, 사 28:16, 마 21:42, 엡 2:20, 벧전 2:7, 참고-사 8:14, 롬 9:33, 벧전 2:8). 예수 그리스도는 하나님의 교회를 떠받치는 '귀하고 견고한 기촛돌'이요, '모퉁이돌'이십니다. 누가복음 20:17에서 "기록된 바 건축자들의 버린 돌이 모퉁이의 머릿돌이 되었느니라"라고 말씀하고 있습니다.

모퉁이돌은 건물의 모서리를 연결해 주는 돌이며, 전체 건물의 방향을 결정해 주는 돌이자, 기촛돌들을 하나로 묶어 고정시키는 돌이며, 전체 건물을 지탱해 주는 돌입니다(엡 2:20-21). 신령한 모퉁이돌이 없이는 교회가 바르고 견고하게 세워질 수 없습니다. 오직 예수님만을 기촛돌, 모퉁이돌로 삼는 교회만이 성경에 근거한 바른 말씀관과 바른 신학과 바른 삶으로, 세상의 불신앙과 반신론과 무신론과 인본주의의 거센 비바람과 환난의 폭풍이 불어 닥쳐도 요동하지 않고 우뚝서서 끝까지 견딜 수 있습니다(눅 6:48). 그러나 인간의 수단과 방법, 세상의 풍조를 따라가는 교회는 결국 무너지고 말 것입니다.

건물의 시작과 진행과 마침이 모퉁이돌로 결정되듯이, 교회의 모든 시작과 진행과 마침이 오직 예수 그리스도로 말미암아 결정되는 교회만이 끝까지 구속 운동의 주역으로 쓰임받을 것입니다.

⑤ 교회는 예수 그리스도의 신부입니다.

성경은 예수 그리스도와 교회의 관계를 신랑과 신부로 비유하고 있습니다. 에베소서 5:31-32에서 "이러므로 사람이 부모를 떠나 그 아내와 합하여 그 둘이 한 육체가 될찌니 [32] 이 비밀이 크도다 내가 그리스도와 교회에 대하여 말하노라"라고 말씀하고 있습니다(참고-고후 11:2, 엡 5:23, 계 21:9).

예수 그리스도의 신부 된 교회는 어떠해야 합니까?

첫째, 아가페의 사랑으로 사랑해야 합니다.

성도가 신랑 되신 예수 그리스도를 사랑하는 것은, 예수님께 받은 사랑에 대한 마땅한 반응입니다. 요한일서 4:19에서 "우리가 사랑함은 그가 먼저 우리를 사랑하셨음이라"라고 말씀하고 있습니다.

여기서 '사랑하다'라는 단어가 두 번 나오는데 모두 헬라어 '아가파오'(ἀγαπάω)로, '아가페' 사랑을 의미합니다. 예수님께서는 죄인을 향한 무조건적인 아가페 사랑으로 십자가에서 자신의 성체를 대속물로 바치셨습니다. 로마서 5:8에서 "우리가 아직 죄인 되었을 때에 그리스도께서 우리를 위하여 죽으심으로 하나님께서 우리에게 대한 자기의 사랑('아가페')을 확증하셨느니라"라고 말씀하고 있습니다(요 3:16).

우리도 아가페 사랑으로 주님을 사랑해야 합니다. 예수님께서는 '네 마음을 다하고 목숨을 다하고 뜻을 다하여 주 너의 하나님을 사랑하라'라고 말씀하셨습니다(마 22:37). 여기 '마음, 목숨, 뜻'은 전인(全人)을 가리키는 표현으로, 우리는 자신의 모든 것을 바쳐서 예수 그리스도를 사랑해야 합니다.

둘째, 복종해야 합니다.

에덴동산에서 하와는, 먼저 하나님의 말씀을 직접 받은 아담의 권위 아래로 들어가 아담이 전해주는 말씀에 순종해야 했지만, 반대로 자신의 말에 아담이 따르게 만들었습니다. 하나님께서 절대로 먹지 말라고 명령하신 선악을 알게 하는 나무의 실과를 자신이 먼저 먹고 남편인 아담에게 주어 먹게 만들었던 것입니다(창 2:17, 3:6). 가정의 질서가 무너졌고, 하나님 말씀에 불순종하는 순간 결국 성전이 파괴되고 말았습니다. 하나님께서는 하와에게 '너는 남편을 사모하고 남편은 너를 다스릴 것이니라'(창 3:16下)라고 말씀하셨습니다.

사도 바울은 에베소서 5:24을 볼 때 "그러나 교회가 그리스도에게 하듯 아내들도 범사에 그 남편에게 복종할찌니라"라고 말씀하였습니다. 여기 '복종할찌니라'는 헬라어 '휘포탓소'(ὑποτάσσω)로,

'휘포'(ὑπό, 뜻-아래)와 '탓소'(τάσσω, 뜻-배열하다, 순서 있게 정렬하다)가 합성되어, '… 아래에 배열되다'라는 뜻입니다. 이 말씀은 교회와 그리스도의 질서와 같이, 아내들도 그 남편과의 질서를 바르게 해야 할 것을 말씀하고 있습니다. 교회가 항상 예수님의 아래로 들어가 복종하고 그리스도께서 교회를 돌보심같이, 가정에서도 아내는 남편에게 순복하고 남편은 아내를 사랑해야 합니다(엡 5:24-25, 28-30). 가정은 가장 작은 단위의 교회(성전)로, 가정의 질서는 곧 교회와 그리스도의 질서인 것입니다(엡 5:26-27, 31-33). 따라서 하나님께서 세우신 질서에 복종하는 것은 가정과 사회, 교회를 바르게 유지하는 원동력이 됩니다. 오늘날 성도는 범죄로 인해 변질된 관계를 올바르게 회복하여 오직 예수 그리스도께 순종하는 참된 신부가 되어야 합니다.

셋째, **거룩해야 합니다**(신앙의 정조를 지켜야 합니다).

부부는 서로 '정조'(貞操: 깨끗한 절개, 성적 순결)를 지켜야 합니다. 교회는 '정결한 처녀'(고후 11:2)로 신랑되신 예수님을 맞이해야 합니다. 신앙의 정조를 지키는 교회는, 이단 사설이나 잘못된 사상과 이념으로 자신을 더럽히지 않고(딤후 4:3-4, 벧후 2:1-3) 순수한 옛 신앙, 정통 신앙을 지킵니다. 성경은 신앙의 정조를 버리고 영적으로 간음하는 교회(약 4:4, 계 2:14-15, 20)를 가리켜 바벨론(Babylon), 음녀(harlot), 창기(prostitute)라고 부릅니다(계 17:1, 5, 15, 19:2).

말세의 교회는 신앙의 정조를 지켜 거룩하고 흠이 없는 그리스도의 신부가 되어야 합니다. 에베소서 5:27에서 "자기 앞에 영광스러운 교회로 세우사 티나 주름 잡힌 것이나 이런 것들이 없이 거룩하고 흠이 없게 하려 하심이니라"라고 말씀하고 있습니다. 마지막 때 어린양과 함께 시온산에 선 144,000은 '여자로 더불어 더럽히지 아니하고 정절이 있는 자'들입니다(계 14:4). 또한, 어린양의 혼인 잔치에 참여하는 어린양의 아내(계 21:2, 9)는 빛나고 깨끗한 세마포를 입어야 합니다. 이 세마포는 예수 그리스도의 십자가 피로 거룩해진 '성도들의 옳은 행실'입니다(계 19:7-8).

넷째, 늘 깨어 예수님을 맞이할 준비를 해야 합니다.

성도는 신랑 되신 예수 그리스도께서 언제 오시더라도 깨어 맞이할 준비가 되어 있어야 합니다. 등과 기름을 예비하였던 슬기로운 다섯 처녀는 신랑이 왔을 때 신랑과 함께 혼인 잔치에 들어갔지만, 기름을 준비하지 못하여 등불이 꺼져갔던 미련한 다섯 처녀는 혼인 잔치에 들어가지 못했습니다(마 25:1-12).

마태복음 25:13에서 "그런즉 깨어 있으라 너희는 그날과 그 시를 알지 못하느니라"라고 말씀하고 있습니다. 여기 '깨어 있으라'는 '깨어 있다, 정신차리다'라는 뜻을 가진 헬라어 '그레고류오'(γρηγορεύω)의 현재 능동태 명령형으로, 계속 깨어 있는 상태를 유지할 것을 강조하고 있습니다. 깨어 있는 신부는 기도하는 신부입니다. 누가복음 21:36에서 "이러므로 너희는 장차 올 이 모든 일을 능히 피하고 인자 앞에 서도록 항상 기도하며 깨어 있으라"라고 말씀하고 있습니다. 예수님께서도 겟세마네 동산에서 기도하실 때, 세 제자에게 "시험에 들지 않게 깨어 있어 기도하라"라고 명령하셨습니다(마 26:41, 막 14:38). 에베소서 6:18에서 "모든 기도와 간구로 하되 무시로 성령 안에서 기도하고 이를 위하여 깨어 구하기를 항상 힘쓰며 여러 성도를 위하여 구하고", 골로새서 4:2에서 "기도를 항상 힘쓰고 기도에 감사함으로 깨어 있으라"라고 말씀하고 있습니다.

잠들지 않고 늘 깨어 있는 비결은 기도입니다. 성도가 기도를 쉬는 순간 영적으로 잠들고 맙니다. 우리는 기도 쉬는 죄를 결코 범치 말고(삼상 12:23, 살전 5:17) 늘 깨어 기도하는 가운데, 주님께서 오실 때 기쁨으로 맞이해야 합니다. 요한계시록 16:15에서 "보라 내가 도적같이 오리니 누구든지 깨어 자기 옷을 지켜 벌거벗고 다니지 아니하며 자기의 부끄러움을 보이지 아니하는 자가 복이 있도다"라고 말씀하고 있습니다. 이 땅의 모든 교회가 기도로 깨어서 주님을 맞이할 수 있는 신부가 되시기를 바랍니다.

3. 새 예루살렘성과 종말적 전망

The City of New Jerusalem and the View of the End Times

요한계시록 21:1-2에서 "또 내가 새 하늘과 새 땅을 보니 처음 하늘과 처음 땅이 없어졌고 바다도 다시 있지 않더라 [2] 또 내가 보매 거룩한 성 새 예루살렘이 하나님께로부터 하늘에서 내려오니 그 예비한 것이 신부가 남편을 위하여 단장한 것 같더라"라고 말씀하고 있습니다. 새 예루살렘성은 영원한 도성(참고-시 145:13, 벧후 1:11)으로, 천국의 참모습을 우리에게 보여줍니다. 이 성에 대하여 히브리서 11:10에서는 "하나님의 경영하시고 지으실 터가 있는 성"이라고 말씀하고 있으며, 요한계시록 21:2 하반절에서 "그 예비한 것이 신부가 남편을 위하여 단장한 것 같더라"라고 말씀하고 있습니다. 새 예루살렘성은 구약의 성전과 신약의 교회가 도달해야 할 마지막 종착지입니다. 새 예루살렘성은 에스겔 선지자에게 보여주신 새 성전의 실상이며, 바벨론 포로 귀환 후 지어진 스룹바벨 성전의 실체인 것입니다(참고-히 8:5, 9:23-24). 성도는 믿음으로 영원한 본향인 새 예루살렘을 바라보며 하나님께서 성도를 위해 예비하신 한 성을 향하여 나아가야 합니다(히 11:13-16).

(1) 택하신 장소

천국은 하나님께서 택하신 장소 곧 창세로부터 이미 예비된 나라입니다. 마태복음 25:34에서 "그때에 임금이 그 오른편에 있는 자들에게 이르시되 내 아버지께 복받을 자들이여 나아와 창세로부터 너희를 위하여 예비된 나라를 상속하라"라고 말씀하고 있습니다. 여기 '예비된'은 헬라어 '헤토이마조'(ἑτοιμάζω, 뜻-준비하다)의 완료수동형으로, 이미 창세 전에 하나님에 의해 준비된 것임을 나타냅니다. 요한계시록 21:2에서 새 예루살렘성이 예비되었음을 말씀할 때도 같은 형태가 사용되었습니다.

하나님께서는 창세 전에 예수 그리스도 안에서 성도를 택하시고 그 기쁘신 뜻대로 예정하심으로 하나님의 아들들이 되게 하셨는데(엡 1:4-5), 새 예루살렘성은 그 이전에 이미 택하시고 준비해 놓으셨던 것입니다.

그러므로 새 예루살렘성의 출처는 하나님 자신이십니다. 요한계시록 3:12에서 "하나님의 성 곧 하늘에서 내 하나님께로부터 내려오는 새 예루살렘"이라고 말씀하고 있습니다. 요한계시록 21:10에서도 "하나님께로부터 하늘에서 내려오는 거룩한 성 예루살렘"이라고 말씀하고 있습니다.

(2) 하나님의 영원한 임재

새 예루살렘성은 하나님께서 임재하시는 곳입니다. 지금까지 역사상에 건축되었던 성전들과 교회들도 하나님께서 임재하셨던 장소들입니다. 그러나 지상의 성전과 교회들 가운데 영원히 존재하는 것은 없습니다. 그런데 새 예루살렘성은 하나님께서 영원히 임재하시는 장소입니다. 에스겔 성전의 계시를 주시기 전에 하나님께서 화평의 언약을 체결하셨는데 그때 약속하신 '하나님의 영원한 임재'는 새 예루살렘성에서 실제로 성취가 됩니다.

에스겔 37:26-28 "내가 그들과 화평의 언약을 세워서 영원한 언약이 되게 하고 또 그들을 견고하고 번성케 하며 내 성소를 그 가운데 세워서 영원히 이르게 하리니 [27] 내 처소가 그들의 가운데 있을 것이며 나는 그들의 하나님이 되고 그들은 내 백성이 되리라 [28] 내 성소가 영원토록 그들의 가운데 있으리니 열국이 나를 이스라엘을 거룩케 하는 여호와인 줄 알리라 하셨다 하라"

요한계시록 21:3을 볼 때, 사도 요한은 이러한 하나님의 임재에 대하여 "내가 들으니 보좌에서 큰 음성이 나서 가로되 보라 하나님의 장막이 사람들과 함께 있으매 하나님이 저희와 함께 거하시리니 저희는 하나님의 백성이 되고 하나님은 친히 저희와 함께 계셔서"라고 말씀하고 있습니다. 여기 '장막'은 헬라어 '스케네'(σκηνή)인데, 이 단어의 동사형인 '스케노오'(σκηνόω)는 '거주하다, 천막을 치다'라는 뜻으로 예수 그리스도의 성육신을 말씀할 때에도 사용되었습니다. 요한복음 1:14에서 "말씀이 육신이 되어 우리 가운데 거하시매(스케노오)"라고 말씀하고 있습니다. 예수님께서 이 땅에 오셔서 33년 동안 거하셨다면, 이제 새 예루살렘성에서는 영원히 거하시는 것입니다. 요한계시록 7:15에서 "그들이 하나님의 보좌 앞에 있고 또 그의 성전에서 밤낮 하나님을 섬기매 보좌에 앉으신 이가 그들 위에 장막을 치시리니"라고 말씀하고 있습니다. 여기 '장막을 치시리니' 역시 헬라어 '스케노오'(σκηνόω)로 하나님의 임재를 나타내며, '밤낮 하나님을 섬기매'는 그 임재가 영원함을 나타냅니다. 요한계시록 7:17에서 "이는 보좌 가운데 계신 어린양이 저희의 목자가 되사 생명수 샘으로 인도하시고 하나님께서 저희 눈에서 모든 눈물을 씻어 주실 것임이러라"라고 말씀하고 있습니다. 이는 이사야 25:8의 "사망을 영원히 멸하실 것이라 주 여호와께서 모든 얼굴에서 눈물을 씻기시며 그 백성의 수치를 온 천하에서 제하시리라 여호와께서 이같이 말씀하셨느니라"라는 말씀이 종말적으로 성취되는 것으로, 새 예루살렘성에서 하나님의 영원한 임재로 말미암아 이루어질 영원한 생명의 역사를 보여줍니다.

(3) 제사장과 제사

새 예루살렘성에는 성전이 없습니다. 하나님과 예수 그리스도께서 친히 성전이 되시기 때문입니다. 요한계시록 21:22에서 "성안에 성전을 내가 보지 못하였으니 이는 주 하나님 곧 전능하신 이와 및 어린양이 그 성전이심이라"라고 말씀하고 있습니다. 새 예루살렘성에서는 더 이상 피 흘리는 제사와 제물은 드려지지 않습니다. 히브리서 10:17-18에서 "또 저희 죄와 저희 불법을 내가 다시 기억지 아니하리라 하셨으니 [18] 이것을 사하셨은즉 다시 죄를 위하여 제사드릴 것이 없느니라"라고 말씀하고 있습니다.

신약 시대 모든 성도는 예수 그리스도의 보혈의 은총으로 신령한 제사장들이 되었습니다. 로마서 15:16에서 "복음의 제사장"이라고 하였고, 베드로전서 2:5에서 "하나님이 기쁘게 받으실 신령한 제사를 드릴 거룩한 제사장", 9절에서 "왕 같은 제사장"이라고 하였으며, 요한계시록 1:6, 5:10에서 "나라와 제사장"이라고 말씀하고 있습니다. 또한, 첫째 부활에 참예하는 자들이 "하나님과 그리스도의 제사장이 되어 천 년 동안 그리스도로 더불어 왕노릇"한다고 말씀하고 있습니다(계 20:6下). 우리는 예수 그리스도의 제사장으로 새 예루살렘성에 들어가서 영원토록 하나님께 경배하며 섬기게 되는 것입니다(계 4:10, 5:14, 7:11, 11:16, 19:4).

(4) 미래적 전망

이제 지상의 교회 운동은 영원한 하나님 나라의 도래와 함께 성도가 새 예루살렘성에 들어감으로 완성될 것입니다. 히브리서 12:18-21을 볼 때 시내산 언약 체결과 십계명 반포에 관한 출애굽기의 내용을 인용하면서(출 19:16-19, 20:18-19), 신약의 성도들에게 예비해두신 영원한 하나님의 나라와 새 예루살렘성을 선포합니다.

22-24절을 볼 때 "너희가 이른 곳은 시온산과 살아계신 하나님의 도성인 하늘의 예루살렘과 천만 천사와 23 하늘에 기록한 장자들의 총회와 교회와 만민의 심판자이신 하나님과 및 온전케 된 의인의 영들과 24 새 언약의 중보이신 예수와 및 아벨의 피보다 더 낫게 말하는 뿌린 피니라"라고 말씀하시면서, 시내산에서 모인 이스라엘 백성이 이르렀던 "만질 만한 불 붙는 산과 흑운과 흑암과 폭풍과 나팔 소리와 말하는 소리"(히 12:18-19)와, 신약의 성도가 이르게 되는 '영원한 하나님 나라'를 대조시키고 있습니다. 구약의 백성은 '시내산'에 이르렀지만, 이제 신약의 백성은 '시온산'과 '하늘의 예루살렘'에 이르게 됩니다. 구약의 백성은 율법을 받았지만, 신약의 백성은 예수 그리스도의 복음을 받아 하늘의 시민권을 가지고 하늘에 거하는 자가 되었습니다(요 1:17, 빌 3:20).

이스라엘 백성은 시내산에서 하나님의 말씀하시는 소리를 직접 들었을 때 죽을 것 같은 두려움에 떨면서, '모세가 하나님의 말씀을 듣고 와서 우리에게 전달해 달라'고 하였습니다(출 20:18-21, 신 5:24-27, 히 12:19-21). 이스라엘 백성이 두려움에 떨었던 '그때'에는 온 산이 크게 진동하였습니다. 출애굽기 19:18에서 "시내산에 연기가 자욱하니 여호와께서 불 가운데서 거기 강림하심이라 그 연기가 옹기점 연기같이 떠오르고 온 산이 크게 진동하며"라고 말씀하고 있습니다. 그러나 '이제는' 약속하신 대로 '땅만 아니라 하늘도' 진동할 것입니다(히 12:26). 예수 그리스도의 재림으로, 스룹바벨 성전 건축 시에 말씀하셨던 학개 2:6의 "조금 있으면 내가 하늘과 땅과 바다와 육지를 진동시킬 것이요", 21절의 "내가 하늘과 땅을 진동시킬 것이요"라는 예언이 성취될 것입니다.

히브리서 12:26-27 "그때에는 그 소리가 땅을 진동하였거니와 이제는 약속하여 가라사대 내가 또 한 번 땅만 아니라 하늘도 진동하리라 하셨느니라 [27] 이 또 한 번이라 하심은 진동치 아니하는 것을 영존케 하기 위하여 진동할 것들 곧 만든 것들의 변동될 것을 나타내심이니라"

이처럼 '또 한 번' 일어나게 될 마지막 때 진동의 역사로 처음 창조하신 땅과 하늘을 흔들어 '변동'시키십니다. 여기 '변동'은 헬라어 '메타데시스'(μετάθεσις)로 '옮기다, 바꾸다'라는 뜻입니다. 마지막 때 진동의 역사로, 처음 하늘과 땅은 없어지고 새 하늘과 새 땅이 이루어질 것입니다(벧후 3:10-13, 계 21:1, 4).

이제 우리는 예수 그리스도를 믿음으로 '진동치 못할 나라'를 받았습니다(히 12:28). 이 나라는 '영존하는 나라'(히 12:27), '폐하지 아니하는 나라'(단 7:14), '영원한 나라'(단 7:27)입니다.

그렇다면 영원히 진동치 않는 나라를 받은 우리는 어떻게 살아야 합니까? 히브리서 12:28에서 "은혜를 받자 이로 말미암아 경건함과 두려움으로 하나님을 기쁘시게 섬길찌니"라고 말씀하고 있습니다. 여기 '은혜를 받자'는 헬라어 '에코멘 카린'(ἔχωμεν χάριν)으로, '계속 은혜를 붙잡자'라는 뜻입니다. 그 구체적인 삶의 열매는, 경건함과 두려움으로 하나님을 기쁘시게 섬기는 것입니다.

히브리서 기자가 말하는 '진동의 역사'는 그리스도의 복음으로 말미암은 새로운 말씀 운동을 가리키는 것입니다. 시내산에서 하나님께서 말씀하심으로 '온 산'이 진동했던 것처럼, 종말에 또 한 번 하나님의 말씀 역사로 '땅'뿐만 아니라 '하늘'까지 진동하게 될 것입니다. 구약의 말씀 운동이 시내산에서 율법의 반포와 십계명을 통해 주어졌듯이, 마지막 때도 거룩한 시온산 하늘의 새 예루살렘에서 새 말씀의 선포를 통해 새로운 말씀 운동이 펼쳐질 것입니다(사 2:2-4, 33:20). 그리고 이 말씀을 통해 사망을 완전히 멸하시고(사 25:6-8, 고전 15:26, 계 20:14), 마지막 나팔에 순식간에 홀연히 다 변화하여 죽은 자들이 썩지 않을 것으로 다시 살고 우리도 변화되는 놀라운 역사가 완성될 것입니다(고전 15:51-52, 빌 3:21, 살전 4:16-17).

이사야 2:3 "많은 백성이 가며 이르기를 오라 우리가 여호와의 산에 오르며 야곱의 하나님의 전에 이르자 그가 그 도로 우리에게 가르치실 것이라 우리가 그 길로 행하리라 하리니 이는 율법이 시온에서부터 나올 것이요 여호와의 말씀이 예루살렘에서부터 나올 것임이니라"

구약의 백성은 소멸하는 불이신 하나님(신 4:24)의 위엄에 놀라 너무나 무서워 떨었고, 하나님께서 직접 말씀하시는 그 음성 듣는 것을 감당할 수 없었습니다. 그러나 이제 신약의 성도는 예수님께서 나타나실 때 가져오시는 은혜를 선물로 받아서(벧전 1:13), 인간적인 담력이나 능력이 아니라 전적인 하나님의 은혜로 하나님을 '기쁘시게' 섬길 수 있습니다.

시내산의 말씀 운동보다 더 강력하여 '땅'뿐만 아니라 '하늘'까지도 진동시키는 하나님의 말씀 운동으로, 온 산이 진동하듯 나의 과거와 모든 죄악된 삶이 뿌리째 뒤흔들려 하나님의 형상으로 완전히 새롭게 변화될 것입니다(고전 15:51-54). 그러할 때 마침내 하나님의 백성은 다시는 진동치 않는 영원한 나라를 선물로 받게 될 것입니다. 이것이 출애굽기 19장에 기록된 시내산 언약 체결 시의 광경에 담긴 구속 경륜을 신약의 상황에 맞춰 교훈한 히브리서 기자의 결론입니다.

이제 왕 같은 제사장이 된 성도는, 율법의 산(시내산)을 넘어서 새 언약의 중보이신 예수 그리스도를 통해 '거룩한 산 시온과 하늘의 예루살렘과 하늘에 기록한 장자들의 총회(교회)와 만민의 심판자이신 하나님' 앞에 온전히 설 수 있어야 합니다. 이스라엘 백성은 바벨론 포로 귀환 후 귀환자들의 족보에 들어가고 스룹바벨 성전에서 예배를 드렸지만, 오늘날 하나님의 백성은 하늘의 족보인 생명책(빌 4:3, 계 3:5, 21:27)에 그 이름이 기록되어 거룩한 새 예루살렘성에서 영원한 예배를 드려야 합니다.

그날까지 모든 교회의 머리 되시는 예수 그리스도의 명령에 절대 순종하고, 교회의 모퉁이돌 되시는 예수 그리스도와 연결되며, 교회의 터가 되시는 예수 그리스도의 말씀 위에 굳게 서야 합니다. 전 세계의 모든 교회마다 예수 그리스도의 지체로 하나되어 세상 풍조에 요동하지 않고 사단의 끈질긴 유혹과 핍박을 이겨내는 가운데, 갈수록 팽배해지는 무서운 무신론과 반신론과 인본주의와 물질 만능주의 세력인 '큰 음녀 바벨론'과 싸워 승리하기를 간절히 소원합니다. 전 세계에 흩어진 모든 성도가 영적으로 가장 높은 곳, 시온산, 예수 그리스도의 몸 된 교회에서 선포되는 하나님의 비밀한 구속 경륜을 깨달아 그것을 끝까지 붙잡고, 예수 그리스도의 피 묻은 십자가의 복음을 온 세계 만방에 선포하는 구속사의 주역이 되시길 바랍니다(사 2:2-3, 미 4:1-2, 마 24:14, 엡 3:8-10, 골 1:26-27, 계 10:8-11, 14:6-7). 예수 그리스도의 순결한 신부요, 정결한 아내로, 한순간도 잠들지 않고 깨어 기도함으로 재림하시는 주님을 맞이하여 새 예루살렘성에 다 입성하기를 간절히 축원합니다.

편집자 주(註)

아래 주(註)는 독자들의 편의를 위하여 편집 과정에서 추가한 것입니다.

1) 박윤식, 「영원한 만대의 언약 십계명」(서울: 휘선, 2019), 128-129.
2) 박윤식, 「신비롭고 오묘한 섭리」(서울: 휘선, 2019), 141-147.
3) 박윤식, 「여호와 삼마 에스겔 성전」(서울: 휘선, 2020), 393-394.
4) Leen Ritmeyer, Kathleen Ritmeyer, *Secrets of Jerusalem's Temple Moun*t, (Biblical Archaeology Society, 1998).
5) Edwin M. Yamauchi, *Persia and the Bible* (Grand Rapids, MI: Baker Book House, 1996), 109.
6) 박윤식, 「신비롭고 오묘한 섭리」, 141-147.
7) 「구속사 시리즈」에서는 다윗 이후 왕국시대의 시작부터 세 차례에 걸쳐서 바벨론에 포로로 끌려가기까지의 연대를 '티쉬리 기준 방식'으로 계산하여 표기하였습니다. 이는 다윗 언약의 정통이 있는 남 유다가 왕의 통치 연도를 티쉬리 기준 방식으로 표기했기 때문입니다. 그러나 남 유다의 멸망 이후에는 당시 패권 국가인 바벨론이나 바사의 연대 표기 방식을 고려하여 주로 각 성경의 저자가 연대를 계산할 때 사용한 방식을 고려하여 연대를 표기하였습니다. 에스라, 학개는 주로 니산 기준 방식으로 연대를 표기하였으며, 느헤미야는 주로 티쉬리 기준 방식으로 연대를 표기하였습니다: 박윤식,「신비롭고 오묘한 섭리」, 68-75; 박윤식, 「영원한 언약의 약속」(서울: 휘선, 2020), 404-406; 박윤식, 「여호와 삼마 에스겔 성전」, 33-36.
8) John H. Walton·Victor H Matthews·Mark W Chavalas, *The IVP Bible Background Commentary: Old Testament* (Downer's Grove, IL: IVP, 2000); 정옥배 역, 「IVP 성경배경주석」(서울: IVP, 2010), 666.
9) Leon J. Wood, *A Survey of Israel's History* (Grand Rapids, MI: Academie Books, 1986); 김의원 역, 「이스라엘의 역사」(서울: 기독교문서선교회, 2020), 522-523.
10) 박윤식, 「신묘한 영광의 비밀 성막과 언약궤」(서울: 휘선, 2019), 171-175,

186-189.

11) 박윤식, 「여호와 삼마 에스겔 성전」, 351.

12) Elizabeth Achtemeier, *Nahum-Malachi*, Interpretation: A Bible Commentary for Teaching and Preaching (Atlanta, GA: John Knox Press, 1973), 100-101.

13) 김희보, 「구약신학논고」 제9판(서울: 기독교문서선교회, 1993), 121.

14) 김희보, 「舊約 학개·말라기 註解」(서울: 총신대학출판부, 1992), 44.

15) 박윤식, 「영원한 언약의 약속」, 404-405.

16) 성벽 낙성식에서 에스라를 따르는 찬양 대열과 느헤미야를 따르는 찬양대열에 대한 표현에는 원문을 자세히 볼 때 약간의 차이가 있습니다. 에스라의 경우, 찬양 대열의 명단을 먼저 제시한 뒤 '…의 앞에'라는 뜻의 히브리어 '리프네'(לִפְנֵי)를 써서 에스라가 그들 앞서서 갔음을 나타내고 있습니다(느 12:36). 반면 느헤미야의 경우, 무리의 절반은 자신의 앞에 두고 나머지는 자신의 뒤에 두었습니다(느 12:38). 이는 느헤미야가 성벽 재건을 지휘한 지도자이긴 하지만, 거룩한 성벽 낙성식에 있어서는 영적인 지도자 에스라를 높이고 자신을 회중과 같이 낮추었기 때문입니다. 본서에서는 이러한 의미를 강조하기 위해 전체 찬양 대열의 대표인 에스라를 제외하고, 양쪽으로 나뉘어 행진한 두 떼의 찬양 대열에 이름이 기록된 자들을 각각 17명으로 계수하였습니다.

17) 베데스다못은 구약시대에는 '윗 못'이라는 이름으로 불렸습니다(왕하 18:17, 사 7:3, 36:2). 이곳에는 기드론 골짜기에서 흐르는 물과 자연 동굴이 있어서 큰 웅덩이를 파고 담을 쌓아 물을 저장하였습니다. 주전 200년경, 대제사장 시몬 2세는 베데스다못을 크게 확장하였고, 신약시대에는 다섯 개의 주랑으로 둘러싸인 거대한 인공 연못이 되었습니다.

18) BDB, 1780.
BDB: F. Brown, S. R. Driver, and C. A. Briggs. *Hebrew and English Lexicon of the Old Testament* (Oxford: Clarendon, 1907).

19) 박윤식, 「맹세 언약의 영원한 대제사장」(서울: 휘선, 2019), 103-107.

20) 삿두 자손 가운데 제2차로 바벨론 포로에서 귀환한 자들에 대한 기록은 없습니다. 참고로 에스라 8:5에서 "스가냐 자손 중에서는 야하시엘의 아들이니 그와 함께한 남자가 삼백 명이요"라고 말씀하고 있습니다. 그런데 칠십인경에서는 '스가냐' 앞에 '삿두'를 추가하여 "삿두 자손 중에는 야하시엘의 아들 스가냐이니 그와 함께한 남자가 삼백 명이요"라고 번역하였습니다(ESV, NIV, 표준새번역, 공동번역, 현대인의성경). 이는 에스라 8:1-14에 기록된 인물들이 대부분 '○○ 자손 중에는 '△△의 아들 □□'식으로 가문과 아버지의 이름, 지도자의 이름으로 기록된 반면, 5절에서는 지도자의 이름을 빼고 '야하시엘의 아들'이라고 했기 때문입니다. 그러나 칠십인경의 번역은 다른 병행구절에서 근거를 찾을 수 없습니다.

21) 박윤식, 「맹세 언약의 영원한 대제사장」, 172, 175.

22) 박윤식, 「영원한 언약의 약속」, 386-394.

23) Wilhelm Gesenius and Samuel Prideaux Tregelles, *Gesenius' Hebrew and Chaldee Lexicon to the Old Testament Scriptures* (Bellingham, WA: Logos Bible Software, 2003), 802.

24) 박윤식, 「맹세 언약의 영원한 대제사장」, 255-258. John Lightfoot, *The Whole Works of the Rev. John Lightfoot, D.D.*, ed. John Rogers Pitman (London: J. F. Dove, 1823), 28.에서 재인용

25) 박윤식, 「맹세 언약의 영원한 대제사장」, 197.

26) 히브리어 원문에서 '로드'와 '오노'는 접속사 '베'(וְ)로 연결되어 있고, '공장 골짜기' 앞에는 접속사가 없습니다. 히브리어에서는 여러 명사를 나열할 때 마지막 명사에만 접속사를 붙이는 경우가 많은데, 이 경우 '오노'와 '공장 골짜기'는 같은 곳을 가리키는 것으로도 볼 수 있습니다(NASB).

찾아보기

원어
히브리어·아람어

ㄱ
가돌 / 276
가예 / 252
간 / 16
갈랄 / 102
갑스엘 / 463
게 힌놈 / 257
게바 / 400
기브온 / 396
기혼 / 277
긴네토이 / 450, 452, 455, 472
긴네톤 / 450, 452, 455
깁바르 / 396
깃타임 / 467

ㄴ
나다브 / 47, 200
나사 / 47
나탄 / 275
나틴 / 421
네게드 / 206
네다바 / 47
네보 / 403
네코다 / 433
네토파 / 396
네티님 / 275, 421
네헴야 / 153
네헴야 / 260
네훔 예호바 / 144
니드바크 / 102
니쉬카 / 287

ㄷ
델라야 / 433

ㄹ
라마 / 400
라미즈라흐 / 274
라바 / 130, 131
라아그 / 167
라칼 / 292
라크 / 109
라파 / 64
라함 / 170
레 / 471
레브 / 147
레야드 / 462
레토바 / 214
레파야 / 240
레훔 / 261, 453
로 / 132
로 야알레 알 레브 / 132
로 예아세 오드 / 132
로 요메루 오드 / 132
로 이즈케루 보 / 132
로 이프코두 / 132
로드 / 405
로쉬 / 301
로쉬 핀나 / 301, 303
로임 / 131
루아흐 / 147
르훔 / 450, 453, 455, 472
리숀 / 236
리클로드 / 128
림몬 / 465

ㅁ
마고르 밋사비브 / 431
마그비쉬 / 403
마오즈 / 187
마이드야 / 450, 452, 455, 472
마크초아 / 270
마타라 / 290
마타임 / 402
마하 / 213
마히르 / 445
말키야 / 241, 255, 291, 450
메 / 281
메레모트 / 228, 268
메슐람 / 231, 287, 450
메슐람 / 236
메아 / 402
메알 / 281
멜라트야 / 237
모아드야 / 452, 455
미쉬네 / 459
미쉬칸 / 488
미즈라흐 / 284

미크마스 / 401
미프카드 / 290, 292
민 하오르 / 185
밋다 쉐니 / 285
밋다 쉐니트 / 242, 266, 267, 268, 270

ㅂ
바나 / 221, 223, 227, 236, 300
바달 / 190
바라크 / 186, 191
바루크 / 266, 450
바르질라이 / 426
바바이 / 265
바쉬나트 아하트 / 45, 55
바아나 / 232
바야밈 / 231
바이트 / 94, 464
바인 / 188
바카르 / 28
바테켐 세푸님 / 69
발라 / 64
베리트 하다샤 / 143
베아제네 콜-하암 엘-세페르 하토라 / 186
베알야담 / 241
베에로트 / 400
베탐
베트 / 398
베트 레헴
베트 예호바아도나이
베트 하케렘
베트-아보탐
베트-아즈마
베트엘
베트-하엘로힘
벤 / 282
벤야민 / 269
보 / 140
비쉬나트 하다 / 45
빌가 / 450, 452, 453, 455, 472
빌가이 / 453

ㅅ
사데 / 449
사마흐 / 210
사칼 / 188
사파르 / 446
샤마르 / 18
샤아르 / 51
샤아르 에프라임 / 295, 329
샤아르 하가예 / 250, 329
샤아르 하다김 / 226, 328
샤아르 하마임 / 274
샤아르 하미즈라흐 / 284, 331
샤아르 하미프카드 / 290, 331
샤아르 하수심 / 280, 331
샤아르 하아쉬포트 / 254
샤아르 하아인 / 258, 330
샤아르 하예샤나 / 235, 328
샤아르 하촌 / 219, 328
샤아르 하핀나 / 299, 329
샤칸 / 112
샬람 / 23
샬롬 / 140
샬룬 / 259
샬룸 / 242, 420
세나아 / 227, 406
세레브야 / 440
셰마에야 / 285, 450, 451, 454, 472
소페르 / 446
쇼바이 / 420, 421
숨 / 105
쉘라밈 / 23
쉴로아흐 / 259
심하 / 210

ㅇ
아 / 107
아나토트 / 397
아드 / 238
아마나 / 196
아마르야 / 450, 451, 472
아만 / 196

아멘 / 196
아바드 / 18, 38
아발 / 54
아보다 / 38
아브데 셀로모 / 423
아비다 / 38
아비야 / 472, 451, 450
아사프 / 419
아삼 / 24
아이 / 402
아인 / 465
아자르야 / 270, 450, 453, 455
아자브 / 238
아즈마베트 / 398
아쿠브 / 420, 421
아테르 / 420
아헤르 / 403
아헤헴 / 465
알 / 281
알라 / 22, 50, 474
알루 하하르 / 112
앗두아 / 470, 473
야 / 464
야다 / 189, 209, 461
야돈 / 237
야드 / 64
야샤브 / 199
야아츠 / 65
야차트 / 155
에덴 / 16
에레즈 / 107
에메트 / 196
에벤 겔랄 / 102, 105
에쉬 / 155
에인 림몬 / 465
에제르 / 266
에즈라 / 453
에차 / 65
에첼 / 270
에츠 / 113
에츠바 엘로힘 / 148
에트 / 440
엘람 / 404
엘야쉬브 / 221, 470, 473
여갑스엘 / 463
예다야 / 241
예다에야 / 415, 450, 454, 472
예리아 / 488
예리호 / 223
예리호 / 405
예수아 / 470
예호바 샴마 / 32
예호야다 / 236
오노 / 405
오니 / 313
오스파르나 /
오헬 / 488
올라 / 22
요네케트 / 109
요야다 / 236, 470, 473
우르 / 46, 50, 70
웃지엘 / 238
이르 / 448
이카보드 / 134
임 / 473
임메르 / 416
잇도 / 450, 453, 454, 472

ㅈ
제 / 159

ㅊ
차도크 / 33, 232, 281
첼라 / 105
첼라흐 / 53
초르피 / 292
촌 / 28

ㅋ
카다쉬 / 20, 223
카바츠 / 487
칼라 / 128
케레브 / 147
케베르 / 261
케탈 / 105
케피라 / 399
코데쉬 / 458
콜 / 239, 300
콜 칩포르 콜 카나프 / 112
쿰 / 51
키르야트 아림 / 399
키르야트 예아림 / 399
키카르 / 269

ㅌ
타부르 / 6
타하르 / 311
탄누르 / 242
탈몬 / 420, 421
테코아 / 232
테코이 / 232, 276
토다 / 209
토비야 / 433

ㅍ
파라 / 130, 131
파라르 / 65
파라츠 / 154
파살 / 149
파쉬후르 / 416, 450
파아르 / 489
파카드 / 290
팔라트 / 464
팔랄 / 179
팔랄 / 271
페다야 / 271
펠레크 / 240
핀나 / 270, 301

ㅎ
하나넬 / 221
하나느야 / 238
하나느야 / 286
하나니 / 156
하눅카 / 224
하눈 / 251, 286
하디드 / 405
하라 / 167
하라 / 266
하라그 / 170
하르 / 112
하르수트 / 255
하리숀 / 138
하리쉼 / 467
하림 / 404, 418, 450, 453, 455
하림 / 453
하마드 / 55, 59
하바야 / 424
하샤브야 / 265
하슈브 / 241, 269
하스나아 / 407
하아하론 / 138
하자크 / 236
하체라이 / 102
하체로트 / 95
하체르 / 95, 99
하코츠 / 425
하키카르 / 269
하타 / 23
하탐 / 194, 196
하투쉬 / 241, 450, 451, 472
하티타 / 420, 421
하하체림 / 448
하호마 하레하바 / 207
학가이 / 66
할라크 / 17
함메아 / 221
함무도트 / 59
핫제 / 159
핫타아 / 23
핫타트 / 23
헤드바트 예호바 / 187
헤칼 / 94
헴다 / 140
호다브야 / 418
호드바 / 418
후스 / 213

헬라어

ㄱ
게엔나 / 257
고니아 / 301
그레고류오 / 506

ㄷ
데멜리오스 / 501
뒤라 / 225
디아 테스 에클레시아스 / 493

ㄹ
류코스 / 283
메림나오 / 498
메타데시스 / 512
보스코 / 495

ㅅ
삭카이오스 / 376
스칸달론 / 307
스케네 / 509
스케노오 / 509, 510
스퀴발론 / 257

ㅇ
아가파오 / 504
아르케 / 492
아크로고니아스 / 301, 034
아포도키마조 / 302
아포리조 / 293
에코멘 카린 / 513
엑수시아 / 492
엔 메트로 / 499
엘라이아 / 113
이에수스 크리스토스 데우 휘오스 소테르 / 233
익뒤스 / 233

ㅋ
케팔레 / 301
케팔렌 고니아스 / 301, 303
크리스투 / 435
크쉴론 / 115

ㅌ
탓소 / 505
텐 에클레시안 투 데우 / 494
티메 / 306

ㅍ
페로 / 303
페리포이에오 / 494
페릿소스 / 225, 298
페릿슈오 / 325
포이마이노 / 495
포이멘 / 225
폴뤼포이킬로스 / 492
프로스콤마 / 307
플뤼노 / 481
플뤼논테스 / 481

ㅎ
헤 / 306
헤토이마조 / 508
휘페레코 / 257
휘포 / 505
휘포탓소 / 504

숫자

24반열 / 352 451 459 476
70이레 / 58
70년 / 55 119 127 128 67
12지파 / 326
42구역 / 224, 312, 314, 322, 323, 217, 178
52일 / 178, 231, 322, 162, 351, 360, 247, 161
5월 1일 / 162, 163, 166, 438
49,897 / 49, 106, 86, 350, 344, 365, 442, 478
1,775 / 478, 447, 351, 367, 439, 441, 442

주요 단어

ㄱ
감동 / 45, 50, 313, 335, 365
감람나무 / 113, 114, 115, 188
감옥문 / 290
거룩의 구별 / 94
게셈 / 167, 169, 171, 177
계보 없는 제사장 가문 / 424, 425, 426
고레스 / 44, 46, 47, 48
골짜기 / 252, 259
골짜기문 / 206, 207, 250
공장 골짜기 / 467
교회 / 103, 486
교회의 머리 / 496
교회의 본질 / 493

교회의 터 / 501
구속 운동 / 15
구원의 문 / 225
귀환자의 수 / 367, 439
그비라 자손 / 399
그일라 지방 절반을 다스리는 자 / 265, 319
금장색 / 291, 292, 317
기도 / 480
기랴다림(기럇여아림) 자손 / 399
기촛돌 / 303, 502
기혼샘 / 263, 277
깁발 자손(기브온 사람) / 396

ㄴ

나중 영광 / 37, 78, 138
나하마니 / 356
내어민 망대 / 276
내어민 큰 망대 / 276
노래하는 자들 / 461
느고다 자손 / 433
느도바 사람 / 396
느디님 사람들 / 275
느보 자손 / 402
느헤미야 / 153, 212, 260, 360
니산 기준 방식 / 56

ㄷ

다니엘 / 52, 54
다른 엘람 자손 / 403
다리오 / 67, 78
달문 / 420
닷드내 / 71
대적들 / 61, 71, 167, 169, 323
더 풍성히 얻게 하는 문 / 225
도비야 / 169, 176, 177
도비야 자손 / 433
독생자의 영광 / 37
동문 / 284
드고아 귀족들 / 173
드고아 사람들 / 232, 276
드고아의 귀족들 / 320
들라야 자손 / 433

ㄹ

라마와 게바 자손 / 401
레위인 / 37, 94, 469
레위인 가문 / 429
로드와 하딧과 오노 자손 / 405
르바야 / 240
르훔 / 261

ㅁ

마문 / 280
마음 판 / 147
막비스 자손 / 403
만국의 보배 / 37, 137, 138, 140
만국의 진동 / 141
말기야 / 241, 255, 291
머릿돌 / 301, 303
메대 바사 과도제국 / 45, 67
모퉁이돌 / 301, 302, 303
모퉁이문 / 299
문지기 가문들 / 461
므레못 / 228, 268
므술람 / 230, 236, 286
믈라댜 / 237
미스바 지방을 다스리는 자 / 319
믹마스 사람 / 401

ㅂ

바깥뜰 / 94, 95
바니 자손 / 377
바로스 자손 / 366
바룩 / 266
바르실래 자손 / 426
바벨론 포로 귀환 / 44, 340, 354, 359
바스훌 자손 / 416
바왜 / 265
바핫모압 자손 / 371
발랄 / 271
방해 / 61, 64, 71, 164, 167, 176
백마 / 282
백성의 두목 / 199, 456
백향목 / 107
번제 / 22, 34
번제단 / 100

베냐민 / 269
베냐민문 / 220
베냐민 지파 / 411, 413
베데스다못 / 220, 225, 248, 272
베들레헴 사람 / 396
베레스 자손 / 459
베새 자손 / 387
벧술 지방 절반을 다스리는 자 / 260, 319
벧엘과 아이 사람 / 402
벧학게렘 지방을 다스리는 자 / 318
보계 / 436
봉헌식 / 37, 39, 117
부속 건물 / 98, 104
부흥 운동 / 185
분문 / 254, 256
브다야 / 271
브다히야 / 461
브배 자손 / 378
브에롯 자손 / 400
비그왜 자손 / 383
빈누이 / 270

ㅅ
사노아 거민 / 251
사독 / 232, 281
사마리아 사람들 / 62, 63
삭개 자손 / 376
삭굴 / 223
산 돌 / 305
산발랏 / 169, 176, 177
살룬 / 259
살룸 / 420
살룸과 그 딸들 / 242
삿두 자손 / 374
상고들 / 292, 317
새 언약 / 307, 309
새 예루살렘성 / 257, 481, 507
샘문 / 258, 272
생명의 문 / 225
선한 손 / 164
설형문자 / 45
성결 / 283
성벽 공사 / 166, 167, 312
성벽 낙성식 / 198, 204, 209, 210, 211
성벽 재건 / 154, 164
성소 / 17, 31
성전 / 43, 125
성전 건축 / 78, 80, 83, 86, 357
성전 기명 / 48
성전 본관 / 90, 94, 95, 97, 98, 104
성전 봉사자별 자손 / 343
성전 지대 / 101
세레뱌 / 440
세 이레 / 54, 58
셀라못 / 259, 263
소배 / 420
소제 / 23
속건제 / 24
속죄제 / 23
솔로몬 성전 / 24, 90, 96
솔로몬 신복 / 423
수문 / 274, 278
수문 앞 광장 / 275
수종자 가문 / 421, 423, 430
스가랴 선지자 / 81, 310
스나아 자손 / 406, 410
스달보스내 / 71
스룹바벨 / 60, 75, 78, 357, 358
스마야 / 285
스바댜 자손 / 368
시온 / 373
신앙의 정조 / 505
신앙 전수 / 410, 429, 479, 485

ㅇ
아가페 / 503
아나돗 사람 / 397
아닥사스다 / 159, 160, 359, 437
아델 / 420
아델 자손 / 386
아도니감 자손 / 381
아딘 자손 / 384
아라 자손 / 369
아사랴 / 270
아삽 자손 / 419, 462

아스갓 자손 / 340, 380
아스마 자손 / 398
아하수에로 / 154, 437
악굽 / 420, 461
안뜰 / 94, 99, 100
야돈 / 237
양문 / 219, 224
어문 / 226, 233
언약 / 194, 196, 197
언약궤 / 129, 130, 132, 134, 135
언약 백성 / 201, 308
언약 신앙 국가 / 209, 475
언약에 인을 친 / 195, 448, 449
언약의 갱신 / 194
에덴동산 / 16, 410
에브라임문 / 295, 297
에셀 / 265, 319
에스겔 성전 / 29, 91, 97, 105
에스라 / 184, 185, 186, 187, 340, 394
엘람 자손 / 373
엘리아십 / 221
여다야 / 240
여다야 자손 / 415
여리고 사람들 / 222
여리고 자손 / 405
여호수아 / 20, 35, 60, 131, 204, 221, 416, 451, 475,
여호와 삼마 / 32
역사적 표적 / 128
영화 / 489, 491
예레미야 선지자 / 128, 130
예루살렘 밖에 거주한 자들 / 462
예루살렘 성벽 / 153, 154
예루살렘에 거주한 자들 / 448, 458
예루살렘 지방 절반을 다스리는 자 / 240, 242, 318
예수 그리스도의 신부 / 503
옛문 / 235, 243
오벨 / 276
왕 같은 제사장 / 22, 269, 316, 424, 510, 514
왕의 못 / 258, 272
요라 자손 / 388
요야다 / 236
웃시엘 / 237
유다 사람들 / 173, 174, 211
유다 자손들 / 463
율법책 / 185, 186, 187
은총 / 58, 59
응답 / 58, 160, 161, 397
이전 영광 / 37, 78, 138
임멜 자손 / 416, 432

ㅈ
장막 성전 / 19, 88
장막 터 / 487
재개 / 66, 70, 78
재배치 / 198, 199, 202, 203
제물 / 18, 22, 27, 33, 39, 510
제사 / 197, 210
제사장 / 94, 204
제사장 가문 / 415, 416, 418
제사장들 / 221, 281
조서 / 45, 46, 71, 73, 76, 160, 164
족보 / 204, 335, 336, 338, 340, 342, 345, 365
종족 / 435
중수 / 228, 236, 251, 255, 259, 275, 281, 285, 291
지도자 / 60, 131, 163
지성소 / 27, 88, 90, 92, 94, 96
지역별 자손 / 347
지체들 / 497, 498, 499, 500
지혜 / 492

ㅊ
찬양대 가문 / 419
찬양 대열 / 206, 207
창성 / 297

척량 / 87, 88, 90, 91, 92
초막절 / 184, 188

ㅋ
큰 성 바벨론 / 478

ㅌ
택하신 장소 / 16, 20, 25, 29, 35, 508
토석 원통 / 45
티로포에온 골짜기 / 250
티쉬리 기준 방식 / 56, 57

ㅍ
평지에 사는 제사장들 / 268, 315
풀무 망대 / 242

ㅎ
하나냐 / 238, 285, 316
하나넬 망대 / 220, 308
하나니 / 154, 156
하나님의 긍휼 / 193
하나님의 영광 / 21, 26, 31, 37
하나님의 인 / 80, 288, 358
하나님의 임재 / 17, 20, 26, 30, 32, 36, 509
하눈 / 251, 285
하림 자손 / 404, 418
하립 자손 / 389
하바야 자손 / 424
하사뱌 / 265
하숨 자손 / 390
하스나아 자손들 / 227
하시드문 / 254
학개 선지자 / 66, 78
학고스 자손 / 425
학사 / 359, 445
함메아 망대 / 221, 223
함밉갓문 / 290, 292
핫두스 / 241
핫숩 / 241, 269
향품 장사 / 238, 240, 316
헤롯 성전 / 43, 103, 485
협력 / 325, 498
호다위야 자손 / 418
화목제 / 23, 28
화평의 언약 / 31, 309
회개 운동 / 189, 480
힌놈의 골짜기 / 256, 257

하나님의 구속사적 경륜으로 본

스룹바벨 성전과 귀환자들의 성별된 족보

초판 1쇄 2021년 12월 17일
초판 6쇄 2025년 4월 17일

저 자 박윤식
발행인 유종훈

발행처 휘선(사단법인 성경보수구속사운동센터)
주 소 08345 서울시 구로구 오류로8라길 50
전 화 02-2618-1217
팩 스 02-2618-1218
이메일 center@huisun.kr

저작권 등록번호: 제 C-2017-031157호

등록 제 25100-2007-000041호
책값 20,000원

Printed in Korea
ISBN 979-11-89611-31-6 04230
ISBN 979-11-964006-3-7 (세트)

※ 낙장·파본은 교환해 드립니다.

휘선은 '사단법인 성경보수구속사운동센터'의 브랜드명입니다.

휘선(暉宣)은 예수 그리스도의 복음의 참빛이 전 세계 속에 흩어져 있는 수많은 영혼에게 널리 알려지고 전파되기를 소원하는 이름입니다.